불교와 중국 고전희곡

佛敎와 中國 古典戲曲

김광영(金光永) 지음

신아사

머리말

불교는 중국 고전희곡의 형성과 발전에 커다란 영향을 끼치었다. 불교는 漢나라 시기 중국에 전래된 이후 〈東海黃公〉과 같은 중국 고전희곡의 형성에 커다란 영향을 끼치었을 뿐만 아니라. 元·明·淸 시기 창작된 많은 희곡 작품에도 큰 영향을 끼치었다. 여기에서는 1부에서는 중국 고전희곡의 형성에 끼친 불교의 영향을 樂舞와 百戲를 중심으로 살피고, 2부와 3부에서는 실제 희곡 작품에 미친 불교의 영향을 중점적으로 살피기로 한다.

1부에서는 ≪佛國記≫와 ≪大唐西域記≫ 및 ≪洛陽伽藍記≫에 나타난 불교 악무를 중점적으로 살피고, 아울러 魚龍曼延의 공연에 나타난 백희의 모습에 끼친 불교의 영향을 살피고자 한다. ≪불국기≫와 ≪대당서역기≫에 보인 불교 악무는 서역과 인도의 외래 악무이지만, 이들은 대부분 중국으로 전래되어 중국의 고전희곡 발전사에서 일정한 공헌을 했다. 이것은 ≪불국기≫와 ≪대당서역기≫에 보인 불교 악무가 중국 전체 불교 악무의 일부분이지만, 이들 불교 악무는 위진 남북조 시기와 당나라 시기 극도로 번성한 불교의 사원을 통하여 다른 모습의 불교 악무와 함께 결합되어 공연되면서 불교 악무 발전의 한 축을 담당하였다고 볼 수 있다. 불교 악무는 〈弄婆羅門〉·〈舍利佛〉·〈蘇幕遮〉 등의 가무희와 설창예술의 음악과 공연 구조 등에 커다란 영향을 끼쳤으며, 이들 가무희와 설창예술의 형식은 중국 고전희곡의 형성에 큰 영향을 끼쳤기 때문이다

≪낙양가람기(洛陽伽藍記)≫는 주로 北魏의 도성이었던 낙양의 사원을 배경으로 당시의 정치·교통·민속·전설·인물 전기 등을 다루

고 있다. 그리고 그 가운데는 법회와 齋會의 불교의식을 배경으로 행하여졌던 여러 불교 樂舞와 散樂百戱 및 거대한 축제성 활동 등이 보이는데, 이들은 모두 중국 고전희곡의 형성과 발전사에 있어서 일정한 의미를 지니고 있는 희곡 활동이다. ≪낙양가람기(洛陽伽藍記)≫의 기록에 보이는 희곡 활동을 통하여 우리는 당시 북위 시기 낙양의 사원은 종교 공간인 동시에 오락적 문화 공간이었음을 알 수 있다. 당시의 사원에서 법회와 재회 행사를 거행할 때에는 반드시 불교 악무나 雜技 및 幻術과 같은 희곡 활동을 함께 공연하였다. 아울러 당시의 사원은 인도와 서역과 같은 외국의 선진 악무 문화를 수입하는 하나의 경로였다. 그리하여 당시의 사원은 수준 높은 선진 악무 문화를 공연함으로써 북위의 악무 문화의 수준을 제고시키는 기능을 담당하기도 하였다

幻術은 사람들에게 불교의 신통함을 보여주기 위한 것이지만, 중국 고전희곡의 발전사에서 볼 때 환술은 고전희곡의 형성과 발전에 상당히 중요한 역할을 하였다. 이러한 점은 중국 최초의 진정한 歌舞戱라고 할 수 있는 한나라 시기 〈東海黃公〉에서 환술이 핵심적인 고사로 사용되었음이 증명하고 있다.

魚龍曼延의 공연은 한나라 시기 중국에 불교가 전래된 사실과 일정한 연관성을 지니고 있다. 곧 魚龍曼延은 중국문화와 인도문화 융합의 산물이다. 魚龍曼延 공연의 핵심은 환술이며, 환술이 본격적으로 나타난 것은 한나라 시기 백희의 공연에서 시작된다. 그런데 백희의 공연에 나타난 환술은 문헌의 기록에 의하면 인도에서 나온 것이 많다. 환술의 대표라고 할 수 있는 呑刀와 吐火는 불교의 사원에서 중요 행사를 시행할 때 반드시 공연하는 대표 종목이었다.

魚龍曼延이 불교와 일정한 연관을 맺고 있다는 증거로는 〈서경

부〉의 魚龍曼延 공연에 등장하는 白象과 舍利가 대표적인 것이다. 백상은 불교에서 威容과 德을 상징하는 동물로, 불교의 경전과 설화 등에 자주 등장하며, 부처의 어머니인 마야부인이 부처를 잉태할 때 백상이 자신의 배 안으로 들어오는 꿈을 꾸었다고 하여, 부처의 탄생을 상징하고 있다. 魚龍曼延의 공연에서 白象과 舍利는 仙境의 재현을 위해서 상서로운 동물, 곧 瑞獸의 형상으로 등장하는데, 이것들은 본시 부처의 탄생과 열반을 상징하는 것이다.

2부에서는 불교와 度脫劇을 논하고자 한다. 도탈이란 용어는 본시 佛家의 용어로서, 修行의 경지가 높은 도탈자가 수행의 경지가 낮은 피도탈자를 濟度하고 解脫시킨다는 의미로서, 衆生과 같은 일체 만물의 생명을 고통스러운 生死와 苦厄에서 제도하고 해탈시킨다는 뜻을 지닌다. 원잡극 중에는 여러 도탈극들이 등장하는데, 여기서는 그 중 〈忍字記〉·〈度柳翠〉·〈東坡夢〉·〈猿聽經〉과 같은 불교 도탈극을 서양의 통과의례 관점에서 그 의미를 살피고자 한다.

3부에서는 잡극 〈西遊記〉를 중심으로 원잡극 중 불교극에 끼친 불교의 영향과 의미를 살피고자 한다. 잡극 〈서유기〉는 唐나라의 역사적 실존 인물 玄奘의 西天取經을 제재로 한 소위 西遊故事의 작품으로 이후 明나라 시기 吳承恩의 소설 〈서유기〉의 형성에 막대한 영향을 끼친 것이다. 아울러 잡극 〈서유기〉에 앞서 서천취경을 제재로 南宋 시기에 무명씨에 의해 창작된 說經類의 小說 〈大唐三藏取經詩話〉와 잡극 〈서유기〉를 비교하여, 잡극 〈서유기〉가 지니고 있는 의미를 살펴보기로 한다.

2019년 8월 진월골에서

저자 김광영

목차

3장. 魚龍曼延 - 佛教와의 연관성을 중심으로

2부 불교와 度脫劇

1장. 元雜劇 〈忍字記〉의 度脫 - 通過儀禮를 중심으로

2장. 元雜劇 〈度柳翠〉의 度脫 - 통과의례를 중심으로

3장. 元雜劇 〈猿聽經〉의 度脫 - 통과의례를 중심으로

4장. 元雜劇 〈東坡夢〉의 度脫 - 통과의례를 중심으로

3부 불교와 元雜劇

1장. 元雜劇 중의 佛敎劇 - 三敎合一을 중심으로

5장. 〈大唐三藏取經詩話〉와 雜劇 〈西遊記〉 비교 - 喜劇性을 중심으로

1부

불교와 樂舞·百戲

1장.《佛國記》와《大唐西域記》중의 佛教 樂舞

1. 불교 악무의 의미

《불국기》(《高僧法顯傳》·《法顯傳》·《東晋法顯記》라고도 부른다)와《대당서역기》는 각각 위진남북조 시기 東晋의 승려 法顯과 당나라 시기 승려 玄奘이 5세기와 7세기에 200여 년의 시간을 차이로 서역[1]과 인도를 방문한 求法旅行記로서 쌍벽을 이루는 것으로 옛부터 유명하다. 이들 두 승려는 당시 서역으로 통하는 길인 소위 실크로드를 통하여 한나라 때부터 수많은 수도승들이 그토록 가고 싶었던 인도를 천신만고 끝에 성공적으로 여행하였다. 그리하여 그들은 이후 중국으로 귀국하여 자신들이 여행 중에 보고 들었던 것들을《불국기》와《대당서역기》라는 이름으로 세상에 내보였다. 그들은 이들 두 여행기 속에 당시 서역과 인도 지방의 많은 국가들을 여행하면서 보고 들은 그들 국가의 풍속과 정치 및 경제·건축·미술·지리 등 수많은 사실과 신화·전설들을 기록으로 남겨, 서역과 인도에 관한 획기적인 내용이

1) 불교가 전파될 당시의 역사 지리적 개념으로 보면 장안이나 낙양을 중심으로 한 중원 일원에 자리한 중국의 서쪽 지역은 모두가 서역이다. 그러나 서역의 개념도 시대에 따라 변화하여 한대부터 위진남북조 시대에 이르기까지는 대체로 파미르고원 이동 지대, 즉 오늘날의 신강 위구르 자치구 일대를 서역(좁은 의미의 서역)으로 칭하다가, 수·당대 이후에 오면 파미르고원 이서의 인도나 페르시아·아랍·로마까지를 포함해 서역(넓은 의미의 서역)이라고 하였다. 여기서는 서역을 좁은 의미로 사용하기로 한다. 정수일 저,《고대문명교류사》, 서울, 사계절출판사, 2001, 488쪽.

담긴 기록을 남기는 커다란 업적을 남겼다. 그런데 이들 두 저작 속에는 많은 분량은 아니지만 당시의 서역 지방과 인도의 불교악무에 관한 기록도 들어있는데, 이러한 불교악무들은 중국에 전래되어 중국 고전희곡의 형성과 발전에 상당한 영향을 끼치었다.

중국의 악무 발전이라는 관점에서 볼 때 만일 주나라 시기를 대표하는 악무가 宮庭 雅樂이고, 兩漢을 대표하는 악무가 百戱와 俗樂이라고 한다면, 《불국기》를 지은 법현이 살았던 위진남북조 시기를 대표하는 악무는 불교 악무라고 말할 수 있다. 그리고 이러한 불교 악무는 《대당서역기》를 지은 현장이 살았던 당나라 시기에는 더욱 성행하였다.

종교적인 관점에서 볼 때 불교 악무는 당연히 불교적 종교의식과 불가분의 관계를 지니며, 이러한 불교적 종교의식은 사원을 중심으로 행하여졌다. 《불국기》와 《대당서역기》에 보이는 불교 악무도 모두 사원을 중심으로 행하여진 것이며, 이들 불교 악무는 본시 모두 인도에서 전래된 것들이다. 법현과 현장이 인도를 방문한 5세기와 7세기는 인도 산스크리트 문학의 황금시기로 인류사상 뛰어난 고전연극을 공연하고 있던 시기이다. 인도의 산스크리트 연극에는 관중들의 흥미를 위하여 많은 雜技와 幻術 등이 공연되었는데, 이들 중 상당 부분이 중국으로 전래된 것은 익히 알려진 사실이다.

또한 중국 위진남북조 시기 중의 북조 시기와 수·당 시기에 불교 악무가 공연된 장소로는 주로 寺院이었다. 당시 사원은 종교 활동의 중심지인 동시에 군중들의 일종의 오락 장소였다. 중국 고전희곡의 기원과 형성 문제에 있어서 종교의식은 항상 거론된다. 사실 중국 고전희곡의 기원과 형성에 있어서 종교의식은 중요한 요소이다. 일례로 巫儺文化의 영향 아래 형성된 儺祭는 이후 儺禮와 儺舞를 거쳐

儺戱로 발전하였다. 불교 악무도 이와 같은 길을 걸었다. 불교적 음악과 무도가 결합된 불교 악무는 불교의 제반 儀式을 바탕으로 하여 가무희로 발전하여, 중국 고전희곡의 발전사에서 희곡예술의 형성에 중요한 연결고리로서의 역할을 충분히 해냈다. 일례로 木蓮求母의 불교설화를 근거로 수많은 木蓮戱가 만들어져 중국의 고전희곡 발전사에서 커다란 역할을 한 것은 주지의 사실이다.

필자는 이상과 같이 중국 고전희곡의 발전사에서 불교 악무가 고전희곡의 형성기에 상당한 역할을 했다는 관점에서 출발하였다. 그리고 이러한 불교 악무의 발생지인 인도와 경유지로서의 역할을 한 서역의 불교 악무를 통하여, 법현과 현장이 불교 악무의 공연 현장을 직접 보고 기록한 사실을 근거로, 인도와 서역에서 사용되었던 불교 악무가 중국에는 어떠한 모습으로 전래되었는지를 살피는 것이 일차 목표이다.

이를 위하여 6세기 위진남북조 시기 北魏 楊衒之의《낙양가람기》에 보인 불교 악무를 살피고자 한다. 이것은《낙양가람기》가《불국기》와《대당서역기》의 저작 시기와 비슷하고,《낙양가람기》가 어떠한 기록보다도 불교 악무에 관한 기록을 잘 보여주기 때문이다. 그리하여 이러한 불교 악무가 중국 고전희곡의 형성과 발전에 어떠한 영향을 끼쳤는가를 살피어, 중국 고전희곡 발전사에서 하나의 연결고리인 불교 악무의 위상과 의미를 살피고자 한다.

2. 불교 악무 개황

불교 악무는 불교와 함께 전래되었다. 여기서는 불교 전래 이후의 불교 악무를 간략히 소개하기로 한다. 불교 악무의 초기 전래에 있어서는 한나라 張騫이 서역에서 가져온 것으로 〈摩訶兜勒〉이 거론된다. 곧 《晉書》의 기록을 근거로 〈마하두륵〉은 장건이 서역에서 올 때 가져온 佛曲으로, 摩訶는 'maha'의 음역으로 '大'라는 뜻이고, 兜勒은 'dur'의 음역으로 '夏'라는 뜻이니, 〈마하두륵〉은 곧'大夏'(지금의 신강성 哈蜜지역)의 西域佛曲이라고 한다. 그러나 논자에 따라서 이것은 근거가 잘못된 것이라고 여겨지는 등[2] 확실하지 않으므로 여기에서는 보류하고자 한다.

불교의 전래와 더불어 악무 예술은 인도의 祭神 儀式과 함께 전래되었다. 그러나 전래 초기 인도의 梵樂은 중국어와 중국 음악과의 모순으로 중국에서의 전파에 있어서 곤란함에 부딪쳤다. 일례로 중국의 승려들은 인도의 불경을 노래할 때, 경전의 문장을 노래할 때는 轉讀이라고 부르고, 음률에 맞도록 한문으로 창작한 송찬문을 노래할 경우에는 梵唄라고 부르며 중국식으로 개조하여 노래하였다. 그러나 중국에서의 불교 악무가 본격적으로 거론된 것은 아래에 인용한 《隋書 · 音樂志》이다.

> 천축(天竺)이란 장중화(張重華)가 涼州를 차지하고 있을 때 네 종류 언어의 통역을 거쳐와 바쳐진 男伎로부터 시작되며, 천축은 바로 그 음악이다. 歌曲에는 〈沙石疆〉이 있고, 舞曲에는 〈天曲〉이 있다.[3]

위에 의하면 인도 곧 천축의 악무는 위진남북조 시기 前涼의 통치

2) 일례로 王嶸은 司馬遷이 《史記》에서 장건에 대하여 상세히 논의하였는데, 〈마하두륵〉에 관한 이야기는 전혀 보이지 않은 점을 들고 있다. 王嶸, 〈西域樂舞東傳及其在中原文化中的地位〉, 《新疆藝術》 2001年 1期, 2001.

3) 天竺者, 起自張重華據有涼州. 重四譯來貢男伎, 天竺卽其樂焉. 歌曲有沙石疆, 舞曲有天曲. 《隋書 · 音樂志》 卷15.

자인 장중화가 양주를 통치하던 시기에 涼州(지금의 甘肅省 靑海省 부근)를 통하여 전래되었고, 인도와 중국 사이에 언어가 통하지 않아 四重의 통역을 거쳐서야 전달되었으며, 초기에 전래된 藝人은 남성이었다. 또 천축의 악무로는 가곡으로 〈沙石疆〉이 있었고, 무곡으로 〈天曲〉이 있었다고 하는데, 이것들은 모두 佛曲이라고 하며,[4] 그 내용은 부처의 공덕을 찬송하는 것이라고 한다.[5]

위진남북조 시기 불교 악무는 주로 북조의 국가들을 중심으로 발전하였으며, 특히 강력한 불교 국가인 北魏에서 매우 흥성하였다. 그리고 이렇게 흥성한 북위의 불교 악무는 양현지가 북위 불교의 흥망성쇠를 기록한 《낙양가람기》에 잘 드러나고 있으며, 아울러 중국의 3대 석굴이라고 하는 大同의 雲崗石窟과 洛陽의 龍門石窟 및 敦煌의 莫高窟의 벽화에도 불교 악무의 모습이 생생히 보여진다. 그런데 인도와 서역에서 전래된 불교 악무는 유목 민족인 鮮卑族의 북위에 와서는 새로운 모습으로 변화하였다. 곧 북위의 불교 악무는 인도문화와 서역문화 및 자신들의 유목문화를 중원문화에 융합시키는 모습으로 문화변용을 하였다. 특히 북위의 孝文帝는 한족의 중원문화를 적극 제창하여 부처와 보살의 右袒式 복장을 개혁하였고, 서역과 인도의 외래 불교악무를 중국식의 악무 미학을 지닌 풍격으로 바꾸었다. 그리하여 허리를 비틀어 큰 폭의 'S'자 형을 하고, 모서리가 분명하며, 거칠고 서툰 형식의 인도와 서역의 무도 자세는 대략 이 시기부터 한족의 전통 미학적 방식으로 발전하여, 외래의 불교 악무 예술이 많은 대중들에게 받아들어졌다.[6]

---

4) 陶爾夫, 〈論宗敎與詞體的興起〉, 《佳木斯大學學報》 1998年 2期, 1998.

5) 周菁葆 著, 《絲綢之路》-佛敎文化硏究, 烏魯木齊, 新疆人民出版社, 2009, 313쪽.

6) 金秋 著, 《古絲綢之路樂舞文化交流史》, 上海, 上海音樂出版社, 2002, 102쪽.

중국 악무 예술의 황금기인 수·당 시기에 들어서 불교 악무는 더욱 흥성하였다. 당나라 懿宗 시기 궁정 악공이던 李可及이 창작하여 安國寺에서 공연하였던 대형 악무인 〈菩薩蠻舞〉는 당나라 불교 악무의 대표라고 할 수 있으며, 또한 궁정의 연악에 사용되었던 수나라의 七部樂과 九部樂에 보이는 天竺伎는 모두 인도의 불교 악무라고 할 수 있다.

그런데 불교 악무는 불교의 통속화 추세와 당대 俗樂의 흥성으로 인하여 더욱 민간화의 길을 걸었다.[7] 당나라 시기의 사원은 종교활동의 중심지인 동시에 위진남북조 시기보다 더욱 세속화 되어 군중의 오락장소로서의 기능을 하였다. 그리하여 사원의 불교 악무는 종교의식적 기능과 함께 유희적 오락성을 겸비하는 방향으로 나아갔다. 특히 불교 악무의 대표적인 공연장인 당시의 사원에는 궁정이나 귀족들에 의해 보내진 樂妓들이 있었는데,[8] 이들은 민간악무를 장기로 하여 사원에 들어가 사원의 불교 악무를 민간악무와 결합시켰다.

당시 불교 악무의 대표라고 할 수 있었던 불곡은 중원의 민간악무와 결합하였으며, 도교적 성분을 지닌 道曲의 성분까지 포함하기도 하였다. 그리하여 본시 불교의 법회에서 사용되었던 불교 악무인 불곡은 실제로는 음악이 비교적 그윽하고 우아한 점을 제외하고는 일반 大曲과 큰 차이가 없었다.[9] 심지어 불교라는 명칭을 직접 사용하

---

7) 周菁葆 著,《絲綢之路》-佛教文化研究, 烏魯木齊, 新疆人民出版社, 2009, 311쪽.

8) 당시 궁정이나 귀족들이 보유하고 있던 기예인들을 변고가 생기면 민간으로 보내는데, 사원으로 많이 보내기도 하였다. 일례로《낙양가람기》의 〈高陽王寺〉에는 당시 고양왕이 죽자 데리고 있던 500명의 예인들을 절에 보냈다는 기록이 보인다.

9) 庄永平 著,《戲曲音樂史概述》, 上海, 上海音樂出版社, 1990, 22쪽.

거나 불교와 관련있는 명칭을 포함하고 있는 몇몇 악무는 사실상 불교적 내용을 전혀 포함하지 않기도 하였다. 일례로 燕樂에 공연되었던 西涼의 악무인 〈于闐佛曲〉은 禮佛의 불교 내용과는 무관하며, 당나라 시기 유행했던 〈達摩支〉는 불교 선종 28祖인 菩提 達摩大師와는 전혀 무관하다. 당 玄宗이 직접 편곡하고 양귀비가 춤을 추었던 것으로 유명하여 당대 악무의 대표라고 일컬어지는 〈霓裳羽依舞〉는 바로 이와 같은 상황 아래에서 태동하였던 것이다. 곧 〈霓裳羽依〉는 인도의 불교적 악무를 기저로 하여, 羽化를 내용으로 하는 도교적 내용과 중국의 중원문화가 함께 융합하여 이루어진 결과이다.[10]

3. 《불국기》 중의 불교 악무

법현(342-422)[11]은 당시 불교의 三藏 중 律藏이 부족함을 개탄하여 399년, 그의 나이 거의 60이 될 무렵 慧景 등 네 명의 승려들과 함께 천축국에 가서 율장을 가져오기로 뜻을 모았다. 그는 실크로드의 간선도로를 따라 파미르 고원을 넘어 인도로 들어갔으며, 귀로로는 갠지즈강을 따라 스리랑카를 거쳐 인도네시아의 자바섬을 경유하며 海路로 413년에 귀국하였다. 법현은 귀국 후 15년의 여행 기간 동안 자신이 직접 보고 들은 것을《불국기》라는 이름으로 남겼다. 그의《불국기》는 여행자 자신이 서역과 인도에 관하여 기록한 중국 최초의 기록물로서, 5세기 무렵 서역과 인도 및 남아시아 지역의 역사와 지리

10) 趙晶, 〈霓裳羽衣溯源〉,《青海師專學報〉, 1986年 2期, 1986.

11) 법현의 생졸연대에 관해서는 확실하지 않다. 사람에 따라서는 334-420으로 보기도 한다.

및 불교발전에 관한 귀중한 문헌이다.

법현이 인도를 방문할 당시 인도 중 핵심적인 지역인 북인도는 이란계 쿠샨왕조의 정치적 혼란을 수습하여 통일을 이룩한 굽타왕조(320-550)의 시기로서, 굽타왕조의 전성기를 이루고 있던 찬드라굽타2세(재위: 376-414 한자로는 超日王) 시기였다. 인도 역사에 있어서 이 찬드라굽타2세 시기는 고대 인도 민족문화의 황금시대로서, 종교·철학·미술·문학 등 각 방면에 걸쳐 민족적 색채가 짙은 문화를 완성하였다. 특히 이 시기는 산스크리트 연극이 흥성한 시기로서 그리스의 3대 비극작가와 견줄만한 칼리다사(Kalidasa)가 등장하여 유명한 희곡 〈사쿤탈라〉(Sakuntala)를 저술하였으며, 아리스토텔레스의 《詩學》에 비해서도 결코 뒤지지 않은 동양 최고의 연극 교과서인 《나티야사스트라》(Natyasastra)(중국명: 舞論)가 바라타에 의해 저술되었다.[12]

《불국기》에서 법현은 서역과 인도 등지에 있는 곳곳의 사찰을 방문하여 그 현장을 기록으로 남기고 있고, 아울러 사찰과 불교에 대한 신화와 전설을 전하고 있으며, 국가적인 불교의식에 따라 행하여지는 대형 종교의례를 보여주고 있다. 여기에서는 그들 기록 중 불교악무와 연관 된 것들을 찾아, 그들 불교 악무가 당시 인도와 서역에서 행하여진 양상을 살피고, 이러한 불교 악무가 중국으로 전래된 후 어떠한 모습으로 공연되었는가를 《낙양가람기》 중의 불교 악무를 통하여 살피고자 한다. 《불국기》 중의 불교 악무는 불교의 종교의식과 결합하여 공연된다. 그리고 이들 종교의식에는 정기적인 것과 비정기적인 것들이 있으며, 1년이나 5년에 한 번씩 열리는 거대한 불교의례가 있는가 하면, 예불의례와 공양의례처럼 거의 매일 거행되는 작은

12) 高勝吉 著, 《동양연극연구》, 서울, 중앙대학교출판부, 1993, 42-43쪽.

규모의 불교의례도 있다. 그러면 먼저 간단한 규모의 불교의례에 동반되는 불교 악무를 살펴보자.

> 핫다성(Hadda / 혜라성 / 醯羅城)
>
> 성 안에는 부처의 두개골이 있는데, 그곳의 精舍는 金箔으로 칠해져 있고 七寶로 치장되어 있다. 국왕이 그것을 귀중히 여겨서 다른 사람들이 약탈해 갈 것을 우려하여, 그 나라의 豪族 가문에서 여덟 명을 선발하여, 그들마다 하나의 도장을 가지고 와서 封印하고 수호하게 하였다. ……, 매일 해가 뜬 뒤 정사의 관리인이 鼓樓에 올라 큰 북을 치고 소라나팔을 불며 銅鉢을 두드린다. 왕이 이 소리를 듣고 정사에 나와서 꽃과 향으로 공양을 올린다. 공양을 마친 다음 왕과 신하들이 차례대로 예배를 하고 돌아간다. 이때에 (왕은) 동문으로 들어 왔다가 서문으로 나가는데, 매일 이렇게 공양과 예배를 마친 다음 국정을 다스린다.[13]

핫다성은 북인도 페샤와르(Peshawar / 불루사국 / 弗樓沙國)에서 나가라하라(Nagahara / 나갈국 / 那竭國)로 가는 경계에 있는 마을로, '핫다'는 범어로 'Hiffa'로서 '뼈'를 의미한다고 한다. 위의 인용문에 의하면, 핫다성은 부처의 두개골을 신성시한다. 그리하여 특별히 금박과 칠보로 장식된 정사를 지어 부처의 두개골을 신처럼 모시고, 호족 가문의 사람들을 선발하여 수호하고 있으며, 날마다 왕과 신하들이 부처의 두개골에 대하여 종교적 공양의식과 예배의식을 행하고 있다. 그리고 이러한 종교의식을 행할 때에 경건한 불교 악무가 동반된다. 정사의 관리인은 매일 일출 후 高樓에 올라 큰 북을 치고 소라나팔을 불며 동발을 두드리며 신

13) 城中有佛頂骨精舍, 盡以金箔七寶校飾. 國王敬重頂骨, 慮人抄奪, 乃取國中豪姓八人, 人持一印, 印封守護. ……, 每日出後, 精舍人則, 登高樓擊大鼓, 吹蠡敲銅鉢. 王聞已則詣精舍. 以華香供養, 供養已次第, 頂戴而去. 從東門入西門出. 王朝朝如是, 供養禮拜, 然後聽國政.《佛國記》

성한 종교의식이 시작됨을 알린다. 여기서 불교 악무는 경건한 종교의식의 의례로서 필수 불가결한 중요한 의식으로 공연된다.

《불국기》 중의 불교 악무는 이와 같이 간단한 불교의식에 사용되기도 하지만 대규모의 군중성 축제의식에도 많이 나타난다. 그러면 고대 인도에서 행하여지던 가두행렬 방식의 불교적 종교의식에 불교 악무가 사용되는 것을 살펴보자.

> 무릇 中印度에서는 이 나라의 도읍지인 파탈리푸트라(Pataliputra/巴連弗邑)[14]가 제일 크다. ……, 매년 2월 8일에는 항상 行像을 행한다. 사륜거를 만들고 대나무를 엮어 5층을 만들며, 승로(承櫨)[15]와 알극(揠戟)[16]이 있는데, 높이는 2丈[17] 정도로 그 모양이 탑과 같다. (그 위를) 흰 무명천으로 덮고, 그런 후에 (흰 무명천 위에) 여러 天神의 형상을 아름답게 그려 넣으며, (사륜거는) 금과 은과 유리로써 그 위를 장식한다. (이어서) 비단으로 된 깃발과 日傘을 달고, 사방에는 감실(龕室)을 만든다. (감실 안에는) 모두 坐佛이 앉아 있고, 보살이 서서 시중을 든다. (사륜거)는 모두 20량 인데, 수레마다 장식이 다르다. 이날이 되면 승려와 속인들이 모두 모여들고, 歌舞를 하는 藝人들이 음악을 연주하고 가무를 공연하며, 꽃과 香으로 공양을 올린다. (이후) 브라만의 아들이 와서 불상을 요청하면, 불상들은 차례대로 성 안에 들어오며, 이틀 밤을 묵는다. (그날 밤은) 밤새도록

14) 마우리아 왕조의 수도였던 현 비하르(Vihar)주의 주도인 파트나(Patna)를 말한다. 난다왕조, 마우리아왕조, 굽타왕조 등의 수도가 되면서 인도 대륙의 정치와 경제의 중심지로 발전하였다. 김규현 역주, 《불국기》, 서울, 글로벌컨텐츠출판사, 2013, 117쪽.

15) 큰 기둥 끝 부분에 대들보를 받치고 있는 사각형의 나무, 곧 두공(斗拱)으로 건축물을 지탱하는 부분이다.

16) 불탑의 꼭대기를 장식하는 아홉 개의 테로 된 금속 장식으로 바퀴 모양을 하고 있어 輪相 혹은 相輪이라고도 부르며, 멀리서도 불탑임을 구별하게 만드는 表相이다.

17) 1丈은 10尺으로 2丈은 6.66m.

燃燈을 하고, 춤과 노래로 공양을 올린다. (이러한 풍습은) 나라마다 같다.[18]

위의 인용문은 법현이 中印度의 강대국인 마가다(Magada / 마갈제국 / 摩竭堤國)의 수도로서, 과거 아소카대왕이 다스렸던 파탈리푸트라에서 목격한 국가적 종교의식인 行像을 묘사한 것이다. 행상은 인도에서 기원한 종교의식으로, 불상을 호화롭게 장식한 寶車에 안치하며, 수많은 사람들이 그 뒤를 따라 다니면서 부처를 우러러 뵈고 불상에 엎드려 절을 하는 활동이다.

이러한 가두행렬 방식의 종교의식은 인도에 예전에도 있었다고 한다. 고대 인도에서 종교축제는 흔히 야트라(jatra)라고도 불려왔는데, 야트라는 '행렬' '길놀이'의 의미를 지녔으며, 적어도 기원전 5세기 이후 서사시 시대 이후로 서민 대중들은 종교축제에 있어서 노천에서 행해지는 야트라 형태의 가두연희에 친숙했다고 한다.[19]

그런데 위의 인용문에 의하면, 행상의식이 우리들이 부처의 탄신일이라고 여기는 4월 8일에 행하여지지 않고 2월 8일에 거행되었다. 사실 역대로 석가탄신일에 대해서는 2월 8일과 4월 8일로 각각의 시대에 달리 정하였다. 일례로 북조 시기에는 주로 4월 8일을 석가탄신일로 하였으나, 이후 당나라 시기부터 宋初까지는 2월 8일을 석가탄신일로 정했으며, 원대 이후에는 4월 8일을 석가탄신일로 정하였다.[20]

---

18) 凡諸中國, 唯此國城邑爲大. ……, 年年常以建卯月八日行像. 作四輪車, 縛竹作五層. 有承櫨揠戟高二丈許. 其狀如塔. 以白氎纏上, 然後彩畵作諸天形像. 以金銀琉璃莊挍其上. 懸繒幡蓋, 四邊作龕. 皆有坐佛, 菩薩立侍. 可有二十車. 車車莊嚴各異. 當此日境內, 道俗皆集, 作倡伎壆. 華香供養. 婆羅門子來請佛, 佛次第入城. 入城內再宿. 通夜然燈伎樂供養, 國國皆爾.《佛國記》

19) 허동성, 〈인도연극과 行列儀式〉,《동양연극연구》 제1호, 2000, 182쪽.

20) 강춘애, 〈行像儀式과 가두연희〉,《동양연극연구》 제1호, 2000, 119쪽.

위의 인용문은 중대한 국가의례이자 종교의식인 행상을 거행하기 위해, 당시 국가에서 얼마나 호화롭고 거국적으로 준비하고 진행하였는지를 여실히 보여주고 있다. 우선 부처를 실을 사륜거를 만들어 그 위에 대나무로 5층의 탑 모양을 만들고, 흰 무명천 위에 여러 천신들의 형상을 아름답게 그리며, 사륜거를 금은과 유리로써 장식하였다. 이어 사륜거에 비단으로 된 깃발과 일산을 달고, 사방에 감실을 만들어 그 안에 부처를 안치하였다. 이러한 화려한 사륜거가 20량이나 되고, 이들 사륜거의 장식이 각기 달랐으며, 당시 행상의 참여자로는 道俗을 가리지 않고 모두 참여했다고 하니, 행상의식의 규모가 매우 성대했음을 알 수 있다. 그리고 이렇듯 경건하고 성대한 종교의식 중에는 밤새도록 燃燈활동이 이어졌고, 불교 악무가 부처에게 공양으로 바쳐졌다고 하는 것으로 기록으로 보아, 당시의 불교 악무 또한 매우 성대한 규모로 이루어졌으리라 여겨진다.

그런데 행상이란 거대한 축제성의 종교의식에 사용된 여기에서의 불교 악무는 단지 종교적 경건성만을 지닌다고 보기 힘들 것 같다. 물론 인용문 중의 내용으로 보아서는 분명하게 말할 수 없지만, 당시의 행상이란 종교의식의 행사에는 세속적인 유희를 근간으로 하는 오락성도 내재되어 있다고 여겨진다. 곧 행상 행사 중의 불교 악무가 자체적으로 오락성을 지닌 가무로 공연되었든지, 아니면 불교 악무와는 별도로 인용문에서 말하고 있는 가무를 전문으로 하는 藝人들이 오락성이 강한 악무를 공연해 행사에 흥을 돋우었으리라 여겨진다. 왜냐하면 행상 활동과 같은 거대한 규모의 군중성 종교축제에는 종교적 儀式性과 함께 유희적 오락성이 함께 동반되는 것이 종교 축제의 일반적 현상이기[21] 때문이다.

인도에서 기원한 불교의 종교의식인 행상은 불교의 전래와 함께 서역과 중국에도 전해졌다. 《불국기》에서 법현은 앞에서 살펴보았던 중인도 마가다국의 행상을 목도하기 전에 사실은 우전국(Khotan/于闐國)[22]에서 먼저 행상을 관람하였다. 그는 특히 행상 축제를 보기 위하여 여행 동료들이 모두 竭叉國을 향하여 떠났는데도, 일부러 혼자 3개월을 더 우전국에 머물렀다. 그러면 《불국기》에 보인 당시 우전국에서의 행상의식을 살펴보자.

> 구마제(瞿摩帝) 사원의 승려들은 대승을 배우고 국왕이 존중하기 때문에 제일 먼저 행상을 한다. 城에서 3·4里 떨어진 곳에서 불상을 태운 네 바퀴 수레를 만드니 그 높이가 3丈 정도이고 모양은 마치 움직이는 전당과 같다. (사륜거는) 七寶로 장식하고 비단으로 만든 깃발과 日傘을 매달았으며, 불상은 수레 안에 선 모습으로 안치하고 두 보살이 모시게 한다. (또) 여러 天神을 만들어 시종들게 하였는데, 모두 금은으로 조각하고 장식하여 허공에 매달리게 하였다. 불상을 모신 수레가 성문에서 100보에 이르면 국왕은 왕관을 벗고 새 옷으로 바꾸어 입고는 맨발로 손에 꽃과 향을 들고 양쪽에 시종들을 거느리고 성문을 나온다. (그리고는) 불상을 맞이하여 머리와 얼굴을 불상의 발에 대고 절을 하며, 꽃을 뿌리고 향을 사른다. 불상이 城에 들어올 때, 門樓 위의 왕비와 궁녀들이 여러 가지 꽃을 뿌려대니 꽃들이 어지러이 아래로 떨어진다. 이와같이 장엄한 모습들은 수레마다 각기 달랐고, 한 사원이 하루씩 행상을 하므로 4월 1일에 시작하여 4월 14일에야 행상이 끝났으며, 행상이 끝나야 왕과 왕비는 환궁한다.[23]

---

21) 김영순 저, 《축제와 문화콘텐츠》, 서울, 다할미디어, 2006, 57쪽.

22) 지금의 新疆省 和田市 근처. 호탄은 실크로드 육로 서역남로상의 요지로 張騫이 서역을 개척할 때부터 이미 알려져 있던 나라이다.

23) 瞿摩帝僧, 是大乘學, 王所敬重, 最先行像. 離城三四里, 作四輪像車. 高三丈餘, 狀如行殿. 七寶莊校, 懸繒幡蓋. 像立車中, 二菩薩侍. 作諸天侍從, 皆以金銀彫瑩, 懸於虛空, 像去門百步, 王脫天冠, 易著新衣, 徒跣持花香, 翼從出城. 迎像頭面禮足, 散花燒香. 像入城時, 門樓上夫人婇女, 遙散衆花, 紛紛而

위의 인용문에 의하면, 서역의 중요 국가인 우전국에서의 행상의식은 행상이 기원한 인도보다 더욱 경건하고 엄숙하며 행상의 거행 기간도 훨씬 길다. 먼저 행상의식의 거행일이 중인도 마가다국에서는 2월 8일이었는데, 이곳 우전국에서는 4월 1일부터 14일까지 14일 동안 행상이 실시되었다. 특히 핵심적인 것은 중인도 마가다국과는 달리 국왕이 종교의식으로서의 행상을 직접 주재하고, 행상의식 중의 국왕은 마치 천주교의 교황처럼 경건한 신자의 모습으로 등장한다는 점이다. 이러한 점에서 우전국에서는 행상이 종교의식인 동시에 국가의례가 되었다고 볼 수 있다. 국왕은 금은으로 장식된 화려한 불상의 행렬이 성문 앞 100보에 이르면 일국의 통치자로서의 모습을 버리고 경건한 신자의 모습으로 바꾼다. 그는 불상 앞에 국왕의 상징인 왕관을 벗고 새옷으로 갈아입고는, 맨발로 손에 꽃과 향을 들고 시종들을 거느리며 불상 앞에 나아가 이마를 불상의 발에 대는 극진한 예를 표하며 꽃과 향을 공양한다. 그런데 위의 인용문에는 행상 기간 중에 있었을 것으로 예상되는 불교 악무에 관한 언급이 전혀 없다. 그러나 이렇듯 경건한 종교의식에 불교 악무가 반드시 동반되었으리라 생각되며, 다만 법현이 《불국기》에 따로 기록을 하지 않았으리라 여겨진다.

법현은 인도를 갈 때는 실크로드를 통한 육로를 선택했지만 귀국할 때에는 해로를 선택하였다. 그는 서역에서 파미르고원을 넘어 북인도를 먼저 갔으며, 이후 중인도를 가서 여러 사찰들을 순방한 후 스리랑카로 향하였고, 다시 배를 타고 인도네시아의 자바섬을 경유하여 중국으로 귀국하였다. 스리랑카는 특히 인도 역사상 가장 뛰어난 지도자로

下. 如是莊嚴供具, 車車各異. 一僧伽藍則一日行像, 自月一日, 爲始至十四日, 行像乃訖. 行像訖, 王及夫人, 乃還宮耳. 《佛國記》

평가되고 불교를 세계적인 종교로 만드는 데 큰 공헌을 세운 아소카왕이 자신의 이복동생 남매를 전도사로 파견한 국가로서,[24] 일찍이 불교를 받아들여 불교국가의 모습을 지니고 있었다.《불국기》에서는 스리랑카가 獅子國(獅子의 나라)이라고 불리우고 있는데, 여기서는 사자국의 거대한 축제의식에 보인 불교 악무를 살펴보기로 하자.

> 佛齒는 항상 3월 중에 (佛齒精舍로부터) 나온다. 불치가 나오기 10일 전에 국왕은 큰 코끼리를 장엄하게 장식하여 말을 잘하는 한 사람으로 하여금 국왕의 복장을 입혀서 코끼리를 타고서 북을 치며 (다음처럼) 노래하게 한다. "석가모니께서는 헤아릴 수 없는 긴 기간 동안 苦行을 하시면서 목숨조차 아끼지 않으셨다. ……, 10일 후 불치사리는 마땅히 (불치정사로부터) 나와 無畏山精舍에 이를 것이다. 나라 안의 승려와 俗人들 중 복덕을 늘리고자 하는 이들은 각각 도로를 잘 정리하고 골목길을 아름답게 꾸미며 여러 가지 꽃과 향과 공향할 것을 준비할지어다." 이와 같이 노래를 마치면 국왕은 길 양편에 석가모니의 500餘具의 여러 가지 변화된 형상을 만든다. 혹은 수대나(須大拏)태자[25]의 형상을 만들기도 하고 혹은 사마(sama)[26]의 형상을 만들기도 하며, 혹은 象王[27]의 형상을 만들기도 하고, 혹은 사슴과 말의 형상을 만들기도 한다. 이와 같은 형상들은 모두 그림으로 그려 장식하였는데, 모양이 마치 살아있는 사람처럼 생동적이었다. 그런 후에 불치사리를 모셔내어 가운데 도로를 통해 지나가는데,

24) 김규현 역주,《불국기》, 서울, 글로벌컨텐츠출판사, 2013, 149쪽.

25) 수다나(Sunada) 태자가 염파국 살사왕의 태자로 태어나 나라의 보물을 보시한 탓으로 부왕의 노여움을 받아 귀양살이를 하던 중에도 처자식과 자신의 몸까지 보시했다는 내용이다.

26) 석가모니 전생의 한 이름. 석가모니가 전생에 눈먼 부모님을 모시고 살았는데 왕이 사냥을 가다가 화살을 잘못 쏘아 석가모니를 맞혔다. 이후에 왕은 석가모니가 눈 먼 부모를 모시는 유일한 효자임을 알고 감동하여 급히 살렸다고 하는 이야기이다.

27) 석가모니가 전생에 코끼리 중 가장 큰 코끼리인 상왕이었다는 이야기.

(사람들은) 길을 따라 공양을 하며 무외산정사 佛堂에 이르게 된다. (이때) 승려와 속인들이 구름처럼 모여들어 향을 피우고 燃燈을 하며, 여러 가지 法事[28]가 주야로 쉬지 않는다. (이리하여) 滿 90일이 되면 비로소 城內의 정사로 돌아가게 된다.[29]

위의 인용문에 의하면 사자국인 스리랑카에서 국왕이 종교의례를 주재하여 부처의 치아를 안치하고 옮기면서 거대한 규모로 가두행렬을 했던 특이한 행사는 군중성 축제로 행하여졌다. 여기에서 석가모니의 치아는 물론 석가모니를 상징하고 있다. 사자국에서 행해지던 이러한 불치사리 종교의식은 3월부터 시작하여 90일 동안이나 계속되어 장기간 동안 거행되며, 불교에서 신성시하는 코끼리가 동원된다는 점이 특이하다. 그리고 국왕은 이 종교의식을 자신이 직접 주재하지는 않고, 자기 대신 말 잘하는 사람을 한 명 골라 자신의 복장을 입혀 코끼리를 타고서 북을 치며 노래하게 만드는데, 이러한 점은 중국 고전희곡의 代言體的 성격과 흡사하다.

인용문에 따르면, 축제의 핵심 내용은 부처가 전생에 얼마나 苦行을 하고 남을 위하여 布施를 하였는지를 알려주고, 또 전생의 이야기와 관계된 여러 가지 그림을 그려 형상적으로 생동감있게 보여줌으

---

28) 불가에서 불법을 열어 보이기 위하여 행하는 여러 가지의 일로 경축·기원·참회·수행 등이 있다.

29) 佛齒常以三月中出之. 未出前十日, 王莊挍大象, 使一辯說人著王衣騎象上擊鼓唱言. 菩薩從三阿僧祇劫作行不惜神命, ……, 却後十日, 佛齒當出, 至無畏山精舍, 國內道俗, 欲殖福者, 各各平治道路, 嚴飾巷陌, 辦衆華香, 供養之具. 如是唱已, 王便夾道兩邊, 作菩薩五百身以來種種變現. 或作須大拏, 或作睒變, 或作象王, 或作鹿馬, 如是形象, 皆彩畵莊挍, 狀若生人. 然後佛齒, 乃出中道而行, 隨路供養, 到無畏精舍佛堂上, 道俗雲集, 燒香燃燈, 種種法事, 晝夜不息. 滿九十日, 乃還城內精舍.《佛國記》

로써 사람들에게 공덕을 쌓도록 하는 것이다. 그리고 이러한 불교축제는 지금도 스리랑카 중부도시인 캔디(Kandy)에서 페라헤라(Perahera) 축제라는 이름으로 해마다 성대하게 8월 즈음에 10일 간씩 열리며, 축제에는 여러 가지의 전통춤과 노래들이 화려하게 공연된다고 한다. 특히 페라헤라축제의 하이라이트는 수십 마리의 코끼리들이 부처의 불치사리를 태우면서 이동하는 가두행렬로서, 이때 불치사리를 모시는 코끼리는 아주 특별하게 엄선되어 평생 아무 일도 안하고 오직 일 년에 한 번씩 불치사리를 모시는 일만 한다고 한다.[30]

한편 사자국의 불치사리 가두행렬식 종교축제는 중인도의 마가다국이나 서역 우전국의 불상 가두행렬식 종교축제인 行像과 궤를 같이하고 있다고 볼 수 있다. 사자국의 불치사리 가두행렬 종교의식이 인도의 가두행렬 종교의식인 행상의 영향을 받아서 이루어진 것이 아닐까 생각된다. 다만 인도와 우전국의 불상이 사자국에서는 불치사리로 바뀌었을 뿐, 가두행렬이라는 형식과 부처에 대한 존중과 귀의 등 핵심 내용은 대동소이하다. 마찬가지로 성대한 가두행렬을 핵심으로 하는 불치사리 종교의식에는 불상 가두행렬 종교의식인 행상에서처럼 불교 악무가 대규모로 동원되었음이 분명하다. 특히 축제의 주재자가 국왕의 옷을 입고 코끼리를 타고서 북을 치며 노래하는 장면은 불교 악무 중 색다른 경우라고 여겨진다.

이상에서 5세기의 서역과 인도 등의 구법여행서인《불국기》에 보인 불교 악무의 양상을 살펴보았다. 서역과 인도 및 사자국의 불교 악무들은 대부분 불교의 종교의례 속에서 공연되었다. 이들 불교 악무들은 간단한 종교의식 중에 경건하게 공연되기도 하였지만, 인도

30) 김규현 역주,《불국기》, 서울, 글로벌컨텐츠출판사, 2013, 156쪽.

와 우전국의 행상 및 사자국의 불치사리 종교의식에서는 가두행렬을 주된 형식으로 하여 거대한 군중성 축제에 사용되었다. 그리고 이들 군중성 축제형식의 불교 악무들은 종교적 경선성과 함께 유희적 오락성도 함께 지니고 있다고 여겨졌다. 이러한 불교 악무들은 실크로드를 통하여 중국에 전래되었다.

그러면 이들 불교 악무들이 흥성했던 北魏 시기에 楊衒之가 쓴 《낙양가람기》를 통하여 5세기 말부터 6세기 초에 공연된 중국 불교 악무의 양상을 살펴보자. 양현지는 북위의 후기 도읍지였던(494-534) 洛陽에 1300여 곳의 사찰이 있었지만, 나중에 북위가 東魏와 西魏로 분열되어 망하면서 그 많던 사찰들이 사라지는 것을 보고 이것을 서글퍼하면서 자신이 직접 보았던 사찰들을 중심으로 회고하면서 《낙양가람기》를 지었다고 한다. 《낙양가람기》 중 불교 악무와 연관된 핵심적인 것만을 들면 다음과 같다.

〈長秋寺〉

4월4일, 이 불상이 항상 (行像을) 나가는데, 악을 물리치는 辟邪獅子가 그 앞을 인도하였다. 칼을 삼키고 불을 토하는 백희가 한편에서 요란하게 펼쳐지고, 장대를 타고 줄을 오르는 재주도 괴상하고 특이했으며, 기이한 재주와 특이한 의복이 도시에서 으뜸이었다. (행상 중간) 불상이 멈추는 곳에는 구경하는 사람들이 담을 둘러친듯 많아서 서로 간에 밟거나 뛰어넘어 죽는 자가 항상 생겨났다.[31]

〈景樂寺〉

이 절에는 佛殿이 한 채 있는데, 행상 때 사용하던 수레가 그곳에 있으

31) 四月四日, 此像常出. 辟邪師子導引其前. 呑刀吐火, 騰驤一面, 彩幢上索, 詭譎不常. 奇伎異服, 冠於都市. 像亭之處, 觀者如堵, 迭相踐躍, 常有死人.

며 조각이 절묘하여 당시에 최고였다. ……, 육재일(六齋日)[32]에는 항상 춤추고 노래하는 여자 藝人들을 두어서, 노래소리가 대들보를 맴돌고 춤추는 소매가 서서히 빙글 돌았다. (또) 관악기와 현악기의 낭랑한 소리가 조화롭고 절묘하여 入神의 경지였다. 이곳은 비구니 절이어서 남자들은 들어갈 수 없었는데, 가서 본 자들은 천당에 들어왔다고 여겼다. ……, 여러 종류의 음악을 불러서 절 안에서 자신의 기예를 드러내게 하였는데, 기이한 새와 짐승의 모습을 한 이들이 불전의 마당에서 기뻐 날뛰며 춤을 추었으며, 공중으로 날아 현혹시키는 환술은 세상에서 보지 못했던 것이다.[33]

〈景興尼寺〉

절에는 (행상 때 쓰는) 땅에서 3丈 높이의 금불상을 싣는 수레가 있다. 수레 위에는 寶蓋가 펼쳐져 있고 사면에는 금방울과 칠보로 된 구슬이 늘어뜨려져 있다. 伎樂을 연주하는 飛天像은 바라보면 구름 위에 있는 듯하며, 솜씨가 매우 정교하여 말로 표현하기 어렵다. 불상이 나가는 (행상)날에는 항상 禁衛軍 백명을 불러 이 불상을 들게 하였고, 악기를 다루는 이와 잡기를 하는 사람들은 모두 황제의 뜻에 따라 보내졌다.[34]

〈景明寺〉

당시는 사람들이 복을 빌기 좋아하여 4월 7일에는 도성의 모든 불상들이 이 절로 보내졌다. 尙書祠部曺[35]에 등록된 불상은 무릇 1000여 軀이다. 4월 8일이 되면 차례대로 宣揚門에 들어가 창합궁(閶闔宮) 앞으로 향하여 황제의 散花儀式을 받는다. 이때 금으로 만든 꽃에 햇빛이 비치

---

32) 매월 8·14·15·23·29·30일의 여섯 날을 말한다.이 날들에는 사천왕이 천하를 순행하면서 사람들의 선악을 살피는 날인 동시에, 악귀가 사람들의 틈을 살피는 날이라고 하여, 몸을 조심히 하고 마음을 깨끗이 한다.

33) 有佛殿一所, 像輦在焉, 彫刻巧妙, 冠絶一時. ……, 至於六齋, 常設女樂. 歌聲繞梁, 舞袖徐轉, 絲管寥亮, 諧妙入神. 以是尼寺, 丈夫不得入, 得往觀者, 以爲至天堂. 召諸音樂, 逞伎寺內, 奇禽怪獸, 舞抃殿庭. 飛空幻惑, 世所未睹.

34) 有金像輦, 去地三丈. 上施寶蓋, 四面垂金鈴七寶珠, 飛天伎樂, 望之雲表. 作工甚精, 難可揚摧, 像出之日, 常詔羽林一百人擧此像, 絲竹雜伎, 皆由旨給.

35) 尙書에 소속된 祠部曺로서 天文·卜祝·僧尼의 簿籍을 담당하였다.

> 고, 寶蓋는 구름 위에 떠 있는 듯했으며, 깃발은 숲과 같고, 향의 연기는 안개 같았으며, 범패의 음악과 설법 소리가 천지를 울렸다. 여러 가지 기예꾼들이 재주를 펼쳐 곳곳마다 사람들이 늘어섰다. 유명한 스님들과 덕이 높으신 분들이 錫杖을 짚고 한 무리를 이루었고, 신도와 승려들이 꽃을 지닌채 한 무리가 되었으며, 수레와 말은 도로에 가득하여 서로 이어져 있었다. 당시 서역의 오랑캐 沙門이 이것을 보고서 佛國이라고 큰 소리로 외쳤다.[36]

인도와 서역에서 전래된 불교 악무는《낙양가람기》중 위의 네 곳의 사찰에서 거행한 종교의식에 사용되었음이 분명하게 나타나 있는데, 여기서는 불교 악무가 거행된 육재일(六齋日)과 행상을 중심으로 살펴보자. 육재일은 불교에서 齋戒를 지키며 경건하게 지낼 것을 권하는 날로서, 매 달 여섯 날을 지정하여 일정한 의식을 행하였으며, 이러한 의식 중에는 반드시 불교 악무가 동원되었다. 인용문 중 경락사에서는 육재일이 되면 항상 춤과 노래를 하는 女樂을 두었음을 분명히 밝히고 있다. 그리고 양현지는 여기에서 이들 女樂이 공연하는 불교 악무의 예술 수준이 너무 절묘하여 入神의 경지에 이르는 것이라고 극찬하였다.

양현지는《낙양가람기》에서 육재일과 같은 비교적 작은 규모의 종교의식보다는 큰 규모의 종교의식에 대하여 중점적으로 묘사하고 있으니, 그는 위에서 행상의식에 관하여 상당히 자세하게 언급하고 있다. 위의 기록을 종합해 보면 당시 낙양에서 행하여진 행상의식은 인

36) 時世好崇福, 四月七日, 京師諸像皆來此寺, 尙書祠曺錄像凡有一千餘軀. 至八日, 以次入宣揚門, 向閶闔宮前受皇帝散花. 于時金花映日, 寶蓋浮雲, 幡幢若林, 香煙似霧, 梵樂法音, 聒動天地. 百戲騰驤, 所在駢比, 名僧德衆, 負錫爲群, 信徒法侶, 持花成藪, 車騎塡咽, 繁衍相傾. 時有西域胡沙門見此, 昌言佛國.

도의 마가다국이나 서역의 우전국에 못지않게 대규모의 국가적 종교의식으로 거행되었다. 행상의식이 얼마나 큰 규모였던지 행상을 관람하는 사람들의 행렬이 마치 담을 두른 듯 많았다고 기록하고 있으며, 인파 사이에 넘어지고 밟혀 죽는 사람이 항상 생겼다고 한다. 먼저 행상은 거행일에 있어서 사찰마다 조금씩 다르지만 대부분 4월 8일을 기준으로 실시되었다. 행상은 가두행렬이란 축제 형식을 사용하는데, 맨 앞에는 辟邪獅子가 등장하였다. 물론 벽사사자는 진짜 사자가 아니라 사자놀이의 사자처럼 인간이 분장한 것이다. 행상은 국가적 종교축제이기 때문에 위에 의하면, 북위에서는 국왕이 직접 주재를 하였다. 특히 불상을 호위하기 위하여 국왕은 궁정의 군대인 羽林軍을 100명이나 동원하였다.

위에 인용한 네 곳의 사원 중 행상을 행하는 핵심 사원은 경명사이다. 당시 경명사에는 낙양에 있던 모든 불상이 행상일에 집합되었다. 행상의식의 하이라이트는 수많은 불상들이 모두 황제가 기거하는 궁전인 창합궁(閶闔宮)으로 들어올 때 황제가 시행하는 散花儀式이다. 수많은 불상행렬들은 황제의 창합궁에 이르렀을 때 황제의 산화의식을 받아야 입성할 수 있었다. 여기서 황제의 산화의식은 단지 종교적 의식에 그치지 않고 일종의 국가의식이었다. 이러한 북위 황제의 산화의식은 앞의 우전국 국왕이 행한 산화의식과는 많은 차이점을 보여준다. 우전국의 국왕이 불상 앞에 맨발을 하고 왕관을 벗고서 부처의 발에 이마를 대는 것과는 많이 다르다. 우전국 국왕의 산화의식이 경건한 신자의 모습을 하고 있다면, 북위 황제의 산화의식은 마치 부처의 대리자이며 佛國의 통치자인 듯한 느낌을 준다.

이러한 중대한 종교의식인 행상에서 불교 악무는 거대하게 동원되었다. 먼저 부처를 공양하기 위한 가무인 伎樂의 飛天像이 동원되었는데, 그 솜씨가 매우 정교하여 말로 표현하기 힘들 정도였다고 한다. 아울러 부처의 공덕을 찬송하는 범패(梵唄)가 동원되었는데, 그 범패의 음악 소리가 천지를 진동시켰다고 한다.

그런데 위에 의하면 육재일과 행상의 종교의식에는 불교 악무만 동원되지는 않았다. 곧 육재일과 행상의식에는 불교 악무뿐만 아니라, 여러 가지의 세속음악이 사용되었고, 특히 칼을 삼키고 불을 토하는 百戲와 솟대타기와 줄타기와 같은 雜技가 동원되었으며, 아울러 공중으로 날아 눈을 현혹시키는 幻術 등도 동원되었다. 이것은 북위에 있어서 육재일과 같은 齋儀儀式이나 행상과 같은 국가적 종교의식에는 종교적 경건성뿐만 아니라 유희적 오락성도 함께 필요했음을 분명하게 보여주는 것이며, 이러한 점은 위진남북조 시기 진행된 중국 사원의 세속화와도[37] 일정한 연관을 지닌다고 여겨진다. 이상에서 북위에서의 불교 악무는 불교적 경건성을 유지하면서도, 아울러 유희적 오락성을 지닌 세속악무나 잡기들과 결합되어 공연되었음을 알 수 있다. 이것은 불교 악무가 종교의식의 한 가지 의례로 공연되는 기능을 하기도 했지만, 한편으로는 불교를 선전하고 국가의 결속력을 제고시키는 하나의 수단으로서의 기능도 해야 하기 때문일 것이다.

4. 《대당서역기》 중의 불교 악무

《대당서역기》는 당나라의 玄奘(602?-604)이 627년(일설 629년)에 장안을 출발하여 서역과 인도 등 138개의 국가를 여행하고 645년 귀국한

37) 黃敏枝 著, 임대희역,《중국역사상의 불교와 경제》- 당대편, 서울, 서경문화사, 2002, 35-47쪽.

후 646년에 완성한 책이다. 현장은 17여 년 간 스스로 체험하고 보고 들은 서역과 인도의 풍토·민족·습관·언어·종교·미술·건축·전설 등을《대당서역기》에 기록하여 당시 7세기 서역과 인도에 관한 귀중한 자료를 남겼다. 그런데 그의《대당서역기》중에는 그가 많은 사원들을 직접 방문하여 보고 들은 내용 중 불교 악무와 관련된 것들도 있는데, 여기서는 이들 중 가장 대표적인 불교 악무의 내용을 중심으로 살펴보기로 한다. 불교 악무는 앞의《불국기》에서 살펴본 것처럼 주로 종교의식과 관련되어 보여지는데, 먼저 雨安居와 연관된 간단한 불교 악무를 살펴보자.

> 보리수 남쪽 10여 리 사이에는 聖스러운 遺跡이 잇달아 있어서 다 거론하기가 힘들다. 매년 비구들이 우안거를 끝낼 무렵에는 사방의 승도와 속세인이 백 천 만 명씩 떼를 지어 7일 밤낮 동안 향과 꽃을 지니고 음악을 연주하며 숲 속을 두루 돌아다니면서 (성스러운 유적에) 예배하고 공양을 올린다.[38]

위의 인용문은《불국기》에서도 인용하였던 중인도 마가다국에서 부처가 成道한 곳으로 유명한 보리수나무 부근 유적지의 사찰에서 우안거를 끝맺을 때 행하여지던 불교의식인 解安居를 기록하고 있다. 우안거는 고대 인도의 수도승들이 雨期 3개월 동안 자신들이 외출할 때 자신도 모르게 초목이나 작은 벌레를 밟아 죽여 금지된 살생을 범하게 되고, 또한 行乞에도 적합하지 않아 외출을 금하고 동굴이나 사원에서 수행에만 전념하게 한 제도이다.

위에 의하면, 현장이 보리수나무 근처에 왔을 무렵 보리수나무 남

38) 菩提樹南十餘里, 聖迹相隣, 難以備擧. 每歲比丘解安居, 四方法俗, 百千萬衆, 七日七夜, 持香花, 鼓音樂, 遍遊林中, 禮拜供養.《大唐西域記》

쪽 10여 리에는 부처의 성스러운 유적이 매우 많았다. 그리고 그곳의 승려들은 매년 우안거를 끝내는 것을 기념하여 일정한 종교의식인 해안거를 행하였는데, 해안거는 7일 동안 밤낮으로 거행되었으며, 승려와 속인들이 백 명 천 명 만 명씩 떼를 지어 다녔다는 기록으로 보아 상당히 성대하게 거행되었음을 알 수 있다. 이러한 해안거의 종교의식에 꽃과 향의 공양물 외에 경건한 불교 악무는 반드시 사용되었다. 여기서의 불교 악무는 종교의식에 필수 불가결한 것으로서, 행상과 같이 축제에서 나타난 오락성을 배제하고 있는데, 이러한 점은 《불국기》 중의 핫다성에서 부처의 두개골에 대한 종교의식을 거행될 때 사용되었던 불교 악무와 비슷한 의미를 지닌다고 하겠다.

현장의《대당서역기》는 법현의《불국기》에 비해 방대한 양의 기록을 남기고 있으며, 그 중에는 불교와 관련된 신화와 전설을 많이 다루고 있는데, 이러한 점은《불국기》와 다른 점이다. 그러면《대당서역기》 중 불교의 신화와 전설을 배경으로 나타나는 불교 악무를 살펴보자.

> 산 정상에는 큰 盤石이 있고 그 위에 스투파(stupa)[39]를 세웠는데, 그 높이가 10여 尺 이며 부처가 入定[40]한 곳이다. 옛날에 부처가 하계에 강림하셔 이곳에 머무르며, 이 반석 위에 앉아 滅盡定[41]에 들고서 그때 하룻밤을 지내었다. (이때) 여러 天神들과 聖者들이 부처에게 공양을 올리고 天樂을 울리며 天花를 뿌렸다. 부처가 선정에서 나오자 여러 천신들은 감동하고 흠모하여 칠보와 금은으로 스투파를 세웠다.[42]

---

39) 유골을 매장한 인도의 火葬墓로 불교에서는 불타의 사리를 봉안한 기념비적인 건축물을 말함.

40) 마음을 고요히 통일시켜 禪定에 들어가는 것.

41) 모든 마음의 작용이 소멸된 禪定.

42) 山頂有大盤石, 上建窣堵波, 其高十餘尺, 是佛入定處也, 昔者如來降神止此, 坐斯盤石, 入滅盡定, 時經宿焉. 諸天靈聖, 供養如來, 鼓天樂, 雨天花. 如來

위의 인용문은 인도의 사원 중 중요한 학술센터로 현장이 일찍이 두 차례 방문 적이 있고 두 달 동안 학습을 했던[43] 마가다국의 텔라다카 가람 부근의 부처 유적에 관한 신화와 전설을 배경으로 하고 있다. 텔라다카 가람 부근에는 높은 산이 있다고 한다. 그리고 그 산 정상에는 커다란 쟁반 모양의 盤石이 있는데, 부처가 이전에 그곳에서 온갖 번뇌를 끝는 滅盡定에 들며 하룻밤을 지내었다고 한다. 그러자 여러 천신들과 성자들이 부처에게 공양을 올리고 天樂을 울리며 天花를 뿌렸다고 한다. 이후 부처가 선정에서 깨어나자 부처에게 감동을 받아 칠보와 금은으로 된 스투파를 세웠다고 한다.

그런데 여기에서 천신들과 성자들이 부처에게 천악을 울리고 천화를 뿌린(鼓天樂雨天花) 고사는 불교에서 너무나 유명한 불교 악무의 형상으로서 소위 飛天伎樂이 그것이다. 불교에서 飛天은 帝釋天宮에서 불교 악무를 담당하는 음악의 神인 건달파(乾達婆)와 긴나라(緊那羅)에서 비롯하였다. 그들은 고대 인도 신화 중의 가무신과 오락신으로서 한 쌍의 부부이나 나중에 불교에 흡수되었으며, 이후 둘이 합쳐져서 하늘을 날아다니는 天人의 형상으로 등장한다. 그들은 보통 부처가 보살을 설법하거나 보살이 머무르는 곳에서 허공을 날면서 천화를 뿌려주고 천악을 연주해 준다. 그리고 이러한 아름다운 비천의 악무형상은 중국과 한국에도 전해졌으니, 막고굴의 비천형상과 우리나라 선덕대왕 선종의 비천상은 대표적인 것이다.

《대당서역기》에는 《불국기》와 마찬가지로 불교의 대형 종교의식에 불교 악무가 사용되는 부분이 보인다. 앞의 《불국기》에서는 대형 종교의식으로서 행상을 중점적으로 살펴보았으나 여기에서는 행상

出定, 諸天感慕, 以寶金銀起窣堵波.

43) 季羡林 著, 《大唐西域記校注》, 北京, 中華書局, 2012, 651쪽.

과 함께 무차대회(無遮大會)에 나타난 불교 악무의 양상을 살피고자 한다. 그러면 당시 서역에서 최고의 악무를 자랑하던 쿠차(屈支國)[44]에 대한 기록을 살펴보자.

> 문자는 인도에서 본떠서 조잡하게 바꾸었으며, 管絃伎樂은 특히 여러 나라 가운데 뛰어나다.[45]
>
> 큰 성의 서문 밖 도로 좌우에는 각기 서있는 모습의 불상이 있는데, 높이가 90여 尺[46]이다. 이 불상 앞에 無遮大會(五年一大會)를 개최하는 대회장을 세운다. 매년 秋分 전후 수십 일 동안 나라 안의 승려가 모두 대회장에 모여든다. 위로는 군왕으로부터 아래로는 유생과 평민들이 세속의 일을 그만두고 齋戒를 받들어 지키며 佛經을 받고 說法을 듣는데, 오랜 날을 보내고도 피로를 잊는다. (한편) 여러 사원에서는 불상을 장엄하게 만드는데, 진귀한 보물로 장식하고 비단으로 장식하며, 수레에 싣는데 이를 행상이라고 부른다. (불상을 실은 수레는) 千輛의 숫자를 셀 정도로 (대규모로) 움직이어 대회장에 구름처럼 모인다. 통상 보름날과 그믐날에 국왕과 대신이 국사를 의논하고 高僧을 찾아 물은 연후에 선포한다.[47]

위의 인용문에서 현장은 쿠차 곧 굴지국의 악무가 여러 나라 가운데 특히 빼어나다고 칭송하고 있는데, 이러한 점은 쿠차 부근의 千佛洞 壁畵와 유골함에 그려진 樂隊의 가무 장면에서 분명히 확인할 수

44) 新疆省 庫車縣 부근.

45) 文字取則印度, 粗有改變, 管絃伎樂, 特善諸國.

46) 1尺은 0.33m. 90尺은 90X0.33=29.7m.

47) 大城西門外路左右各有立佛像, 高九十餘尺, 於此像前建五年一大會處, 每歲秋分數十日間, 擧國僧徒皆來會集. 上自君王, 下至士庶, 捐廢俗務, 奉持齋戒, 受經聽法, 渴日忘疲. 諸僧伽藍莊嚴佛像, 瑩以珍寶, 飾之錦綺, 載諸輦輿, 謂之行像, 動以千數, 雲集會所. 常以月十五日晦日, 國王大臣謀議國事, 訪及高僧, 然後宣布.《大唐西域記》

있다. 또 역사상 굴지국의 음악은 중국의 음악에 막대한 영향을 끼쳤으니, 북위와 북주 시기에는 굴지국의 음악이 궁정과 민간에서 매우 유행하였으며, 6세기 굴지국의 음악가인 蘇祇婆의 음악은 중국의 음악이론에 큰 영향을 끼쳤다.[48] 이것은 굴지국의 지리적 위치와 큰 연관이 있다. 사실 굴지국은 동쪽으로는 중국의 중원문화, 서쪽으로는 페르시아문화, 남으로는 인도문화, 북으로는 초원문화와 접해 있는 지정학적 유리함을 지녀 한나라 시기에서 수·당 시기에는 서역악무 중 최고봉이 될 수 있었다.[49]

무차대회는 본시 인도에서 기원한 대규모의 불교 법회로 5년에 한 차례 열렸으며, 僧俗·上下·귀천·선악을 구분하지 않은 大乘의 일체 중생 평등사상에 입각했기 때문에 평등대회 또는 四部無碍大會 등으로 불리었다. 이때 식사 공양이나 강경 등이 행하여지며, 불교 악무가 거대하게 동반된다. 국왕은 국고를 열어 사부대중에게 無遮 곧 무제한으로 식사나 물품 등을 보시하여 왕의 善政을 모든 이들이 구분없이 체험하게 한다. 다만 인용문의 원문에서는 무차대회를 五年一大會라고 칭하였는데, 이것은 본래의 梵語를 한어로 의역한 것이며, 실제로는 정해진 기간이 없이 1년이나 반년 또는 5년에 한 번씩 열렸다고 한다.[50]

위의 인용문에 근거하면, 굴지국의 무차대회는 매년 거대한 규모로 거행되었으며 무차대회 중에 행상의식도 함께 시행되었다. 먼저 무차대회를 위해 굴지국에서는 30여 미터나 되는 불상을 도로의 좌

48) 季羡林 著, 《大唐西域記校注》, 北京, 中華書局, 2012, 56쪽.

49) 王功恪 王建林 著, 《龜玆古國》, 重慶, 中慶出版社, 2008, 73쪽.

50) 蘇鉉淑, 〈皇權과 불교의례: 북위 행상과 梁의 무차대회〉, 《중국고중세사연구》, 2013.

우에 설치하였고, 불상 앞에 무차대회 대회장을 조성하였다. 무차대회 기간은 가을 추분을 전후하여 수십 일을 지정하였고, 나라 안의 모든 승려는 물론이거니와, 국왕에서부터 일반 평민에 이르기까지 수많은 사람들이 세속의 일을 잠시 그만두고 참가하였다. 그런데 참가들은 대회 기간 중 불경을 받들고 승려의 설법을 듣기를 날마다 계속하여도 피로를 모른다고 한다.

한편 무차대회 기간 중에는 거대한 행상의식을 거행하는데, 불상을 실은 수많은 수레들이 천 량이나 될 정도로 대규모로 대회장에 모여들었다고 한다. 이 같은 대규모의 가두행렬 방식의 행상의식이 거행되면 앞에서 살펴보았듯이 거대한 불교 악무가 공연되었을 것이 분명하다. 또 행상의식이 없었더라도 무차대회 기간 중에는 대규모의 불교 악무가 공연되는 것이 당연했으니, 다음에 인용한 인도 戒日王의 무차대회는 불교 악무가 성대하게 동원되었음을 보여주는 전형적인 경우이다.

> 왕은 먼저 강 서쪽에 큰 가람을 세우고 가람 동쪽에는 높이 100여 尺의 보대(寶臺)를 세운 다음, 그 안에 크기가 왕의 신장만한 금불상을 안치시켰다. 보대의 남쪽에는 寶壇을 만들고 불상을 목욕시키는 곳으로 삼았다. 여기서 동북쪽 십사오里에 별도로 행궁을 지었다. 이때는 仲春 2월이었다. 첫날부터 여러 사문이나 바라문들에게 진귀한 음식을 대접하고, 21일째에는 행궁에서 가람까지 길 양쪽에 누각을 만들면서 갖가지 장식을 다하였으며, 음악하는 사람들은 이동하지 않고 우아한 음악을 차례대로 연주했다. 왕은 행궁에서 금불상을 하나 꺼내어 공중으로 높이 들었는데 높이가 3척 정도였고, 큰 코끼리에 태우고 멋들어진 장막을 쳤다. 계일왕은 帝釋天[51]의 의복을 입고 寶蓋를 쥐고서 왼쪽에 侍立했으며, 구마라왕

51) 고대 인도에서 불법을 수호하는 신으로 힌두교의 인드라(Indra)신을 불교에서 수용한 것이다.

> 은 梵天王[52]의 威儀를 갖추고 흰 拂子를 든 채 오른쪽에 시립했다. 각기 500의 象軍이 갑옷을 입고 주위를 호위했다. 불상 앞뒤의 각각 100마리의 큰 코끼리에는 음악을 연주하는 樂人이 타고서 풍악을 울렸다. 계일왕은 진주와 갖가지 보물 및 금은으로 만든 여러 꽃들을 걸어가며 사방으로 뿌리며 三寶에 공양을 하였다. 먼저 보단에 올라가 향수로 불상을 목욕시키고, 왕이 몸소 (불상을) 등에 지고서 서쪽 臺 위로 올려 보냈으며, 갖가지 진귀한 보물과 비단을 수십 백천으로 공양하였다. 이때 오직 사문 20여 인이 따랐으며, 여러 국왕들이 侍衛하였다. 식사를 마치면 이교도들을 모아 깊고 (불교의) 미묘한 이치를 논의하고 (불교의) 지극한 이치를 찬양하였다. 해가 장차 황혼에 들 무렵 수레를 타고 행궁으로 돌아갔다.[53]

무차대회를 주재한 국왕인 계일왕은 7세기 인도의 유명한 왕인 하르샤(Harsha)왕으로서, 갠지즈강의 상류인 갈약국사국(羯若鞠闍國)의 국왕이며, 불교를 보호하고 문학을 장려하였다. 특히 그는 인도고대 연극사에서 불교 희곡의 작가로도 유명하여 그가 지은 〈용왕의 기쁨〉은 〈雲乘王子〉라는 이름으로 티벳에 전해졌다. 계일왕은 수도인 曲女城에서 무차대회를 거행하였는데, 그 규모가 매우 거대하다.

---

52) 제석천과 함께 불교의 호법수호신으로 우주만물을 창조함.

53) 王先於河西建大伽藍. 伽藍東起寶臺, 高百餘尺, 中有金佛像, 量等王身. 臺南起寶壇, 爲浴佛像之處. 從此東北十四五里, 別築行宮. 是時仲春月也, 從初一日以珍味饌諸沙門婆羅門, 至二十一日, 自行宮屬伽藍, 夾道爲閣, 窮諸瑩飾, 樂人不移, 雅聲遞奏. 王於行宮出一金像, 虛中隱起, 高如三尺, 載以大象, 張以寶幰. 戒日王爲帝釋之服, 執寶蓋以左侍, 拘摩羅王作梵王之儀, 執白拂而右侍. 各五百象軍, 被鎧周衛. 佛像前後各百大象, 樂人以乘, 鼓奏音樂. 戒日王以珍珠雜寶及金銀諸花, 隨步四散, 供養三寶. 先就寶壇, 香水浴像. 王躬負荷, 送上西臺, 以諸珍寶憍奢耶衣數十百千, 而爲供養. 是時唯有沙門二十餘人預從, 諸國王爲侍衛. 饌食已訖, 集諸異學, 商擢微言, 抑揚至理. 日將曛暮, 回駕行宮.《大唐西域記》

먼저 정식 행사 전의 준비단계를 보면 다음과 같다. 그는 높이가 100여 尺(대략 33미터)이나 되는 높은 寶臺를 세운 다음, 그 안에 자신의 키와 같은 금불상을 안치시켰고, 남쪽에도 寶壇을 설치하여 부처를 목욕시키는 浴佛의 장소로 삼았으며, 동북 방향 14~5里에 별도로 행궁을 지었다. 무차대회의 개최시기는 음력 2월로 잡았고, 무차대회 본래의 취지대로 사문이나 바라문에게 진귀한 음식을 대접하였으며, 행궁에서 무차대회가 열리는 대회장까지 도로 양쪽에 수많은 누각을 지녔다. 그리고는 국왕은 행궁에서 높이가 3尺 정도 되는 금불상을 하나 꺼내 높이 들어 올리더니 큰 코끼리에 싣고서 멋진 장막으로 감싸았다.

다음은 무차대회가 정식으로 진행되는 모습이다. 계일왕은 불법의 수호신인 제석천의 의복을 하고 손에 寶蓋를 쥐고서 왼쪽에서 불상에 侍立했고, 초청한 구마라왕은 범천왕의 威儀를 갖추고 흰 拂子를 들고 오른쪽에서 시립하였다. 이때 그들을 호위하기 위하여 500마리 코끼리 부대의 군인들이 갑옷을 입으며 동원되었다. 그는 불상 앞으로 걸어가면서 진주와 보물 등을 사방에 뿌리며, 보단에 올라서는 먼저 불상을 향수로 목욕시켰다. 이후 그는 몸소 불상을 등에 지고 서쪽의 누대로 옮기면서 역시 수많은 보불과 비단 등을 공양하였다. 그리고 무차대회의 정식 행사가 끝날 무렵 그는 당시 불교도가 아닌 이교도들과 부처의 깊은 뜻을 논의하고 불도를 찬양하며, 해가 질 무렵에야 행궁으로 돌아갔다.

이와같이 규모가 큰 계일왕의 곡녀성 무차대회에서는 불교 악무 또한 성대하게 동원되었다. 위의 인용문에 의하면 곡녀성 무차대회에서는 두 군데에서 불교 악무가 행하여졌다. 먼저 왕의 행궁에서 가람까지 도로 양쪽에 끝없는 누각을 만들고서 왕을 비롯한 무차대회의 행렬이 지나갈 때 음악을 담당하던 樂人들은 따라 움직이지 않고 '雅聲'곧 우아한 불교 악무를 연주하였다.

그러나 무엇보다 무차대회에서 얼마나 불교 악무가 성대하게 동원되었는가를 보여주는 것은 불상 앞뒤에서 각기 100마리씩 200마리의 코끼리를 탄 樂人이 음악을 연주하는 장면이다. 물론 인용문에는 코끼리를 탄 악인들이 불교 악무를 공연했다는 직접적인 기록은 없지만, 신성한 불상 바로 앞뒤에서 음악대가 공연한 것은 불교 악무라고 여겨진다. 이러한 점은 앞의 《불국기》를 논할 때 스리랑카에서도 부처의 불치사리를 옮기는 종교의식이 있음을 보았는데, 지금도 스리랑카에서 불치사리를 옮기는 종교축제인 페라헤라축제에 코끼리가 동원된다는 점을 감안하면 당시 곡녀성 무차대회에서 동원된 코끼리 음악대는 엄청난 규모이었으리라고 추측된다.

5. 《佛國記》와 《大唐西域記》 중 불교 악무의 의의

《불국기》와 《대당서역기》에 보인 불교 악무는 앞에서 살펴본 바와 같이 중국에 전래되었으니, 앞에서 살펴본 《낙양가람기》에는 서역과 인도에서 전래된 불교 악무가 많은 사원에서 공연된 기록이 보였다. 먼저 서역이나 인도에서 공연된 이들 불교 악무들은 대부분 사원이나 국가의 종교의식에 동원되었다. 그리하여 이들 불교 악무들은 정기적이거나 비정기적인 齋儀에 사용되었으며, 종교의식의 내용과 규모에 따라 각각 다르게 공연되었다. 규모가 작은 종교의식에 사용될 경우, 일반적으로 거기에 사용된 불교 악무는 부처에 대한 尊崇을 내용으로 하며, 경건한 공연양상을 지녔다. 일례로 인도의 헤라성에서 부처의 두개골을 신성시하여 모신 사원의 예배의식과 공양의식에서는 고요하고 경건한 불교 악무가 사용되었으며, 인도 마가다국의 보리수나무 근처 부처 유적의 사원에서는 雨安居가 끝날 때 하는 解安居란 종교의식을 행하였는데, 일주일 동안 밤낮으로 경건한 불교 악무를 사용하였다. 또한 인도 마가다국의 유명한 사원인 텔라다카 가람 근처에는 부처 유적의 신화와 전설과 연관된 불교 악무가 언급되었는데, 이는 불교 악무 중 유명한 飛天伎樂으로서 하늘을 나는 天人이 부처를 위하여 하늘꽃를 내리고 하늘음악을 연주하는 장면이었다.

《불국기》와《대당서역기》에는 비정기적이고 작은 규모의 종교의식보다 정기적이고 거대한 규모의 종교의식에 동원된 불교 악무가 중점적으로 보여진다. 이 중 가두행렬 방식의 형식을 사용하여 부처를 수레에 태우고 길거리를 巡行하는 行像과 귀천과 승속 및 선악을 가리지 않고 평등하게 보시하는 것을 목적으로 행하는 無遮大會는 그 핵심이다. 그리고 이들 행상과 무차대회에는 종교의식의 규모에 따라 성대한 규모로 불교 악무가 행하여졌다. 특히 서역 우전국에서의 행상은 인상적이어서, 국왕이 몸소 행상을 주재하면서 불상이 다가오면, 왕은 왕관을 벗고 맨발로 불상에 다가가 불상의 다리에 이마를 대는 경건한 신자의 모습으로 나타났다. 또 고대 인도의 희곡작가이기도 한 계일왕은 무차대회를 개최하면서 엄청난 규모의 불교 악무를 동원하였는데, 특히 200마리의 코끼리 악무대가 연주하는 불교 악무는 대단했으리라 여겨진다.

서역과 인도에서 전래된 불교 악무는 6세기 불교가 흥성했던 北魏 시기에 성행하였으니,《낙양가람기》는 당시 불교 악무의 양상을 잘 보여주었으며, 특히 종교적 제의성이 유희적 오락성과 결합하는 양상을 보여주었다. 그 중 六齋日이란 종교의식에 맞추어 행해지던 불교 악무는 너무나 훌륭하여 入神의 경지에 이르렀다고 말해졌다. 그러나 사원은 이미 세속화의 길을 걸어 불교 악무 또한 육재일에 세속 악무와 百戲 및 雜技 등이 함께 공연되었다. 사원은 종교활동의 중심지인 동시에 이미 군중들의 오락장소였다. 또 서역과 인도에서 전래된 행상의식도 사원에서 대규모로 행하여졌는데, 경건한 범패의 불교 악무는 유희적 오락성을 특성으로 하는 잡기와 함께 결합되며 공연되었다.

이상에서 《불국기》와 《대당서역기》에 나타난 인도와 서역의 불교 악무를 중심으로 이들의 공연 양상을 살펴보았고, 아울러 이들 불교 악무가 대량으로 전래된 위진남북조 시기 북위를 중심으로 공연된 양상을 《낙양가람기》를 통하여 살펴보았다. 그러면 《불국기》와 《대당서역기》에 보인 불교 악무는 중국의 고전희곡 발전사에서 어떠한 위상과 의미를 지니고 있을까?

먼저 《불국기》와 《대당서역기》에 보인 불교 악무는 서역과 인도의 외래악무이지만, 이들은 대부분 중국으로 전래되어 중국의 고전희곡 발전사에서 일정한 공헌을 했다고 여겨진다. 이것은 《불국기》와 《대당서역기》에 보인 불교 악무가 중국 전체 불교 악무의 일부분이지만, 이들 불교 악무는 위진남북조 시기와 당나라 시기 극도로 번성한 불교의 사원을 통하여 다른 모습의 불교 악무와 함께 결합되어 공연되면서 불교 악무 발전의 한 축을 담당하였다고 볼 수 있다. 이러한 점에서 본다면 《불국기》와 《대당서역기》에 보인 불교 악무는 전체적인 희곡발전사에서 일정한 역할을 한 것으로도 볼 수 있다고 여겨진다. 그것은 중국고전희곡의 발전사에서 불교 악무가 차지하는 위상과 공헌이 상당하기 때문이다.

불교 악무는 〈弄婆羅門〉·〈舍利佛〉·〈蘇幕遮〉 등의 가무희와 설창예술의 음악과 공연 구조 등에 커다란 영향을 끼쳤으며, 이들 가무희와 설창예술의 형식은 중국 고전희곡의 형성에 큰 영향을 끼쳤기 때문이다. 결론적으로 말한다면, 중국의 불교 악무는 전체적인 희곡발전사에서 가무희로 발전하는 전 단계로서 상당히 중요한 연결고리로서의 위상과 의미를 지니고 있고, 이 중《불국기》와《대당서역기》에 보인 불교 악무는 전체 불교 악무의 일부이지만, 앞의《낙양가람기》에서 살펴보았듯이 사원에서 다른 불교 악무나 세속악무와 결합하여 중국의 고전희곡 발전에 일정한 공헌을 하였다고 볼 수 있다.

2장. 《낙양가람기(洛陽伽藍記)》 중의 희곡 (戱曲) 활동

1. 《낙양가람기》 중 희곡 활동의 의미

《낙양가람기》는 중국의 위진남북조 시기 선비족(鮮卑族) 북위(北魏)의 양현지(楊衒之)[1]가 당시의 수도였던 낙양(洛陽)에 건립되었던 수많은 사원 중에서 대표적인 사원이라고 할 수 있는 40여 곳 사원과 연관된 각각의 내용을 기록한 산문(散文)체 역사 필기(筆記)이다. 이러한 《낙양가람기》는 四六 변문(騈文)과 산문의 문체가 정제되어 있고 풍격이 전아하며, 저작 중에 포함하고 있는 내용과 표현예술이 북조(北朝) 문인의 풍격과 특색을 대표한다. 그리하여 《낙양가람기》는 후세 산문과 전기(傳記) 및 소설 등 문학체제의 발전에 상당한 영향을 끼치었으며, 역도원(酈道元)의 《수경주(水經注)》와 가사협(賈思勰)의 《제민요술(齊民要術)》과 함께 북조 삼서(北朝三書)로 일컬어진다.[2]

《낙양가람기》의 배경인 낙양은 북위 왕조의 흥성과 멸망이 나타났던 곳이다. 곧 당시의 낙양은 북위 효문제(孝文帝)가 북쪽의 평성(平城.

---

1) 양현지의 성씨에 관하여는 역대로 논란이 있어 혹자는 '양(陽)'이 맞다고 하는 사람이 있었고, 혹자는 '양(羊)'이 맞다고 하는 사람이 있었으나 '양(楊)'이 옳다고 주장하는 사람이 다수이므로 여기에서는 이를 좇는다.

2) 사람에 따라 《제민요술》 대신 《위서(魏書)》나 《안씨가훈(顔氏家訓)》을 포함시키기도 한다.

지금의 산서성 대동(大同))에서 남쪽의 낙양으로 천도한 494년부터, 효무제(孝武帝)가 우문태(宇文泰)에게 장안(長安)으로 끌려가 서위(西魏)가 세워지고, 남아있던 대신(大臣) 고환(高歡)이 효정제(孝靜帝)를 내세워 업성(鄴城. 지금의 하남 임장(臨漳))에 동위(東魏)를 건립하여, 북위가 동위와 서위로 나누어졌던 534년까지 41년간의 낙양을 가리킨다. 효문제가 낙양에 천도한 후 낙양은 정치와 경제 및 문화에 있어서 국제도시로서 최고의 번영기를 이루었다. 이후 효무제를 이은 세종(世宗)은 불교를 숭상하여 많은 불사를 건립하였는데, 이에 따라 지나친 토목공사로 국력은 도리어 쇠락해갔다. 세종 이후 북위는 영태후(靈太后)가 어린 아들을 두고 섭정을 하였는데, 그녀는 불교를 극도로 숭상하여 수많은 불사를 건립하였다. 그리하여 북위 말기에는 낙양에만 1367곳의 사찰이 있었고, 승려 수도 200여만 명에 이르렀다고 한다.

그러나 이러한 지나친 불교 숭상은 국가에 도리어 부담이 되어 돌아왔다. 국가의 생산 노동력은 감소하고 재정수입이 줄었으며, 정치에 있어서는 환관이 득세하고 군사적 변란이 끊이지 않았다. 그리하여 변란으로 끝내 그녀가 죽임을 당한지 얼마 후에 북위는 역사에서 사라진다. 양현지는 자신의 조국인 북위가 이렇듯 흥성하고 멸망해가는 것을 직접 목도하였는데, 특히 북위가 동위와 서위로 나누어진 이후 547년에 자신의 두 번째 요역(徭役)을 수행하기 위하여 낙양을 방문하였을 때 낙양에 있던 이전의 수많은 사원들이 황폐해지고 없어진 것을 보고 감개무량하여 그 격정의 감정을 《낙양가람기》에 실었다.

구체적인 내용에서 보자면 《낙양가람기》는 주로 북위의 도성이었던 낙양의 사원을 배경으로 당시의 정치 · 교통 · 민속 · 전설 · 인물 전기 등을 다루고 있다. 그리고 그 가운데는 법회와 재회(齋會)의 불교의식을 배경으로 행하여졌던 여러 불교 악무(樂舞)와 산악백희(散樂百戲) 및 거대한 축제성 활동 등이 보이는데, 이들은 모두 중국 고전희곡의 형성과 발전사에 있어서 일정한 의미를 지니고 있는 희곡활동이다. 《낙양가람기》의 기록에 보이는 희곡 활동을 통하여 우리는 당시 북위 시기 낙양의 사원은 종교공간인 동시에 오락적 문화공간 이었음을 알 수 있다. 당시의 사원에서 법회와 재회 행사를 거행할 때에는 반드시 불교 악무나 잡기(雜技) 및 환술(幻術)과 같은 희곡 활동을 함께 공연하였다. 아울러 당시의 사원은 인도와 서역과 같은 외국의 선진 악무문화를 수입하는 하나의 경로였다. 그리하여 당시의 사원은 수준 높은 선진 악무문화를 공연함으로써 북위의 악무문화의 수준을 제고시키는 기능을 담당하기도 하였다. 여기에서는 바로 이러한 사원의 관점에서 《낙양가람기》에 보인 희곡 활동의 양상을 살피고, 아울러 이러한 불교적 희곡 활동이 중국의 고전희곡 발전사에서 어떠한 의미를 지니고 있는지를 중점적으로 살피고자 한다.

2. 《낙양가람기》의 저술 배경

양현지의 《낙양가람기》는 당시 북위의 여러 가지 상황을 배경으로 하여 탄생하였는데, 여기에서는 이러한 배경들을 학술배경과 정치·사회배경 및 종교배경·대외 문화교류의 배경으로 나누어 간략히 서술함으로써 《낙양가람기》의 저술에 담긴 의미를 살피고자 한다.

먼저 《낙양가람기》가 탄생한 학술적 배경으로는 효문제(재위471-499)의 개혁정책을 배경으로 하고 있다. 효문제는 낙양으로 천도를 단행하면서 선비족인 자신들에게 한화(漢化)정책을 중점적으로 실시하였으니, 그는 유학을 숭상하여 중원의 한족을 중용하고 국립학교인 국자태학(國子太學)과 사문소학(四門小學) 등을 설립하였다. 그리하여 효문제 시기 북위의 학술은 백화제방의 국면으로 발전하여 경학과 사학 및 문학 등이 크게 발전하였으며,[3] 《낙양가람기》는 바로 이러한 학술적 배경을 근거로 탄생하였다.

《낙양가람기》라는 뛰어난 저술이 나오게 된 정치적·사회적 배경 또한 효문제의 개혁정책과 밀접한 연관을 지닌다. 효문제는 자신들인 선비족과 한족의 융합을 위하여 한화정책을 강력히 실시하였으니, 그는 자신들의 본래 왕족 성씨인 탁발씨(拓跋氏)를 원(元)씨로 바꾸고, 모든 선비족들에게 중국식의 성씨로 바꾸도록 시켰다. 아울러 그는 자신들의 언어인 선비어를 없애고 한어를 사용하도록 했으며, 선비족과 한족의 통혼을 적극 장려하였다. 뿐만 아니라 그는 선비족의 복장인 호복(胡服)을 없애고 한복(漢服)을 착용하도록 시켜 선비족을 한족에 동화되도록 하였다. 또 효문제는 균전제(均田制)를 실시하여 북위의 경제발전과 사회발전을 촉진시켰고, 낙양 천도 이후 낙양은 매우 흥성하여 도시 상공업과 대외무역이 발달한 국제도시로서의 면모를 갖추었으며, 이에 따라 시민의 문화생활이 풍부해지고 종교활동을 매개로 하는 오락활동도 매우 발달하였다.

종교적인 면에서 볼 때 《낙양가람기》는 위진남북조 시기의 종교적 성격을 그 기반으로 하고 있다. 주지하다시피 중국의 위진남북조 시기는 종교적인 면에서 볼 때 외래종교인 불교가 비약적으로 발전하고 많은 사람들에게 환영을 받던 시기이다. 그것은 위진남북조 시기 동안 백성들은 끝임없는 전쟁으로 피폐하고 힘든 생활을 유지하였는

3) 蔣將 彭必成,「從《洛陽伽藍記》看北魏都城中外文化交流」,「宣春學院學報」, 廣西 桂林, 2008.

데, 이러한 난세 시기에 불교는 인간의 고난을 구제하는 내용을 제시해 주었고, 사원으로 출가하는 사람에게는 조세와 요역 및 군역을 면제해 주어 백성들에게 커다란 흡인력을 지녔기 때문이다. 북위에서는 특히 효문제의 낙양 천도 이후 불교가 흥성하였는데, 효문제는 천도하기 이전의 수도였던 평성(坪城)에 세웠던 국립사원의 성격을 지닌 영녕사(永寧寺)와 같은 명칭의 영녕사를 낙양에 건립하였으며, 그는 이 영녕사에 종종 행차하여 법회와 재회를 열었다.[4] 효문제를 이은 선무제는 불교를 매우 중시하여 그 유명한 용문석굴(龍門石窟)을 만들었으며, 경명사(景明寺) 등 수많은 사원을 건립하여 선무제 시기 전국 주군(州郡)의 사찰 수는 모두 13,727곳이 되었으니, 효문제 시기 전국 주군에 있던 6,478곳의 사찰 수와 비교하면 2배 이상으로 증가하였다.[5]

그리하여 수도 낙양에는 금색찬란한 대가람들이 건립되었고, 법사가 거행될 때에는 불교 의례가 화려하게 진행되었으며, 불교는 지배계급에서 서민에 이르기까지 깊이 환영을 받았다. 그런데 선무제가 33세로 빨리 죽자 6세의 아들 효명제(孝明帝)가 즉위하였으며, 효명제의 어머니인 영태후(靈太后)는 스스로 짐(朕)이라고 부르면서 정치를 좌우하였다.[6] 북위의 낙양 불교문화는 바로 이 영태후의 친정시기에 정점에 달하였다. 그녀는 불교를 극도로 숭상하여 지상에서의 불국을 실현하려고 힘을 기울였다. 그러나 영태후 섭정 이후 북위는 혼란해졌고 변란이 자주 발생하여 많은 귀족들이 죽었다. 그리하여 귀족들이 살던 수많은 저택들은 승려들이 머무르는 곳이 되었고, 낙양

4) 鎌田茂雄 著, 章輝玉 譯,《中國佛教史》, 제3권, 도서출판 장승, 1996, 354쪽.

5) 위의 저서 357쪽.

6) 위의 저서 362쪽.

의 저택은 거의 사원이 되어 버렸다. 특히 534년 낙양을 대표하던 사원인 영녕사의 화재는 상징적인 의의를 지닌다고 할 수 있다. 534년 2월 영녕사는 원인을 모른 대화재가 발생하여 사라졌는데, 한때 극성했던 북위의 낙양 불교는 북위의 멸망을 따라 목숨을 다하였다. 곧 534년 10월 북위는 다시 수도를 업성으로 옮기며 멸망하였고, 낙양의 승려들도 업성으로 따라 옮기었다.

한편 《낙양가람기》에는 서역과 인도에서 온 많은 외국 승려들이 등장하는데, 이것은 불교문화의 교류를 위해 중국을 찾은 외국 승려들이 《낙양가람기》의 탄생에 일정한 기여를 했음을 단적으로 보여주는 것이다. 일례로 《낙양가람기》에 나오는 영명사(永明寺)는 불교를 숭상했던 선무제가 세운 절로서, 당시 경전과 불상을 모시는 일이 낙양에 성행하여 다른 나라 사문(沙門)들이 몰려들기에 폭주를 이루자, 선무제는 그들이 휴식을 취하도록 영명사를 세웠다. 그런데 그 사원의 규모가 방대하여 방이 1,000여 칸이나 되었고, 온 나라 사문들이 3,000여 명이나 되었으며, 대진국(大秦國)인 동로마제국에서 온 사문도 있었다. 또한 중국에서도 불경을 구하기 위해 일찍부터 서역과 인도로 구법 여행을 떠났는데, 《낙양가림기》에는 송운(宋雲)과 혜생(惠生)이 온갖 어려움을 무릅쓰고 서역에 가서 대승경전을 구해오는 이야기가 실려 있다. 이러한 점들은 북위 시기 서역 및 인도와 같은 외국과의 문화교류가 활발하게 이루어졌음을 보여주는 것으로, 《낙양가람기》는 바로 이러한 문화교류의 바탕 위에서 탄생할 수 있었음을 보여준다.

3. 《낙양가람기》 중의 희곡 활동

양현지는 《낙양가람기》에서 사원의 법회나 재회와 같은 종교의식이 거행될 때에는 종교적인 활동뿐만 아니라 비종교적이고 오락적인 활동이 동원되고 있음을 기록하고 있는데, 이러한 점은 중국 고전희곡의 형성과 발전에 일정한 공헌을 하고 있는 것들이다. 여기에서는 《낙양가람기》에 나타난 여러 희곡 활동을 몇 가지 경우로 나누어 살피기로 한다. 그러면 먼저 불교의 재회의식에 불교 악무가 사용된 점을 간략히 기록하고 있는 것을 살펴보자.

> [왕전어사]
> 환관이 만든 사원으로는 가장 뛰어나며, 육재(六齋)의 행사가 있는 날에는 항상 북을 치고 노래하고 춤을 추었다.[7]

왕전어사(王典御寺)는 환관인 왕도탕(王桃湯)이 세운 사원인데, 당시에는 많은 환관들이 사원을 건립하였다. 그런데 양현지에 의하면 왕전어사는 환관들이 세운 사원 중 가장 뛰어난 것이라고 한다. 위의 인용문에 의하면 왕전어사에서는 육재의 재회의식이 거행되는 날에는 반드시 북을 치고 가무가 벌어진다고 한다. 육재는 매달 8일·14일·15일·23일·29일·30일의 여섯 날을 말하는데, 이날들에는 사천왕이 천하를 순행하면서 사람의 선악을 살피는 날인 동시에 악귀가 사람들의 틈을 살피는 날이라고 하여 몸을 조심하고 마음을 깨끗이 하며 행동을 삼가야 한다.[8] 승려들은 이날 한 곳에 모이며, 보살은 지켜

---

7) 宦者招提, 最爲入室, 至於六齋, 常擊鼓歌舞也. 《낙양가람기》 권4, 성서(城西) 〈왕전어사(王典御寺)〉.

8) 양현지 저 서윤희 역 《낙양가람기》, (주)눌와, 2001, 58쪽.

야 할 계율을 말한다. 그리고 이런 엄격하고 경건한 육재일의 재회의식을 거행하는 동안 반드시 불교 악무가 동원되었으니, 육재일에는 반드시 북을 치고 가무가 벌어졌다.

북위 시기 사원은 종교의식을 거행하는 장소인 동시에 산악백희와 같은 희곡 활동이 거행되는 오락장소로서의 기능을 하였다. 《낙양가람기》 중 다음의 경락사에서는 사원의 이러한 성격을 잘 보여주고 있으니, 그 내용을 살펴보자.

> [경락사]
>
> (육재일(六齋日)이 되면 항상 女樂을 두어서, 노래소리가 대들보를 맴돌고 춤추는 소매가 서서히 빙글 돌았다. (또) 관악기와 현악기의 낭랑한 소리가 조화롭고 절묘하여 入神의 경지였다. 이곳은 비구니 절이어서 남자들은 들어갈 수 없었는데, 가서 본 자들은 천당에 들어왔다고 여겼다. ……, 여러 종류의 음악을 불러서 절 안에서 자신의 기예를 드러내게 하였는데, 기이한 새와 짐승들이 불전의 마당에서 기뻐 날뛰며 춤을 추었으며, 공중으로 날아 현혹시키는 환술은 세상에서 보지 못했던 것이다. 기이한 재능과 기술이 그 속에 모두 정수만 모여드는 것이다. 예를 들면 당나귀의 사지를 해체하거나 이를 우물에 던져 잉어를 낚아 올리거나, 또는 즉석에서 대추를 심고 오이를 심어 눈 깜짝할 사이에 열매를 따서 모두에게 먹어보도록 하는 환술(幻術) 등이다. 이것을 본 남녀들은 눈이 휘둥그레져서 어찌할 바를 모르게 된다.[9]

경락사(景樂寺)는 문헌왕(文獻王)이 세운 사원이다. 위의 인용문에 의하면, 경락사에서는 육재의 재회일이 돌아오면 춤추고 노래하는

---

9) 至於六齋, 常設女樂. 歌聲繞梁, 舞袖徐轉, 絲管寥亮, 諧妙入神. 以是尼寺, 丈夫不得入, 得往觀者, 以爲至天堂. 召諸音樂, 逞伎寺內, 奇禽怪獸, 舞抃殿庭. 飛空幻惑, 世所未睹. 異端奇術, 總萃其中. 剝驢投井, 植棗種瓜, 須臾之間, 皆得食之. 士女觀者, 目亂睛迷.《낙양가람기》, 권1, 성내(城內).

여자 예인들인 여악(女樂)을 두었는데, 이들이 공연한 불교 악무는 매우 수준이 높았다고 한다. 그리하여 여악들의 노랫소리는 대들보를 맴돌아 여향(餘響)이 남아 있는 아주 훌륭한 노래였고, 춤추는 옷소매가 서서히 빙글 도는 우아한 모습을 지녔다. 그리고 이러한 불교 악무에 관악기와 현악기의 낭랑한 소리가 조화롭고 절묘하여 입신의 경지에 들어갈 정도였다고 한다.

그런데 인용문의 경락사에서는 우아하고 경건한 이러한 불교 악무를 공연했을 뿐만 아니라 세속적 오락을 제공하는 악무와 잡기 및 환술 등의 산악백희와 같은 희곡 활동이 공연되었다. 곧 경락사에서는 음악에 능한 여러 악사들을 불러 모아 그 절 안에서 멋진 기예를 펼쳐 보이도록 하였다. 그리고 그 절의 불전에서 기이한 새와 짐승들이 기뻐 날뛰며 춤을 추었으며, 공중으로 날아올라 사람을 현혹시키는 환술을 공연하였는데, 이것은 세상에서 보지 못한 것으로서, 기이한 재주와 재능이 모두 모인 것 같았다.

위에 의하면 경락사에서는 특히 여러 환술을 공연하여 사원을 찾은 사람들에게 신통한 마술적 오락을 제공하였다. 기실 북위 시기 당시의 낙양에는 서역에서 수많은 승려들이 불법을 전파하기 위해 와 있었는데, 이들 중에는 불교 악무에 능한 이들도 있었고, 또 어떤 이들은 불교의 신통함을 보여주기 위해 환술을 사용하기도 하였다. 바로 이러한 상황 아래에서 사원에서는 법회나 재회의 의식이 있던 날에는 이러한 환술을 자주 공연하였다. 위의 인용문에는 당시의 환술을 대표하는 여러 가지 환술이 보인다. 먼저 마술의 일종으로서 당나귀의 사지를 각기 해체했다가 다시 살려내는 것이 보이고, 물건을 우물에 던져 넣어 잉어를 만들어냈으며, 또 대추와 오이를 즉석에서 심더니 곧바로 대추와 오이의 열매를 맺게 만들어 관중들에게 먹어 보도록 하였다.

서역에서 온 승려가 환술을 사용하는 예는 그들이 세운 사원에서 특히 분명하게 기술되어 있으니, 서역승인 오장국(烏場國)의[10] 사문 담마라(曇摩羅)가 세운 법운사(法雲寺)는 대표적인 경우이다. 그러면《낙양가람기》에서 환술의 희곡 활동을 사용하는 내용을 보여주는 기록을 싣고 있는 법운사의 조항을 살펴보자.

> [법운사]
> 서울의 사문으로서 인도 불법을 좋아하는 자들은 모두 담마라에게 가서 그로부터 불법을 받는다. ……, 그가 외우는 주문(呪文)은 신비하고 응험이 있어 현실에서는 있어본 적이 없는 것들이다. 이를테면 말라죽은 나무에 주문을 외우면 능히 가지와 잎이 살아나고, 사람에게 주문을 외우면 사람이 당나귀와 말로 변하는 따위로서 이를 본 사람은 놀라움과 두려움을 느끼지 않은 자가 없다.[11]

담마라는 서역 오장국에서 온 호승(胡僧)으로서《낙양가람기》에 의하면 중국에 도착한 이후 중국어와 그 당시 사용하던 예서(隸書)에 통효하여 보고 듣는 것에 대하여 이해하지 못하는 것이 없었고, 불전(佛殿)과 승방(僧房)을 모두 인도식으로 꾸몄다고 한다. 그리고 서역 승려로서 담마라의 특이함은 그가 몸소 환술을 사용한다는 점이다. 위에 의하면 담마라가 외우는 주문은 신비하고 응험이 있었으니, 말라죽은 고목에 주문을 외우면 싱싱한 가지와 잎이 살아났고, 사람에게 주문을 외우면 사람이 당나귀나 말로 변신하였다. 물론 담마라의 이

---

10) 고대 국명으로 인도 북부에 있었으며 그 영토는 시대에 따라 변하여 지금의 인도와 네팔 경계 지역에 있었음.

11) 京師沙門好胡法者, 皆就摩羅受持之, ……, 秘呪神驗, 閻浮所無, 呪枯樹能生枝葉, 呪人變爲驢馬, 見之莫不驚怖.《낙양가람기》, 권4, 성서(城西).

러한 환술은 사람들에게 불교의 신통함을 보여주기 위한 것이지만, 중국 고전희곡의 발전사에서 볼 때 환술은 고전희곡의 형성과 발전에 상당히 중요한 역할을 하였다. 이러한 점은 중국 최초의 진정한 가무희라고 할 수 있는 한나라 시기 「동해황공(東海黃公)」에서 환술이 핵심적인 고사로 사용되었음이 증명하고 있다.

사원에서 법회와 재회의식을 거행할 때 불교 악무를 사용하고 아울러 백희와 환술 같은 희곡 활동을 동원한 것은 당시의 사원 특히 규모가 큰 사원에서는 자주 있는 일이었다. 그런데 낙양의 선허사(禪虛寺)에서는 한나라 시기 성행하였던 각저희(角牴戲)를 공연하였으며, 황제는 누대에서 그들의 재주를 관람하였으니, 여기서는 그 기록을 살펴보자.

> [선허사]
>
> 사원 앞에는 열무장(閱武場)이 있어 연말 농한기가 되면 군사들이 전투를 연습하여 천승만기(千乘萬騎)가 항상 이곳에 모여든다. 우림랑(羽林郎) 마승상(馬僧相)이라는 자가 각저희에 뛰어나 그가 던지는 창은 백 척 나무 꼭대기 높이까지 올라가며, 호분랑(虎賁郎) 장거거(張車渠)는 던져 올린 칼이 누대보다 한 길 더 올라갈 정도이다. 황제 역시 누대에서 그들의 재주를 관람하며 항상 두 사람으로 하여금 각저희의 대련을 벌이도록 한다.[12]

각저희는 중국의 진·한(秦·漢) 시기에 발생한 백희로서 두 사람이 힘이나 기예·활쏘기·말타기를 겨루는 것을 말하며, 후세에는 백희와 같은 개념으로 사용되기도 하였다. 인용문에 의하면, 선허사에는 사

12) 寺前有閱武場, 歲終農隙, 甲士習戰, 千乘萬騎, 常在於此. 有羽林馬僧相善角牴戲, 擲戟與百尺樹齊等, 虎賁張車渠, 擲刀出樓一丈. 帝亦觀戲在樓, 恒令二人對爲角戲. 《낙양가람기》, 권5, 성북(城北).

원 앞에 열무장이 있어서 연말 농한기가 되면 수많은 군사들이 전투를 연습하였다. 그런데 이들 군사들 중 특히 빼어난 두 사람이 있었으니, 한 명은 궁궐 수비군인 우림군의 마승상이라는 자이고, 또 다른 한 명은 궁중 의장대인 호분랑의 장거거이다. 이들은 각기 창던지기와 칼 던지기에 뛰어나 마승상은 창을 백 척 나무 꼭대기 높이까지 던졌고, 장거거는 칼을 누대보다 한 길 더 높이 던졌다. 흥미로운 점은 이러한 각저희가 공연될 때 황제가 몸소 사원에까지 와서 누대 위에서 관람하였다는 사실이다. 이러한 점에서 볼 때 북위 시기 사원은 궁정에 못지 않은 훌륭한 공연장의 기능을 하였으며, 이러한 점은 중국의 고전희곡 형성과 발전사에서 사원이 상당한 공헌을 하였음을 보여주는 것이다.

북위 시기 사원은 법회와 재회의식을 거행할 때 이상에서 살펴본 바와 같이 불교 악무와 잡기 및 환술과 같은 백희를 공연했을 뿐만 아니라 대규모의 희곡 공연을 동반한 군중성 축제형의 희곡 활동을 진행하였다. 양현지는 당시 낙양에서 거행되던 거대한 규모의 축제성 불교의식을 목도하고서 비교적 상세히 기술하고 있으니, 소위 행상(行像)이 그것이다. 행상은 본시 인도에서 기원한 국가적인 종교의식으로, 부처가 열반한 후 제자들이 부처탄생일에 수레에 불상을 태우고서 거리를 순행하는 가두행렬의 방식에서 비롯하였다. 행상의식은 서역을 통하여 중국에 전래되어 당시 북위에서는 국가적인 종교의식으로 거행되었다. 그러면 먼저 행상의식을 간략히 기술하고 있는 소의니사(昭儀尼寺) 조항을 살펴보자.

> [소의니사]
> 절에는 불상 한 구와 보살상 두 구가 있으며, 그 조소(彫塑)의 공교함

> 은 아주 뛰어나 낙양에는 더 이상 비견할 만한 것이 없었다. 4월 7일, 이 삼존상이 항상 경명사(景明寺)에 도착하면 경명사의 삼존불도 항상 나와서 이들을 영접한다. 그때 기악(伎樂)의 성대함은 유등(劉騰)의 장추사(長秋寺)와 서로 비슷하다.[13]

소의니사는 환관들이 건립한 사원으로, 《낙양가람기》에 의하면 영태후(靈太后)가 섭정할 때 환관들을 매우 총애하여 그들이 정권을 독차지하고 있었기 때문에 환관들의 집에는 금이 넘쳐날 정도로 쌓였다고 한다. 위의 인용문에 의하면 소의나사의 행상의식은 4월 7일에 거행되었다. 불당에는 삼존 불상이 있었는데, 그 조소의 공교로움이 매우 뛰어나 낙양에서는 최고였으며, 가운데 본존 불상을 두고 좌우에 협시(脇侍) 보살상을 두었다. 이들 삼존상이 행상의식에 맞추어 소의니사를 나와 마지막 집결지인 경명사에 도착하면, 경명사에서는 경명사의 불상을 내와 이들 삼존상을 맞았다. 그리고 이러한 행상의식에는 불교 악무가 동원되는데, 동원된 기악이 매우 성대하여 당시 환관을 대표하고 있던 유등이 세운 장추사에서 동원된 기악과 비슷하였다.

대규모의 군중성 가두행렬 방식의 불교 종교의식인 행상의식은 낙양의 도성 시민이 대부분 참가할 정도로 많은 시민이 참가했으며, 행상의식에는 잡기와 악무와 같은 희곡 활동이 동원되어 축제적인 양상으로 진행되었다. 다음의 종성사(宗聖寺) 항목에서는 이러한 양상이 잘 나타나 있으니 이를 살펴보자.

---

13) 寺有一佛二菩薩, 塑工精絶, 京師所無也. 四月七日, 常出詣景明, 景明三像恒出迎之, 伎樂之盛, 與劉騰相比. 《낙양가람기》 권1, 성내(城內).

[종성사]
종성사에는 불상 한 구가 있다. 높이가 3장 8척으로 단정하고 장엄함이 매우 뛰어나며 부처님의 상호(相好)를 모두 갖추고 있다. 사람들이 우러러 쳐다보고는 잠시도 눈을 떼지 못한다. 이 불상이 한번 행상에 나서면 시중 사람들이 모두 구경을 나와 집이 텅 빌 정도이며 빛나는 광채는 세상에서 보기 드문 광경이었다. 그때 펼쳐지는 묘기와 잡악(雜樂)은 유등이 세운 장추사에 버금갔다. 성의 동쪽에 사는 많은 남녀들이 이 절에 와서 구경하였다.[14]

위의 인용문은 종성사에서 행하여지던 행상의식을 간략히 보여주고 있다. 종성사에는 불상 한 구가 모셔져 있는데, 단정하고 장엄한 모습이 매우 뛰어나며 부처님의 32종 대인상(大人相) 등을 모두 갖추고 있어서, 사람들이 우러러 쳐다보면 잠시도 눈을 떼지 못하였다. 그런데 이 불상이 한 번 행상에 나서면 낙양 도성의 사람들이 구경을 모두 나와서 집이 텅 빌 정도였다고 한다. 그리고 경건한 행상의식 중에는 잡기와 악무 등이 공연되어 구경 나온 이들에게 오락을 제공하였는데, 이러한 잡기와 악무의 성대함은 당시 환관의 대표라고 할 수 있는 유등이 세운 장추사에 버금갈 정도였다.

《낙양가람기》 중 경흥니사(景興尼寺) 조항에서는 행상의식에 사용된 수레의 화려한 모습을 기술하고 있는데, 그 중에는 특히 천상의 음악을 담당하고 있는 건달바와 긴나라가 허공을 날며 기악을 연주하는 비천상의 모습도 보인다. 그러면 경흥니사에 나타난 행상의식의 양상과 희곡 활동을 살펴보자.

14) 宗聖寺有像一軀, 高三丈八尺, 端嚴殊特, 相好畢備, 士庶瞻仰, 目不暫瞬. 此像一出, 市井皆空, 炎光輝赫, 獨絶世表. 妙伎雜樂, 亞於劉騰, 城東士女, 多來此寺觀看也. 《낙양가람기》, 권2, 성동(城東).

[경흥니사]

절에는 (행상 때 쓰는) 땅에서 3장 높이의 금불상을 싣는 수레가 있다. 수레 위에는 보개(寶蓋)가 펼쳐져 있고 사면에는 금방울과 칠보로 된 구슬이 늘어뜨려져 있다. 기악(伎樂)을 연주하는 비천상(飛天像)은 바라보면 구름 위에 있는 듯하며, 솜씨가 매우 정교하여 말로 표현하기 어렵다. 불상이 나가는 (행상)날에는 항상 금위군(禁衛軍) 백 명을 불러 이 불상을 들게 하였고, 악기를 다루는 이와 잡기를 하는 사람들은 모두 황제의 뜻에 따라 보내졌다.[15]

경흥니사는《낙양가람기》에 의하면 환관들이 함께 건립한 사원이다. 인용문은 행상의식과 관련하여 두 가지를 기술하고 있으며, 먼저 행상의식에 사용된 수레에 대한 화려한 장식을 언급하고 있다. 위에 의하면 행상의식이 거행되던 날 불상을 실은 수레 위에는 화려한 보개로 지붕을 덮었으며, 수레의 사면에는 금방울과 칠보 구술이 늘어뜨려져 있다. 그리고 수레에 특히 아름다운 점은 허공을 날며 천상의 비천기악을 연주하고 있는 비천상의 모습이었는데, 그 모습은 마치 구름 위에 있는 듯하며, 솜씨가 심히 정교하여 말로 표현하기 힘들 정도였다. 다음으로 위의 인용문은 행상의식을 황제가 직접 관리하고 있음을 기술하고 있다. 곧 행상의식에 사용된 경흥니사의 불상은 너무 소중하므로 황제는 특별히 황제의 궁궐을 지키는 금위군 100명을 동원하여 이 불상을 들게 하였고, 아울러 행상의식에 사용된 악무 공연을 위하여 항제가 음악과 잡기를 하는 사람을 공급하도록 지시하였다.

《낙양가람기》에는 환관들이 건립한 사원이 많이 보이는데, 이러한

15) 有金像輦, 去地三丈. 上施寶蓋, 四面垂金鈴七寶珠, 飛天伎樂, 望之雲表. 作工甚精, 難可揚搉, 像出之日, 常詔羽林一百人擧此像, 絲竹雜伎, 皆由旨給. 《낙양가람기》, 권2, 성동(城東).

사원들 중 가장 으뜸으로는 역시 장추경(長秋卿) 유등이 세운 장추사라고 할 수 있다. 장추경은 본시 황후를 가까이 모시는 신하로서 흔히 환관들이 이러한 벼슬을 갖게 되는데,[16] 유등은 대장추경 벼슬을 한 적이 있었으며, 후에 이러한 연유로 장추사를 건립하였다. 그러면 장추사에 보인 행상의식의 양상과 희곡 활동을 살펴보자.

> [장추사]
> 여섯 개의 상아가 달린 흰 코끼리 형상이 석가모니를 허공에 태우고 있는 모습을 제작하여 세워두었다. 불상의 장식은 모두 금과 옥을 사용하여 장엄하였으며, 만든 솜씨가 뛰어나 말로 모두 표현하기 힘들 정도였다. 4월 4일, 이 불상이 항상 (行像을) 나가는데, 악을 물리치는 벽사사자(辟邪獅子)가 그 앞을 인도하였다. 칼을 삼키고 불을 토하는 백희가 한편에서 요란하게 펼쳐지고, 장대를 타고 줄을 오르는 재주도 괴상하고 특이했으며, 기이한 재주와 특이한 의복이 도시에서 으뜸이었다. (행상 중간) 불상이 멈추는 곳에는 구경하는 사람들이 담을 둘러친듯 많아서 서로 간에 밟거나 뛰어넘어 죽는 자가 항상 생겨났다.[17]

위에 의하면 장추사에는 여섯 개의 상아가 달린 흰 코끼리가 부처님을 태우고 있는 모습을 하고 있는데, 이는 부처님이 탄생할 때의 모습을 조각하여 장식하였음을 보여준다. 곧 석가모니불께서는 태어날 때 여섯 마리 흰 상아 코끼리를 타고 큰 광명을 발하며 탄생하였다고 한다. 인용문에 의하면 장추사의 행상의식은 4월 4일에 시작하

---

16) 양현지 저 임동석 역, 《낙양가람기》, 동서문화사, 2013년, 138쪽.

17) 作六牙白象負釋迦在虛空中. 莊嚴佛事, 悉用金玉, 工作之異, 難可具陳. 四月四日, 此像常出. 辟邪師子導引其前. 呑刀吐火, 騰驤一面, 彩幢上索, 詭譎不常. 奇伎異服, 冠於都市. 像亭之處, 觀者如堵, 迭相踐躍, 常有死人. 《낙양가람기》, 권1, 성내(城內).

였으며, 악을 물리치는 벽사사자가 맨 앞에서 행상 대열을 인도하였다. 물론 여기서의 벽사사자는 사람이 사자의 분장을 하고서 참여한 것이다. 그리고 행상이 이루어지는 동안 잡기와 환술과 같은 희곡 활동이 공연되었다. 곧 칼을 삼키고 불을 토하는 대표적인 환술이 공연되었고, 아울러 장대오르기와 불타기 등의 잡기가 공연되었는데, 그들의 신기한 묘기와 독특한 의복은 낙양 도시에서는 가장 으뜸이었다. 그리하여 이러한 가두행렬 방식의 행상의식을 보러 온 구경꾼들이 너무 많아 마치 벽을 두르듯 많은 사람들이 모여들었고, 이로 말미암아 서로 밟고 뛰어오르다가 죽는 사고가 늘 발생하였다.

《낙양가람기》에서 행상의식의 양상을 가장 자세하게 보여주고 있는 것은 불교를 매우 숭상하였던 황제인 선무제가 경명(景明, 500-503) 연간에 세운 경명사(景明寺)에 관한 항목이다. 그러면 경명사에 보인 행상의식의 양상과 이에 따른 희곡 활동을 살펴보자.

> [경명사]
>
> 당시는 사람들이 복을 빌기 좋아하여 4월 7일에는 도성의 모든 불상들이 이 절로 보내졌다. 상서사부조(尙書祠部曺)[18]에 등록된 불상은 무릇 1000여 구이다. 4월 8일이 되면 차례대로 선양문(宣揚門)에 들어가 창합궁(閶闔宮) 앞으로 향하여 황제의 산화의식(散花儀式)을 받는다. 이때 금으로 만든 꽃에 햇빛이 비치고, 보개(寶蓋)는 구름 위에 떠 있는 듯했으며, 깃발은 숲과 같고, 향의 연기는 안개 같았으며, 범패의 음악과 설법 소리가 천지를 울렸다. 여러 가지 기예꾼들이 재주를 펼쳐 곳곳마다 사람들이 늘어섰다. 유명한 스님들과 덕이 높으신 분들이 석장(錫杖)을 짚고 한 무리를 이루었고, 신도와 승려들이 꽃을 지닌채 한 무리가 되었으며, 수레와 말은 도로에 가득하여 서로 이어져 있었다. 당시 서역의 오랑캐

18) 尙書에 소속된 祠部曺로서 天文·卜祝·僧尼의 簿籍을 담당하였다.

사문이 이것을 보고서 불국(佛國)이라고 큰 소리로 외쳤다.[19]

경명사는 당시 낙양에 있던 사원 중에서 불교를 숭상했던 영태후(靈太后)가 건립했던 영녕사(永寧寺)와 함께 가장 화려한 사원으로 행상의식의 중심 센터이다. 인용문에 의하면 행상의식은 4월 7일에 낙양 도성에 있는 모든 불상들이 경명사로 집합하는데, 당시 사원에 관한 일을 주관하던 상서사부조에 등록된 불상은 1000여 구라고 한다. 본격적인 행상의식은 부처의 탄생일인 4월 8일에 실시되었다. 먼저 행상 행렬은 낙양성 남문의 선양문을 들어가 황제가 기거하는 창합궁을 향하여 황제의 산화의식을 받는데, 산화의식은 행상의식의 클라이맥스이다. 산화의식은 황제가 높은 누대 위에서 창합궁으로 들어온 불상을 위하여 꽃을 뿌리는 의식으로서, 불상들은 산화의식을 받아야만 정식적인 종교의식을 행한 것으로 여겨진다. 이때 불상을 실은 수레는 금으로 만든 화려한 꽃들이 햇빛에 빛나고, 수레 덮개인 보개는 구름 위에 떠있는 듯했으며, 많은 깃발은 숲과 같았고, 피어오르는 향은 안개 같았다. 그리고 행상의식의 정점을 축하하기 위해 불교 악무가 동원되었는데, 그 소리가 너무나 커 천지를 울렸다고 한다. 또한 불교 악무뿐만 아니라 여러 기예꾼들의 희곡 활동이 공연되었는데, 이를 보기 위해 수레와 말이 도로에 가득하여 서로 이어졌고, 유명한 스님들과 덕이 높은 사람들이 석장을 집고서 무리를 이루었으며, 수많은 신도와 승려들이 꽃을 든 채 한 무리를 이루었다고 한

---

19) 時世好崇福, 四月七日, 京師諸像皆來此寺, 尙書祠曺錄像凡有一千餘軀. 至八日, 以次入宣揚門, 向閶闔宮前受皇帝散花. 于時金花映日, 寶蓋浮雲, 幡幢若林, 香煙似霧, 梵樂法音, 聒動天地. 百戲騰驤, 所在駢比, 名僧德衆, 負錫爲群, 信徒法侶, 持花成藪, 車騎塡咽, 繁衍相傾. 時有西域胡沙門見此, 昌言佛國. 《낙양가람기》, 권3, 성남(城南).

다. 그리하여 이것을 본 서역에서 온 사문은 여기가 바로 불국(佛國)이다라고 큰 소리로 외쳤다고 한다. 이러한 점에서 볼 때 당시 경명사에서 행하여진 행상의식이 얼마나 큰 규모인지를 알 수 있고, 아울러 이를 위해 동원된 불교 악무와 산악백희 등의 희곡 활동도 성대하게 거행되었음을 알 수 있다.

그런데 당시 6세기 북위의 낙양에서 거행된 가두행렬방식의 대규모 축제형 행상의식은 본시 인도에서 기원한 것으로 서역을 거쳐 중국에 전래된 것이다. 이러한 행상의식에 관한 기록은《낙양가람기》를 제외하고도 중국의 문헌에 보이는데, 그 중 특히《낙양가람기》보다 1세기 앞선 5세기에 구법승 법현(法顯)이 서역과 인도를 여행하고 돌아와 그 건문을 기록한《불국기(佛國記)》에는 서역 우전국(于闐國 지금의 중국 신강성 화전(和田)시 지역)에서 행하여지던 행상의식을 다음과 같이 상세히 기록하고 있다.

> 구마제(瞿摩帝) 사원의 승려들은 대승을 배우고 국왕이 존중하기 때문에 제일 먼저 행상을 한다. 성(城)에서 3·4리(里) 떨어진 곳에서 불상을 태운 네 바퀴 수레를 만드니 그 높이가 3丈 정도이고 모양은 마치 움직이는 전당과 같다. (사륜거는) 칠보(七寶)로 장식하고 비단으로 만든 깃발과 일산(日傘)을 매달았으며, 불상은 수레 안에 선 모습으로 안치하고 두 보살이 모시게 한다. (또) 여러 천신(天神)을 만들어 시종들게 하였는데, 모두 금은으로 조각하고 장식하여 허공에 매달리게 하였다. 불상을 모신 수레가 성문에서 100보에 이르면 국왕은 왕관을 벗고 새 옷으로 바꾸어 입고는 맨발로 손에 꽃과 향을 들고 양쪽에 시종들을 거느리고 성문을 나온다. (그리고는) 불상을 맞이하여 머리와 얼굴을 불상의 발에 대고 절을 하며, 꽃을 뿌리고 향을 사른다. 불상이 성에 들어올 때, 문루(門樓) 위의 왕비와 궁녀들이 여러 가지 꽃을 뿌려대니 꽃들이 어지러이 아래로 떨어진다. 이와같이 장엄한 모습들은 수레마다 각기 달랐고, 한 사원이 하루씩 행상을 하므로 4월 1일에 시작하여 4월 14일에야 행상이 끝났으며, 행상

이 끝나야 왕과 왕비는 환궁한다.[20]

《불국기》에 의하면 법현은 위의 구마제 사원에서 행하여진 행상을 보기 위하여 나머지 일행들이 모두 구마제사원을 떠났는데도 홀로 3개월을 우전국에 머물러 이러한 대형 종교의식을 목도하였다고 한다. 위의 인용문에 의하면 행상의식 중 불상을 태운 수레의 화려함은《낙양가람기》와 거의 같다. 수레는 칠보로 장식되고, 비단으로 만든 일산과 깃발을 매달았다. 북위 낙양에서 행하여진《낙양가람기》의 6세기 행상의식과 서역 우전국에서 5세기에 행하여진 행상의식의 분명한 차이점은 불상을 대하는 통치자의 모습이다. 앞에서 살펴 보았듯이 북위 통치자인 황제는 자신이 창합궁에서 불상에게 꽃을 뿌리는 산화의식을 행함으로써 마치 자신이 불국의 주재자인듯 의식을 행하였다. 그러나 이에 비해 우전국 국왕은 전혀 다른 모습을 보인다. 곧 우전국의 국왕은 불상을 모신 수레가 성문 100보 앞에 도착하면, 국왕은 왕관을 벗고 새옷으로 갈아입고는, 맨발로 손에 꽃과 향을 들고서 양쪽에 시종을 거느리고 성문을 나와, 불상을 맞이하여 머리와 얼굴을 불상의 발에 대고 절을 하며 꽃을 뿌리고 향을 사른다. 이를 통하여 우리는《낙양가람기》에 보인 행상의식이《불국기》에 보인 서역 우전국에서 행하여진 행상의식보다 더욱 세속화되고 중국화되어 종교적 경건함이 많이 사라졌음을 분명히 알 수 있다.

---

20) 瞿摩帝僧, 是大乘學, 王所敬重, 最先行像. 離城三四里, 作四輪像車. 高三丈餘, 狀如行殿. 七寶莊校, 懸繒幡蓋. 像立車中, 二菩薩侍. 作諸天侍從, 皆以金銀彫瑩, 懸於虛空, 像去門百步, 王脫天冠, 易著新衣, 徒跣持花香, 翼從出城. 迎像頭面禮足, 散花燒香. 像入城時, 門樓上夫人婇女, 遙散衆花, 紛紛而下. 如是莊嚴供具, 車車各異. 一僧伽藍則一日行像, 自月一日, 爲始至十四日, 行像乃訖. 行像訖, 王及夫人, 乃還宮耳.《불국기》

4. 《낙양가람기》 중 희곡 활동의 의의

《낙양가람기》는 중국의 위진남북조 시기 북위의 양현지가 저술한 것으로, 양현지는 북위의 효문제가 낙양으로 천도한 이후부터 나중에 북위가 동위와 서위로 분리되어 망하기까지 41년 동안 낙양에 있던 수많은 사원들의 흥망성쇠를 배경으로 당시 사원과 연관된 정치·경제·문화·전설·인물 등에 관한 이야기를 기록하고 있는 역사체 필기이다. 그런데 이러한 《낙양가람기》에는 당시의 희곡 활동과 연관된 내용을 기술하고 있는데, 이는 당시의 불교와 연관된 불교 악무와 환술 등을 언급하고 있으며, 중국의 고전희곡의 형성과 발전에 일정한 공헌을 보여주는 것이다.

《낙양가람기》는 일정한 시대적 상황을 배경으로 탄생하였는데, 당시의 학술적·정치사회적·종교적·대외문화교류의 배경 아래에서 탄생하였다. 먼저 학술적인 배경으로는 낙양 천도 후 효문제의 개혁정책을 들 수 있다. 그는 유교를 숭상하여 국자태학과 사문소학 등을 설치하여 백화제방의 학술풍조를 조성하였다. 정치사회적 배경 또한 효문제의 개혁정책과 연관을 맺는다. 효문제는 선비족인 자신의 성씨를 탁발씨(拓跋氏)에서 원씨(元氏)로 바꾸고 선비족과 한족의 통혼을 장려했으며, 선비족의 언어를 없애고 중국말을 사용하도록 시켰으며, 의복도 중국식의 복장을 사용하도록 하였다. 그리고 균전제를 실시하는 등 경제가 번영하여 북위는 번영기를 이루었다. 그러나 그의 뒤를 이은 선무제는 불교를 너무 숭상하여 사원을 많이 건립하였고 이로 인한 부담은 결국 국력의 쇠락으로 이어졌으며, 이후 등장한 영태후는 불교를 극도로 숭상하여 수많은 사원을 건립하였다. 그리하여 북위 말기에는 낙양과 전국에 사원이 너무 증가하고 승려의 수가 너무 증가하여 요역과 군역을 면제받은 전국의 승려 수가 200만에 가까워 결국 북위는 그것을 감당하지 못하고 534년에 멸망하였다. 양현지는 이러한 낙양의 모습을 직접 목도하고 547년에 낙양을 찾아 낙양성에 있던 40여 곳의 사원을 중심으로 각 사원과 연관된 내용을 기술하였다.

《낙양가람기》 중의 사원은 종교의식의 거행지였지만 한편으로는 세속적 오락장소로서의 기능을 이행하였다. 북위 시기 당시의 낙양성의 사원에서 중대한 법회와 재회의식이 있는 경우에는 불교 악무나 잡기 및 환술 등과 희곡 활동이 함께 공연되었다. 이러한 희곡 활동은 자체적으로 오락성을 제공하는 동시에 불교를 선양하는 도구로 사용되었다. 한편 당시의 사원은 서역과 인도 등지에서 수준 높은 선진 악무문화를 수입하였는데, 이러한 점에서 당시의 서원은 대외문화교류의 한 루트로 기능하였다.

구체적인 내용에서 볼 때 《낙양가람기》에 보인 대표적인 희곡 활동으로는 불교 악무와 잡기 및 환술 등이 있었고, 이것들은 각기 중국 고전희곡의 형성과 발전사에 있어서 일정한 공헌을 하였다. 특히 《낙양가람기》에 보인 행상의식은 본시 인도에서 기원한 것이지만 중국에 전래되어 거대한 규모의 축제성 희곡 활동을 보여주었다. 그리고 이러한 행상의식에는 반드시 여러 가지 불교 악무나 잡기 및 환술 등이 동원되어, 국가적 종교의식인 행상의식은 종교적 경건함과 함께 세속적 오락성을 함께 지니는 것이었다.

3장. 魚龍曼延 - 佛敎와의 연관성을 중심으로

1. 魚龍曼延의 의미

魚龍曼延은 漢나라 시기부터 성행했던 百戲의 한 종류로서, 魚龍과 曼延[1]이라는 두 종목의 백희가 항상 함께 공연되기 때문에 魚龍曼延이라고 부른다. 魚龍曼延의 공연에는 용·호랑이·곰·공작·원숭이·거북이·두꺼비 등 많은 동물들이 등장하는데, 연희자들은 동물의 가면을 쓰거나 대나무로 만든 모형을 이용하여 공연을 하였다. 이러한 점에서 魚龍曼延은 한나라 시기 가장 많이 연행되었던 동물가장가면희이다.

魚龍曼延은 백희의 한 종류로서 명성을 누렸을 뿐만 아니라 백희 중의 한 부류인 幻術로서 유명하다. 魚龍曼延의 공연에는 黃金을 토한다는 祥瑞로운 동물인 舍利(含利)가 주인공으로 등장하여 돌연 전설 속의 상서로운 외눈박이 물고기인 比目魚로 변신을 한다. 그리고 얼마 후 다시 비목어는 상서로운 黃龍으로 재차 변신을 한다. 이러한 점에서 魚龍曼延은 한나라 시기 성행하였던 대표적인 幻術 공연이다. 그리고 魚龍曼延의 공연에는 이러한 자체적인 환술을 제외하고도 당시에 성행했던 많은 환술의 종목들이 함께 공연되었다.

魚龍曼延의 공연에는 이와 같이 여러 종목의 연희들이 함께 공연되었기 때문에 魚龍曼延을 전체적으로 부르는 명칭에는 다양한 명

---

1) 曼延은 蔓衍·曼衍 등으로도 쓰인다.

칭들이 사용되었다. 곧 魚龍曼延의 전체적 공연 명칭에는 魚龍曼延을 제외하고도 蔓延魚龍·魚龍蔓延之戲·蔓延之戲·魚龍戲·龍戲·激水化魚龍·含利·神龜抃舞(신귀변무)·巨獸百尋·魚龍變化·魚戲 등의 다양한 명칭이 있다. 魚龍曼延의 이러한 다양한 명칭은 한나라 당시의 백희 공연에서 魚龍曼延이 중요한 종목이었고, 인기가 많은 종목임을 보여주는 것이다.

한편 魚龍曼延은 본시 황제의 만수무강을 기원하는 춤으로, 당시 한나라 시기 성행하였던 神仙思想으로 충만되어 있다. 곧 魚龍曼延의 공연에는 仙境을 상징하는 神山이 나타나며, 比目魚·黃龍·거북이·두꺼비 등 여러 상서로운 동물들이 나타나 長生不死를 상징하고 있다. 그런데 신선사상으로 충만된 魚龍曼延의 공연 한편에는 白象과 舍利 등을 비롯하여 한나라 당시 전래된지 얼마 안된[2] 불교적 요소가 교묘히 자리하고 있다. 곧 魚龍曼延의 공연에는 신선사상의 중국문화와 불교적 인도문화가 서로 융합되어 있는 양상이 보여진다.

여기에서는 바로 魚龍曼延의 공연에 중국의 자생적 신선사상과 외래에서 갓 전래된 인도의 불교문화가 어떠한 모습으로 융합되고 있는가를 중점적으로 밝히고자 한다. 그리고 魚龍曼延의 이러한 문화융합의 과정 중에 불교문화는 자신의 성격을 그대로 드러내지 못하고 神仙化 경향을 보이는데, 이것은 일종의 文化變容으로서 당시 중국에 전래된 초기불교 성격의 한 면을 보여주고 있다.

2) 중국에 불교가 전래된 시기에 관해서는 여러 가지 설이 있지만 가장 많이 통용되고 있는 설은 두 가지이다. 그 중 하나는 後漢 明帝의 永平 10년(67년)설이고, 다른 하나는 伊存의 佛敎口授說로서 東漢 哀帝의 元壽 원년(BC.2년)설이다. 중국에서는 중국불교협회가 1998년에 불교전래 2000년 기념행사를 성대하게 치렀다.

魚龍曼延에 나타난 불교적 요소를 다룬 논문은 많이 보이지 않는다. 吳焯은 〈關中早期佛教傳播史料鉤稽〉에서 魚龍曼延의 공연에 나타난 白象과 舍利를 예로 들며, 魚龍曼延에 불교문화가 포함되어 있음을 지적하였다.[3] 魚龍曼延과 불교와의 연관성을 중점적으로 밝힌 것은 郗文倩이다. 그는 〈張衡西京賦'魚龍曼延'發覆〉에서 인도 불교 경전인《賢愚經》에 보인 舍利弗의 降魔故事가 魚龍曼延의 전체 공연과 거의 일대일로 대응하고 있다고 말하면서, 魚龍曼延에는 신선사상 등의 중국문화와 불교적 인도문화가 융합되어 있다고 주장하였다.[4] 또 張金廣은 〈中國早期佛教神仙化特徵與其成因分析〉에서 중국에 전래된 초기의 불교가 자신의 포교를 위해서 의식적으로 신선화 하였음을 지적하였다.[5]

여기에서는 이들의 연구성과를 바탕으로 한나라 시기 성행하였던 대표적인 백희인 魚龍曼延에 불교적 요소가 어떠한 모습으로 중국의 신선사상과 융합하면서 문화변용을 하였는지 밝히고자 한다. 그리고 이러한 불교적 문화변용은 왜 발생했는지도 아울러 살피고자 한다.

2. 시대별 魚龍曼延의 양상

문헌상의 기록에 의하면 魚龍曼延은 서역과의 실크로드를 개척한 漢 武帝 시기에 이미 매우 유행하였다. 무제는 元封 3년(기원전 108년) 외국의 사신들에게 제국의 위용을 과시하기 위해 수도인 長安의 平

3) 吳焯, 〈關中早期佛教傳播史料鉤稽〉, 《中國史研究》, 1994년 제4기, 115-120쪽.

4) 郗文倩, 〈張衡西京賦 '魚龍曼延' 發覆〉, 《文學遺産》, 2012년, 제6기.

5) 張金廣, 〈中國早期佛教神仙化特徵與其成因分析〉, 《黑龍江史志》, 2010년, 제3기.

樂觀에서 酒池肉林의 연회와 대규모의 백희 공연을 하였는데, 그 중에는 어룡만연이 포함되어 있었다. 그러면 《漢書·卷六·武帝紀》를 보자.

> (武帝) 元封 3년(기원전 108년) 봄에 角抵戲를 하였는데, 300리 안의 사람들은 모두 와서 구경하였다.[6]

이에 대해 東漢 말의 文潁은 다음과 같이 注를 가하였다.

> 이 음악을 角抵라고 이름하게 된 것은 두 사람씩 마주하여 힘을 겨루기도 하고, 技藝나 射御(활쏘기와 말타기)를 겨루었기 때문이다. 그래서 角抵라고 불렀는데, 대개 雜技樂으로서, 巴俞戲[7]나 魚龍曼延과 같은 종류이다.[8]

위에서의 角抵戲는 秦漢 시기 성행했던 각종 樂舞와 雜技 및 체육활동의 총칭으로 산악 백희를 가리키며, 무제 이후 각저희는 백희로 확대 개편되는데, 그 원인으로는 대략 두 가지가 거론된다. 먼저 조정의 행사 때 각저희 공연이 관습적으로 수반되면서 의례화되었다는 점이다. 東漢 蔡質의 《漢儀》에 의하면, 정월 초하루 거행되는 조정의 조회인 元會 때 魚龍曼延과 같은 공연은 이미 의례화 되어 있었다. 또 당시 외국 사절단 속에는 종종 幻術師와 같은 잡기 예인들이 섞여 있었기 때문에, 한나라 조정에서도 외교적 대응을 위해 전통

6) 元封三年春, 作角抵戲, 三百里內皆來觀.

7) 巴俞戲는 四川 지역의 춤으로 무예에 바탕을 둔 잡기적 춤의 일종이다.

8) 名此樂爲角抵者, 兩兩相當角力, 角技藝射御, 故名角抵. 蓋雜技樂也, 巴俞戲, 魚龍蔓延之屬也.

적인 각저희를 확대 개편하였다고 한다.[9] 그리고 위의 인용문에 보인 바와 같이 한무제 시기에 벌써 魚龍曼延은 각저희 공연의 한 형식으로 유행하였음을 알 수 있다.

동한 시기에 성행했던 魚龍曼延은 후한에 이르러 더욱 성행하였다. 특히 魚龍曼延은 대규모의 환술을 동반하고, 이를 제대로 공연하기 위하여 매우 넓은 광장에서 공연하였는데, 이러한 공연 양상은 張衡(78-139)의 〈서경부〉와 李尤(약 55 - 약 135, 일설에는 약 44 - 약 126)의 〈平樂觀賦〉에 자세하게 묘사되어 있다. 이 중 특히 장형의 〈서경부〉에는 장안 平樂觀의 넓고 평탄한 광장에서 펼쳐진 魚龍曼延의 양상이 자세하게 보이는데, 이를 간략히 요약하면 다음과 같이 말할 수 있다.

1) 800尺의 巨獸가 등장하여 曼延之戲를 연출하고, 높은 神山에는 곰 · 호랑이 · 원숭이 · 공작 · 怪獸 · 코끼리 등이 등장하며, 바다 물고기가 변하여 용이 된다.

2) 舍利(含利)獸라는 짐승이 등장하더니 순식간에 神仙의 수레로 변하는데, 수레는 네 마리의 사슴이 이끌고 芝草로 지붕이 이루어졌다.

3) 서역에서 전해온 기이한 幻術인 呑刀(칼 삼키기)와 吐火(불 토하기) 등의 공연을 한다.

위의 내용을 근거로 하면, 동한 시기에 공연되었던 魚龍曼延은 매우 규모가 큰 대형 환술임을 알 수 있다. 1)에서는 물고기가 용으로 변하며, 2)에서는 舍利獸가 일순간 신선의 수레로 변하였으니, 3)의 서역 환술과 함께 魚龍曼延은 대형 종합 환술공연임을 알 수 있다. 특히 東漢 蔡質의 《漢儀》에 의하면, 물고기가 변한 黃龍은 길이가 8

9) 안상복, 《중국의 전통잡기》, 서울대학교출판부, 2006, 19쪽.

丈(일장은 대략 3.3미터)이라고 하였으니, 이런 점에서 보면 당시 魚龍曼延에서 공연된 용춤은 한 두 사람이 담당할 수 없었으며, 반드시 한 팀의 사람들이 협력해야만 공연할 수 있었을 것이다. 곧 이 시기 魚龍曼延에서 공연된 용춤의 형식은 지금의 용춤과 상당히 비슷했으리라 여겨진다.

위진남북조 시기에 이르러서도 魚龍曼延의 공연은 성행하였다. 魏 明帝 曹睿는 한나라 시기처럼 정월 초하룻날이면 魚龍曼延을 관람하였고, 《晉書》에 의하면 西晉의 궁정잡기는 魏나라의 것을 계승하여 魚龍曼延을 공연하였으며, 北朝의 北齊에서도 魚龍曼延을 공연하였다. 隋·唐 시기에 이르러서 魚龍曼延은 더욱 흥성했다. 隋煬帝는 제국의 위용을 과시하기 위하여 606년과 610년 두 번에 걸쳐 대규모의 공연을 펼쳤으며, 그 중의 대표적인 종목으로 魚龍曼延이 공연되었는데, 공연 중에는 큰 고래가 등장하여 물을 뿜어 해를 가렸다고 한다. 다만 隋나라에 이르러서는 魚龍曼延의 명칭을 바꾸어 黃龍變이라고 불렀다. 특히 이들 공연은 사상 유례를 찾기 어려울 정도여서, 천하의 기이한 재주를 모두 끌어 모으고 기물과 의복에 억만 금을 쏟아 부었으며, 관현악 연주자만 18,000명에다 음악소리는 10리 밖에서도 들을 수 있을 정도였다고 한다.[10] 唐 나라에 이르러서도 魚龍曼延은 흥성하였으며, 정월 초하룻날에는 문무 백관이 반드시 魚龍曼延을 보아야 했다고 한다. 다만 唐나라 시기에는 魚龍曼延의 명칭을 激水化魚龍이라고 불렀다.[11]

唐나라 시기까지 이름을 달리하며 성행했던 魚龍曼延은 宋나라

10) 안상복, 《중국의 전통잡기》, 서울대학교출판부, 2006, 27-37쪽.

11) 河乙蘭, 〈한국 동물가장가면희의 역사와 연희양상〉, 고려대학교 박사학위논문, 2008, 25쪽.

시기부터는 자취를 감춘다. 아마 당나라 시기 이후에 동물이나 곤충을 훈련시켜 공연하는 동물희가 유행하면서 인기를 잃어간 것이 아닌가 여겨진다. 그러나 魚龍曼延의 모습은 송대 화약의 발명과 함께 煙花라는 기술을 이용하여 환술에 응용되어 동물가장가면희 계통의 燈彩幻術과[12] 결합하였다. 특히 魚龍曼延에서 긴 모습으로 변화했던 용은 長龍과 같은 燈籠으로 만들어졌다.[13] 이러한 점에서 魚龍曼延은 오늘날 정초에 행하여지는 용놀이로 전해 내려오고 있다고 볼 수 있다. 다만 오늘날 행해지는 용놀이는 천으로 길게 용의 형상을 만들고, 많은 사람들이 그것을 들고 뛰어다니는 연희이다.[14]

3. 魚龍曼延과 불교

1) 幻術과 불교

환술은 魚龍曼延의 핵심을 차지하고 있다. 환술은 여러 가지 기계장치와 같은 도구나 손재주를 이용하여 사람의 눈을 속이는 술법을 의미하는 것으로, 19세기 말 서양의 magic을 번역한 魔術과 같은 것이다. 문헌기록에 보인 중국의 환술은 周 나라 시기까지 거슬러 올라간다. 《列子 · 周穆王》에는 다음과 같은 기록이 보인다.

---

12) 燈彩는 중국 각지에 있는 민간공예품으로, 東漢 시기에 만들어지기 시작되었다고 전해지는 燈籠工藝이며, 나무 · 대나무 · 동물의 뿔 · 금속을 소재로 해서 여러 가지 형태를 만든다.

13) 河乙蘭, 〈한국 동물가장가면희의 역사와 연희양상〉, 고려대학교 박사학위논문, 2008, 30쪽.

14) 전경욱, 《한국의 전통연희》, 학고재, 2004, 65쪽.

> 이 周穆王 때에 西極之國[15]에서 幻術師가 왔는데, 그는 물이나 불 속을 마음대로 드나들었고, 돌이나 쇠도 뚫고 다녔으며, 산천을 뒤집고 城邑을 옮길 수도 있었고, 공중에 떠서도 떨어지지 않았다.[16]

위의《列子》에 의하면, 약 기원전 1054年—기원전 949年의 周穆王 시기에 이미 인도의 환술사가 중국에 왔다고 하였으나,《列子》가 僞書일 가능성이 있기 때문에 그대로 믿을 수는 없다. 중국의 自生的 환술은 秦漢 시기 神仙之術에서 기원했다. 이후 환술은 시종 仙術이나 승려의 奇術과 연계된다. 초기 중국에서 환술을 행하였던 사람은 주로 深目高鼻의 胡人이었으며, 나중에 道家에서 환술을 받아들이고 연구하여 法術로 만들었다.[17]

환술이 본격적으로 나타난 것은 한나라 시기 백희의 공연에서 시작된다. 또한 한나라 시기 환술이 발전했던 것은 결코 우연이 아니었다. 당시 한나라가 국력이 강성했고, 중국과 서역 사이에 문화교류가 있던 사실 이외에도, 당시에 신선사상이 광범위하게 유행했던 것도 하나의 중요한 요인이다. 곧 당시 長生不死를 추구하는 황제의 환심을 얻기 위해 많은 方士와 神仙家들이 온갖 방법을 다하여 각종의 기이한 술수로써 황제를 현혹하여 총애와 신임을 얻고자 했던 것이다.[18]

그런데 백희의 공연에 나타난 환술은 중국의 자생적인 환술보다 서역에서 전래된 환술이 대부분이라고 말할 수 있다. 이때의 서역은

---

15) 인도를 가리킨다.

16) 周穆王時, 西極之國有化人來, 入水火, 貫金石, 反山川, 移城邑, 乘虛不墜.

17) 賈文龍 潘麗霞, 〈中國古代幻術歷史形態的演進〉,《역사문화연구》, 제24집, 2006, 249쪽.

18) 김춘화, 〈한·중 환술의 역사와 연행양상〉, 고려대학교 석사학위 논문, 2010년, 13쪽.

중앙아시아는 물론이고, 安息이라고 불리던 페르시아(이란), 撣國(탄국)이라고 불리던 미얀마 지역, 그리고 로마제국이 동방의 무역중심으로 개척한 이집트의 알렉산드리아도 포함한다.[19] 그리고 넓은 의미의 서역이라고 말하면 身毒이나 天竺이라고 불렀던 인도까지 포함한다. 한나라 백희 중의 이러한 환술은 한무제가 서역을 개척한 실크로드를 통해서 주로 이루어졌다.《舊唐書·音樂志》에는 다음과 같이 서역에서 전래된 환술을 언급하고 있다.

> 대저 散樂雜技에는 환술을 공연하는데, 환술은 모두 서역에서 왔으며, 특히 天竺에서 많이 왔다. 한 무제가 서역과 관계를 뚫자 비로소 환술사들이 중국에 왔다. 安帝 때에는 천축에서 환술사를 바쳤는데, 스스로 팔다리를 자르고, 창자나 위를 끄집어 낼 수 있었다. 이때부터 역대로 이런 환술이 있게 되었다.[20]

위의 인용문에 보인 바와 같이 백희 중의 환술은 한 무제가 개통시킨 실크로드를 통하여 서역에서 왔으며, 특히 천축 곧 인도에서 많이 전래되었다. 그런데 이들 서역 환술 특히 천축 환술은 중국에서 神仙과 신화적 장면의 재현을 위하여 사용된 전통적인 환술과는 그 성격이 많이 다르다. 곧 천축 환술은 비록 속임수일지라도 스스로 팔다리를 자르고, 창자나 위를 끄집어 낼 수 있는 것으로, 자신의 신체를 잔인하게 다루는 가혹행위에 가까운 것들이다. 그리고 이들 환술은 외래 종교 곧 불교의 포교 수단으로 사용되었다는 데 그 특징이 있다. 중국과 천축과의 교류는 대부분 환술 방면으로 이루어졌는데,

---

19) 전경욱,《한국의 전통연희》, 학고재, 2004년, 49쪽.

20) 大抵散樂雜戲戲幻術, 幻術皆出西域, 天竺尤甚.漢武帝通西域, 始以善幻人至中國.安帝時, 天竺獻伎, 能自斷手足, 刳剔腸胃, 自是歷代有之.

천축은 幻術古國이며 불교 발상지이다.[21] 이러한 점에서 한나라 시기 백희 중의 환술은 불교와 일정한 연관을 가지고 있다고 볼 수 있다. 일례로 한대부터 청대까지 중국에서 공연된 환술의 대표라고 볼 수 있는 呑刀(칼 삼키기)와 吐火(불 토해내기)는 魚龍曼延의 공연에 나타났을 뿐만 아니라, 중국의 사원에서 중요한 행사를 할 때 반드시 행해지는 공연에서도 필수 종목이었다. 그리하여 北魏의 楊衒之가 폐허가 된 옛 수도 洛陽의 모습을 기록한 《洛陽伽藍記》의 '長秋寺' 條에는 다음과 같이 呑刀와 吐火를 공연하고 있는 상황이 기록되어 있다.

> 4월 4일 이 불상이 行像을 나갔는데, 악을 물리치는 獅子가 그 앞을 인도하였으며, 칼을 삼키고 불을 토하는 공연(呑刀吐火)이 행하여졌다.[22]

위의 인용문 중 行像은 석가모니가 열반한 후 사람들이 그의 眞容을 보지 못함을 한스럽게 여겨 부처의 像을 만들어서 석가탄신일(4월 8일)에 수레에 싣고 안팎을 돌아다니며 여러 사람들이 우러러보고 절하던 행사이다. 그러나 이것이 4월 8일에만 한하지 않고 4월 1일부터 14일간 지속되는 경우도 있었다고 한다. 그런데 위의 인용문에 의하면 불교 사원의 중요한 행사인 석가탄신일의 行像에는 중요한 환술인 呑刀와 吐火가 공연되었다고 한다.

한편 불교는 자체적인 교의나 경전 중에 '幻'의 意義를 늘 해석하고 '환술'의 현상을 논술하여 중국의 환술가들에게 풍부한 상상력과 제재를 제공했으며, 아울러 불교의 神異한 전설들은 중국 환술의 내용과 공연 형식에 일정한 영향을 끼쳤다. 일례로 불교의 대표적인

---

21) 김은영, 〈환술의 역사와 특징〉, 《한국민속학》, 50기, 2009년, 220쪽.

22) 四月四日行像. 辟邪獅子導引其前. 呑刀吐火.

경전인《楞嚴經》·《華嚴經》·《金剛經》에는 '幻'의 개념으로써 불교의 중요한 개념인 法空[23]을 해석하고 있으며,[24]《法華經》과《維摩經》에서는 불교의 교의를 설명하기 위해 수많은 幻術師를 동원하고 있다.[25] 또한 대승불교에서 부처님은 중생을 구제하기 위해 무수한 종류의 化神과 應身[26]으로 변신하며, 높은 깨달음과 지혜를 지닌 수많은 菩薩들은 六神通[27]과 같은 神通力을 발휘하여 중생들을 가르치고 구제한다.

2) 白象, 含利와 舍利

한나라 시기부터 수·당 시기까지 흥성했던 魚龍曼延은 전체적으로 신선사상으로 충만되어 있지만, 그 가운데는 인도에서 전래한 불교문화가 깃들어 있다. 곧 魚龍曼延은 중국문화와 인도문화 융합의

---

23) 모든 현상은 여러 인연의 일시적인 화합에 지나지 않으므로 거기에 불변하는 실체가 없다는 견해.

24) 傅天正, 〈佛敎對中國幻術的影向初探〉, 張曼濤主編《佛敎與中國文化》, 上海書店出版社, 1987년, 239-240쪽.

25) 일례로《法華經》〈法師功德品〉과《維摩經》〈觀衆生品〉에서 환술사 이용하여 설명.

26) 化身은 부처의 전형적 모습인 相好를 구비하지 않고 일정한 형식을 떠난 여러 가지 다양한 모습을 취하여 중생을 구제하는 佛身인 데 비하여, 應身은 특정한 시대와 특정한 지역에서 특정한 중생을 구제하기 위하여 출현하는 부처이다.

27) 수행으로 갖추게 되는 여섯 가지 불가사의하고 자유 자재한 능력. (1) 신족통(神足通). 마음대로 갈 수 있고 변할 수 있는 능력. (2) 천안통(天眼通). 모든 것을 막힘없이 꿰뚫어 환히 볼 수 있는 능력. (3) 천이통(天耳通). 모든 소리를 마음대로 들을 수 있는 능력. (4) 타심통(他心通). 남의 마음 속을 아는 능력. (5) 숙명통(宿命通). 나와 남의 전생을 아는 능력. (6) 누진통(漏盡通). 번뇌를 모두 끊어, 내세에 미혹한 생존을 받지 않음을 아는 능력.

산물이라고 말할 수 있다. 그러면 魚龍曼延에 들어있는 불교문화적 요소의 증거는 무엇인가? 그리고 중국적 신선사상과 인도의 불교문화가 어떻게 융합되어 있는가? 이를 파악하기 위해 먼저 魚龍曼延의 공연 양상을 자세하게 보여주고 있는 張衡의 〈西京賦〉를 살펴보자.

(가) 팔백 척 큰 짐승이
蔓延之戱를 연출하고,
높다란 神山이
홀연히 등 뒤에 나타나네.
곰과 호랑이 기어오르며 서로 다투고,
원숭이들 펄쩍 뛰며 높이 기어오르네.
怪獸는 뛰어오르고,
큰 공작 어정어정 걷네.
흰 코끼리 새끼를 낳는데,
늘어진 코가 휘청거리네.
바다 물고기 용으로 변하더니,
이리저리 꿈틀거리네.
(나) 함리(含利)라는 짐승이 입 벌리고 숨을 내뿜더니,
神仙의 수레로 변하였네.
네 마리 사슴이 나란히 수레를 끌고,
芝草로 만든 수레 지붕엔 아홉 송이 꽃이 피네.
두꺼비와 거북이가 기어 나오고,
땅꾼(水人)은 뱀을 놀리네.
(다) 기이한 幻術 변화무쌍해서,
모양을 바꾸고 형체를 달리하네.
칼삼키기를 하고 불토해내기를 하는데,
구름과 안개 자욱이 피어나네.
땅을 긋기만 하면 강물 이루어,
渭水로 흘러가고 涇水로 흘러가네.[28]

위의 〈서경부〉에 의하면, 魚龍曼延의 공연에는 神山과 神仙의 수레가 등장하여 神仙的 분위기를 재현하고 있다. 뿐만 아니라 魚龍曼延의 공연 중에는 祥瑞로운 분위기를 보여주는 여러 가지 동물들이 등장하고 있으니, 공연 중에 등장한 큰 공작·흰 고끼리·용·含利·사슴·두꺼비·거북이 등은 상서로운 동물, 곧 瑞獸의 형상으로서 등장하고 있다. 그런데 이 중 흰 코끼리와 含利는 본시 중국에 없는 동물로서 불교와 일정한 연관을 지니고 있는 것들이다.

먼저 흰 코끼리, 곧 白象은 불교에서 威容과 德을 상징하는 동물로서 모든 힘의 원천을 상징한다. 백상은 불교의 경전과 설화 등에 자주 등장하는 것으로, 부처의 어머니인 마야부인이 부처를 잉태할 때 여섯 개의 어금니가 있는 白象이 자신의 배 안으로 들어오는 꿈을 꾸었다고 한다. 또 白象은 물을 건널 때 물밑으로 걸어감으로 마치 불교에서 수행이 높은 菩薩(보살)이 三界[29]를 아는 것과 같다고 하여 상서로운 동물이라고 여긴다. 특히 위의 〈서경부〉에서는 '흰 코끼리가 새끼를 낳는데'라고 했으니, 이는 부처의 탄생과 연관된 불교 고사를 말하고 있다.

다음으로 장형의 〈서경부〉에 등장한 含利는 이 글의 핵심적인 내용과 연관된다. 위의 인용문에 의하면, 魚龍曼延의 주인공이라고 말할 수 있는 '함리라는 짐승이 입 벌리고 숨을 내뿜으니, 신선의 수레로 변하였네'라고 하였다. 그런데 함리라는 짐승은 이전의 문헌에서

---

28) 巨獸百尋, 是爲蔓延. 神山崔巍, 欻從背見. 熊虎升而拏攫, 猨狖超而高援. 怪獸陸梁, 大雀踆踆, 白象行孕, 垂鼻轔囷. 海鱗變而成龍, 狀蜿蜿以蝹蝹. 含利颬颬, 化爲仙車, 驪駕四鹿, 芝蓋九葩, 蟾蜍與龜, 水人弄蛇, 奇幻儵忽, 易貌分形, 呑刀吐火, 雲霧杳冥,劃地成川, 流渭通涇.

29) 三界는 衆生이 사는 세 세계인 欲界·色界·無色界를 가리킨다.

는 보이지 않고 장형의 〈서경부〉에서 처음 보이며, 〈서경부〉에 注를 가한 薛綜(약 176年-243年)이 "함리는 짐승 이름으로, 천성이 황금을 토하므로 함리라고 부른다(含利, 獸名, 性吐金, 故曰含利)"라고 하였다. 그런데 東漢 시기에 쓰여진 〈서경부〉에 보인 함리라는 짐승은 이후의 문헌에서는 주로 舍利라고 표현된다. 먼저 〈서경부〉의 작자 장형보다 조금 후 東漢의 蔡質은 兩漢의 典章制度를 모은 책인 그의 《漢官典職》에서 당시 그가 본 魚龍曼延을 다음과 같이 기술하고 있다.

> 舍利라는 짐승이 서쪽에서 나와서 대청에서 연희를 하고는 德陽殿으로 들어갔다. 물을 격렬하게 분출하더니, 比目魚가 되었다. 도약하여 물을 뿜으니, 안개를 만들어 해를 가렸다. (그리고는 다시) 黃龍으로 변하였는데, 길이가 여덟 丈이고, 물에서 나와 대청에서 노닐었는데, 햇빛에 번쩍거렸다.[30]

위에서 蔡質은 정월 초하룻날 천자가 德陽殿에서 조회를 받고서 여러 문무 백관들과 함께 본 魚龍曼延의 모습을 보여주고 있다. 그런데 위의 인용문에 의하면 魚龍曼延의 주인공은 〈서경부〉에서 말한 함리가 아니라 서쪽에서 나온 舍利라고 말하고 있다. 특히 여기에서 舍利가 공연 중 서쪽에서 나왔다고 말하는 것은 일종의 상징으로서, 舍利가 서역(인도 포함) 등의 지역에서 전래되었음을 암시하는 것이라고 여겨진다. 그리고 함리라는 용어 대신에 舍利라는 용어를 사용한 것은 이후의 여러 문헌에서도 보이는데, 《晉書·樂志》·《宋書》·《通典》·《舊唐書》·《隋書》 등에서도 모두 舍利라는 용어를 사용하고 있다.

---

30) 舍利之獸從西方來, 戲於庭, 入殿前, 激水化爲比目魚, 跳躍就水, 作霧障日, 化成黃龍, 長八丈, 出水游戲於庭, 炫燿日光.《後漢書·卷五·安帝紀》

문헌의 기록뿐만 아니라 한나라 시기의 壁畫를 통해서도 함리라는 용어보다는 舍利라는 용어가 적절하다는 증거를 찾을 수 있다. 일례로 내몽고의 和林格爾縣에 보이는 東漢 시기의 벽화에는 '仙人騎白象'과 '猞猁'라고 적혀진 그림이 있는데, 이 중의 '猞猁' 도상은 쟁반형의 사물에 圓球形의 사물이 네 개 놓여져 있는 모습인데, 이것은 부처의 몸을 화장한 후 만들어진 舍利임이 분명하다.

그런데 특이한 점은 벽화 속의 이들 '白象'과 '猞猁'의 그림이 중국의 전통 瑞獸인 青龍·玄武와 함께 대응하며 그려져 있다는 것이다. 이것은 바로 벽화 속의 '白象'과 '猞猁'가 중국의 전통 瑞獸인 청룡·현무와 함께 서수의 역할을 하고 있음을 분명하게 보여주는 것이다. 다만 벽화 중에는 舍利라는 용어 대신에 '猞猁'라는 용어를 사용하고 있는데, 이는 '舍利'라는 두 글자 앞에 '犭'을 더한 것으로, 청룡과 현무에 대응하는 서수라는 동물임을 표현한 것으로 보인다. 불교가 전래된 초기에 중국의 화가들은 舍利의 진정한 뜻을 잘 모르고, 단지 舍利를 일종의 상서로운 징조라고 모호하게 여겼으며, 중국의 전통적인 瑞獸인 청룡이나 현무와 대응시켰으리라 여겨진다. 그리고 이러한 점은 〈서경부〉에서 舍利(함리)가 怪獸의 형상으로 출현한 것과 같다. 잡극 공연의 연출자는 비록 백상과 舍利가 포함하는 불교적 내용을 꼭 이해하지는 못했더라도, 그것들을 용·사슴·거북이·두꺼비 등의 瑞獸 등과 동등하게 보아 상서로운 동물로 여겼음이 분명하다.[31]

문헌과 벽화에서뿐만 아니라 한나라 당시의 혼례 예의를 통해서도 舍利라는 용어가 魚龍曼延의 공연에 등장하는 상서로운 동물임을 알 수 있다. 한나라 시기의 혼례에 의하면, 신랑 집에서 신부 집으로

31) 吳焯, 〈關中早期佛教傳播史料鉤稽〉, 《中國史研究》, 1994년 제4기, 116쪽.

혼례를 청하는 의례인 納采에는 필요한 예물이 30가지가 있는데, 그 중에는 舍利獸라는 것이 포함된다. 그런데 결혼 예물인 이 舍利獸는 30가지 예물 중 鳳凰·鴛鴦과 함께 등장하는 상서로운 동물로서, 杜佑의《通典·禮十八》에 의하면 舍利獸가 곧고 謙虛한 (舍利獸廉而謙) 美德을 지닌 짐승이라 한다.

물론 여기서의 舍利獸는 본시 불교의 신성한 舍利에서 기원한 것이지만, 舍利의 신성하고 상서로운 종교적 성격을 잃고 단지 상서로운 동물로만 여겨지고 있다. 그러나 舍利獸가 불교적 성격을 잃고 한나라 시기의 필수 결혼 예물로 등장하지만, 여기서의 舍利獸는 상서로운 동물인 瑞獸의 성격을 핵심적으로 지니고 있기 때문에 〈서경부〉에 등장하는 여러 瑞獸들과 같은 의미를 지니고 있다고 하겠다. 이러한 점 때문에 한나라의 결혼예물인 舍利獸는 〈서경부〉에 등장하는 含利가 실은 舍利라는 증거가 될 수 있다고 여겨진다. 그리하여 이상과 같은 여러 증거로 인하여 郗文倩은 〈張衡西京賦'魚龍曼延'發覆〉에서 含利는 舍利를 잘못 쓴 것이라고 주장하였다.[32]

그렇다면 魚龍曼延의 실제 주인공인 舍利는 불교에서 구체적으로 무엇을 의미하고 있는가? 불교에서의 舍利는 일반적으로 두 가지를 의미한다. 舍利의 첫 번째 의미는 앞에서 언급했던 부처님의 유골을 지칭하여, 시신을 荼毘(다비)한 다음 진주나 황금과 비슷한 모습 등으로 나타나는 구슬 모양의 물체를 가리킨다. 이런 의미에서 볼 때 魚龍曼延에 등장하는 舍利는 부처의 涅槃(열반) 후에 나타나는 舍利의 상서롭고 신비로운 성격을 지닌 瑞獸의 형상으로 등장한 것이다. 그런데 〈서경부〉 중의 舍利와 앞서 살펴본《漢官典職》중의 舍利는

32) 郗文倩, 〈張衡西京賦 '魚龍曼延' 發覆〉,《文學遺産》, 2012년, 제6기.

모두 神通하게 변신하는 환술을 구사한다. 舍利는 돌연 상서로운 동물인 比目魚로 변신하고, 다시 커다랗고 상서로운 黃龍으로 변신하며, 혹은 神仙의 수레로 변신한다. 이렇듯 魚龍曼延 중의 舍利는 신통한 변신 능력을 그 핵심으로 하는데, 이러한 변신 능력은 또한 부처의 중요한 능력 중의 하나이다. 특히 대승불교에서 부처는 고통에 빠진 수많은 중생을 구제하기 위해, 시간과 장소에 따라 수많은 모습으로 자신의 모습을 변신시키는 능력을 구비하고 있다. 이러한 점에서 볼 때 魚龍曼延 중의 주인공인 舍利의 모습은 부처의 모습과 일정하게 맥을 같이 하고 있으며, 앞에서 살펴본 白象과 함께 魚龍曼延 중의 불교적 요소임을 알 수 있다.

그런데 불교에서는 舍利가 위에서와 같이 부처의 열반을 의미하는 것을 제외하고도 부처의 제자인 舍利弗을 의미하기도 한다. 舍利弗은 석가의 10대 제자 중 지혜가 가장 뛰어나 智慧第一로 칭송되었고, 鶖子·舍利子라고도 한다. 이때의 舍利는 물론 舍利弗의 簡稱으로, 불교의 경전과 燉煌의 〈降魔變文〉에서는 舍利弗을 舍利라고 부르기도 한다.[33]

舍利弗은 붓다의 수제자로서 불교의 백과사전이라고 할 수 있는 《大智度論》에서는 제 2의 붓다로 칭할 정도로 초기불교와 대승불교에 막대한 영향력을 행사하였다. 그리고 舍利弗이라는 이름은 샤리푸타(Sāriputra)의 음역(音譯)이며, 舍利子는 意譯인데, 'putra'는 본시 '누구의 아들'이란 뜻이다. 그렇다면 결국 舍利子는 舍利의 아들이라는 뜻으로, 여기서의 舍利는 舍利子 곧 舍利弗의 어머니이다. 그런데 《大智度論》에 의하면, 舍利子 어머니의 이름을 舍利라고 불렀던 것

33) 일례로 《佛本行集經》의 '舍利木連因緣品'에서는 부처의 二大弟子인 舍利弗과 目犍連을 간단히 舍利와 目連이라고 불렀다.

도 특이한데, 舍利弗의 외할아버지가 舍利弗의 어머니를 낳고 보니, 눈이 舍利鳥의 눈과 비슷하게 생겼기 때문에 舍利라는 이름을 지었다고 한다.[34] 舍利鳥는 본시 인도와 미얀마 등지에 사는 새로 앵무새와 비슷하게 생겼으며 사람의 말을 알아듣는다고 한다.

舍利弗은 또한 〈降魔變文〉에서와 같이 신통력을 부리는 것으로도 유명하다. 곧 舍利弗은 상황에 따라서 여러 가지의 모습으로 변신하는 능력을 지니고 있다. 그리고 舍利弗의 이러한 신통한 변신능력은 魚龍曼延에서 신통한 변신능력을 보여주는 舍利와 일정한 궤를 같이 하고 있다. 이러한 점에서 볼 때 魚龍曼延 중의 주인공인 舍利는 부처의 수제자인 舍利弗과 일정한 연관을 지니고 있다고 할 수 있다.

이상에서 살펴 보았듯이 위에서 언급한 여러 증거로 인하여 魚龍曼延의 공연 중에 등장하는 舍利는 불교와 연관성을 지니는 舍利가 옳다고 여겨진다. 그리고 舍利는 공연 중에서 부처의 유골을 의미하든 아니면 부처의 수제자인 舍利弗을 의미하든, 어느 경우라도 모두 불교와 연관을 지니고 있으며, 특히 공연 중에는 舍利가 부처의 탄생을 상징하는 백상의 잉태와 결합되어 나타남으로써 魚龍曼延에는 불교적 요소가 포함되어 있음을 알 수 있다.

3) 魚龍曼延의 공연양상과 불교 고사

앞에서 魚龍曼延의 공연에 주인공으로 등장하는 舍利는 불교의 舍利弗을 가리킬 수도 있음을 살펴보았다. 그리고 그러한 가능성의 근거로, 舍利가 곧 舍利弗을 의미하기도 하고, 또 魚龍曼延의 공연

34) 《大智度論》 卷11, 婦生一女, 眼似舍利鳥眼, 卽名此女爲舍利. (어머니가 딸을 낳았는데, 눈이 舍利조의 눈과 닮아서, 곧 그 딸을 舍利라고 이름 지었다.)

중에 舍利가 보여주는 변신능력 곧 환술이 舍利弗의 변신능력과 같이 핵심적 역할을 하고 있는 사실을 살펴보았다. 그러면 여기에서는 〈서경부〉의 魚龍曼延 공연 중 舍利의 신통한 환술을 포함한 전체적인 환술 공연 양상과 불교 고사 중의 舍利弗의 신통한 환술이 얼마나 같은 성격을 보여주고 있는지를 알아보자.

먼저 중국에서 舍利弗의 신통한 변신능력에 관한 故事는 〈降魔變文〉에 보이는데, 석가모니의 제자 舍利弗과 당시 인도에서 막강한 세력을 지녔던 六師外道[35]와의 신통력 대결 고사, 곧 降魔鬪法 고사는 후세의 《西遊記》와 《封神演義》에 버금갈 만큼 박진감이 넘친다. 그런데 이 〈降魔變文〉은 인도의 불교 경전인 《賢愚經·須達起精舍品》의 고사를 근거로 한 것이다. 《賢愚經》에 의하면, 불교의 精舍, 곧 사원을 짓는 과정에서 舍利弗은 六師外道의 대표인 勞度差와 여섯 차례의 신통력 결투를 벌인다. 물론 이 결투에서 舍利弗은 모두 승리하고, 패배한 로도차는 불교에 귀의하여 舍利弗의 제자가 된다.[36] 여섯 차례(육 합) 舍利弗과 로도차의 신통력 대결인 降魔鬪法 고사를 간략히 요약하면 다음과 같다.

1) 로도차가 큰 나무로 변신하자, 舍利弗이 회오리 바람으로 변신하여 큰 나무를 뽑아버린다.
2) 로도차가 연못으로 변신하자, 舍利弗이 白象으로 변신하여 연못의 물을 모두 마셔버린다.

---

35) 부처와 동시대에 살았던 6명의 사상가들과 그 유파를 불교의 관점에서 이단으로 간주하고 부르는 호칭.

36) 李容宰, 〈變文과 變相圖의 相關性 연구-燉煌壁畫 '勞度差鬪聖變'과 '降魔變文'과의 관계를 중심으로〉, 2010, 《중국어문학논집》, 62집, 321-324쪽.

3) 로도차가 큰 산으로 변신하자, 舍利弗이 金剛力士로 변신하여 金剛杵로써 산을 부숴버린다.[37]
4) 로도차가 龍으로 변신하자, 舍利弗이 金翅鳥로 변신하여 용을 찢어 먹는다.[38]
5) 로도차가 소로 변신하자, 舍利弗이 사자로 변신하여 잡아먹는다.
6) 로도차가 夜叉 귀신으로 변신하여 불을 토해내자, 舍利弗이 毘沙門天王이 되어 승리한다.[39]

그러면 불교 경전《賢愚經》에 보이는 舍利弗과 로도차의 이와 같은 신통력 대결 고사, 곧 환술 대결이 魚龍曼延의 공연 양상을 가장 자세히 기록한 장형의 〈서경부〉에서는 어떠한 모습으로 나타나고 있는지를 서로 비교하며 살펴보자.

제 1합) 로도차가 변신한 큰 나무는 원숭이들이 펄쩍 뛰며 나무 위로 기어오르는 모습으로 묘사된다.
제 2합) 로도차가 변신한 연못은 劃地成川의 환술로 묘사되고, 舍利弗이 白象으로 변신한다.
제 3합) 로도차가 변신한 큰 산은 높다란 神山으로 묘사되고, 金剛力士 대신 怪獸가 뛰어오른다.

---

37) 금강저를 손에 들고 불법을 수호하는 신.

38) 금시조는 금빛 날개를 가졌다는 새로서 날개 넓이가 360만 리인데 용을 잡아먹는다고 함.

39) 舍利弗이 毗沙門王(四天王 가운데 毗沙門의 임금)이 되니 夜叉가 무서워하며 달아나려 하였으나 사면에서 불이 일어나므로 갈 데가 없었는데, 오직 舍利弗 앞에만 불이 없으므로 곧 그곳으로 가서 항복하며 "살려주소서." 하고 비니, 즉시 불이 꺼지고 사람들은 舍利弗이 이겼다고 말하였다.

제 4합) 로도차가 변신한 용은 바다 물고기가 용으로 변신하고, 金翅鳥 대신 큰 孔雀이 나온다.

제 5합) 로도차가 변신한 소는 곰으로 대체되고, 舍利弗이 변신한 사자는 호랑이로 대체된다.

제 6합) 로도차가 변신한 불을 토해내는 夜叉 귀신은 百壽의 巨獸로 대체되고, 불을 토하는 모습은 呑刀吐火의 환술로 묘사되며, 舍利弗이 변한 毗沙門王은 靈芝 덮게와 아름다운 꽃들로 장식된 神仙의 수레를 타는 사람으로 대체된다.

위의 비교에 의하면,《賢愚經》속의 불교고사가 〈서경부〉의 魚龍曼延 공연에서 그대로 표현되고 있지는 않지만, 전체적인 맥락에서 볼 때 魚龍曼延의 공연양상이《賢愚經》의 불교고사와 상당히 비슷있다는 점을 알 수 있다. 다만 魚龍曼延의 공연에는《賢愚經》중의 회오리바람이 아예 빠져 있고, 金剛力士가 怪獸로 대체되며, 사자가 호랑이로 대체되는 등 많은 것들이 대체되어 있다.

그러나 이러한 점은 신선사상이 흥성했던 한나라 당시 넓은 광장에서 魚龍曼延을 공연할 때의 물리적·기술적 한계와 인도와 중국이라는 전혀 다른 문화를 융합시키는 과정에서는 어느 정도 피할 수 없는 것이라고 여겨진다. 왜냐하면 〈서경부〉의 魚龍曼延 공연은 仙境의 재현을 목표로 하고 있는 것이고, 魚龍曼延은 기본적으로 중국문화와 인도문화 융합의 산물이기 때문이다. 舍利弗이 변신한 회오리바람을 〈서경부〉의 魚龍曼延에서 공연하지 않은 것은 회오리바람을 표현할 공연 기술적 한계와 연관될 수 있고, 사자를 호랑이로 대체한 것은 사자가 본시 중국에 존재하지 않은 것이기 때문이라고 추정할 수 있다. 이러한 점을 고려한다면 〈서경부〉 중 魚龍曼延의 공연 양상이 모두 《賢愚經》의 불교 고사에서 근거하여 일대일 대응을 하고 있는 것이라고는 동의하지 못하더라도,[40] 《賢愚經》의 불교 고사를 상당 부분 차용하고 있다고 말할 수 있다.

이상에서 魚龍曼延에 포함된 불교적 요소를 살펴보았다. 그런데 白象이나 舍利와 같이 魚龍曼延의 공연에서 주도적인 역할을 한 불교적 요소들은 공연 중 모두 자신의 종교적 성격을 잃고 단지 仙境의 재현을 목적으로 하는 瑞獸와 같은 형상으로 나타났다. 곧 백상이나 舍利와 같이 불교와 연관을 지니고 있는 것들이 불교적 성격을 잃고 신선사상의 재현을 위한 한 수단으로 전락하였다. 그리하여 魚龍曼延의 공연에는 불교적 인도문화가 중국문화와 융합되는 과정에서 불교 자체적 성격을 유지하지 못하고 흡수되어 버리는 일종의 文化變容을 일으킨 것이다. 그러면 이러한 文化變容은 왜 일어나게 되었는지 그 원인을 살펴보자.

魚龍曼延의 공연 중 불교문화의 이러한 문화변용을 이해하기 위해서는 인도의 불교가 중국에 전래된 초기의 상황을 알아야 한다. 왜냐하면 魚龍曼延의 공연양상을 분명하게 보여주는 장형의 〈서경부〉는 장형의 나이 23세(100년)부터 10여 년간에 걸쳐 완성되었는데, 이 시기는 중국에 불교가 전래된지 대략 100년 이후로서 중국에 갓 전래된 불교는 초기불교적 성격을 유지하고 있었기 때문이다. 초기불교에서 붓다는 전래 초기인 한나라 시기에 고대 神仙家에서 말하는 神仙으로 여겨졌으며, 중국인들은 불교를 黃老 道術의 일종으로 이

40) 郗文倩은 〈張衡西京賦 '魚龍曼延' 發覆〉이라는 논문에서, 《賢愚經》의 불교 고사인 항마투법 고사와 〈서경부〉 중의 환술 공연양상이 놀랄만큼 일대일 대응을 하고 있다고 주장하였다. 郗文倩, 〈張衡西京賦 '魚龍曼延' 發覆〉, 《文學遺産》, 2012년, 제6기, 18-21쪽.

해하였다. 그리하여 중국에서의 초기불교는 중국에 뿌리를 내리기 위하여 의식적으로 神仙 方術에 의지하였으며, 사람들은 黃老와 붓다를 함께 제사지냈다. 그리고 동한 시기에도 붓다는 여전히 사람을 보호해주는 신으로 간주되었다.[41] 곧 중국에 전래된 초기불교는 자신의 포교를 위하여 의식적으로 한나라 당시에 신선 방술에 의지하였던 것이다. 이러한 상황 아래에서 중국에 전래된 불교는 자신의 종교적 성격을 잠시 버리고 중국의 신선 방술에 흡수되는 문화변용을 일으켰던 것이다. 그리하여 魚龍曼延의 공연에서 白象과 舍利와 같은 불교적 요소들은 단지 仙境의 재현이란 목적을 이루기 위한 瑞獸의 형상으로 나타났다.

4. 魚龍曼延의 의의

魚龍曼延은 장형의 〈서경부〉 등에 등장하는 중국의 대표적인 백희의 한 종류로서 한나라 시기부터 당나라 시기까지 성행했다. 魚龍曼延은 본시 어룡과 만연이라는 두 가지 백희이지만 항상 함께 공연되므로 합하여 魚龍曼延이라고 불렸다. 魚龍曼延의 공연에는 용·호랑이·곰·공작·원숭이·거북이·두꺼비 등 여러 동물들이 등장하는데, 공연 중에는 연희자가 동물의 가면을 쓰고 공연을 진행하였으리라 여겨진다. 이러한 점에서 볼 때 魚龍曼延은 동물가장가면희의 성격을 지니고 있다. 또한 魚龍曼延의 명칭에는 여러 가지가 있어서, 魚龍曼延을 제외하고도 蔓延魚龍·魚龍蔓延之戲·蔓延之戲 ·魚龍

41) 張金廣, 〈中國早期佛教神仙化特徵與其成因分析〉, 《黑龍江史志》, 2019년 제3기.

戱·龍戱·激水化魚龍·含利·神龜抃舞(신귀변무)·巨獸百尋·魚龍變化·魚戱 등의 다양한 명칭이 있다. 魚龍曼延의 명칭이 이렇듯 다양한 것은 백희 공연에서 魚龍曼延이 그만큼 중요한 종목이었고, 인기가 많은 종목임을 보여주는 것이다.

한나라 시기부터 성행한 魚龍曼延은 장형의 〈서경부〉에 그 공연양상이 자세히 묘사되어 있다. 또 한나라 蔡質의 《漢官典職》에 의하면, 魚龍曼延의 공연에는 주인공으로 舍利가 등장하여 갑자기 比目魚로 변하더니, 다시 黃龍으로 변하였다고 한다. 이러한 魚龍曼延은 위진남북조 시기에도 성행했으며, 隋나라 시기에도 엄청난 규모로 공연되었는데, 다만 이름을 黃龍變이라고 달리 불렀다고 한다. 또 당나라 시기에도 문무 백관들이 정월 초하룻날에는 모두 임금과 함께 魚龍曼延의 공연을 보았는데, 다만 이름을 激水化魚龍이라고 불렀다. 그러나 송나라 시기 이후에는 魚龍曼延이 자취를 감추며, 그 흔적이 남아 오늘날 정초에 행하여지는 용놀이로 전해진다.

魚龍曼延의 공연은 한나라 시기 중국에 불교가 전래된 사실과 일정한 연관성을 지니고 있다. 곧 魚龍曼延은 중국문화와 인도문화 융합의 산물이다. 魚龍曼延 공연의 핵심은 환술이며, 환술이 본격적으로 나타난 것은 한나라 시기 백희의 공연에서 시작된다. 그런데 백희의 공연에 나타난 환술은 문헌의 기록에 의하면 인도에서 나온 것이 많다. 환술의 대표라고 할 수 있는 呑刀와 吐火는 불교의 사원에서 중요행사를 시행할 때 반드시 공연하는 대표 종목이었다.

魚龍曼延이 불교와 일정한 연관을 맺고 있다는 증거로는 〈서경부〉의 魚龍曼延 공연에 등장하는 白象과 舍利가 대표적인 것이다. 백상은 불교에서 威容과 德을 상징하는 동물로, 불교의 경전과 설화 등에 자주 등장하며, 부처의 어머니인 마야부인이 부처를 잉태할 때 백상이 자신의 배 안으로 들어오는 꿈을 꾸었다고 하여, 부처의 탄생을 상징하고 있다. 또 魚龍曼延의 주인공인 舍利는 〈서경부〉에는 含利(함리)라고 적혀있는데, 이는 후세의 많은 문헌이나 동한 시기의 壁畫에 의하면 함리라는 표현이 잘못된 것임을 알 수 있다. 곧 魚龍曼延의 공연에서 白象과 舍利는 仙境의 재현을 위해서 상서로운 동물, 곧 瑞獸의 형상으로 등장하는데, 이것들은 본시 부처의 탄생과 열반을 상징하는 것이었다. 다만 이들 白象과 舍利는 자신의 종교적 성격을 잃고 祥瑞로운 仙境의 분위기를 조성하는 데 기여하고 있다. 또 하나의 증거로서, 한나라 시기에는 결혼 과정 중 納采의 예물로서 30종류가 있는데, 舍利獸가 鳳凰·鴛鴦과 함께 상서로운 동물로서 그 중에 포함된다. 이러한 점에서 볼 때 한나라 시기에 舍利는 이미 상서로운 瑞獸의 형상으로 생활 속에 사용되었음을 알 수 있다.

한편 魚龍曼延 공연의 주인공인 舍利는 불교에서 두 가지 의미로 사용되는데, 부처의 열반 후 유골을 의미할뿐만 아니라 舍利弗을 의미하기도 한다. 舍利弗은 부처의 수제자로서 뛰어난 신통력을 지니고 있는데, 이러한 舍利弗의 신통력은 중국의 〈降魔變文〉에 잘 나타나 있다. 그리고 〈降魔變文〉에 보인 舍利弗의 신통력은 불교 경전인 《賢愚經》에서 나온 것이다. 곧 《賢愚經》에 의하면, 舍利弗은 사원을 짓는 문제로 六師外道의 대표인 勞度差와 여섯 차례 환술 대결을 벌이는데, 뛰어난 환술로 모두 승리한다. 그런데 《賢愚經》에 보이는 이러한 환술 고사와 〈서경부〉 중 魚龍曼延의 공연 양상을 비교해 보면 상당히 비슷한 점을 발견할 수 있다. 이러한 점에서 魚龍曼延의 공연 양상은 《賢愚經》의 불교 고사를 상당 부분 차용하고 있다고 할 수 있다. 다만 魚龍曼延 중의 불교 요소들은 중국문화와의 문화융합 과정 중에서 자신의 불교적 성격을 잃고 흡수당하는 文化變容 현상을 보이고 있다.

魚龍曼延의 공연 중 불교적 요소들의 문화변용 현상은 한나라 당시 중국에 전래된 초기불교의 성격을 그 배경으로 하고 있다. 곧 초기불교 시기 중국인들은 불교를 黃老 道術의 일종으로 이해했으며, 불교는 중국에 자신의 뿌리를 내리기 위하여 의식적으로 神仙 方術에 의지하였다. 이러한 원인으로 인하여 한나라 시기 불교는 자기의 성격을 그대로 유지하기 힘들었으며, 이러한 배경 아래에서 魚龍曼延에 등장하는 불교적 요소들은 자신의 본래 성격을 잃고 神仙化되어 仙境 재현에 동원되는 瑞獸의 형상으로 나타났다.

2부

불교와 度脫劇

1장. 元雜劇 〈忍字記〉 度脫 - 통과의례를 중심으로

1. 원잡극 〈忍字記〉 度脫의 의미

원잡극 〈인자기〉(정식 극명은 〈布袋和尙忍字記〉)는 인색한 수전노의 인물형상으로 유명한 작품인 〈看錢奴〉를 썼던 鄭廷玉이 지은 도탈극으로, 도탈자인 布袋和尙이 피도탈자인 劉均佐를 도탈시키는 내용의 종교극이다. 도탈이란 용어는 본시 佛家의 용어로서 修行의 경지가 높은 도탈자가 수행의 경지가 낮은 피도탈자를 濟度하고 解脫시킨다는 의미로서, 衆生과 같은 일체 만물의 생명을 고통스러운 生死와 苦厄에서 제도하고 해탈시킨다는 뜻을 지닌다. 우리가 도탈극이라고 말하면 자연스럽게 神仙道化劇을 연상하게 되는데, 이것은 전체 도탈극 중에서 도교적 내용을 핵심으로 하는 도교도탈극이 불교도탈극에 비해 많은 분량을 차지하기 때문이며,[1] 이 글에서 다루고자 하는 〈인자기〉는 불교적 내용을 핵심으로 하는 불교도탈극이다. 그런데 기실 도탈극이란 용어는 중국에서 썼던 용어가 아니라 일본의 靑木正兒가 처음 사용하였다. 그는 자신의 《元人雜劇序說》이란 책에서 원대의 잡극을 분류하면서 明代 朱權이 지은 《太和正音譜》

1) 일례로 논자에 따라서 다르기도 하지만 신선도탈극에는 〈升仙夢〉 〈城南柳〉 〈岳陽樓〉 〈黃粱夢〉 〈任風子〉 〈胡蝶夢〉 〈金童玉女〉 〈竹葉舟〉 〈劉行首〉 〈玩江亭〉 〈藍采和〉 〈誤入桃源〉 〈邯鄲店〉 등 13편이 있고, 불교도탈극으로는 〈度柳翠〉 〈忍字記〉 〈東坡夢〉 〈猿聽經〉 등 4편이 있다. 溫小騰, 〈淺析元雜劇中的度脫劇〉, 《大慶師範學院學報》, 第26卷 第4期, 2006.

중의 雜劇十二科를 분석하여, 신선도화극 종류의 작품을 도탈극과 謫仙投胎劇으로 나누었다.[2] 그런데 朱權이 지은 신선도화극 안에는 도교적인 내용을 핵심으로 하고 있는 도교도탈극이 있을 뿐만 아니라 불교적인 내용을 핵심으로 하는 불교도탈극도 포함되어 있다. 이 때문에 이후에는 도탈극의 의미가 확대되어 仙佛이나 佛道와 인연이 있는 凡人이 神仙이 되거나 成佛하는 것을 내용으로 하는 희곡을 의미하게 되었다.[3]

원잡극 중의 도탈극은 독특한 내용과 구조를 지니고 있는데 작품 중에는 반드시 도탈자와 피도탈자가 있어야 하며, 작품의 전체적인 구조는 도탈자가 피도탈자를 여러 가지의 방법을 사용하여 도탈시키는 양상을 한다. 그리하여 작품의 전체적인 구조는 대개 세 단계로 이루어지는데, 이 글의 대상인 〈인자기〉도 마찬가지로, 첫째 단계에서는 피도탈자인 유균좌가 신성한 세계에서 貶謫되어 세속의 인간세계로 分離되며, 둘째 단계에서는 도탈자인 포대화상이 피도탈자인 유균좌를 도탈시키며, 셋째 단계에서는 도탈된 유균자를 다시 원래의 신성한 세계로 복귀시킨다. 그리고 이러한 각각의 단계 변화에는 공간이동도 자연스럽게 이루어져 신성한 세계와 세속 세계의 공간이동, 곧 聖界-俗界-聖界로의 순환적인 변화가 이루어진다.

통과의례라는 용어는 독일 출신의 민속학자인 A. 반 겐넵(Arnold van Gennep)이 최초로 1909년 《통과의례》라는 책에서 처음 사용하였다. 그에 의하면 개인은 자신의 탄생과 결혼 및 죽음 등의 중요한 시기에 사회 내에서의 신분 변화와 새로운 역할을 획득하는 과정에서

2) 靑木正兒 著, 隋樹森譯, 《元人雜劇序說》, 臺灣, 長安出版社, 1976, 32쪽.

3) 溫小騰, 〈淺析元雜劇中的度脫劇〉, 《大慶師範學院學報》, 第26卷 第4期, 2006.

의례를 행하며, 또한 다른 영역을 통과하거나 국왕이나 족장의 취임 및 여러 종교행사에도 반드시 의례를 행하는데, 이것들을 통과의례라고 불렀다. 그에 의하면 半文明的인 정신세계에서는 모든 행위들이 神聖함과 철저히 결부되어 있기 때문에 이러한 행위는 의식을 통하여 이루어진다.[4]

겐넵은 수많은 국가와 종족의 의례를 종합하고 분석하여 전체적인 통과의례가 분리의례-전이의례-통합의례라는 세 단계의 과정을 지닌다고 보았다.[5] 물론 그는 이들 세 단계가 구체적인 의례의 행위에 있어서 똑같이 중요하거나 똑같이 정교하게 행하지는 것은 아니라고 보았다. 일례로 과거 카톨릭의 사제들이 행하였던 삭발의식이 분리의례인 동시에 통합의례적 성격을 지니듯이, 그는 식물학자처럼 모든 의례 행위를 엄밀하게 분류할 수 있으리라고 기대하지 않았다.[6] 그런데 이러한 통과의례의 세 단계 과정은 도탈극의 세 단계 구조와 비슷할뿐만 아니라, 통과의례와 도탈극 모두 다루는 내용이 종교적인 성격을 핵심으로 하고 있으며, 의례의 과정 중에는 상징적 수법을 자주 사용한다. 바로 이러한 공통점 때문에 본고에서는 도탈극의 도탈과정과 도탈과정에 담긴 의미를 살펴보기 위해 통과의례적 관점을 빌리고자 한다.

겐넵의 통과의례는 이후 여러 분야에 영향을 끼쳤는데, 루마니아 출신으로 현대종교학을 대표하는 학자인 M 엘리아데(Mircea Eliade)는 자신의《聖과 俗》이라는 저서에서 통과의례 이론을 종교적으로 설명하였으며,[7] 상징인류학을 창안하여 현대의 공연예술 이론에 큰 기

4) A 반 겐넵저, 김경수역,《통과의례》, 서울, 을유문화사, 1994, 29쪽.

5) 상게서, 40쪽.

6) 상게서, 41쪽.

7) M 엘리아데 저, 이은봉 역,《성과 속》, 서울, 한길사, 1998.

여를 한 빅터 터너(Victor Turner)는 《제의에서 연극으로》라는 저서에서[8] 통과의례 이론을 새롭게 발전시켰다. 그리하여 본고에서 〈인자기〉의 도탈과정을 살피는 데 있어서 필자는 《통과의례》와 《성과 속》 및 《제의에서 연극으로》 세 권의 저서에 담긴 논의를 근거로 이 글을 전개하고자 한다.

원잡극 도탈극을 통과의례적 관점에서 분석하려는 시도는 중국에서 이루어졌다. 홍콩 출신으로서 미국의 프린스턴대학에서 박사 하위를 받은 容世誠은 일찍이 그의 저서 《戲曲人類學初探》 중의 〈度脫劇的原型分析〉에서 〈度柳翠〉와 〈黃粱夢〉 등의 도탈극을 통과의례적 관점으로 분석하였고,[9] 楊毅는 그의 박사학위 논문 《宗教與戲劇的文化交融》에서[10] 몇몇 도탈극을 간략히 논하였다. 이에 필자는 이들의 연구성과를 기반으로 원문을 중심으로 더욱 구체적으로 〈인자기〉에 담긴 도탈과정의 의미를 통과의례적 관점을 사용하여 살피보자 한다.

2. 분리의례(分離儀禮)

분리의례는 통과의례의 첫번째 단계로서 일반적으로 종래의 사회적 지위나 상태로부터의 분리를 상징하는 형태로 행하여지는데, 가령 죽음을 상징하는 행위를 수반하거나 여행을 떠나거나 마을에서 떨어진 집에 혼자 틀어박혀 있는 것이 그것이다. 곧 겐넵에 의하면, 의례에 참여하는 초입자들은 새로운 사회로 통합되기 위하여 이전

8) 빅터 터너 지음, 김익두 옮김, 《제의에서 연극으로》, 서울, 현대미학사, 1996.

9) 容世誠著, 《戲曲人類學初探》, 北京, 廣西師範大學出版社, 2003.

10) 楊毅, 《宗教與戲劇的文化交融》, 福建師範大學博士學位論文, 2005.

의 사회로부터 분리되며, 이전 사회와 관련해서는 그는 죽는 셈이 된다.[11] 그러면 먼저 분리의례의 성격을 핵심적으로 보여주고 있는 빅터 터너의 다음 문장을 살펴보자.

> 분리는 신성한 시공간과 세속적 시공간을 분명하게 구분짓는다. 그것은 사원으로 들어가는 것 이상의 것이다. ……, 그것은 제의적 주체들을 그 이전에 그들이 속해 있던 사회 층위로부터 분리시키는 것을 표현하는 상징적 행위-특히 세속적인 사물·관계·과정들을 전도시키는 상징적 행위-를 포함한다.[12]

빅터 터너의 위의 인용문에 의하면 분리의례에는 신성한 시공간과 세속적 시공간의 분리가 동반되고 분리를 의미하는 상징적인 행위들이 이루어진다. 그러면 이러한 분리의례적 성격이 불교도탈극인 〈인자기〉에는 어떠한 모습으로 나타나고 있는지 알아보자. 이러한 분리의례는 〈인자기〉의 도탈과정에 있어서 작품이 시작되자마자 楔子에서 비교적 간략히 보이는데 그 원문을 중심으로 살펴보자.

> (阿難尊者가 沖末로 분장하고 등장)……, 저는 아난존자입니다. 우리 부처님께서는 靈山의 도량(道場)에서 여러 羅漢들을 모아 놓고 불경을 강의하시고 설법하시지요. 천상에 貪狼星이 있어, 바로 제13尊나한인데 부처님이 하시는 불경 강의와 설법을 듣지 않고 잠시 속세를 그리워하는 마음을 일으켰지요. (그리하여) 본래는 그 罰로 酆都로 가서 고생했어야 하는데, 부처님께서 대자비를 베푸시어 인간세계 汴梁의 劉氏네 문중으로 가서 還生하여 인간으로 태어나도록 벌을 내리셨으니, 그가 바로 劉

---

11) A 반 겐넵저, 김경수역, 《통과의례》, 서울, 을유문화사, 1994, 130쪽.

12) 빅터 터너 지음, 김익두 옮김, 《제의에서 연극으로》, 서울, 현대미학사, 1996, 40쪽.

> 均佐입니다. (부처님께서는) 이 사람이 (불가의) 正道를 잃을까 걱정하고 이를 방지하기 위해 지금 彌勒尊佛을 布袋和尙으로 변화시키고 보내어 이 사람을 點化[13]시키고자 합니다.[14]

인용문 중 아난존자는 석가모니 부처님의 사촌으로 총명하여 불가에서는 多聞第一이라고 불리우고, 靈山은 인도에 있는 靈鷲山을 가리키며, 불가에서 신성시 여기는 곳으로 부처님이 설법을 하셨던 곳이다. 貪狼星은 북두칠성 중 가장 밝은 별을 지칭하고, 나한은 阿羅漢의 略稱이다. 또 酆都는 四川省의 縣名으로 사람이 죽은 후 혼백이 돌아가는 곳이라 하고,[15] 汴梁은 지금의 開封이며, 彌勒佛은 대승불교의 대표적인 보살로서 석가모니를 이어 중생을 구제할 미래의 부처이다. 위에 의하면 〈인자기〉의 남자주인공이자 피도탈자의 신분인 유균좌는 본시 천상의 나한 신분이었다. 불교의 교리에 의하면 四聖六凡이 있는데, 四聖은 이미 깨달은 자로서 깨달음의 정도에 따라 佛-菩薩-緣覺-聲聞의 네 단계로 구분되고, 六凡은 아직 깨닫지 못한 부류로서 天神-人間-阿修羅-畜生-餓鬼-地獄을 가리킨다. 이에 의하면 피도탈자인 유균좌는 본시 천상의 아라한 신분으로서, 이미 깨달은 존재인 聲聞의 단계에 진입하여 인간세계의 큰 고통인 生死의 輪

---

13) 본래는 신선이 法術을 사용하여 사물을 변화시키는 것을 의미하였는데, 후에는 승려나 도사가 언어를 사용하여 사람을 깨우쳐 도를 깨닫게 하는 것을 가르킨다.

14) (沖末扮阿難上) ……, 貧僧乃阿難尊者是也. 我佛在于靈山會上, 聚衆羅漢講經說法. 有上方貪狼星, 乃是第十三尊羅漢, 不聽我佛講經說法, 起一念思凡之心. 本要罰往酆都受罪, 我佛發大慈悲, 罰往下方汴梁劉氏門中, 投胎托化爲人, 乃劉均佐是也. 恐防此人迷却正道. 今差彌勒尊佛化做布袋和尙, 點化此人. 王學奇 主編,《元曲選校注》, 河北教育出版社, 1994, 2688쪽.

15) 상게서, 2693쪽.

回를 초탈하였다. 그러나 그는 천상에서 부처님의 불경 강의와 설법을 듣지 않고 속세인 인간세상을 잠시 그리워한 마음을 발동한 죄로 속세에 폄적되었다. 곧 이것은 그가 아라한이라는 신성한 존재로서는 사망했음을 상징하고 이후로는 인간세계의 세속적 존재로서 고통스러운 윤회의 길을 걸어야 함을 의미한다.

통과의례 중 분리의례의 관점에서 위의 인용문을 살펴보면, 피도탈자인 유균좌가 신성한 세계인 聖界에서 세속적 세계인 俗界로 분리된 것은 성계에서 속계로의 공간적 이동을 의미한다. 또 유균좌가 아라한이라는 신성한 존재에서 세속의 인간으로 새로운 윤회를 시작해야 하는 점은 불교적 관점에서 볼 때 신성한 존재로서의 사망을 상징하는 동시에, 이후의 인간세계에 있어서 수많은 번뇌와 고통을 지니게 됨을 상징하는 것이라고 볼 수 있다. 특히 유균좌가 천상에서 아라한의 신분임에도 불구하고 속세인 인간세상을 그리워하는 마음을 발동한 소위 '思凡之心'은 신성한 존재로서의 사망을 상징하는 것이라고 볼 수 있다. 이러한 점에서 위의 인용문은 간략하지만 통과의례 중 분리의례의 일반적 모습과 비슷한 성격을 지닌다고 말할 수 있겠다. 다만 통과의례가 일반적으로 속계-성계-속계로의 순환적인 공간이동을 한데 비하여, 도탈극인 〈인자기〉는 성계-속계-성계로의 순환적인 공간이동을 하여 조금 다른 양상을 보이고 있다.

3. 전이의례(轉移儀禮)

통과의례 중 전이의례는 가장 핵심적인 것으로 분리의례에서 통합의례로 가는 중간에 사용되므로 과도의례라고도 한다. 전이의례의 참가자는 이전의 지위나 상태를 지닌 것도 아니고, 그렇다고 새로운 지위나 상태를 지니지도 않은 중간적 성격을 띠며, 전이의 과도기적 과정 중에 수많은 고통과 고난 및 시련 등을 거쳐야만 한다. 특히 전이의례의 과정 중에 참가자는 대부분 상징적 죽음을 맞이하게 되는데, 이러한 상징적 죽음은 새로운 재탄생을 위한 필수조건이다. 그러면 이러한 전이의례의 일반적 성격을 종교론적으로 잘 설명하고 있는 엘리아데의 다음 글을 살펴보자.

> 진정한 의미로 인간이 되기 위하여 그는 최초의 자연적 생명으로는 죽어야 하며, 종교적이고 문화적인 더 높은 생명으로 다시 태어나야 하는 것이다. 달리 말하면, 원시인은 자기들이 도달하고자 소망하는 인간의 이상을 초인간적인 지평에다 설정한다는 것이다.[16]

엘리아데는 위에서 세속적 인간이 종교적 인간으로 재탄생하기 위해서는 죽음을 포함한 수많은 고통을 겪어야 함을 말하고 있다. 이것은 전이의례에 참여하는 사람들이 종교적이고 문화적인 더 높은 생명으로 재탄생함을 의미하며, 참가자들이 자신들의 이상을 세속에서 보다 더 높은 지평에다 설정하기 때문이라고 말하고 있다. 그러면 이러한 전이의례적 양상이 도탈극인 〈인자기〉에서는 어떠한 모습으로 나타나고 있는지 알아보자. 〈인자기〉에서의 전이의례적 양상은 楔子에서부터 시작해 제4절에 이르기까지 광범위하게 여러 가지의 모습으로 나타나고 있는데, 먼저 楔子에 보인 전이의례적 양상을 살펴보자.

> 유균자(正末로 분장하고 부인과 애들 및 雜役을 데리고 등장): ……, 저는

16) M 엘리아데 저, 이은봉 역, 《성과 속》, 서울, 한길사, 1998, 172쪽.

汴梁에서 제일가는 부자이지요. 비록 돈이 몇 푼 있지만 저는 평상 시 한 푼도 안쓰고 반 푼도 안쓰지요. 만일 돈 한 꿰미를 쓴다면 마치 내 몸의 살점을 뜯어내는 것 같지요. 제가 이렇게 인색하고 각박하기 때문에 이 재산을 모았지요.[17]

위의 인용문은 피도탈자인 유균좌의 탐욕스러운 인물형상을 분명히 보여주고 있다. 유균좌는 당시 대도시인 변량에서 제일가는 부자이지만 인색하고 각박하여 평상시에 돈을 한 푼도 쓰지 않으며, 만일 쓰게 된다면 자신의 살점을 뜯어내는 것처럼 여기는 인물이다. 이러한 인물형상은 수전노의 모습을 너무나 잘 보여준 유명한 원잡극 〈看錢奴〉의 주인공과 비슷한 것이다. 〈인자기〉는 불교도탈극이어서 기본적으로 불교적인 인생관과 세계관을 보여준다. 불교에는 三毒이란 용어가 있는데, 탐욕과 노여움 및 어리석음(貪·嗔·癡) 세 가지를 가리킨다. 불교에 의하면 이 삼독은 중생의 근본 번뇌로서, 중생이 해탈하고 成佛하는 데 해가 됨이 마치 독과 같기 때문에 삼독이라고 부른다. 그런데 이 삼독 중에서도 가장 해로운 것이 탐욕이라고 하는데, 〈인자기〉의 작자 정정옥은 유균좌를 탐욕의 화신으로 안배하였다.

전이의례적 관점에서 위의 인용문을 보자면, 유균좌의 세속 생활은 지나친 탐욕으로 인한 번뇌와 고통으로 가득차 있다. 위에서 '만일 돈 한 꿰미를 쓴다면 마치 내 몸의 살점을 뜯어내는 것 같지요'라는 표현은 지나친 탐욕이 그에게 가져다주는 번뇌와 고통을 느끼게 한다. 이렇듯 지나친 탐욕으로 인한 유균좌의 번뇌와 고통은 고난과

17) (正末扮劉均佐領旦兒, 倈兒, 雜當上, 正末云) …… 我是汴梁城中第一個財主. 雖然有幾文錢, 我平日之間一文也不使, 半文也不用. 若使一貫錢呵, 便是挑我身上肉一般. 則爲我這般慳自恪克上, 所以積下這家私. 王學奇 主編, 《元曲選校注》, 河北教育出版社, 1994, 2688쪽.

고통 및 시련을 동반하는 전이의례의 일반적 성격과 부합한다고 볼 수 있겠다.

제1절에서 미륵불의 化身인 포대화상은 탐욕으로 인한 번뇌와 고통으로 가득찬 유균좌를 도탈시키기 위해 천상에서 내려오는데, 그는 극 중에서 그리 중요하지 않은 각색인 外로서 등장하지만, 극 중의 관건적인 시기에는 항상 출현하여 유균좌를 도탈시킨다. 원래 포대화상은 五代 後粱의 실존 승려로서 자신의 물건을 항상 자루 한 포대에 들고 다니어서 포대화상이라고 불렀고, 당시의 사람들은 그를 彌勒佛의 화신으로 여겼다고 한다. 그리고 그가 죽은 후에는 그를 彌勒菴에 묻었으며 지금도 岳林寺 東堂에는 그의 全身 塑像이 있다고 한다.[18] 극 중에서 유균좌는 포대화상을 처음 보는 순간 너무 뚱뚱하다고 비웃지만 포대화상은 개의치 않고 그에게 大乘佛法을 전해 주겠다고 말하면서 유균좌의 손에 '忍'자를 써주며, 항상 참을 것을 부탁한다. 그런데 포대화상이 써준 이 '忍'자는 무슨 마법을 지닌 듯 유균좌가 아무리 씻어 버리려고 하여도 씻어지지 않고, 자신의 수건으로 닦아 없애려다가 도리어 수건에 '忍'자가 새겨진다. 극 중 유균좌의 새로운 고통은 그가 뜻밖의 살인죄를 범하게 된 것으로부터 시작된다. 그러면 원문을 인용하며 살펴보자.

> 유규아(淨으로 분장): ……, 저는 유균좌 그 놈에게 돈을 한 꿰미 독촉하러 왔어요. 유균좌, 수전노! 나에게 빚진 돈 한 꿰미 왜 안 갚는 거야? ……
>
> 유균좌: 네가 감히 우리 집에 들어와?
>
> 유규아: 들어왔다. 니가 감히 나를 어떻게 하려고?

18) 李惠綿, 〈論元代佛教度脫劇〉, 《佛學硏究中心學報》, 第6期, 臺灣, 2007.

유균좌(때리며): 내가 너를 못 때릴 것 같아? (유규아가 넘어진다)
유균우: 형님, 부족한 그 사람과 다투지 마시고 앉으시지요. 이 놈! 일어나라. 돈을 달라면서 왜 욕을 하니? (놀란다) 형님, 때리신 그 사람, 입에 숨을 안 쉬네요. ……
유균좌: 동생, 집안 재산과 밭 그리고 고운 아내와 어린 자식을 모두 자네에게 맡기네. 자네가 잘 봐주소, 나는 목숨을 구하러 도망가야겠어.
포대화상 (급히 등장): 유균좌, 사람을 때려 죽이고 어디로 가려고?
유균좌: 사부님, 당신의 제자를 구해주세요![19]

불교도탈극인 〈인자기〉의 전체 고사는 '忍'字를 중심으로 전개된다. 불교의 교리에 의하면 일체 중생이 生死의 苦海를 건너 涅槃의 彼岸으로 건너기 위해서는 여섯 가지 실천 덕목을 행해야 하는데, 이를 전문용어로 육바라밀(六波羅蜜)이라고 부르며,[20] 그 중 인욕바라밀은 忍辱의 실천을 강조한 것이다. 위의 인용문에서 피도탈자 유균좌가 살인죄를 범하여 커다란 시련에 부딪히게 된 것도 사실은 한 순간의 분노를 참지 못한 것에서 비롯되었다. 또 주지하다시피 불교의 계

---

19) (淨扮劉九兒上, 云:) ……, 我問劉均佐那弟子孩兒討一貫錢便來也. 劉均佐, 看財奴! 少老子一貫錢, 怎生不還我? ……, (正末云:) 你敢進我家裏來么? (劉九云:) 我便來, 你敢把我怎的? (正末打科, 云:) 我不敢打你那? (劉九做倒科) ……, (劉均佑云:) 哥哥, 休和他一般見識, 你請坐. 兀那厮, 你起來, 你要錢怎生毀罵人? (做驚科, 云:) 哥哥, 你打的他口裏無了氣也. ……, (云:) 兄弟也, 我將這家業田産, 嬌妻幼子都分付與你. 你好生看管, 我索逃命去也. (布袋沖上, 云:) 劉均佐, 你打殺人, 走到那裏去? (正末云:) 師父, 救您徒弟咱. 王學奇 主編, 《元曲選校注》, 河北教育出版社, 1994, 2701-2702쪽.

20) 보시바라밀(普施波羅蜜), 지계바라밀(持戒波羅蜜), 인욕바라밀(忍辱波羅蜜), 정진바라밀(精進波羅蜜), 선정바라밀(禪定波羅蜜), 반야바라밀(般若波羅蜜)을 가르킨다.

율에는 五戒라는 것이 있고,[21] 그 중의 첫 번째가 不殺生인데, 피도탈자인 유균좌가 비록 아직은 불가에 입문하지는 않았지만 불교에서 금지하는 살생을 하게 되어 스스로 시련을 자초하게 되었다. 이런 점에서 위의 인용문은 전이의례의 관점에서 보자면 인욕을 행하지 못하는 유균좌의 시련을 보여주는 부분이라고 할 수 있다.

위에서 뜻밖의 살인으로 자신의 목숨을 잃을까 무서워한 피도탈자 유균좌는 모든 재산과 처자식을 의형제인 劉均佑에게 맡기고 도망치려는 관건적인 시기에 도탈자인 포대화상이 무대에 오르며, 유균좌는 포대화상에게 사부님이라고 말하며 자신의 목숨을 구해달라고 말한다. 이에 포대화상이 유균좌의 목숨을 살려주는 대신 出家를 권유하자, 마침내 유균좌는 자신의 後園에 草庵을 짓고 修行을 하기로 하는데, 원문을 인용하며 살펴보자.

> 포대화상: 유균좌, 내가 당신더러 참아야 한다고 했는데, 어떻게 참지 못하고 사람을 죽였소? …… 나랑 같이 출가하겠소?
>
> 유균좌: 사부님, 이 사람을 살려주신다면 제가 사부님을 따라 출가하겠어요.……
>
> 포대화상: 유균좌, 나랑 같이 출가합시다.
>
> 유균좌: 사부님, 불쌍히 여겨주세요. 제가 어떻게 이 집안 재산과 밭 그리고 고운 아내와 어린 자식을 버릴 수가 있겠어요? 제자인 제가 後園에 草庵을 하나 엮어 在家出家를 하여, 세 끼를 채식으로 먹고 나무아미타불을 염불하면 되겠지요.
>
> 포대화상: 유균좌, 차마 출가는 못한다면 모든 일에서 참고 다만 나무아미타불만을 염불하세요.

---

21) 五戒는 1. 不殺生(죽이지 말라) 2. 不偷盜(도둑질하지 말라) 3. 不邪淫(삿되게 淫行을 하지 말라) 4. 不妄語(망령된 말을 하지 말라) 5. 不飮酒(술을 마시지 말라)

유균좌: 사부님 알겠습니다. 동생, 이 집안 재산을 맡길테니 내 애들을 잘 돌봐주소.[22]

위의 인용문에서 피도탈자인 유균좌는 포대화상이 요구하는 출가를 거절하지 못하다가 결국은 집의 後園에 草庵을 하나 지어 在家出家 하기로 결정한다. 여기서의 재가출가는 불가에서 말하는 在家修行을 말한다. 재가수행은 出家修行을 하지 못하는 형편에 있는 불가의 신도나 승려가 집에서 淸心寡慾을 유지하고, 부처님의 이름을 부르면서 정신을 집중하여 번뇌와 망상을 제거하고 깨달음에 이르는 수행방식이다. 이런 의미에서 위의 유균좌는 비록 정식으로 출가하지는 않았으나 이미 초보 승려가 된 것과 진배없으며, 그리하여 그는 포대화상에게 날마다 승려처럼 세 끼 식사를 채식으로 하고 나무아미타불을 염불하겠다고 약속하였다. 물론 여기서의 草庵 생활은 상징적인 것으로, 그가 세속의 번뇌와 망상을 끊고 신성한 새로운 세계에 진입함을 상징하고 있다.

전이의례의 관점에서 볼 때 이 부분은 조금 독특하다고 할 수 있다. 왜냐하면 이 부분은 전체적인 도탈구조에 있어서 피도탈자가 재산과 처자식을 맡기고 세속적 생활을 떠나야 하는 시련을 겪어야 한다는 점과 초암 생활이라는 상징성으로 볼 때 분명 전이의례에 해당되지만, 또

22) (布袋云:) 劉均佐, 我着你忍着, 你怎生不忍打殺人? ……, 你跟我出家去么? (正末云:) 師父若救活這個人, 我便跟師父出家去.……, (布袋云:) 劉均佐, 跟我出家去來. (正末云:) 師父, 可憐見, 我怎生舍的這家業田産嬌妻幼子? 您徒弟則在後園中結一草庵, 在家出家, 三頓素齋, 念南無阿彌陀佛, 則便了也. (布袋云:) 劉均佐, 你舍不的出家, 凡百事則你忍着, 只念南無阿彌陀佛. (正末云:) 師父, 您徒弟理會的. 兄弟也, 我將這家緣家計, 且分付與你, 則好生看我這兒女也. 王學奇 主編,《元曲選校注》, 河北教育出版社, 1994, 2703쪽.

한 한편으로는 분리의례적 형식을 취하고 있기 때문이다. 곧 유균좌의 초암 생활은 겐넵이 《통과의례》에서 일반적으로 임신과 출산의 분리의례에 여자를 특수한 오두막이나 집의 특정한 부분에 분리시키는 관습이 있다고 지적한 것과[23] 거의 같은 의미를 지니고 있다. 그런데 전체적인 통과의례에 있어서 이미 앞에서 중세 시기 카톨릭의 삭발의식이 분리의례에 속하기도 하지만 통합의례에도 속하는 이중성을 지닌다는 겐넵의 지적을 상기하면, 유균좌의 초암 생활이 지니는 전의의례와 분리의례의 이중성도 특별한 것은 아니라고 여겨진다.

불교도탈극인 〈인자기〉의 제2절은 피도탈자인 유균좌가 草庵에서 행하던 在家修行을 중심으로 전개된다. 극 중 고사는 재가수행을 하던 유균좌에게 어느날 자신의 아들이 찾아와 자신의 아내가 유균우와 매일 둘이 술을 마시며 노닌다고 고발하는 것에서 시작된다. 유균좌는 이에 분노하여 또 참지 못하고 칼을 들고 죽이러 가는데, 바로 이 관건적인 시기에 또 포대화상이 등장하여 유균좌가 또 참지 못했다고 질책하자, 유균좌는 자신의 수행이 부족하다는 것을 인정하고 정식으로 출가하게 된다. 곧 재가수행에서 출가수행으로 유균좌의 수행형식이 변화된 것이다. 그러면 원문을 인용하며 피도탈자인 유균좌의 수행이 점진적으로 진행되는 양상을 살펴보자.

> (유균좌) 아들: 저는 일이 없으면 오지 않지요. 아버님이 修行 가신 후 어머니와 삼촌은 매일 술을 마시고 같이 놀아요. 제가 특별히 아버님께 알리러 왔어요.
> 유균좌: 뭐! 니 애미와 삼촌이 방에서 술 마시고 같이 논다고. 정말이야?
> (유균좌) 아들: 정말이에요. 거짓말 아니에요. ……

23) A 반 겐넵저, 김경수역, 《통과의례》, 서울, 을유문화사, 1994, 80쪽.

유균좌: 내 손에 칼이 없으니 부엌에 가서 이 칼을 가져왔지요. 문 앞에 왔으니 들어봐야지.

(유균좌) 부인: 삼촌, 이 재산들은 삼촌 덕택이에요. 한 잔 실컷 드세요.

유균우: 형수님 은혜는 죽어도 잊지 못합니다. 형수님 드시지요!

유균좌: 본시 정말 이런 일이 있었구나. 화나서 죽겠네! ……

유균좌: 당신을 죽이지 않을테니 姦夫가 어디 있어?

(유균좌) 부인: 姦夫가 어디 있는지 당신이 찾으세요. (퇴장) (포대화상이 장막에서 기침을 하다)

유균좌: 이 놈이 본시 여기 속에 숨어 있었구나. 가만두지 않겠어! ……

포대화상: 유균좌, 내가 참아야 한다고 했는데 또 못참고 短刀를 들고 사람을 해치려고 하다니. 在家出家 한다고 말하지 않았던가? 오늘은 나랑 출가해.

유균좌: 사부님, 제가 한 마음으로 사부님을 따라 출가하겠습니다.[24]

위의 인용문은 〈인자기〉의 작자인 정정옥이 유균좌의 수행을 단련시키기 위하여 일부러 안배한 조금 특이한 부분이라고 여겨진다. 비록 유균좌가 부득이한 사정으로 佛門에 입성하여 자신 집 後園의 草庵에서 재가수행을 하고 있으나, 자신의 아내가 유균우와 매일 술 마시고 함께 노니는 것을 직접 목도하고 참기는 쉽지 않을 것이기 때문

24) (俫兒云:) 您孩兒無事不來. 自從父親修行去了, 俺母親和俺叔叔每日飮酒做伴, 我特來告與父親知道. (正末云:) 哦! 你娘和叔叔在房中飮酒作伴, 是眞個? (俫兒云:) 是眞個, 不說謊. ……, (正末上, 云:) 我手中無刃器, 廚房中取了這把刀在手. 來到這門首也, 我試聽咱. (旦兒云:) 叔叔, 這家私裏外, 早晚多虧你, 滿飮一杯. (劉均佑云:) 嫂嫂之恩, 我死生難忘也. 嫂嫂請! (正末云:) 原來眞個有這勾當. 兀的不氣殺我也. ……, (云:) 我且不殺你, 那姦夫在那裏? (旦兒云:) 你尋姦夫在那裏? (下) (布袋在帳幔裏打嚔科) (正末云:) 這厮原來在這裏面躲着哩. 更待干罷! ……, (布袋云:) 劉均佐, 我着你忍着, 你又不肯忍, 提短刀要傷害人, 可不道你在家出家, 則今日跟我出家去來. (正末云:) 師父, 劉均佐一心待跟師父出家去. 王學奇 主編, 《元曲選校注》, 河北教育出版社, 1994, 2711-2714쪽.

이다. 유균좌는 분노를 참지 못하고 부엌의 칼을 들고 姦夫를 잡아 죽이겠다고 했으나, 姦夫인 유균우는 이미 몰래 도망가 버렸다. 이 틈에 포대화상이 등장하여 유균좌가 참지 못한데다가 또 칼로 남을 죽이려 한다는 두 가지 점을 들어 출가를 요구하자, 유균좌는 부득불 출가수행을 결심하였다. 물론 이러한 점은 피도탈자인 유균좌가 세속적인 번뇌의 苦海를 건너 신성한 열반의 세계인 彼岸으로 이르기 위해서는 〈인자기〉의 핵심적 주제라고 볼 수 있는 인욕바라밀을 실천해야 하는데, 아직 그러한 수행의 경지에는 유균좌가 이르지 못함을 지적하고 있다.

전이의례적 관점에서 볼 때 재가수행에서 출가수행으로의 변화를 가져오는 위의 인용문은 피도탈자인 유균좌가 수행과정에 있어서 더욱 힘든 시련을 당할 것을 의미하고 있으나, 한편으로는 이러한 힘든 시련이 가져올 수행의 심화를 의미하고 있다고도 볼 수 있겠다. 곧 유균자는 앞으로 더욱 힘든 시련을 통하여 더욱 단련되어 더 높은 수행의 경지에 이를 수 있다.

〈인자기〉의 제3절은 유균좌의 출가수행을 중심으로 전개된다. 극 중 도탈자인 포대화상은 피도탈자인 유균좌의 수행을 위하여 더욱 강력한 시련을 들고 나와 유균좌의 수행을 단련시킨다. 그것은 피도탈자인 유균좌의 수행 경지를 제고시키기 위하여 비록 재가수행에서 출가수행으로 수행양식을 변화시켰으나, 수행양식의 이러한 변화가 유균좌의 자발적인 행위가 아니었기 때문이다. 곧 유균좌는 인욕바라밀을 행함으로써 성불하고자 출가수행을 결심하였으나 이것은 진정한 출가수행이 아닌 것이다. 극 중 유균좌는 岳林寺에서 포대화상의 제자인 定慧和尚으로부터 大乘佛法을 듣고 매일 염불을 하지만, 자신의 재산과 처자식을 그리워하는 등 세속적 번뇌와 망상을 버리지 못하며, 심지어는 念珠를 내던지며 출가수행을 견디지 못한다. 그리하여 定慧和尙은 피도탈자인 유균좌가 잠시 잠든 사이 일종의 夢境인 境頭를 보게 하는데, 이러한 境頭는 도탈극에서 상투적으로 사용된 것이다. 그러면 원문을 인용하며 살펴보자.

> 정혜화상: 유균좌가 잠들었구나. 그로 하여금 境頭를 보게 하자. 빨리! 이 사람의 악마가 왔네요.
>
> (유균좌) 부인(애들과 대동하고): 저는 유균좌의 부인이에요. 남편을 보러 가야지요. (보고서) 여보!
>
> 유균좌: 여보! 어디에서 왔소?
>
> (유균좌) 부인: 여보, 당신 보러 애들을 데리고 왔어요.
>
> 유균좌: 여보, 당신 생각나 죽겠어요. (노래)
>
> {안아락} 나도 모르게 서글퍼지고, 나도 모르게 슬픔이 더해지네. 우린 아름다운 부부건만, 어찌하리오 이 거친 和尙이 있는걸. ……
>
> (유균좌) 부인: 두 애들도 당신을 보러 여기 왔어요.
>
> 유균좌: 애들아, 너희들 생각나 죽겠구나. ……
>
> 정혜화상: 속히 물러나거라. (유균좌 부인과 애들 퇴장) (포대화상이 부인과 애들을 데리고 등장하여 한 바퀴 돌고는 퇴장)
>
> 유균좌(보고서): 사부님, 방금 왔던 그 사람은 老師父님이 아니신가요?
>
> 정혜화상: 내 사부님이시지.
>
> 유균좌: 그 두 부인은 누구지요?
>
> 정혜화상: 사부님 큰부인, 둘째부인이지.
>
> 유균좌: 그 두 애들은 누구지요?
>
> 정혜화상: 사부님 자녀들이지.
>
> 유균좌(화를 내며): 좋은 和尙이네! 저더러는 처자식과 많은 재산을 버리고 함께 출가하자더니. 그것 화나서 죽겠구나! 사부님, 언짢게 여기시지 마세요. 저도 출가하지 않고 집에 돌아가겠어요.[25]

---

25) (首座云:) 劉均佐睡着了也. 着他見個境頭. 疾! 此人魔頭至也. (旦兒同倈兒上, 云:) 自家劉均佐渾家便是. 我看員外去. (見科云:) 員外. (正末云:) 大嫂, 你那裏來? (旦兒云:) 員外, 我領着孩兒望你來. (正末云:) 大嫂, 則被你想殺

위에서 포대화상의 제자인 정혜화상은 피도탈자인 유균좌에게 岳林寺에서 大乘佛法을 가르치며 수행에 정진할 것을 독촉하였으나, 유균좌가 이에 적응하지 못하자 수행을 강화시키기 위하여 도탈극에서 자주 사용하는 境頭의 수법을 사용하였다. 境頭는 일반적으로 도탈극에서 도탈자가 피도탈자를 도탈시키기 위하여 사용하는 수법으로, 피도탈자로 하여금 현실이 아닌 허구적 夢幻의 세계를 보고 깨닫게 만드는 것이다. 물론 이러한 수법을 운용하는 것은 도탈극 중에서 특별한 능력을 부여받은 승려나 도사들만이 가능한 것으로, 도탈자들은 피도탈자로 하여금 자신이 원하는 꿈을 꾸게 하여 자신의 목적을 이룰 수 있다. 정혜화상은 위에서 유균좌의 출가수행을 단련시키기 위하여 境頭의 수법으로 '악마(魔頭)'를 불러오는데, 여기서의 '악마'란 곧 수행자의 수행을 파괴하는 흉악한 인간으로, 구체적으로는 유균좌의 부인을 가르킨다. 곧 위에서 정혜화상은 유균좌로 하여금 꿈속에서 자신의 처자식을 보도록 만들어 시련을 견딜수 있는지 그의 수행 경지를 시험하고 있는 것이다. 이뿐만 아니라 정혜화상은 유균좌로 하여금 꿈속에서 포대화상이 처자식을 데리고 나타나는 장면을 목도하게 만들어 더욱 큰 시련을 안기고 있다. 그러나 피도탈자인

我也. (唱) {雁兒落} 不由我不感傷, 不由我添悲愴. 咱須是美眷姻, 爭奈有這村和尙. ……, (旦兒云:) 兩個孩兒都在這裏看你來也. (正末云:) 孩兒也, 想殺我也. ……, (首座云:) 速退. (旦兒同倈兒下) (布袋同旦兒倈兒上轉一遭下) (正末見科, 云:) 師父, 才來的那個不是俺老師父? (首座云:) 是俺師父. (正末云:) 那兩個夫人是誰? (首座云:) 是俺大師父娘二師父娘. (正末云:) 那兩個小的是誰? (首座云:) 是師父一雙兒女. (正末怒科, 云:) 好和尙也! 他着我休了妻棄了子, 抛了我銅斗兒家私, 跟他出家. 兀的不氣殺我也! 師父, 休怪休怪, 我也不出家了, 我還我家中去了也. 王學奇 主編, 《元曲選校注》, 河北敎育出版社, 1994, 2721-2723쪽.

유균좌는 인용문에서와 같이 이러한 시련을 견디지 못하고 굴복하여 결국 출가수행을 포기하고 고향으로 돌아간다.

불교도탈극인 〈인자기〉는 작품의 구조가 불교적 세계관과 인생관의 영향을 크게 받는다. 불교의 교리에 의하면 범부인 중생의 현실세계는 고통으로 충만되어 있는데, 소위 八苦가 그것이다. 八苦란 중생이 번뇌와 망상 및 집착으로 인하여 겪게 되는 여덟 가지 고통으로, 生·老·病·死의 네 가지와 더불어, 愛別離苦·怨憎會苦·求不得苦·五陰盛苦를 말한다.[26] 이러한 불교 교리에 의하면 위의 인용문은 피도탈자인 유균좌가 사랑하는 처자식과 헤어져야 하는 고통인 愛別離苦를 견디지 못하는 시련을 보여주는 것으로, 전이의례적 시련을 분명하게 보여주고 있다.

〈인자기〉의 제4절은 작품의 절정 부분으로, 피도탈자인 유균좌는 여러 가지의 시련을 통과한 후 마침내 크게 깨닫게 된다. 그런데 극중에서 유균좌가 결국 깨달아 도탈하게 되는 양상은 상당히 독특하다. 제3절에서 출가수행을 하였으나 愛別離苦의 시련을 견디지 못한 유균좌는 자신의 고향으로 돌아오는데, 그는 자신의 조상들이 묻혀 있는 묘소를 찾아간다. 곧 제4절은 조상의 묘소를 배경으로 진행된다. 유균좌는 여기에서 자신의 손자를 만나게 되는데, 손자의 나이가 뜻밖에 80세로서 자신보다 크게 많은 것을 알고 큰 충격을 받으며 결국은 큰 깨달음을 얻게 된다. 그러면 원문을 인용하며 피도탈자인 유균좌가 결국 도탈하게 되는 양상을 살펴보자.

---

26) 애별리고는 사랑하는 가족이나 사람과 이별하는 고통, 원증회고는 원한이 있고 미워하는 사람과 만나야 하는 고통, 구부득고는 얻고자 하나 얻지 못하는 고통, 오음회고는 물질 부분과 정신 부분의 다섯 가지인 色·受·想·行·識으로 인한 고통을 가리킨다.

(유균좌) 손자: 늙은이는 劉榮祖입니다. 벌써 묘 앞에 왔네요. 한 젊은이가 저기에 앉아 있는데, 물어봐야겠어요. 젊은이, 뭐 하러 여기에 왔어?

유균좌: 저희집 묘소인데 여기에 못 앉나요.

(유균좌) 손자: 이놈, 우리 집안 묘소인데 여기 앉고는 도리어 너희 집 묘소라고 해.

유균좌: 이 영감님 무례하시네. 저희 집안 묘소인데 제가 못 앉아요? ……

유균좌: ……, 제가 출가할 때 수건 하나를 남겨 놓았고, 위쪽에는 忍字가 새겨져 있는데, 남아 있는지요?

(유균좌) 손자: 수건은 있는데 아닐 것 같은데.

유균좌: 그 수건을 가져오시면 제가 알죠.

(유균좌) 손자: 수건 여기 있어. 알아봐.

유균좌(알아차린다): 바로 제 수건이에요. 못 믿으시겠어요. 제 손의 忍字가 이 수건 것과 같잖아요.

(유균좌) 손자: 바로 저의 조부님이시네요. 애들아 모두 할아버지께 인사드려. ……

(유균좌) 손자: 할아버지, 어떻게 늙으시지 않았어요?

유균좌: 내 염불하는 것만 따라 하면 늙지 않는다.

(유균좌) 손자: 어떻게 염불하는데요?

유균좌: 너는 나를 따라 나무아비타불을 염불해라. 허, 유균좌야, 원래 사부님은 좋으신 분이었구나. 제가 사부님을 따라 간 것이 세 달인데, 인간세상에는 벌써 백 십여 년이 지났으니, 저는 지금 진퇴양난이 되었네요. 사부님, 왜 당신의 제자인 저를 구하러 오시지 않으신지요? (노래한다) ……

{堯民歌} ……, 사부님이 만일 昇天해 가버리시면 저는 어떡하죠? (말하다:) 됐어, 됐어, 됐어. 이 목숨 있어봤자 뭐하겠어. (노래한다) 남은 목숨 끊으러 소나무를 들이받아야지. (소나무를 들이받는다)

포대화상: 유균좌, 깨달았느냐?

유균좌: 사부님, 깨달았습니다.

포대화상: 제자야, 네가 오늘 깊은 깨달음을 이루었음을 비로소 믿느니라.[27]

위의 인용문은 죽음을 상징하는 조상의 무덤에서 진행된 것으로, 유균좌가 80살이나 되는 늙은 손자와 서로 알아보지 못하고 다투는 골계적인 장면을 보여준다. 극 중에서 유균좌와 손자의 다툼을 해결해 준 것은 忍字가 새겨진 수건이었다. 유균좌의 손자는 수건을 물증으로 하여 '젊은이(後生)'라고 부른 유균좌를 정식으로 자신의 할아버지로 인정하고 인사드린다. 물론 이러한 장면은 현실에서는 불가능한 것이지만 종교적인 면에서 보면 상징적인 것이라고 여겨진다. 특히 위에서 유균좌가 손자에게 나무아미타불만 염불하면 늙지 않고, 자신이 포대화상을 따라 출가수행을 한 시간이 3개월에 불과한데, 인간세상의 시간은 110여 년이 지났다는 표현은 상징적인 것이라고 여겨진다. 신성한 종교적 삶의 시간 속도는 세속적 삶의 시간 속도에 비하면 매우 느리게 가며, 그 결과 종교적 신성한 삶을 살면 세

27) (孛老上, 云:) 老漢劉榮祖, 可早來到這墳前也. 一個後生在那裏坐着, 我試問他咱. 兀那後生, 你來俺這裏做什么? (正末云:) 是俺家的墳, 不許我在這裏坐那. (孛老云:) 這弟子孩兒, 是俺家的墳, 你在這裏坐, 你倒又說是你家的墳. (正末云:) 這老子無禮也. 俺家的墳, 不由我坐? ……, (正末云:) ……, 我當初去時, 留下一條手巾, 上面都是忍字, 可是有也是無? (孛老云:) 手巾便有, 則怕不是. (正末云:) 你取那手巾我認. (孛老云:) 兀的不是手巾, 你認. (正末認科, 云:) 正是我的手巾, 怕你不信呵, 你看我手裏的忍字, 與這手巾上的可一般兒. (孛老云:) 正是我的祖公公. 下次小的每都來拜祖公公. ……, (孛老云:) 公公, 你怎生年紀不老也? (正末云:) 你肯依着我念佛, 便不老. (孛老云:) 怎生念佛? (正末云:) 你則依着我念南無阿彌陀佛. 嗨, 劉均佐也, 原來師父是好人. 我跟師父去了三個月, 塵世間可早百十餘年, 弄得我如今進退無門. 師父, 你怎生不來救你徒弟也. (唱:) ……, {堯民歌} ……, 師父也不爭你昇天去後我如何. (云:) 罷罷罷, 要我性命做什么. (唱:) 我則索割舍了殘生撞松科. (撞松科, 布袋上, 云:) 劉均佐, 你省了也么? (正末云:) 師父, 你徒弟省了也. (布袋云:) 徒弟, 你今日正果已成, 才信了也呵. 王學奇 主編, 《元曲選校注》, 河北教育出版社, 1994, 2730-2733쪽.

속적으로 계산할 때 아주 오랜 시간 동안 살 수 있음을 상징하고 있다고 볼 수 있다. 곧 이것은 세속을 초월하는 종교적 삶을 통하여 영원한 생명을 누릴 수 있다는 상징적 표현이라고 여겨진다.

한편 위의 인용문은 또한 도탈극의 전이의례에서 핵심적 역할을 하는 피도탈자의 사망의식을 상징적으로 보여주고 있다. 유균좌는 80살이나 되는 늙은 손자를 만나 세월이 이토록 빨리 흘러 친척들은 모두 사망하고 세상사가 상전벽해가 된 상황을 알고 크게 깨닫는다. 이것은 현실에서는 불가능한 일로서 종교적인 상징에 해당되며, 비록 유균좌 자신의 세속적 육신이 현실적으로는 죽지 않았지만 간접적인 사망에 도달했음을 상징하고 있다고 볼 수 있다.[28] 그리하여 그는 자신을 출가수행 시킨 포대화상을 좋은 사람이라고 칭송하고는, 신성한 종교적 삶의 의미를 깨달아 소나무를 들이받아 죽으려고 하였으니, 이것은 전이의례 중의 핵심인 상징적인 사망의식을 보여주는 것이라고 하겠다. 물론 여기서 유균좌의 상징적인 사망은 새로운 탄생을 위한 하나의 필수조건으로 기능을 하고 있는데, 여기서는 이러한 상징적인 사망의식을 종교론적으로 잘 설명하고 있는 엘리아데의 다음 두 문장을 살펴보자.

> 세속적인 조건에서는 죽고 그 다음에 성스러운 세계, 신들의 세계에서 재생하는 가입식(통과의례)의 각본은 고도로 발달된 종교에서도 중요한 역할을 한다. 유명한 예는 인도의 제의에서 볼 수 있다. 그 목표는 사후에 천상에 올라가 신들과 더불어 살거나 神性을 획득하는 것이다. 달리 말하면, 제의를 통해서 사람들은 초인간적인 존재양식을 획득한다.[29]
>
> 이것은 다음과 같은 의미를 지닌다. 첫째 사람은 자연적 인간을 넘어

28) 楊毅, 《宗教與戲劇的文化交融》, 福建師範大學博士學位論文, 2005, 287쪽.

29) M 엘리아데 저, 이은봉 역, 《성과 속》, 서울, 한길사, 1998, 178쪽.

> 서고, 어떤 의미에서는 그것을 폐기시킬 때에 비로소 완전한 인간이 된다. 왜냐하면 가입식(통과의례))의 본질은 무엇보다도 역설적이고 초자연적인 죽음과 부활 혹은 재생의 체험이기 때문이다. 둘째 시련과 싱징적인 죽음 및 부활을 동반하는 가입식(통과의례) 의례는 신들, 문화영웅들, 혹은 신화적 선조들이 창조한 것이다. 따라서 그것은 초자연적인 기원을 가지며, 신가입자는 그것을 수행함으로써 신적인 행위를 모방하게 된다.[30]

위의 인용문에서 엘리아데는 인간이 통과의례의 과정 중에 세속적인 조건에서는 죽고 신성한 종교의 세계에서 재탄생하는 전이의례의 목표는 피도탈자가 사후에 천상에 올라가 신들과 더불어 살거나 神性을 획득하는 것으로서, 이것은 초자연적인 존재양식을 획득하는 것임을 밝히고 있다. 그리고 그는 통과의례의 본질이 초자연적인 죽음과 부활 및 재생의 체험이기 때문에, 인간은 이를 통하여 완전한 인간이 되고, 아울러 통과의례의 과정 중에 시련과 상징적인 죽음 및 부활을 동반하는 것은 신들이나 문화영웅들 및 신화적 선조들이 창조한 것이라고 말하였다. 엘리아드의 이러한 논의를 근거로 하면, 〈인자기〉 중 피도탈자인 유균좌의 상징적인 사망은 이미 彌勒佛의 化身인 포대화상과 같은 신들이 안배한 것으로, 유균좌는 상징적인 사망을 통하여 초자연적인 종교적 존재양식을 획득하였다고 볼 수 있겠다.

---

30) 상게서, 171쪽.

4. 통합의례(統合儀禮)

통합의례는 분리의례와 전이의례를 마친 참가자가 전이의례 시기와는 다른 새로운 지위나 역할을 부여받아서 원래의 세계로 재통합되는 의례이다. 빅터 터너에 의하면 이러한 통합의례에는 의례의 주체들이 전체 사회 속에서 상대적으로 새롭고 안정되며 분명한 위치로 되돌아감을 나타내 주는 상징적인 현상과 행동 등을 포함한다. 그리고 이 단계는 대개 어떤 향상된 지위, 즉 문화적으로 이미 형성되어 있는 삶의 도정에서 좀 더 나은 하나의 단계를 표상한다.[31] 그러면 이러한 통합의례적 양상이 〈인자기〉에서는 어떻게 보이고 있는지 원문을 인용하며 살펴보자. 극 중 피도탈자 유균좌의 통합의례는 제4절의 마지막에 다음과 같이 간략히 보인다.

> 포대화상: 유균좌는 들어라. 그대는 凡人이 아니라, 천상의 제13尊羅漢인 빈두로尊者이니라. 네 부인도 또한 凡人이 아니라, 驪山老母로 되었느니라. 네 아들 딸은 金童과 玉女가 되었느니라. 네가 일 순간 속세를 그리워하여 인간세계에 떨어져, 그 酒·色·財·氣와 남들과의 紛糾(人我是非)에 빠지더니, 지금은 功德과 修行을 원만히 이루어 원래의 모습으로 돌아와 佛道에 귀의하여 영원히 羅漢이 되느니라. 너는 나를 알겠느냐?
>
> 유균좌: 모르겠습니다. 사부님은 누구시죠?
>
> 포대화상(偈言): 나는 禪宗의 初祖인 達磨大師도 아니고, 또한 唐나라의 三藏法師도 아니니라. 단지 나는 彌勒尊者로서, 포대화상으로 변했었지.
>
> 유균좌(인사드린다): 나무아미타불.[32]

---

31) 빅터 터너 지음, 김익두 옮김, 《제의에서 연극으로》, 서울, 현대미학사, 1996, 41쪽.

위의 인용문에 의하면 피도탈자인 유균좌는 功德과 修行을 원만히 이룬 결과로 인간세계에서의 수많은 고통과 시련을 이겨내고 마침내 천상의 第13尊羅漢으로 되돌아 왔다. 곧 위에서 유균좌는 신성한 세계에서 세속적 세계로 貶謫되었다가 마침내 도탈을 이루어 다시 신성한 세계로 복귀하는 聖界-俗界-聖界로의 공간이동을 보여주었다. 다만 위의 인용문 중 특이한 것은 불교도탈극인 〈인자기〉에 도교 용어들이 많이 보이고 있다는 점이다. 위에서 유균좌와 함께 천상으로 올라간 그의 부인 驪山老母는 고대 전설 중 여성 神仙의 이름이고, 유균좌의 아들과 딸이 변한 金童과 玉女는 신선을 옆에서 모시는 천진무구한 아이들이다. 또 위에는 酒色財氣와 人我是非라는 용어들이 보이는데, 이는 도교 특히 全眞教에서 자주 사용한 술어로서, 인간이 수행을 하는 과정에서 경계해야 할 술·여색·재물·화냄(酒色財氣)와 남과의 다툼(人我是非)을 의미하는 것이다. 이렇듯 불교도탈극에 도교적 용어들이 보이는 것은 도탈극에서 자주 보이는 것으로, 외래에서 전래된 중국의 불교가 발전하는 과정 중에 중국에서 자생한 도교와 유교의 영향을 받아 三敎合一의 성격을 지니고 있음을 보여주는 것이다.[33]

통합의례적 관점에서 위의 인용문을 보면, 극의 주인공으로 피도

32) (布袋云:) 劉均佐你聽者. 你非凡人, 乃是上界第十三尊羅漢賓頭盧尊者. 你渾家也非凡人, 他是驪山老母一化. 你一雙男女, 一個是金童, 一個是玉女. 爲你一念思凡, 墮于人世, 見那酒色財氣, 人我是非, 今日個功成行滿, 返本朝元, 歸于佛道, 永爲羅漢. 你認的貧僧么? (正末云:) 不認的, 師父是誰? (布袋偈云:) 我也不是初祖達磨, 我也不是大唐三藏, 則我是彌勒尊者, 化爲做布袋和尙. (正末拜科, 云:) 南無阿彌陀佛. 王學奇 主編,《元曲選校注》, 河北教育出版社, 1994, 2733쪽.

33) 楊毅,《宗教與戲劇的文化交融》, 福建師範大學博士學位論文, 2005, 238쪽.

탈자인 유균좌가 상징적 사망 등 수많은 시련을 통과하여 修行을 원만히 이루었고, 그 결과 세속적 인간세계에서 본래의 신성한 종교적 세계로 다시 진입하였으니, 이는 통합의례의 근본 양상과 부합하는 것이라고 하겠다. 특히 위에서 포대화상이 세속에서의 승려가 아닌 彌勒佛의 모습으로 바뀌어 등장한 것은 극 중 마지막 무대가 세속적 세계가 아닌 신성한 天上의 세계임을 보여주고 있다. 다만 앞에서 보인 바와 같이 〈인자기〉의 작자는 전체적 도탈과정을 대부분 전이의례에 치중하고 통합의례에 관한 언급을 간략히 처리하였으며, 통합의례의 과정 중에 자주 보여지는 상징적 수법 등을 사용하지 않고 있을 뿐이다.

5. 원잡극 〈忍字記〉 度脫의 의의

원잡극 〈인자기〉는 수전노의 인물형상을 보여준 〈看錢奴〉의 작자 鄭廷玉이 지은 불교도탈극으로, 도탈자인 布袋和尙이 피도탈자인 유균좌를 도탈시키는 것을 핵심 내용으로 한다. 도탈이란 용어는 본시 佛家에서 쓰던 것으로, 衆生을 번뇌와 고통의 바다에서 濟度하고 解脫시킨다는 의미이다. 그리고 도탈극이란 술어는 일본의 靑木正兒가 원잡극을 분류할 때 그의 저서인《元人雜劇序說》에서 처음 사용했던 것이다. 일반적으로 도탈극이라고 하면 신선도탈극을 연상하지만, 그것은 도교적 내용을 핵심으로 하는 신선도탈극이 전체도탈극 중에서 차지하는 수량이 많기 때문이며, 본문에서 다루었던 〈인자기〉는 불교적 내용을 핵심으로 하는 불교도탈극이다.

불교도탈극인 〈인자기〉는 전체적 도탈구조에 있어서 세 단계로 구성되어 있다. 첫단계에서 피도탈자 유균좌는 천상에서 羅漢 신분으로 지내다가 일 순간 세속을 그리워하는 마음을 지닌 죄로 신성한 세계에서 세속적 세계로 폄적되어 분리된다. 둘째 단계는 도탈극의 핵심을 차지하는 것으로, 피도찰자인 유균좌가 도탈자인 포대화상의 도움을 받아 도탈되는 과정이다. 그리고 이 과정에서 피도탈자는 상징적인 죽음을 포함하는 여러 가지의 고통과 시련을 겪게 된다. 셋째 단계에서 피도탈자 유균좌는 힘든 시련을 통과한 수행의 성공으로 마침내 세속적 세계에서 다시 원래의 신성한 세계로 복귀한다. 그런데 이러한 도탈구조는 민속학자인 겐넵이 말한 통과의례의 구조와 매우 흡사하였다. 통과의례는 일반적으로 분리의례-전이의례-통합의례의 세 단계를 겪으며, 통과의례의 과정 중에 행하여지는 의식은 종교성을 지닌 동시에 상징적인 방식을 자주 사용한다. 바로 이렇듯 통과의례의 성격이 도탈극의 도탈양상과 비슷하기 때문에, 본문에서는 불교도탈극인 〈인자기〉의 도탈구조를 분석하고 그 의미를 살펴보기 위하여 통과의례적 관점을 사용하였다.

분리의례적 관점에서 볼 때 〈인자기〉의 도탈구조는 분리의례의 일반적 양상을 보여주었다. 피도탈자인 유균좌는 신성한 천상의 나한에서 인간세계의 세속세계로 폄적되어 분리되었다. 그 과정에서 그가 천상에서 일 순간 세속세계를 그리워한 것은 신성한 존재로서의 사망을 상징하였고, 아울러 인간의 세속세계에서 지독하게 인색한 수전노로 탄생한 것은 불교에서 경계하는 탐욕의 집착으로 인한 번뇌와 고통을 상징하는 것이었다.

작품 〈인자기〉의 도탈구조는 통과의례적 관점에서 볼 때 대부분 전이의례의 단계에 해당된다. 곧 피도탈자인 유균좌가 상징적인 사망과 같은 여러 가지 힘든 고통과 시련을 통과하여 도탈되는 과정이

〈인자기〉의 핵심 내용이다. 극 중에서 유균좌는 뜻하지 않은 살인죄를 지어 그 댓가로 자기 집의 後園에 草庵을 엮어 在家修行을 하다가 出家修行으로 진일보한 수행을 하며, 그 과정 중에 힘든 고통과 시련을 겪는다. 그리고 포대화상의 제자인 정혜화상은 유균좌의 수행을 단련시키기 위하여 유균좌가 잠든 사이 일부러 힘든 꿈을 꾸게 하는 境頭의 수법을 사용하여, 유균좌가 처지식을 그리워하는 소위 불교의 愛別離苦를 겪도록 만든다. 극 중 〈인자기〉의 절정은 독특한 구조를 이루었다. 피도탈자인 유균좌는 출가수행을 견디지 못하고 자신의 조상 묘소를 찾는데, 뜻밖에 자신보다 훨씬 나이를 먹은 80세의 손자를 묘소에서 만난다. 〈인자기〉 도탈구조의 핵심은 세속적 세계의 시간 속도와 신성한 세계의 시간 속도가 매우 다르다는 데 있다. 곧 유균좌는 극 중에서 자신이 신성한 세계에서 보낸 시간이 3개월에 불과한데, 세속적 세계에서는 110여 년이 흐른 것을 알고 엄청난 충격을 받는다. 이후 그는 극 중에서 신성한 세계에서의 삶이 매우 중요하다는 큰 깨달음을 얻어, 세속적인 삶을 마치려고 소나무를 들이받는 등 상징적 죽음을 의미하는 동작을 하는데, 이것은 도탈극에서 자주 사용되는 사망시련의 일종이다. 물론 이와 같이 피도탈자인 유균좌가 상징적인 사망시련을 겪는 것은 통과의례 중 전이의례의 핵심으로, 사망은 단순한 사망에 그치는 것이 아니라 새로운 재탄생을 위한 필수조건이었다.

통합의례적 관점에서 볼 때, 〈인자기〉의 도탈구조는 통합의례의 일반적 양상과 부합한다고 볼 수 있다. 피도탈자인 유균좌는 온갖 시련을 통하여 마침내 도탈되어 세속의 인간세계를 떠나 다시 신성한 종교적 세계로 재진입하였다. 곧 유균좌는 聖界-俗界-聖界로의 공간이동을 보여주는데, 이 또한 원래의 세계로 순환하는 통합의례의 양상과 부합된다. 다만 불교도탈극인 〈인자기〉 중에는 酒色財氣와 人我是非 및 驪山老母·金童玉女 등과 같은 도교 용어들이 보이는데, 이는 외래에서 전래된 중국의 불교가 발전하는 과정 중에 도교와 유교와 같은 중국의 자생종교와 융합되는 三敎合一의 결과였다.

2장. 元雜劇 〈度柳翠〉의 度脫
- 통과의례를 중심으로

1. 원잡극 〈度柳翠〉 度脫의 의미

원잡극 〈도류취〉(정식 제목명은 〈月明和尙度柳翠〉)는 元代 희곡 작가인 李壽卿의 작품으로[1] 남자 주인공인 月明和尙이 여자 주인공인 柳翠를 도탈시키는 내용의 도탈극이다. 일반적으로 도탈극이라고 말하면 神仙道化劇이 연상되는데, 이것은 전체 도탈극 중에서 신선도탈극의 작품이 많기 때문이며,[2] 본문에서 다루고자 하는 〈도류취〉는 불교적 내용을 핵심으로 하는 불교도탈극이다. 본시 도탈이란 용어는 佛家의 용어로서 濟度·解脫시킨다는 것으로, 만물의 생명을 生死와 苦厄에서 濟度하고 解脫시킨다는 의미이다.

도탈극은 도교와 불교를 핵심 내용으로 하기 때문에 종교극에 속하지만 다른 종교극과는 작품의 구성에 있어서 확연히 다르다. 곧 도탈극에는 반드시 도탈을 담당하는 도탈자와 도탈의 대상인 피도탈자가 등장하게 된다. 그리하여 피도탈자는 도탈자의 도움을 받아 生

---

1) 《元曲選》에서는 작자를 표시하지 않은 등 논란이 있으나 지금은 대부분 李壽卿의 작품이라고 여긴다.

2) 논자에 따라 다르지만 신선도탈극에는 〈升仙夢〉〈城南柳〉〈岳陽樓〉〈黃粱夢〉〈任風子〉〈胡蝶夢〉〈金童玉女〉〈竹葉舟〉〈劉行首〉〈玩江亭〉〈藍采和〉〈誤入桃源〉〈邯鄲店〉 등 13편이 있고, 불교도탈극으로는 〈度柳翠〉〈忍字記〉〈東坡夢〉〈猿聽經〉 등 4편이 있다. 溫小騰, 〈淺析元雜劇中的度脫劇〉, 《大慶師範學院學報》, 第26卷 第4期, 2006.

命의 眞義를 깨닫게 되어 최후에는 신선이 되거나 成佛하게 된다. 이 때문에 도탈극에서는 도탈의 과정이 작품의 핵심이 되며 일반적으로 정해진 세 단계의 틀을 가지게 된다. 일례로 여기에서 다루고자 하는 〈도류취〉에서는 첫째 단계에서 피도탈자가 신성한 종교적 세계에서 세속적 인간세계로 폄적되어 분리되는 과정을 보여주고, 둘째 단계에서는 도탈자가 도탈 대상인 피도탈자를 여러 가지 방법을 동원해 도탈시키며, 셋째 단계에서는 도탈자가 피도탈자를 出家시키어 成佛하도록 만든다. 그리고 이 과정에서 일반적으로 공간이동이 이루어지는데, 聖界-俗界-聖界의 순환적인 공간이동이 이루어진다. 이러한 점에서 볼 때 이 글에서 다루는 〈도류취〉는 이러한 도탈극의 전형적인 작품으로, 도탈의 전 과정이 세 단계로 확연히 구분되어, 도탈극의 일반적인 양상을 이해하는데 일정한 도움이 되리라 여겨진다.

통과의례라는 단어는 A 반 겐넵(Arnold van Gennep)이 최초로 사용한 것으로, 그는 1909년에 《통과의례》라는 제목의 책을 출판하였다. 그는 자신의 저서에서 좁은 의미의 통과의례와 넓은 의미의 통과의례를 기록하고 있다. 그에 의하면 개인은 자신의 탄생과 결혼 및 죽음 등의 시기에 사회 내에서의 신분 변화와 새로운 역할을 획득하는 과정에서 행하여지는 인생의례를 행한다.뿐만 아니라 다른 영역을 통과하거나 국왕이나 족장의 취임 및 여러 종교행사에도 반드시 행하여지는 의례가 있는데 이들을 통과의례라고 불렀다. 그에 의하면 半文明的인 정신세계에서는 모든 행위들이 神聖함과 철저하게 결부되어 있기 때문에 이러한 행위는 의식을 통하여 이루어진다. 그리고 이러한 사회에서는 개인생활에서의 모든 변화가 신성함과 世俗 사이의 작용과 반작용을 포함한다. 그리하여 이러한 작용과 반작용을 통제하고 조절함으로써 전체 사회가 피해를 받거나 혼란을 겪는 것을 막

을 수 있었다.[3]

겐넵은《통과의례》에서 전체 과정의 의례를 세 단계로 나누어 설명하였는데, 분리의례-전이의례-통합의례가 그것이다.[4] 다만 세 단계의 의례는 구체적인 사례에서는 똑같이 중요하거나 똑같이 정교하게 행하여지는 것은 아니다. 그런데 이러한 세 단계의 통과의례 과정은 본문에서 다루고자 하는 〈도류취〉와 같은 도탈극의 세 단계와 매우 흡사하다. 통과의례와 도탈극은 전체적인 의례의 구성이 세 단계로 같을 뿐만 아니라, 다루고자 하는 내용도 종교적인 내용을 근간으로 하는 신성함과 세속의 문제를 다루고 있으며, 의식의 과정에서는 상징의 수법이 자주 사용된다는 공통점을 지닌다. 이러한 이유로 여기에서는 이러한 통과의례의 관점을 사용하여 불교도탈극의 대표라고 할 수 있는 〈도류취〉의 도탈과정을 살피고자 한다.

겐넵의 통과의례 이론은 이후 민속학과 종교학 등에 막대한 영향을 끼쳤다. 일례로 유명한 종교학자인 M. 엘리아데(Mircea Eliade)는 자신의《聖과 俗》이라는 저서에서 통과의례 이론을 종교론적으로 해석하였으며,[5] 상징인류학을 창안했으며 현대의 공연예술이론에 중요한 기여를 한 빅터 터너(Victor Turner)는《제의에서 연극으로》라는 저서에서 통과의례이론을 새롭게 해석하며 발전시켰다.[6] 이에 본고에서는 원잡극 〈도류취〉의 도탈과정을 분석하는데 있어서 겐넵의《통과의례》와 엘리아데의《성과 속》및 터너의《제의에서 연극으로》세 저서에 보이는 통과의례 논술을 사용하고자 한다.

---

3) A 반 겐넨 저, 김경수 역,《통과의례》, 서울, 을유문화사, 1994, 29쪽.

4) 상게서, 40쪽.

5) M. 엘리아데 저, 이은봉 역,《성과속》, 서울, 한길사, 1998.

6) 빅터 터너 지음, 김익두 옮김,《제의에서 연극으로》, 서울, 현대미학사, 1996.

통과의례의 관점을 사용하여 도탈극을 분석하는 시도는 중국에서 산견된다. 일찍이 容世誠은 그의《戱曲人類學初探》중〈度脫劇的原型分析〉에서 통과의례의 관점을 사용하여 도탈극을 분석하였고,[7] 楊毅는 그의 박사 논문《宗教與戱劇的文化交融》에서 통과의례의 관점을 사용하여 몇몇 도탈극을 비교적 간략히 논하였다.[8] 여기에서는 이들의 연구성과를 기반으로 하여 진행하고자 하며, 도탈극의 대표라고 할 수 있는〈도류취〉의 도탈과정을 작품의 구체적인 원문을 중심으로 그 의미를 살피고자 한다.

2. 분리의례(分離儀禮)

통과의례의 관점에 의하면 분리의례는 일반적으로 종래의 지위나 상태로부터의 이별을 상징하는 형태로 행하여지는데, 가령 죽음을 상징하는 행위를 수반하거나 여행을 떠나거나 마을에서 떨어진 집에 틀어박혀 있는 것이 그것이다. 곧 초입자들은 새로운 사회로 통합되기 위하여 이전의 사회로부터 분리되며, 이전 사회와 관련해서는 그는 죽음 셈이 된다.[9] 먼저 분리의례의 성격을 간략하고도 핵심적으로 보여주고 있는 빅터 터너의 다음 문장을 살펴보자.

> 하나의 사회적 지위로부터 다른 하나의 사회적 지위로 옮겨갈 때에는 종종 한 장소로부터 다른 장소로, 공간적·지리적인 이동이 병행되기도

7) 容世誠 著,《戱曲人類學初探》, 北京, 光西師範大學出版社, 2003.

8) 楊毅,《宗教與戱劇的文化交融》, 福建師範大學博士學位論文, 2005.

9) A 반 겐넨 著, 金京秀 譯,《통과의례》, 서울, 을유문화사, 1994, 130쪽.

> 한다. 이것은 단순히 문을 열거나 두 개의 지역을 나누는 문간방을 가로 질러 가는 형태를 취할 수도 있다.[10]

빅터 터너의 위의 인용문에 의하면 분리의례에는 주로 공간의 변화가 동반되고 그리고 거기에는 상징적인 행위들이 이루어진다. 그러면 이러한 분리의례적 성격이 불교도탈극인 〈도류취〉에는 어떠한 모습으로 나타나고 있는지 알아보자. 〈도류취〉의 도탈과정에 있어서 이러한 분리의례는 작품의 초반인 楔子에서 비교적 간략히 보이는데 그 원문을 중심으로 살펴보자.

> (老旦이 관세음보살로 분장하고 小末이 분장한 善才童子를 데리고 등장) ……내 그 淨瓶 안의 버드나무 가지와 잎이 뜻밖에 먼지에 더렵혀졌으니 그 벌로 인간세상에 내려가 한 번 輪回를 해야 하느니라. (버들가지를) 杭州의 抱鑑營街 積妓墻 아래에서 妓女로 변화시켜 이름을 柳翠라고 하라. (그리고) 30년 후 前生의 惡業을 다 갚은 때에 第16尊 羅漢인 月明尊者로 하여금 인간세상에 내려가 유취를 點化시키어 다시 이곳 聖界로 되돌려 함께 禮佛 法會에 오르도록 하라.[11]

위에 의하면 〈도류취〉에서 피도탈자인 류취는 전생에 본시 인간이 아니라 관세음보살 淨瓶 속의 버들가지인 식물이었다. 관세음보살은 중국과 한국에 전해진 대승불교의 가장 대표적인 보살로서 慈悲

---

10) 注9冊, 42쪽.

11) (老旦扮觀音領小末扮善才上) …… 且說我那淨瓶內楊柳枝葉上偶汚微塵, 罰往人世, 打一遭輪回, 在杭州抱鑑營街積妓墻下, 化作風塵匪妓, 名爲柳翠, 直等三十年之後, 塡滿宿債, 那時着第十六尊羅漢月明尊者, 直至人間點化柳翠, 返本還元, 同登佛會. 王學奇 主編,《元曲選校注》, 石家莊, 河北教育出版社, 1994, 3369쪽.

의 화신으로 숭앙되고 있으며, 정병은 원래 인도에서 수행생활을 하는 승려가 마실 물을 담던 수행도구 가운데 하나였으나, 중국에 관음신앙과 함께 전파되면서 부처나 보살에게 바치는 맑은 물을 담는 의식구로서 그 의미와 기능이 확장되었다. 그리고 관세음보살의 정병 속에 있는 버들가지는 관세음보살의 大慈大悲를 상징하여, 마치 실바람에도 버들가지가 나부끼듯이 미천한 중생의 어떠한 소망에도 유연하게 응해서 衆病을 제거해주는 자비를 상징하고 있는 聖物이다.[12] 그리하여 이러한 聖物인 버들가지는 관세음보살 정병 속에 들어있는 不死의 甘露水를 고통받는 중생에게 뿌리는 데도 사용된다.

〈도류취〉에서 류취를 도탈시키는 주인공으로 등장하는 月明尊者는 위의 인용문에 의하면 羅漢의 신분으로 이는 阿羅漢의 약칭이다. 불교의 교리에는 四聖六凡이라는 말이 있는데, 四聖은 깨달은 부류로서 깨달음의 정도에 따라 佛- 菩薩- 緣覺-聲問의 네 단계로 구분되고, 六凡은 아직 깨닫지 못한 부류로서 天神-人間-阿修羅-丑生-餓鬼-地獄을 가리키며, 인간은 자신의 인과응보에 따라 이 육범을 윤회하는 六道輪回를 한다고 한다. 이에 의하면 도탈자인 월명존자는 아라한의 신분으로서 이미 깨달은 존재인 聲問의 단계에 진입한 사람으로 인간세계의 큰 고통인 生死의 윤회를 초탈하였으며, 버들가지 역시 비록 식물이지만 관세음보살 정병 속의 聖物이기 때문에 이미 생사의 윤회를 초탈한 존재이다.

그런데 정병 안의 버들가지는 聖物의 신분으로서 神聖한 世界에 존재하다가 이로부터 분리되어 인간세상인 속계에 貶謫되어 새로운 윤회를 겪게 된다. 더군다나 버들가지는 인간세계로 분리되면서 사

12) 李惠綿, 〈論析元代佛教度脫劇〉, 《佛學研究中心學報》, 第6期, 臺灣, 2007.

회적인 신분이 아주 미천한 기녀 신분으로 떨어지는데, 버들가지가 기녀의 신분으로 떨어진 이유는 '偶汚微塵'이라는 네 글자로서 아주 간략하다. 그것은 아마 관세음보살 정병 속의 버들가지는 淸淨無垢함을 생명으로 하는데, 어느날 뜻밖에 먼지 같은 속세 생각을 하여 그것에 의해 자신이 더렵혀져 그 청정함을 상실했기 때문일 것이다. 이는 엘리아드가 자신의 《성과속》에서 분리의례를 논하면서, 신가입자를 가족으로부터 격리시켜 숲 속에 일정 기간 은둔시키는 것에서 시작한 분리의례에는 이미 여기에 죽음의 상징이 존재한다는 말을[13] 연상시킨다. 곧 청정한 버들가지가 속세 생각이란 먼지에 더렵혀진 것은 버들가지의 본질인 청정함의 상실로서 이는 聖物 존재로서의 죽음을 상징하는 것으로 일종의 상징적 죽음이라고 볼 수 있다. 이러한 점에서 볼 때 〈도류취〉에는 비록 분리의례가 짧게 묘사되어 있지만 신성한 세계에서 세속적 세계로의 공간적 분리가 분명하게 나타나 있고, 그 과정에 상징적 죽음이 묘사되어 통과의례 중 분리의례의 일반적 성격을 보여준다고 말할 수 있겠다.

3. 전이의례(轉移儀禮)

전이의례는 과도의례라고도 부르는데 이는 분리의례에서 통합의례로 넘어가는 과도기적 단계이기 때문이며 실질적으로 통과의례에서 가장 핵심적인 역할을 한다. 전이의례의 주체는 이전의 모든 지위 또는 역할의 징표를 벗어버리고 再生을 기다리는데, 그 과정 중에 많

13) M. 엘리아데 저, 이은봉 역, 《성과 속》, 서울, 한길사, 1998, 172쪽.

은 고통과 고난 및 고행 등의 시련을 겪어야만 한다. 그리고 이러한 수많은 시련 중에는 상징적인 것들이 많이 사용되고 특히 肉身과 같은 생명의 사망은 시련의 정점으로 자리잡는다. 그러면 이러한 전이의례에 대해《성과 속》에서 종교적으로 잘 설명하고 있는 엘리아데의 다음 글을 살펴보자.

> 진정한 의미로 인간이 되기 위하여 그는 이 최초의 (자연적) 생명으로는 죽어야 하며, 종교적이고 문화적인 더 높은 생명으로 다시 태어나야 하는 것이다. 달리 말하면 원시인은 자기들이 도달하고자 소망하는 인간의 이상을 초인간적인 지평에다 설정한다는 것이다.[14]

인용문에서 엘리아드가 말하듯 전이의례의 과정 중에 통과의례의 참여자는 진정한 의미로 인간이 되기 위하여 죽음과 같은 수많은 고통과 시련 등을 겪기 마련인데, 마찬가지로 원잡극 〈도류취〉에서도 전이의례에 해당되는 도탈의 과정에는 수많은 고난과 고통 및 시련 등이 보여진다. 또 전이의례가 통과의례 중 핵심적인 역할을 하듯 〈도류취〉에는 전이의례에 해당되는 부분이 가장 많으며, 작품의 제1절에서 제4절까지 전이의례적 도탈과정이 우여곡절하게 묘사되어 있다. 그러면 〈도류취〉의 초반부 제1절 중의 원문을 살피면서 도탈과정과 그 의미를 살펴보자.

> 월명화상: 류취야, (세월은) 무상하고 빠르게 흘러가지. 生死의 일은 중대한 것이니 나와 함께 出家하렴.
> 류취: 저는 나이가 어린데 어떻게 출가할 수 있겠어요?
> 월명화상: 류취야, 네가 지금은 늙지 않았지.

14) 상게서, 171쪽.

류취: 늙지 않았지요.

……

월명화상: 류취야, 나와 함께 출가하렴.

류취: 저는 나이가 어려 돈벌기 좋잖아요. 그런데 사부님과 함께 출가하면 生死를 없게 해주나요?

월명화상: 류취야, 네가 만일 나와 함께 출가하면 내가 너로 하여금 生死에서 벗어나 六道輪回를 벗어나도록 해주지. 너는 그 문 앞에서 자주 오는 손님들을 맞이하지도 않고, 마음 속에 사랑하는 사람을 두지도 않게 되지.

……

(류취 어머니가 월명화상을 밀어내고 문을 닫아버리는 동작을 한다)

월명화상: 류취야, 문열어! 너 정말 인연이 않되는구나![15]

〈도류취〉의 제1절은 류취 부친 사망 10주기 추모행사인 佛事를 배경으로 한다. 극 중 正末의 신분으로 등장하는 월명화상은 바로 류취 부친 10주기 추모행사인 佛事를 행하기 위하여 참가하였으며, 그는 여기에서 자신이 도탈시킬 피도탈자로서 류취를 지목하였다. 그리하여 월명화상은 류취에게 출가할 것을 권유하는데, 다른 도탈극에서와는 달리[16] 단도직입적으로 류취에게 출가를 권유하고, 류취가 출가권유를 받아들이지 않자 인용문에 보이는 바와 같이 집요하게 권유한다. 실질적으로 〈도류취〉 작품에 있어서 제1절은 월명화상이

15) (正末云:) 柳翠, 無常迅速, 生死事大, 跟我出家去來. (旦兒云:) 我年紀小, 如何出得家? (正末云:) 柳翠, 你如今不老了也. (旦兒云:) 我不老哩. …… (云:) 柳翠, 你跟我出家去來. (旦兒云:) 我年紀幼小, 正好覓錢, 可着我跟我出家去, 免的我生死么? (正末云:) 柳翠, 你若跟我出家去呵, 我着你脫離生死, 免却六道輪回. 則你那門前莫接頻來客, 心間休掛有情人. …… (卜兒做推正末出, 閉門科) (正末云:) 柳翠開門來, 你好是緣薄呵! 王學奇 主編,《元曲選校注》, 石家莊, 河北教育出版社, 1994, 3378-3380쪽.

16) 일례로 〈忍字記〉에서는 점진적인 방법으로 출가를 권유한다.

류취에게 출가를 권유했으나 불응하는 인용문의 장면을 핵심적인 내용으로 한다.

〈도류취〉는 불교도탈극이어서 불교적 세계관과 인생관이 작품의 模式을 결정한다. 이런 점에서 위의 인용문은 불교 교리의 핵심인 인과응보와 四聖諦의 이치를 핵심으로 하고 있다. 곧 류취가 버들가지라는 성물에서 미천한 기녀로 폄적되어 윤회를 하고 있는 상황은 성물의 존재인 버들가지가 먼지와 같은 속세 생각에 오염된 인과응보의 果報이다. 또 사성제는 佛陀의 성스러운 네 가지 진리라는 뜻으로 苦諦·集諦·滅諦·道諦를 가리키는 불교의 핵심적인 인생관이다. 불교의 교리에 의하면 범부인 衆生의 모든 현실세계는 고통으로 충만되어 있는데, 이것이 바로 苦諦이다. 그리고 고통에는 八苦라고 하여 生·老·病·死의 네 가지 고통 이외에 愛別離苦·怨憎會苦·求不得苦·五陰盛苦가[17] 있다. 그런데 이러한 고통의 원인은 사성제에 의하면 번뇌와 渴愛 및 無明의 집착이 모였기 때문이니 이것이 바로 集諦이다. 그러면 이러한 고통을 어떻게 제거해야 하는가? 불교의 사성제에 의하면 모든 번뇌와 갈애 및 무명을 제거하고 해탈하여 청정무구의 열반에 들어가는 것이니 滅諦가 그것이며, 그러한 滅諦의 수행방법으로써 여덟 가지인 八正道[18]를 제시하는데 이것이 道諦이다. 이러한 불교의 교리에 의하면 기녀인 류취의 삶은 惡業과 고통으로 충만되어 있으며, 그 원인은 기녀 생활로 돈을 벌려는 번뇌 등의 집

17) 애별리고는 사랑하는 가족이나 사람과 이별하는 고통, 원증회고는 원한이 있고 미워하는 사람과 만나야 하는 고통, 구불득고는 얻고자 하나 얻지 못하는 고통, 오음회고는 다섯 가지인 色·受·想·行·識으로 인한 고통을 가리킨다.

18) 正見(바르게 보기), 正思惟(바르게 생각하기), 正語(바르게 말하기), 正業(바른 행동), 正命(바른 수단으로 목숨 유지하기), 正精進(바르게 정진하기), 正念(바른 신념), 正定(바르게 마음 안정시키기).

착이다. 그리하여 도탈자인 월명화상은 피도탈자인 류취를 일체의 고통과 惡業에서 제도하기 위하여 출가를 권유하였으나 위의 인용에서와 같이 거절당하였다. 특히 위의 인용문에 의하면 류취가 월명화상의 집요한 출가 요구에 응할 뜻을 조금 내비쳤으나, 류취의 기녀생활로 돈을 벌고자 하는 류취 모친의 반대로 류취의 출가는 막히었다. 이것을 불가식으로 해석하면 악업과 번뇌로 인하여 善業을 쌓지 못하여 淸淨한 삶의 길이 막힌 것이다.

전이의례적 관점에서 볼 때 류취의 삶은 고통의 연속이다. 그녀는 과거 관세음보살 정병 속의 버들가지 신분이었을 때는 聖物로서 생사의 윤회를 초탈한 존재였으나, 인간세상인 속계로 폄적되어서는 돈을 벌기 위해 대도시인 杭州의 기녀거리에서 비참한 기녀 생활을 하고 있다. 다만 우여곡절의 전이의례가 앞으로 닥쳐올 것이지만, 작자는 작품의 안배상 제1절에서는 비교적 간략히 그녀의 고통을 배치하였다. 피도탈자인 류취의 고통과 고난 등의 시련이 심화된 것은 제2절에서부터 시작된다. 제2절이 시작되자마자 류취는 뜻밖의 시련을 당하는데, 원문을 인용하며 살펴보자.

> 류취: 저는 류취입니다. (아버님) 佛事를 다 끝내고 나서부터 그 월명화상님을 뵀었는데, 잠 속 꿈에서도 그 월명화상을 봅니다. 제가 어제 꿈을 꾸었는데, 꿈속에서 梨花猫로 변했어요. 제가 오늘 남에게 물어보고 싶은데, 관청에서 절 부르니 어떡하죠. 그 월명화상을 만날까 걱정되니 제가 이 앞거리로 가지 않고 뒷골목으로 가야겠네요.
>
> 월명화상: 멀리서 보니 류취가 이쪽으로 가구나. 이쁜 아가씨, 어떻게 나를 피해 갈 수 있겠어?
>
> ……
>
> 월명화상: 류취야, 梨花猫로 변한 것을 무서워하면서 왜 이 월명존자에

게 묻지 않아?[19]

위의 인용문에 의하면 류취는 아버님 추모 佛事를 끝내고 나서 자주 월명화상을 만났는데, 그때마다 도탈자인 월명화상이 피도탈자인 자신에게 출가를 권유했으나 권유를 받아들이지 않았음을 추측할 수 있다. 그리하여 류취는 꿈속에도 자주 월명화상을 보게 되는데, 어제 밤에는 자신이 꿈속에서 梨花猫라는 고양이인 畜生으로 변한 꿈을 꾸었다. 이에 류취는 자신이 꿈속이지만 자신이 인간이 아닌 고양이라는 축생으로 변한 것을 매우 무서워하여 남에게 물어보고 싶었지만, 관청에서 기녀인 자신을 불러 할 수 없이 관청으로 가고자 한다. 다만 관청으로 가는 길에 혹시 또 월명화상을 만날까 일부러 다른 길을 선택했으나 역시나 월명화상을 만나고 만다. 그런데 뜻밖에도 월명화상은 이미 자신의 꿈속 사실을 알고 있었다.

〈도류취〉의 작자는 류취를 도탈시키기 위하여 위의 인용문에서는 허구적인 꿈의 수법을 사용하여 류취로 하여금 六道輪回 중 인간의 세계보다 아래 단계인 畜生으로 윤회하도록 만든다. 물론 여기에서 류취가 梨花猫라는 고양이인 축생으로 윤회한 것에는 상징적으로 죽음을 암시하고 있다고 볼 수 있다. 왜냐하면 불교에 의하면 윤회는 한 생명이 사망하고 나서야 인과응보의 업보에 의하여 새로운 윤회의 길을 걷기 때문이다. 이러한 점에서 볼 때 류취가 고양이로 변하는

19) (旦兒上, 云:) 妾身是柳翠, 自從做罷好事, 見了那和尙, 我睡裏夢裏, 便見那和尙. 我夜來做了一個夢, 夢見變做個梨花猫兒. 我今日欲待問人, 爭奈喚官身. 我不往這前街里去, 則怕撞見那和尙, 只後巷里去波. (正末上, 云:) 遠遠望見柳翠往這里去了, 小鬼頭, 你怎生躱的過貧僧也. …… (云:) 柳翠, 你怕做梨花猫兒, 怎生不問我這月明尊者來? 王學奇 主編, 《元曲選校注》, 石家莊, 河北敎育出版社, 1994, 3385쪽.

것은 전이의례적 관점에서 볼 때는 하나의 의식이라고 여길 수 있으며, 이러한 의식에는 상징적인 죽음이라는 고통과 시련을 수반하고 있음을 알 수 있다.

위에서와 같이 상징적인 죽음이라는 의식을 동반하여 류취를 출가시키고자 했음에도 목적을 이루지 못한 월명화상은 류취에게 더욱 강한 시련을 겪도록 만든다. 월명화상은 류취가 잠시 잠든 사이 그녀가 매우 무서운 꿈을 꾸도록 만드는데, 이러한 방식은 도탈극에서 자주 사용되는 수법이다. 그러면 원문을 살펴보자.

> 월명화상: 잠들었구나. 내가 너로 하여금 실컷 잠들도록 하리라. 이런 인간은 무서운 꿈을 꾸게 하지 않으면 정말로 깨닫지를 못하지. 류취야, 빨리 깨어나라, 관청에서 부른다. (거짓으로 퇴장한다.)
>
> 염라대왕 (獄卒인 牛頭와 鬼力을 데리고 등장): ……, 지금 항주의 류취가 高僧 羅漢을 더렵혔으니 어찌 그만둘 수 있겠는가? 애들아, 나에게 류취를 잡아오너라. (鬼力이 류취를 잡아다가 무릎을 꿇힌다.)
>
> 염라대왕: 너는 인간세계에서 고승 나한을 더렵혔기 때문에 牛頭와 鬼力은 류취를 참수하고 보고하라.
>
> ……
>
> 월명화상: 염라대왕이시여, 류취는 어떤 죄를 범하였습니까?
>
> 염라대왕: 류취가 고승을 더렵혔습니다.
>
> 월명화상: 유취의 죄는 용서할 수 있습니까 용서할 수 없습니까?
>
> 염라대왕: 유취의 죄는 용서할 수 없소. 鬼力아, 빨리 죽여라. 빨리, 잠속 꿈이다고 미루지 말고.
>
> 류취(놀라 깨며): 무서워 죽겠구나![20]

---

20) (云:) 你睡着了, 我着你大睡一覺. 這等人不着他見個惡境頭, 他可也不得省悟. 柳翠, 你快醒來, 喚官身哩. (虛下) (外扮閻神領淨牛頭鬼力上, 云) ……, 今爲杭州柳翠, 觸汚聖僧羅漢, 更待干罷, 牛頭鬼力與我攝過柳翠來者. (鬼力做拿旦兒跪科) (閻神云:) 爲你在人間觸汚聖僧羅漢, 牛頭鬼力將柳翠斬訖

위의 인용문에서 도탈자인 월명화상이 피도탈자인 류취를 도탈시키기 위해 사용한 허구적 꿈의 수법은 도탈극에서 자주 사용한 것으로 '惡境頭'라고 한다. '境頭'는 '鏡頭'라고도 하며 허구적 夢境이나 幻境을 가리키는 용어로 도탈극에서 자주 사용하며, 위에서는 아주 흉악한 꿈을 의미하는 '惡境頭'의 수법을 사용하여 도탈의 목적을 달성하고자 하였다. 그런데 사실 인위적으로 남에게 꿈을 꾸게 하는 것은 쉬운 일이 아니라 法術을 지닌 자처럼 특별한 능력을 지닌 사람만이 가능한 것인데, 〈도류취〉의 작자는 월명화상에게 그러한 능력을 부여하여 도탈자로서의 역할을 다하도록 만들었다. 특히 이 부분은 극 중에서 재판을 진행하는 또 하나의 작은 극이 운용되어, 소위 극 중의 극 역할을 하였을 것으로 생각되며, 실제 작품을 공연했을 시에는 일정한 공연효과를 거두었으리라 여겨진다.

전이의례적 관점에서 볼 때 이 부분은 피도탈자인 류취에게 비록 꿈속이지만 매우 커다란 고통과 시련을 주었으리라 여겨진다. 그녀는 비록 꿈속이지만 인간세상의 생사윤회를 관장하는 염라대왕에 의해 참수당하는 판결을 받았기 때문이다. 이러한 점은 또 상징적인 죽음을 의미한다고 볼 수 있는데, 이는 전이의례의 일반적 성격과 매우 부합된다고 볼 수 있겠다. 그리하여 깜짝 놀라 꿈에서 깬 류취는 이제까지와는 전혀 다른 길을 선택하게 되는데, 그런 점에서 이 부분은 전체적인 고사의 전개에 있어서 전환점이 되었다고 볼 수 있다. 결국 류취는 이러한 '惡境頭'를 통하여 생명의 眞義를 깨닫게 되어, '生死

報來. ……, (正末云:) 閻神, 柳翠犯着何罪? (閻神云:) 因柳翠觸汚着聖僧來. (正末云:) 柳翠的罪過, 饒的也, 饒不的? (閻神云:) 柳翠的罪過, 饒他不的. 鬼力, 快下手者. 疾. 休推睡裏夢裏. (旦兒做驚醒科, 云:) 兀的不嚇殺我也! 王學奇 主編, 《元曲選校注》, 石家莊, 河北教育出版社, 1994, 3388-3389쪽.

는 원래 空虛한 것이고, 공허함이 사라지면 생사도 멈춘다'(生死原來是幻情, 幻情滅盡生死止)라는[21] 불교의 이치를 깨닫게 된다. 불교에 의하면 모든 중생은 본시 不生不滅 한다고 하는데, 이것은 불교의 가장 기본적인 이치이며, 류취는 꿈속의 큰 고통을 통하여 이것을 깨달았던 것이다.

피도탈자인 류취를 도탈시키기 위해 작자는 이상에서와 같이 꿈을 통하여 두 차례의 고통을 류취에게 가하였다. 류취는 꿈속에 고양이로 변하는 무서운 꿈을 꾸었고, 마침내는 참수당하는 꿈을 꾸었던 것이다. 그리고 이러한 무서운 꿈을 통하여 결국 류취는 불가의 기본적인 이치를 깨달아 불가에 입문할 수 있는 기초를 마련한 셈이다. 물론 이러한 점은 현실적인 관점에서 보면 쉽게 수긍하기 어렵지만 〈도류취〉가 불교도탈극인 종교극이라는 사실을 고려한다면 충분히 수긍할 수 있으리라 여겨진다. 그러나 류취가 위에서와 같이 흉악한 꿈을 통하여 비록 불가의 기본적인 이치를 터득하였지만 불교에 귀의하여 완전히 도탈되기까지는 가야할 길이 아직은 많이 남아 있다. 먼저 류취는 월명화상과 출가하기에 앞서 먼저 가족들과 고별을 하기 위해 만나겠다고 요구하는데 원문을 중심으로 살펴보자.

> {黃鐘尾} ……
> 류취: 사부님, 지금 저를 어디로 데려가지요?
> 월명화상(노래): 네가 靈鷲山을 방문토록 하지.
> 류취: 제가 형제자매들과 고별을 하고 나서 따라가지요.
> 월명화상(노래): 妓院의 옛 친구들과 고별하지 말아야지.
> 류취: 사부님, 왜 제가 고별하지 못하도록 하시지요?
> 월명화상: 왜 고별하지 못하도록 하냐면. (노래:) 네가 또 色情에 얽힐

21) 王學奇 主編,《元曲選校注》, 石家莊, 河北教育出版社, 1994, 3390쪽.

것이 겁나구나.

……

류취: 사부님, 저희 집 문앞입니다. 식사하시러 들어가시지요.

월명화상: 류취야, 너희 집 문앞에 왔구나. 너는 俗念을 일으키지 말아라. 네가 俗念을 일으키면 나는 금방 아느니라.

류취: 제가 감히 俗念을 일으키지는 않겠습니다. 어머니, 사부님이 오셨어요. 식사 좀 차려주세요.[22]

위의 인용문은 류취가 불교의 기본적인 이치를 깨닫고서는 출가하기에 앞서 자신의 형제자매들과 고별하기 위해 월명화상과 함께 자신의 집에 들른 장면이다. 인용문 중 영취산은 인도에 있는 산으로서 부처님이 여러 제자들 앞에서 설법을 펴셨던 곳으로 불가에서는 신령스러운 산으로 여긴다. 곧 여기에서 월명화상이 류취를 영취산에 데리고 가겠다는 것은 불가에 귀의시키겠다는 것을 상징적으로 표현한 것이다. 위의 인용문에 의하면 월명화상은 류취가 자신의 형제자매들과 고별하는 것을 말리지는 못했으나, 마음 속으로는 그녀가 妓院에 있으면서 사귄 남자들과의 色情에 또다시 얽힐까 걱정하였다. 그리하여 월명화상은 류취의 집에 들러서도 류취에게 혹시 속세에 대한 미련인 俗念을 일으키지 말라고 당부하고 있다.

불교의 교리에 의하면 앞에서 언급했듯이 인간에게는 많은 고통

22) {黃鐘尾} …… (旦兒云:) 師父, 你如今帶我那裏去? (正末唱:) 我着你訪靈山會首. (旦兒云:) 待我辭別那一班兒姊妹弟兄, 就跟的去. (正末唱:) 也不索別章臺的這故友. (旦兒云:) 師父, 爲什么不着我別去? (正末云:) 你道我爲什么不着你別去. (唱:) 我則怕你又折入情郎畵眉手. …… (旦兒云:) 師父, 這是柳翠家門首, 請吃齋去. (正末云:) 柳翠, 來道你家門首, 你休凡心動也. 你凡心動, 我便知道. (旦兒云:) 我柳翠幷不敢凡心動. 奶奶, 師父來了也, 按排齋食供養. 王學奇 主編, 《元曲選校注》, 石家莊, 河北教育出版社, 1994, 3390-3397쪽.

으로 충만되어 여덟 가지의 고통인 八苦를 지니고 있는데, 위의 인용문은 그 중에서 인간의 愛別離苦를 말하고 있다. 불교의 애별리고는 부모·형제·자매·부부·친구 등 사랑하는 사람과 헤어져야 하는 고통을 말하며, 인간은 이 고통에서 벗어나야만 淸淨한 불가의 문턱을 넘어설 수 있다고 본다. 그런데 위의 인용문에 의하면 피도탈자인 류취는 비록 불가의 기본적인 이치인 不生不滅의 이치를 터득했다고 하지만 아직 애별리고의 고통에 사로잡혀 청정한 불가의 문턱을 넘어서고 있다고는 볼 수 없다. 그리하여 전이의례적인 관점에서 보면 류취는 도탈과정 중에 또 다른 고통과 부딪치고 있는 것이다.

원잡극 〈도류취〉의 제3절은 작품의 절정 부분이라고 할 수 있다. 작자는 진심으로 불교에 귀의하려는 의지가 부족한 류취를 도탈시키기 위하여 제3절의 배경이 된 류취의 집에서 바둑과 雙六 및 氣球라는 세 가지 技藝를 동원한다. 제3절이 시작되자마자 월명화상은 류취를 出家시키기 위하여 削髮을 요구하나 류취는 자신의 마음이 淸淨하기만 하면 되지 삭발할 필요가 없다고 말하며 삭발을 거부한다. 그리하여 도탈자인 월명화상은 피도탈자인 류취를 도탈시키기 위하여 바둑과 雙六 및 氣球라는 세 가지 기예로써 그녀와 겨루는 과정 중에 불교의 이치가 담긴 세 가지 偈言을 말함으로써 그녀를 도탈시킨다. 그러면 세 가지 偈言을 살펴보자.

(게언을 말하다) 다투는 생각 없애지 못했나니, 黑白의 마음 먼저 잊어야 지.
無敵의 길목에서, 찾을 사람 없는 걸 철저히 깨닫지. ……
(게언을 말하다) 마른 해골 하나, 東君神 손바닥에 들고 있더니,
한 점 더렵혀진 뒤로는, 이 세상에 던져버렸네. ……
(게언을 말하다) 地·水와 火·風의 (네 가지) 要素는, 無爲公에 포함되

었건만.
하루아침 無爲公 사라진 후, 地·水·火·風은 각기 따로 흩어진다네.[23]

위의 인용문에서 월명화상이 류취에게 말하고 있는 세 가지의 偈言은 모두 5언시로서 모두 불가적 哲理를 담고 있다. 첫 번째 게언은 월명화상이 류취와 함께 바둑을 두면서 말한 것으로, 바둑에서 흑백을 잡은 각각의 사람들이 서로 상대방을 죽이며 다투는 마음을 빌어, 서로 간에 죽이고자 하는 흑백의 마음을 잊어버리는 無敵의 마음을 지녀야 하는 불가적 이치를 말하고 있다. 두 번째 게언은 쌍륙을 두면서 말한 것으로, 쌍륙 때 사용되는 마른 해골 모습의 주사위는 본시 하늘의 東君神이 손바닥에 가지고 있던 것인데, 주사위가 더렵혀지자 동군신이 이 세상에 내던져 버린 것이라고 말하여, 은연 중에 류취의 지금 상황을 비유하고 있다. 세 번째 게언은 氣球 놀이 도중에 말한 것으로, 불교의 대표적인 우주관을 말하고 있다. 불교에 의하면 사람의 육신을 포함하는 일체의 만물은 四大라고 부르는 地·水·火·風이라는 네 가지 요소로 이루어져 있으며, 이 네 가지 요소의 이합집산으로 인하여 만물은 생겨나기도 하고 없어지기도 한다. 그리하여 사람의 육신도 죽으면 네 가지 요소가 각기 흩어져 없어질 뿐이라고 여기는데, 위의 게언은 이러한 불가적 哲理를 말하고 있다. 또 이 게언 중의 無爲라는 용어는 도가적 용어로 쓰인 것이 아니라 불가에서도 사용하는 것으로, 眞理라는 뜻의 다른 이름으로 《華嚴經》에서는 자신만의 고유한 성질인 自性이 없는 진리를 無爲

23) (偈云:) 未去爭交意, 先忘黑白心. 一條無敵路, 徹了無人尋. ……
(偈云:) 一把枯骸骨, 東君掌上擎. 自從有點汚, 抛擲到今生. ……
(偈云:) 地水與火風, 包含無爲公. 一朝公去後, 四大各西東. 王學奇 主編, 《元曲選校注》, 石家莊, 河北教育出版社, 1994, 3398-3399쪽.

라고 했다.[24] 곧 無爲公은 불교의 진리를 터득하고 불교에 귀의한 사람을 말하고 있는 것으로 여겨진다.

피도탈자인 류취의 도탈은 세 가지 기예를 겨룰 때 말한 월명화상의 게언으로 절정으로 치닫는다. 류취는 월명화상의 세 게언을 듣고 나서 깊이 깨달아 곧바로 출가를 결심한다. 그러면 원문을 인용하며 류취의 도탈과정과 그 의미를 살펴보자.

> 류취: 사부님과 함께 출가하겠습니다. 먼저 관청에 부름받을 때 입었던 그 옷들을 태워주세요.
>
> 류취 모친: 애들아, 관청에 부름받을 때 입었던 류취의 옷을 가져오렴.
>
> 류취 (게언): 번뇌 제거함을 뻐대로 삼을 걸, 반평생 완전히 깨닫지 못했네. 나귀나 말 같은 몸 벗어나, 天堂 길을 正果[25]로 얻었다네. 오늘에야 진짜 스님 만나, 옷을 태우고 (불가에) 귀의하네. 제자가 옷을 태우니, 스승님은 마땅히 불을 지펴야죠.
>
> 월명화상: 그래. 제자가 옷을 태우니, 스승이 마땅히 불을 지펴야지. 류취의 옷을 태웠도다.
>
> ……
>
> {滿庭芳} ……
>
> 월명화상: 류취야, 네가 관청에 부름받을 때 입던 예복을 태우는 것은 비유할 수가 있지.
>
> 류취: 사부님, 무슨 비유가 있어요?
>
> 월명화상(노래): 자제들에게 보낼 헤진 喪服을 땅에 묻어버리는 격이고, 전쟁할 낭군님의 갑옷과 투구를 불에 태우는 격이지. 이런 것은 내가 참선하는 뜻과 부합하나니, 너는 오늘 번뇌에서 벗어나 이롭게 되리라. 류취야, 오늘 이후 말똥구리 껍질 같은 겉옷을 일찌감치 제거해 버린 격이구나.[26]

---

24) 王學奇 主編, 《元曲選校注》, 石家莊, 河北教育出版社, 1994, 3413쪽 참조.

25) 수행함으로써 얻은 깨달음의 결과.

26) (旦兒云:) 我跟師父出家去. 先將我那當官身衣服燒毁了罷. (卜兒云:) 下次

위의 인용문은 〈도류취〉 도탈 과정의 절정이다. 총명한 기녀로서 여러 가지 기예에 능통하여 자신의 재주를 자랑하고 싶었던 류취는 월명화상과 세 가지 기예를 겨루는 도중 불가의 이치를 말한 월명화상의 게언을 들은 후 곧바로 출가를 결심한다. 그리하여 그녀는 전체적인 도탈과정에서 가장 상징적이고 핵심적인 행위를 하는데, 기녀인 자신이 관청의 부름을 받을 때 입었던 예복을 태우는 '燒衣'의식이 그것이다. 그런데 여기서의 '燒衣'의식은 단순히 옷을 태우는 동작이 아니라 지난 속세 생활과의 결별인 동시에 속세와의 이별을 의미하는 상징적 죽음을 의미하고 있다. 도탈극의 전체적인 구조에서 죽음은 대부분 필수적인 것이며, 죽음을 통하여 새로운 탄생인 재생을 기다릴 수 있다. 위의 인용문에서 월명화상은 류취의 이러한 '燒衣'의식을 인간생활의 다른 중요한 행위로 비유하고 있는데, 예를들어 자제들에게 보낼 喪服을 땅에 묻어버리는 행위, 전쟁터에서 필요한 낭군의 갑옷과 투구를 불태우는 행위처럼 생명과 같이 중요한 것들을 없애 버리는 것이라고 노래하고 있다. 그리하여 월명화상은 류취가 기녀복을 태우는 것을 마치 겉모습만 그럴듯한 말똥구리의 껍질을 제거해 버린 것과 같은 것이라고 칭송하고 있다. 그러면 여기서 이러한 상징적인 죽음이 의미하는 것을 종교론적으로 잘 설명하고 있는 엘리아데의 다음 글을 살펴보자.

小的每, 將過柳翠當官身的衣服來者. (旦兒偈云:) 五漏作形骸, 半生全不悟, 脫却驢馬身, 正果天堂路. 今日遇眞僧, 燒衣便歸去. 弟子燒衣, 師當下火. (正末云:) 是. 弟子燒衣, 師當下火. 燒了柳翠的衣服也. …… {滿庭芳} ……, (云:) 柳翠, 你燒了這冠衫背子, 有個比喩. (旦兒云:) 師父, 有什么比喩? (正末唱:) 也則是土葬了你那送子弟麻花孝衣, 火燒了你那戰郎君的這鎧甲頭盔. 這一場正合着俺那參禪意, 你今日個脫身利己. 柳翠也, 從今後早則去了你那蛣蜋皮. 王學奇 主編, 《元曲選校注》, 石家莊, 河北敎育出版社, 1994, 3399-3400쪽.

> 이것은 다음과 같은 의미를 갖는다. 첫째, 사람은 '자연적' 인간을 넘어서고, 어떤 의미에서는 그것을 폐기시킬 때에 비로소 완전한 인간이 된다. 왜냐하면 가입식(통과의례)의 본질은 무엇보다도 역설적이고 초자연적인 죽음과 부활 혹은 재생의 체험이기 때문이다. 둘째, 시련과 상징적인 죽음 및 부활을 동반하는 가입식(통과의례) 의례는 신들, 문화영웅들, 혹은 신화적 선조들이 창조한 것이다. 따라서 그것은 초인간적인 기원을 가지며, 신가입자는 그것을 수행함으로써 초인간적이고 신적인 행위를 모방하게 된다.[27]

엘리아데는 위에서 세속적이고 비종교적인 인간이 통과의례 중 전이의례라는 고통스러운 시련을 통하여 신성하고 종교적인 인간이 되는 과정과 의미를 간략하면서도 핵심적으로 설명하고 있다. 엘리아데에 의하면, 완전한 인간은 자연적 인간을 넘어서야 가능하고 그러기 위해서는 죽음과 부활 및 재생의 체험이 필수적이며, 이러한 시련을 동반한 전이의례는 이미 神들, 문화영웅들, 신화적 선조들이 창조한 것으로, 의례에 참가하는 사람들은 이러한 시련을 수행함으로써 초인간적이고 신적인 행위를 모방하게 된다고 한다. 이러한 관점에서 본다면, 피도탈자인 류취가 불가의 진의를 문득 깨닫고 자신이 과거 입었던 기녀복을 태우는 '燒衣'의식은 자연적인 인간을 넘어서 종교적인 인간으로 들어가는 상징적인 죽음의 의식으로서, 죽음이 죽음에 그치는 것이 아니라 다시 새로운 초자연적인 재생을 기다리는 의미를 내포하고 있다고 볼 수 있다.

한편 류취가 지난날의 기녀복을 태우면서 세속적 인간에서 신성한 종교적 인간의 문턱으로 막 진입하려 하지만 〈도류취〉 중 류취의 도탈과정에는 마지막 한 관문이 남아 있으니, 이성과의 慾情으로 인한

27) M. 엘리아데 저, 이은봉 역, 《성과 속》, 서울, 한길사, 1998, 171쪽.

고통이 그것이다. 그러면 원문을 인용하며 살펴보자.

> 류취 모친: 애야, 집에 하룻만 자고 가렴.
> 류취: 사부님, 제 어머님이 집에 하룻 밤만 자고 가라고 하네요.
> 월명화상: 류취야, 俗念을 일으키지 말아라. 네가 만일 속념을 일으키면 나는 금방 안다. 갈게.
> 류취: 사부님, 제가 감히 속념을 일으키지는 않겠습니다.
> (월명화상이 거짓으로 퇴장한다)
> 류취: 엄마, 員外는 어디 있어요?
> ……
> 류취: 엄마, 문 좀 지키세요. 원외랑 한 마디 할게요.
> 월명화상: 류취야, 문열어!
> 류취(당황해 하며): 사부님 오셨네. 집에 들어오시도록 문 열여야지.
> 류취(사부를 보지 않으며): 사부님이 어찌 하필? 알고 보니 내 귀가 뜨거웠구나. 이 문을 닫아야지. 원외, 당신 생각나 죽겠어요.[28]

위의 인용문에는 류취가 자연적 인간에서 신성한 인간으로 진입하려는 과정에서 남녀간의 욕정으로 인한 고통이 잘 드러나 있다. 류취는 출가를 결심하였지만 員外를 보고는 '당신 생각나 죽겠어요'라고 말하고 있다. 劇 중의 원외는 본시 류취가 기녀 생활을 하면서 친하게 지내는 남자로서 류취 욕정의 대상이다. 위에 의하면 출가를 결심한 류취에게 욕정의 단서를 제공한 사람은 류취의 모친이다. 그녀는

28) (卜兒云:) 孩兒也, 你在家中住一夜去. (旦兒云:) 師父, 柳翠的母親要留柳翠家中住一夜. (正末云:) 柳翠也, 你休凡心動. 你若凡心動呵, 我便知道. 我去也. (旦我云:) 師父, 柳翠幷不敢凡心動. (正末虛下) (旦兒云:) 奶奶, 員外在那裏? ……, (旦兒云:) 奶奶, 你看着門, 我和員外說一句話咱. (正末上, 云:) 柳翠也, 開門來. (旦兒慌科, 云:) 師父來了也, 我開開這門, 師父家裏來. (做不見科, 云:) 那得那師父, 元來是我的這耳熱. 待我關上我這門. 員外, 則被你想殺我也. 王學奇 主編, 《元曲選校注》, 石家莊, 河北教育出版社, 1994, 3400쪽.

류취를 이용해 돈을 벌려는 세속적 인간으로 나타나며, 류취가 돈 많은 원외와 친하게 지내길 바란다. 이런 상황에서 월명화상은 류취가 세속적 잡념인 속념을 끊기를 요구하나 위에서와 같이 류취에게는 큰 고통으로 다가오며, 결국 류취는 일순간 욕정의 고통에 사로잡혀 문을 열어주라는 사부님을 일부러 보지 않고 문을 닫아버린다.

이러한 욕정으로 인한 고통을 불교적 관점에서 본다면 앞에서도 언급했던 불가의 八苦 중의 하나인 愛別離苦에 해당된다. 다만 앞에서는 애별리고의 대상이 형제자매였지만 여기에서는 연인으로 바뀐 점이 다를 뿐이다. 아마 작자가 욕정으로 인한 愛別離苦를 최후의 관문으로 안배한 것은 속세적 인간이 출가하여 신성한 종교적 인간으로 도탈되는 데 있어서 형제자매보다 남녀간의 욕정이 더 커다란 장애가 되는 것을 말하고 있는 것으로 여겨진다.

한편 남녀간의 욕정으로 인하여 전체적인 도탈과정에 있어서 잠시 마지막 관문을 넘지 못했던 류취는 월명화상의 질책과 설득으로 힘든 문턱을 넘어선다. 그리하여 류취는 마침내 사부인 월명화상과 함께 출가하여 종교적인 신성한 세계에 진입하는데, 〈도류취〉 작품 중에서는 이러한 모습을 배를 타고 강을 건너는 상징적인 모습으로 보여주고 있다. 다만 극 중에서 류취가 배를 타고 또 다른 언덕으로 넘어가는 장면은 전이의례에서 통합의례로 넘어가는 과도기적 부분에 해당하는 것으로서, 전이의례나 통합의례의 일반적 성격과는 부합하지 않지만, 여기서는 서술의 편의상 전이의례의 일부분으로서 살피보자 한다. 그러면 원문을 인용하며 살펴보자.

> 류취: 엄마, 저 사부님과 함께 출가하겠어요.
> 류취 모친: 네가 가면 나는 어떠라고?

월명화상: 류취야, 배를 타라 배를 타라.
류취: 사부님, 어찌 배는 있는데 사공이 없어요?
월명화상: 류취야, 사공을 요구해서 뭐할거야? 내가 오로지 여기서 남들에게 강을 건너게 해주느니라.
……
월명화상: 류취야, 언덕에 도착했다. 배에서 내리렴.[29]

위의 인용문은 세속적 세계에서 신성한 세계로 넘어가는 것을 배를 타고 강을 넘어가는 장면을 사용하여 상징적으로 보여주고 있다. 류취는 출가의 마지막 고별인사로 세속의 어머니와 결별하고 배를 타는데 배에 있어야 할 사공이 보이지 않는다. 이러한 류취의 지적에 월명화상은 사공이 따로 필요 없고, 자신이 사람들에게 강을 건네주는 사공의 역할을 하고 있다고 말하였는데, 이는 자신이 사공과 같은 도탈자로서의 역할을 하고 있음을 분명하고도 상징적으로 보여주는 장면이다.

불교에서는 세속적 인간이 불교에 귀의하는 종교적 인간으로 넘어가는 것을 위에서와 같이 江의 이 언덕(此岸)에서 저 언덕(彼岸)을 건너는 것으로 비유하며, 이렇듯 피안의 세계로 강 언덕을 건너는 것을 불교적 전문용어로 '波羅蜜多(바라밀다)'라고 한다. 곧 바라밀다는 인간이 태어나 늙고 병들어 죽는 현실에서 생기는 모든 번뇌와 고통에서 벗어나고 해탈하여 彼岸의 세계에 도달하는 것을 가리킨다. 또 이렇듯 모든 번뇌와 고통에서 벗어나고 해탈하여 피안의 세계에 이르

29) (旦兒云:) 奶奶, 我跟師父出家去也. (卜兒云:) 你去呵, 我可怎了? (正末云:) 柳翠, 上船上船. (旦兒云:) 師父, 怎生有船無梢公? (正末云:) 柳翠也, 要那梢公怎么? 我一意在這裏渡人來. ……, (云:) 柳翠, 到岸了也, 可下船來. 王學奇 主編, 《元曲選校注》, 石家莊, 河北教育出版社, 1994, 3401쪽.

기 위해서는 여러 가지 실천적인 修行을 하여야 하는데, 불가에서는 이러한 여러 가지 수행을 육바라밀(六波羅蜜)[30]이라고 한다.

4. 통합의례(統合儀禮)

통합의례는 분리의례와 전이의례를 끝낸 개인이 새로운 지위나 역할을 부여 받아서 원래의 세계로 복귀하는 의례이다. 이러한 통합의례는 의례의 주체들이 전체 사회 속에서 상대적으로 새롭고 안정되며 분명한 위치로 되돌아감을 나타내 주는 상징적인 현상과 행동들을 포함한다. 그리고 이 삶의 주기적 제의(통과의례)를 지탱하기 위해서, 이 단계는 대개 어떤 향상된 지위, 즉 문화적으로 이미 형성되어 있는 삶의 도정에서 좀 더 나은 하나의 단계를 표상한다.[31] 그러면 이러한 통합의례의 양상이 〈도류취〉에서는 어떻게 나타나고 있는지 원문을 인용하며 살펴보자. 극 중에서 류취의 통합의례적 양상은 마지막 제4절에서 다음과 같이 간략히 보인다.

류취: 저 류취는 잠시 숲 속에 들어왔어요. 내일 다시 禪定[32]에 대해 물어야지요. (퇴장)

長老: 사부님, 류취가 東廊 아래에서 坐化(앉은 채로 입멸함)했습니다.

---

30) 布施波羅蜜, 持戒波羅蜜, 忍辱波羅蜜, 精進波羅蜜, 禪定波羅蜜, 般若波羅蜜을 가리킨다.

31) 注9冊, 41쪽.

32) 불가에서 반야(般若)의 지혜를 얻고 成佛하기 위하여 행하는 수행 방법 중의 하나로, 마음이 산란해지는 것을 막고 마음을 고요하게 통일하여 入靜三昧에 들어가는 것을 말한다.

월명화상: 내가 류취를 데리고 상서로운 구름을 타고 우리 世尊을 뵈러 가야겠다. (퇴장)

行者(놀라며): 정말 이상하네. 이 주방 아래의 미치광이 和尙이 설마 活佛은 아니겠지? 나도 지금부터는 素食하지 않고 그처럼 술과 고기를 먹고도 류취를 찾아 도탈시키는 것을 배워야지.

장로: 고승 나한이 류취를 도탈시켜 불법에 귀의토록 시킬줄 누가 생각이나 했겠어?

……

관세음보살(善才童子를 데리고): 저는 南海의 관세음보살입니다. 월명존자를 시켜 류취를 도탈시키도록 보냈으니, 조만간 올거에요.

월명화상(류취와 함께): 보살님, 저 월명존자가 도탈시킨 류취가 왔습니다.

관세음보살: 류취야, 너 버들가지와 잎이 먼지로 더렵혀져 그 벌로 인간세상에 가서 전생의 빚을 갚도록 했는데, 오늘 월명존자가 너를 불법에 귀의토록 인도했느냐?

류취: 보살님께 머리 숙이나니, 제가 깨달았습니다.

월명화상: 류취야, 부처님의 偈頌을 들어보렴. 게송을 노래하다. 일체 有爲法[33]은 꿈 같고 환상 같고 물거품 같고 그림자 같으며, 이슬 같고 또한 번개 같으니, 응당 이와 같이 보아야 하느니라.

……

관세음보살: 류취야, 들어라. ……, 愛慾과 탐욕 그리고 화냄을 모두 버리고 부처님의 설법에 함께 하여라.[34]

---

33) 여러 인연으로 모이고 흩어지는 모든 현상을 가리키는 불교 용어.

34) (旦兒云:) 我柳翠且歸林下, 明日再來問禪. (下) (長老云:) 上告我師和尙, 柳翠在東廊下坐化了也. (正末云:) 老僧引着柳翠, 駕起祥雲, 見俺世尊去來. (下) (行者做驚科, 云:) 好是奇怪, 難道這香積廚下風魔和尙倒是個活佛不成? 我如今不吃齋了, 也學他吃酒吃肉, 尋個柳翠來度他去. (長老云:) 誰想聖僧羅漢, 度脫柳翠歸空去了. ……, (觀音領善才上, 云:) 我南海觀世音菩薩, 着月明尊者度脫柳翠去, 這早晩敢待來也. (正末同旦兒上, 云:) 菩薩, 我月明尊者, 度脫的柳翠來了也. (觀音云:) 柳翠, 因爲你枝葉觸汚微塵, 罰往人世, 塡還宿債, 今日月明尊者引度你歸空了么? (旦兒云:) 菩薩稽首, 弟子省悟

먼저 위의 인용문에서 류취는 불가의 이치를 터득하고 깨달은 자로서 등장한다. 그리고 이러한 과정 중에 월명화상과 관세음보살은 류취에게 불교의 기본 교리를 숙지시키고 있는데, 불교의《金剛經》四句偈 중의 소위 '六如'와 '三毒'이 그것이다. 대승불경의 대표적인 경전이라고 할 수 있는《金剛經》에 나오는 사구게인 '육여'는 일체 현상 만물의 존재는 자체적이고 고정적인 실상인 自性을 지니지 않고 因緣의 작용인 緣起에 의해 잠시 假想으로 조합된 것에 불과하다는 空 사상을 대변하는 것으로, 세상 만물의 일체 존재를 여섯 가지 허망한 존재인 꿈·환상·물거품·그림자·이슬·번개에 비유한 것이다. 또 '삼독'은 인간이 지니는 대표적인 근본 번뇌 세 가지로서, 탐욕과 화냄 및 어리석음을 가리키는데, 이 세 가지가 중생에게 성불하는데 해로움을 주기 때문에 '삼독'이라고 부르며, 본문에서는 이 세 가지 중 탐욕과 화냄 두 가지를 언급하고 있다.

위의 인용문에 의하면 류취가 도탈하여 원래의 신성한 세계로 들어오게 된 것은 그녀가 앉은 채로 열반한 坐化 이후이다. 좌화는 불가에서 희귀하고도 장엄하게 여기는 일로, 일체의 번뇌에서 벗어나 깊은 禪定에 들어간 후 그대로 입멸하는 것이다. 이런 점에서 본다면 류취는 이미 불가의 수행을 깊이 터득한 상태에 진입했다고 볼 수 있다. 그리고 이렇게 좌화한 류취를 데리고 월명화상은 곧바로 상서로운 구름을 타고 신성한 세계의 관세음보살에게 보고하러 갔으니, 이는 이미 류취가 속계의 인간에서 성스러운 종교적 피안의 생명으로

也. (正末云:) 柳也, 聽我佛的偈. (偈云:) 一切有爲法, 如夢幻泡影, 如露亦如電, 應作如是觀. ……, (觀音云:) 柳也, 你聽者. ……, 畢罷了愛慾貪嗔, 同共到靈山會上. 王學奇 主編,《元曲選校注》, 石家莊, 河北教育出版社, 1994, 3412-3413쪽.

재탄생했음을 상징하고 있다고 볼 수 있겠다. 이렇듯 도탈극에서 피도탈자의 사망과 재탄생은 가장 핵심적인 구조가 되는 것으로, 피도탈자인 류취의 세속적 사망은 종교적 재탄생을 위한 필연적인 과정이다. 그러면 이러한 통합의례의 의미를 종교적으로 잘 설명하고 있는 엘리아데의 다음 두 문장을 보자.

> 세속적인 조건에서는 죽고 그 다음에 성스러운 세계, 신들의 세계에서 재생하는 가입식(통과의례)의 각본은 고도로 발달된 종교에서도 중요한 역할을 한다. 유명한 예는 인도의 제의에서 볼 수 있다. 그 목표는 사후에 천상에 올라가 신들과 더불어 살거나 神性을 획득하는 것이다. 달리 말하면, 제의를 통해서 사람들은 초인간적인 존재양식을 획득한다.[35]
>
> 만약 신가입자가 그 유아적이고 세속적이며 부활없는 生에서는 사멸하고 새롭게 성화된 실존으로 재생한다면, 그는 또한 인식과 知를 가능케 하는 어떤 존재양식으로 재생한다는 것이다. 신가입자는 오로지 새로 태어난 자 혹은 부활한 자일뿐만 아니라 알고 있는 자, 신비를 알고 형이상학적 계시를 받아들이는 자이기도 하다.[36]

엘리아데의 위의 글에 의하면 통과의례에 참여하는 목표는 초인간적인 존재양식을 획득하는 것으로, 통합의례를 통하여 참가자들은 신들과 더불어 살거나 神性을 획득한다고 하는데, 이러한 점은 〈도류취〉 중 피도탈자인 류취의 도탈과 같은 의미를 지니고 있다. 그것은 류취가 세속적인 사망을 통하여 신비를 알고 형이상학적 계시를 받아들이는 자로서, 신들의 세계에 합류하여 신들과 더불어 살 수 있게 되었으며, 神性을 획득하였다고 볼 수 있기 때문이다. 이러한 점에서 본다면 피도탈자인 류취가 사망과 재탄생을 통하여 본래 자신

---

35) M. 엘리아데 저, 이은봉 역, 《성과 속》, 서울, 한길사, 1998, 178쪽.

36) M. 엘리아데 저, 이은봉 역, 《성과 속》, 서울, 한길사, 1998, 172쪽.

의 신성한 세계로 복귀한 것은 통과의례 중 통합의례의 성격과 같은 의미를 지니고 있다고 볼 수 있겠다.

5. 원잡극 〈度柳翠〉 度脫의 의의

원잡극 〈도류취〉는 李壽卿이 지은 종교극 중의 하나로 남자 주인공인 월명화상이 여자 주인공인 류취를 도탈시키는 내용의 도탈극이다. 도탈극은 본시 일본의 학자인 青木正兒가 《元人雜劇序說》에서 처음 사용했던 단어로, 만물의 생명을 生死와 苦厄에서 제도하고 해탈시키는 것을 핵심적인 내용으로 하는 고전 희곡이다. 그리고 일반적으로 도탈극이라고 말하면 신선도탈극을 연상하지만 그것은 도탈극 중 도교적 내용을 핵심으로 하는 신선도탈극이 많기 때문이며, 본문에서 다루었던 〈도류취〉는 불교적 내용을 핵심으로 하는 불교도탈극이다.

도탈내용을 핵심으로 하는 〈도류취〉는 작품의 전체적인 도탈구조에 있어서 세 단계로 구성되어 있다. 먼저 피도탈자인 류취가 신성한 세계에서 세속적 세계로 폄적되어 분리되고, 이후 도탈자인 월명화상이 여러 과정을 통하여 피도탈자인 류취를 도탈시키며, 최후에는 류취가 다시 神性을 획득하는 구조로 이루어져 있다. 그리고 각각의 과정에는 공간이동이 이루어지는데, 聖界-俗界-聖界로의 순환이 이루어지고, 아울러 이 과정 중에 의미를 전달하는 상징적인 표현들이 자주 등장한다. 그런데 이러한 〈도류취〉의 도탈과정은 통과의례의 과정과 매우 흡사하였다. 통과의례는 민속학자인 겐넵이 처음 사용하였으나 이후 엘리아데가 종교론적으로 의미를 확대하여 해석하고 발전시켰으며, 터너는 공연예술이론에 확대하여 사용하였다. 통과의례의 전체 과정은 일반적으로 분리의례-전이의례-통합의례로 이루어지고, 각각의 단계에서는 상징적 표현들이 자주 보여진다. 이러한 이유로 본고에서는 〈도류취〉의 도탈과정에 담긴 의미를 포착하기 위해 통과의례의 관점을 사용하였다.

분리의례는 일반적으로 종래의 지위나 상태로부터 분리를 상징하는 형태로 행하여진다. 〈도류취〉에서 류취는 본시 관세음보살 정병 속의 버들가지의 신분으로서 식물에 해당되는 존재였으나, 식물임에도 버들가지는 관세음보살의 대자대비를 상징하며 중생들에게 衆病을 제거해주는 존재로서 聖物이었다. 그러나 어느날 신성한 버들가지가 속세 생각과 같은 더러운 먼지에 더렵혀지고, 그 벌로 관세음보살은 버들가지를 인간세계의 미천한 기녀 신분인 류취로 내려 보낸다. 곧 신성한 버들가지는 더렵혀져 청정함을 상실한 일종의 상징적 죽음을 당하여 속계로 폄적되었다. 그리고 이러한 모습은 통과의례 중의 분리의례와도 매우 비슷한 양상을 보여주었다.

〈도류취〉의 도탈과정은 속계로 떨어진 류취를 다시 聖界로 복귀시키기 위한 과정이 핵심을 이룬다. 도탈자인 월명화상은 피도탈자인 류취를 도탈시키기 위하여 여러 가지 방법을 동원하며, 그 중의 핵심적인 내용은 꿈을 사용하는 수법이다. 이러한 과정 중에 류취는 여러 가지 고통과 고난 및 시련을 견뎌야만 했다. 바로 도탈과정 중의 고통과 고난 및 시련이 도탈극의 핵심이며, 류취는 이를 극복하여 세속적 인간에서 종교적 인간으로 새로운 존재양식을 획득한다. 이러한 과정 중에 류취는 사랑하는 형제자매와 연인 등을 포기하는 愛別離苦의 고통을 겪었으며, 꿈속에 자신이 고양이로 변하는 악몽을 꾸어 죽음을 예감하게 된다. 그리고 더 나아가서는 도탈자인 월명화상이 術數를 사용하여 무서운 꿈인 소위 '惡境頭'를 꾸게 하자, 피도탈자인 류취는 자신이 염라대왕에게 참수당하는 꿈을 꾸게 되어 결국 출가를 결심하게 된다. 그리고 이후 월명화상은 바둑과 雙六 및 氣球라는 세 가지 기예를 류취와 겨루는 과정 중에 불가의 이치가 담긴 偈言을 말하여 흔들리던 류취의 마음을 바로잡았다. 그리하여 류취는 자신의 기녀복을 태우는 의식을 통하여 자신의 죽음을 상징하였고, 강을 건너는 동작으로 마침내 피안의 세계에 이르는 것을 상징적으로 보여주었다. 그런데 이러한 도탈 중에 사용된 수많은 고통과 시련 등의 사용, 그리고 이러한 과정 중에 행하였던 의식 중에 상징의 수법이 폭넓게 사용된 점은 통과의례 중 전이의례의 양상과 매우 부합하였다.

피도탈자인 류취는 坐化라는 죽음으로 통하여 비로소 또 다른 세계인 종교적 신성함의 세계에 진입할 수 있었다. 곧 류취의 세속적 죽음과 종교적 재탄생은 〈도류취〉의 핵심 내용이었다. 죽음은 새로운 재탄생을 위해 필수적인 것이었다. 그런데 이러한 점은 통과의례 중 마지막 단계인 통합의례의 양상과 매우 흡사하였다. 류취는 세속적인 죽음을 통하여 神性을 지닌 초인간적인 존재양식을 획득하였던 것이다.

3장. 元雜劇 〈猿聽經〉의 度脫
- 통과의례를 중심으로

1. 원잡극 〈猿聽經〉의 度脫의 의미

원잡극 〈원청경〉(정식 극명은 〈龍濟山野猿聽經〉)은 無名氏의 작품으로, 원숭이가 주인공으로 등장하는 특이한 것이다. 내용 또한 상당히 특이한 것으로, 원숭이가 나무군인 樵夫와 과거에 급제한 문인으로 신통한 변신을 하면서, 결국에는 修行이 깊은 禪師의 도움을 받아 得道하고 解脫하여 극락세계에 이른다는 불교극이다. 이런 점에서 〈원청경〉은 원숭이가 작품의 주인공으로 등장하는 현존하는 희곡으로는 가장 빠른 것이며, 그 중의 원숭이 형상은 매우 생동적이어서 〈西遊記〉 중의 손오공 형상과 상당히 비슷하다. 이렇듯 원숭이가 작품의 주인공으로 등장하는 것은 기실 불교의 전래와 함께 인도에서 왔다고 여겨진다. 그것은 고대 인도에서는 원숭이 숭배사상이 강하여 유명한 敍事詩인 〈라마야나〉에는 중국의 손오공에 해당하는 하누만이 중요한 각색으로 묘사되어 있기 때문이다.[1]

작품의 내용 전개에 있어서 〈원청경〉은 원잡극에서 상당히 성행했던 도탈극이다. 度脫이라는 용어는 濟度와 解脫를 결합하는 의미로서, 修行이 깊은 禪師나 神仙이 도탈자의 신분으로서 수행이 얕은 피도탈자를 生死의 고통에서 해방시키고 생명의 참뜻을 깨닫도

1) 薛克翹, 〈中印猿猴故事散論〉, 《南亞研究》, 2005年 1期.

록 하는 것을 말한다. 그리고 도탈극이라고 말하면 우리는 자연스럽게 神仙道化劇을 연상하게 되는데, 이것은 전체 도탈극 중에서 도교적 내용을 핵심으로 하는 도교도탈극이 불교도탈극에 비해 훨씬 많은 분량을 차지하기 때문이며,[2] 이 글에서 다루고자 하는 〈원청경〉은 불교적 내용을 핵심으로 하는 불교도탈극이다.

원잡극 중의 도탈극은 도교도탈극이거나 불교도탈극을 막론하고 독특한 구조를 지니고 있다. 먼저 작품 중에는 반드시 도탈자와 피도탈자가 등장하여야 한다. 그리고 작품의 전체적인 구조는 도탈자가 피도탈자를 도탈시키기 위하여 여러 가지 방법을 사용하는 것이며, 피도탈자는 도탈 과정 중에 수많은 고통과 육신의 사망 등의 시련을 겪은 후 새로운 생명의 세계에 진입하는 재탄생의 양상을 보여준다. 그리하여 작품의 전체적인 구조는 대개 도탈 이전단계-도탈 시행단계-도탈 이후단계라는 세 단계로 이루어지는데, 이 글의 대상인 〈원청경〉도 이러한 세 단계의 과정으로 전체적인 도탈구조가 이루어져 있다.

통과의례라는 용어는 A 반 겐넵(Arnold van Gennep)이 1909년 《통과의례》라는 책에서 처음 사용하였다. 그에 의하면 개인은 자신의 탄생과 결혼 및 죽음 등의 시기에 사회 내에서의 신분 변화와 새로운 역할을 획득하는 과정 중에 일정한 인생의례를 행하며, 아울러 다른 영역을 통과하거나 국왕이나 족장의 취임 및 여러 종교행사에도 반드시 일정한 의례를 행하는데, 그는 이러한 과정 중에 행하여지는 의례

---

2) 일례로 논자에 따라서 다르기도 하지만 신선도탈극에는 〈升仙夢〉〈城南柳〉〈岳陽樓〉〈黃粱夢〉〈任風子〉〈胡蝶夢〉〈金童玉女〉〈竹葉舟〉〈劉行首〉〈玩江亭〉〈藍采和〉〈誤入桃源〉〈邯鄲店〉 등 13편이 있고, 불교도탈극으로는 〈度柳翠〉〈忍字記〉〈東坡夢〉〈猿聽經〉 등 4편이 있다. 溫小騰, 〈淺析元雜劇中的度脫劇〉, 《大慶師範學院學報》, 第26卷 第4期, 2006.

를 통과의례라고 명명하였다.

겐넵은 여러 종족과 민족의 통과의례를 분석하면서 이들 통과의례가 전체적인 과정 중에서 세 단계로 이루어졌음을 밝히었으니, 분리의례-전이의례(과도의례)-통합의례가 바로 그것이다.[3] 그리고 그에 의하면, 이들 세 가지 의례는 구체적인 사례에서는 똑같이 중요하거나 똑같이 정교하게 행하여지는 것은 아니어서, 일례로 분리의례는 장례식에서 더욱 뚜렷하고, 통합의례는 결혼식에서 뚜렷하며, 전이의례는 임신·약혼식·入社式에서 특히 중요하다.[4] 그런데 겐넵의 이러한 통과의례 구조는 원잡극 중 도탈극의 도탈구조와 상당히 흡사하다. 먼저 통과의례와 도탈극은 모두 본질적으로 종교적 신성함과 결부되어 있다. 다음으로 통과의례와 도탈극은 그 전체적인 과정에 있어서 비슷한 성격의 세 단계로 이루어져 있다. 또한 통과의례와 도탈극 중 두 번째 단계에서는 통과의례의 대상자나 도탈극의 피도탈자가 모두 고통과 시련을 당하는 과정을 핵심으로 하고 있다. 이러한 점에서 도탈극 〈원청경〉의 도탈구조를 분석함에 있어서, 본고에서는 서양에서 이미 이룩한 학문적 성과인 통과의례의 관점을 사용하고자 한다.

겐넵의 통과의례 이론은 이후 인류학과 민속학 및 종교학에 커다란 영향을 미쳤다. 일례로 현대 종교학자로 유명한 M. 엘리아데(Mircea Eliade)는 자신의 《성과 속》 및 《신화·꿈·신비》라는 저서에서 통과의례 이론을 종교론적으로 재해석하였으며,[5] 상징인류학을 창안한 빅터 터너(Victor Turner)는 《제의에서 연극으로》라는 저서에서 통과

---

3) A 반 겐넨 저, 김경수 역, 《통과의례》, 서울, 을유문화사, 1994, 40쪽.

4) 상게서, 40-41쪽.

5) M. 엘리아데 저, 이은봉 역, 《성과 속》, 서울, 한길사, 1998.
M. 엘리아데 저, 강읍섭 역, 《신화·꿈·신비》, 도서출판 숲, 2006.

의례 이론을 새롭게 해석하여 발전시켰으며,[6] 세계적으로 상상력 연구 분야에 있어서 최고의 권위를 자랑하는 프랑스 그르노블학파의 일원인 시몬느 비에른느(Simone Vierne)는 《통과제의와 문학》이라는 저서에서 통과의례 이론을 종교와 문학에 적용하며 해석하였다.[7] 이에 여기에서는 이들의 이러한 연구성과를 기반으로 하여 불교도탈극인 원잡극 〈원청경〉의 도탈구조를 살피고, 아울러 그러한 도탈구조 속에 담긴 문학적·종교적 의미를 파악하고자 한다.

2. 분리의례(分離儀禮)

통과의례의 첫 번째 단계인 분리의례는 개인이 종래의 지위나 상태로부터 분리되는 형태로 행하여져서, 가령 죽음을 상징하는 행위를 수반하거나 여행을 떠나거나 마을에서 떨어진 집에 틀어박혀 있는 것으로 나타난다. 곧 초입자들은 새로운 사회로 통합되기 위하여 이전의 사회로부터 분리되며, 이전 사회와 관련해서는 그는 죽은 샘이 된다.[8] 그러면 이러한 분리의례의 성격을 핵심적으로 보여주고 있는 빅터 터너의 다음 문장을 살펴보자.

> 부족사회의 입사의식은 종종 그 제의의 주체들을 그 사회로부터 육체적으로 분리시키는 것으로 특징지어진다. …… 어떤 부족들에 있어서는 입사의식을 겪어야 하는 소년들이 마을과 집안에서의 정상적인 사회적 상호

6) 빅터 터너 지음, 김익두 옮김, 《제의에서 연극으로》, 서울, 현대미학사, 1996.

7) 시몬느 비에른느 지음, 이재실 옮김, 《통과제의와 문학》, 문학동네, 1996.

8) A.반 겐넵 저, 김경수 역, 《통과의례》, 서울, 을유문화사, 1994, 130쪽.

관계로부터 격리되어 숲 속에서 기나긴 기간 동안을 살아야만 한다.[9]

빅터 터너의 위의 인용문에 따르면, 부족사회의 입사의식이라는 통과의례는 그 제의 의식의 주체들인 통과의례의 주체가 사회로부터 육체적으로 분리되는 특징을 지니고 있으니, 이는 통과의례에서 분리의례가 사용되는 특징을 보여주는 것이다. 그리고 이들 통과의례의 주체인 부족의 소년들이 마을과 집안에서 분리되는 것은 그들이 정상적인 사회적 상호관계로부터 격리되는 것을 의미하는 것이다. 그러면 이러한 분리의례의 모습과 성격이 불교도탈극인 〈원청경〉에는 어떠한 양상으로 나타나고 있는지 알아보자. 〈원청경〉의 전체적인 도탈구조에 있어서 이러한 분리의례의 모습은 원숭이인 猿猴가 극 중의 주인공인 正末로 등장하는 第2折에 다음과 같이 간략히 보이는데, 그 원문을 중심으로 살펴보자.

> (正末이 猿猴로 분장하고 등장하여 노래한다) ……
> 【梁州第七】 나, 나, 나는 일찍이 瑤池에서 瓊漿酒를 훔쳐 마셨고, 나, 나, 나는 일찍이 蓬萊山에서 신선초를 훔쳐 맛으며, 나, 나, 나는 일찍이 天宮에서 蟠桃를 훔쳐 먹어 騷動을 일으켰지. (正末扮猿猴兒上唱. ……
> 【梁州第七】 我我我, 也曾在瑤池內偸飮了瓊漿, 我我我, 也曾在蓬萊山偸摘了瑞草, 我我我, 也曾在天宮鬧了蟠桃)[10]

위의 인용문에 의하면 극 중의 주인공으로 등장한 猿猴는 神聖한 세계인 天宮에서 世俗의 세계로 쫓겨났으며, 자신이 왜 쫓겨났는지를 노래하고 있다. 그는 신성한 神仙들이 사는 崑崙山의 西王母가

9) 빅터 터너 지음, 김익두 옮김, 《제의에서 연극으로》, 서울, 현대미학사, 1996. 43쪽.

10) 隋樹森編, 《元曲選外編》, 第三冊, 中華書局, 1987, 952쪽.

밤마다 베푸는 잔치에서 瓊玉을 녹여 만든 瓊漿酒를 훔쳐 마셨으며, 신선들이 사는 봉래산에서 靈芝와 같은 신선초를 훔쳐 따서 먹었으며, 천궁에서 삼천 년에 한 번씩 열리는 蟠桃를 훔쳐 먹으면서 커다란 소동을 일으킨 죄로 속세로 추방되었다. 불교도탈극인 〈원청경〉에서 주인공인 猿猴가 위에서와 같은 惡業을 저질렀으니, 인과응보의 교리에 따라 세속으로의 추방이라는 惡果를 당하는 것은 당연한 결과라고 하겠다.

통과의례 중 분리의례의 관점에서 보면, 위의 인용문은 분리의례의 일반적 모습과 비슷한 것이라고 말할 수 있겠다. 분리의례에 참여하는 제의의 주체가 사회로부터 육체적으로 분리되듯이, 위의 인용문에서는 극 중의 주인공인 猿猴가 신성한 天宮에서 세속의 인간 세상으로 분리되었다. 그리고 통과의례 중의 분리의례에서 의식에 참여하는 주체가 정상적인 사회적 상호관계로부터 격리되어 지내야 하듯이, 위의 인용문 중의 猿猴는 신성한 천궁의 세계에서 추방되어 세속의 세계에서 지내야 했다. 그리고 분리의례에서 숲 속으로의 격리와 같은 새로운 공간으로의 공간이동이 있듯이, 위의 인용문에서도 원후는 聖界에서 俗界로의 공간이동을 하였다.

3. 전이의례(轉移儀禮)

통과의례의 두 번째 단계인 전이의례는 과도의례라고도 불리는데, 이는 전이의례가 분리의례에서 통합의례로 넘어가는 과도기적 단계의 의례이기 때문이다. 전이의례의 주체는 이전의 사회적 지위와 역할에서 벗어나 새로운 질적인 변화를 이룩해야 한다. 그리고 전이의례의 주체가 새로운 질적인 변화를 이루기 위해서는 수많은 고통과 고난 및 육신의 죽음과 같은 시련 등을 겪어야 한다. 이런 점에서 전이의례는 재탄생을 이루기 위한 시련의 단계라고 할 수 있다. 그러면 먼저 이러한 전이의례의 성격에 대해《성과 속》에서 종교론적으로 잘 설명하고 있는 엘리아데의 다음 문장을 살펴보자.

> 우리는 단지 가입식이라는 것이 고대 문화 단계에서 이미 인간의 종교 형성에 중요한 역할을 담당했다는 것, 그리고 무엇보다도 신가입자의 존재론적 상태를 완전히 변화시키는 역할을 한다는 것을 보여주는 일이다. 이러한 사실은 종교적 인간을 이해하는 데 가장 중요한 것처럼 생각된다. 즉 그것은 원시사회의 인간들이 자연적 생존의 단계에 '주어지는' 것만으로는 자신을 아직 '완성되지' 않았다고 생각한다는 사실을 보여준다. 진정한 의미로 인간이 되기 위하여 그는 이 최초의(자연적) 생명으로는 죽어야 하며, 종교적이고 문화적인 더 높은 생명으로 다시 태어나야 하는 것이다. …… 어떤 민족은 후보자를 매장하거나 새로 판 무덤에 눕혀둔다. …… 그들이 겪는 고문은 물론 여러 가지 의미가 있지만 그 모두에 공통적인 하나의 의미는 다음과 같은 것이다. 고문을 받고 절단된 신가입자는 가입식의 주재자인 악령, 즉 신화적 선조에 의하여 고문되고 잘려지고 끓여지고 구워진다고 믿는 것이다.[11]

엘리아데는 위의 인용문에서 통과의례 중 전이의례의 핵심적 성격을 종교론적 관점에서 말하고 있다. 그에 의하면 고대의 가입식이라는 통과의례는 인간의 종교 형성에 중요한 역할을 하고, 특히 통과의례 주체의 존재론적 상태를 완전히 종교론적으로 변화시키는 데 큰 역할을 한다고 보았는데, 이러한 질적인 변화는 바로 전이의례의 핵심적 성격이다. 그리고 엘리아데는 종교론적인 질적인 변화를 이루

11) M. 엘리아데 저, 이은봉 역,《성과 속》, 서울, 한길사, 1998, 170-173쪽.

기 위해서는 자연적이고 생존적인 상태에서 종교적이고 문화적인 더 높은 생명으로 재탄생해야 하고, 또 이러한 종교적 재탄생을 위해서는 여러 가지 고문 등의 시련을 겪어야 하며, 최초의 자연적 생명으로는 죽어야함을 지적하고 있다. 바로 재탄생을 위한 이러한 시련과 죽음은 전이의례의 핵심이라고 말할 수 있다. 불교도탈극인 〈원청경〉에는 고통과 죽음을 동반한 전이의례적 시련이 제1절에서부터 제4절에까지 우여곡절하게 묘사되어 있으니, 작품의 도탈과정 대부분이 바로 이 전이의례에 해당된다고 볼 수 있다. 이러한 점은 일반적으로 통과의례 중 가장 격식이 갖추어진 것이 전이의례의 단계로서, 전체 의례과정 중에서 전이의례가 차지하는 중요성을 설명해주는 사실과 부합하는 것이다.[12] 그러면 먼저 〈원청경〉 제1절의 원문을 중심으로 극 중의 전이의례 과정과 그 의미를 살펴보자.

> (正末이 나무꾼으로 분장하고 등장하여 말하길): 저는 이 산 아래의 나무꾼(樵夫)입니다. 姓은 佘씨이고 이름은 舜夫이에요. 저는 비록 나무꾼이지만 어려서 儒家의 學業을 배웠지요. 家業이 쇠락하고 功名을 이루지 못했으니 어찌 하겠어요. 단지 늘 이 산에서 나무를 채취하며 살지요. 저 같은 선비가 공연히 국가를 다스리고 세상을 구할 재주를 지니고서는 여전히 이렇게 빈궁하게 지내니 정말 서글프네요. (노래한다) ……
>
> 【混江龍】 周易을 강의하고 誦讀하며, 毛詩와 禮記를 마음 속에 꿰뚫었네. 春秋를 토론하고, 史記를 연구하고 통달했건만, 나라를 다스리지 못하고 임금을 알현하지 못하구나. ……
>
> 【油葫蘆】 …… 총명한 사람은 오랫동안 곤궁하여 한가롭게 지내고, 어리석은 이가 벼슬을 받구나. 십년 동안 바람과 눈보라 속에서 힘들게 공부했건만, 가난한 내가 언제 부귀영화를 누릴지 모르겠

12) 시몬느 비에른느 지음, 이재실 옮김, 《통과제의와 문학》, 문학동네, 1996, 20쪽.

구나. (正末扮樵夫上, 云)小人是這山下一个打柴的樵夫, 姓余名舜夫. 小人雖是个樵夫, 幼習儒業, 爭奈家業凋零, 功名未遂, 常只是在此山中採樵爲生. 想俺這讀書的, 空有經綸濟世之才藝, 産的在此窮暴之中, 好是傷感人也呵 ! (唱) ……【混江龍】我將周易講誦, 毛詩禮記貫胸中. 春秋討論, 史記硏通. 不能勾治國安帮朝帝闕. ……【油葫蘆】…… 聰明的久困在閑, 愚蠢的爵祿封. 自俺那寒窗風雪十年凍, 不知俺受貧的却也甚日榮.)[13]

극 중의 주인공으로 등장한 余舜夫는 본시 원숭이 신분이건만 위에서와 같이 제1절에서는 인간의 몸으로 변신을 하여 나무꾼인 樵夫의 신분으로 등장한다. 그는 비록 지금 미천한 나무꾼의 신분이지만 어려서는 청운의 꿈을 품고서 儒家의 학업을 배워 周易과 禮記 및 春秋와 史記를 익혔다. 그러나 현실 속의 그는 매우 비참하다. 그리하여 그는 위에서와 같이 '총명한 사람은 오랫동안 곤궁하여 한가롭게 지내고, 어리석은 이가 벼슬을 받구나'라고 말하면서, 지식분자인 문인으로서 현실에 대한 강한 불만과 자신의 고통을 비참하게 노래하고 있다.

〈원청경〉은 불교도탈극이어서 불교적 인생관과 세계관을 그 기반으로 하고 있다. 불교의 핵심적 인생관을 나타내는 사상으로, 네 가지 성스러운 진리라는 뜻을 지닌 四聖諦(苦諦 · 集諦 · 滅諦 · 道諦)가 있다. 이 사성제에 의하면 인생의 현실은 苦痛으로 충만되어 있고(苦諦), 그 고통의 원인은 煩惱 때문이다(集諦). 또 이러한 번뇌를 없애면 고통이 없는 解脫과 涅槃의 세계에 이르며(滅諦), 해탈과 열반에 이르기 위해서는 八正道를[14] 실천하여야 한다(道諦). 그리고 범부인 衆生

13) 隋樹森編, 《元曲選外編》, 第三冊, 中華書局, 1987, 949-950쪽.

14) 正見(바르게 보기), 正思惟(바르게 생각하기), 正語(바르게 말하기), 正業(바

의 현실세계에 가득찬 고통에는 八苦라고 하여 여덟 가지 고통이 있는데, 生·老·病·死의 네 가지 고통 이외에 愛別離苦·怨憎會苦·求不得苦·五陰盛苦가[15] 있다. 이러한 불교적 인생관에 의하면 극 중 주인공은 부귀공명을 추구하지만 이루지 못하는 고통인 求不得苦의 고통으로 충만되어 있다. 불교도탈극인 〈원청경〉의 도탈은 결국 이와 같은 고통으로부터의 해방, 곧 해탈을 이루어 열반의 세계에 진입하는 과정을 극적으로 보여주는 것이다. 또 극의 작자는 求不得苦의 고통으로 충만한 지식분자를 극의 맨 앞에 등장시키고 있으니, 이는 당시 元代 지식분자의 현실적 고통을 어느 정도 대변하고 있다고도 말할 수 있겠다.

통과의례 중 전이의례의 관점에서 볼 때 위의 인용문은 전이의례의 일반적 특성과 부합한다고 볼 수 있다. 그것은 전이의례의 기본적 특성이 전이의례의 과정 중에 고통과 고난 및 죽음 등의 시련을 반드시 동반하는 것이기 때문이다. 위에서 살펴본 바와 같이 본시 畜生인 원숭이였던 주인공이 처음부터 나무꾼인 인간의 몸으로 변신하여 주인공으로 등장하였지만, 현실에 대한 불만과 분노로 인한 고통으로 충만되어 있는 모습을 보여주었다. 불교도탈극인 〈원청경〉의 작자는 아마 당시 재능을 지니고도 펼치지 못하는 무수한 지식분자들의 고통을 불교적 해탈의 방식으로 극복하려고 한 것 같다.

전체적인 도탈과정에 있어서 제1절의 내용은 도탈의 시작이다. 극

른 행동), 正命(바른 수단으로 목숨 유지하기), 正精進(바르게 정진하기), 正念(바른 신념), 正定(바르게 마음 안정시키기)

15) 애별리고는 사랑하는 가족이나 사람과의 이별하는 고통, 원증회고는 원한이 있고 미워하는 사람과 만나야 하는 고통, 구부득고는 얻고자 하나 얻지 못하는 고통, 오음회고는 다섯 가지인 色·受·想·行·識으로 인한 고통을 가리킨다.

중 주인공인 나무꾼은 현실에 대한 불만과 분노를 노래한 후, 나무를 채집하기 위해 극의 무대인 龍濟山으로 향하였다 그리고 여기에서 뜻밖에 유명한 高僧인 修公禪師를 만나는데, 이것은 극 중에서 그가 해탈의 기회를 맞이한 것으로 안배되었다. 곧 이후 수공선사는 도탈을 담당하는 도탈자의 신분으로 묘사되고, 주인공인 나무꾼은 도탈의 대상인 피도탈자가 된다. 그러나 주인공인 나무꾼은 세속의 일 때문에 집으로 귀가함으로써 더 이상 수공선사에게서 도탈의 기회를 얻지 못하고 제1절은 끝을 맺는다.

제2절은 신선의 신성한 세계에서 추방당한 원숭이인 猿猴가 세속의 인간 세상에서 극 중의 주인공으로 등장하는 특이한 구성을 보여주고 있다. 이러한 점은 唐代의 高僧인 玄奘이 멀리 天竺에 가서 중국에 불교경전을 도입한 고사를 기록한 宋代의 話本인《大唐三藏取經詩話》와 비슷하다.《大唐三藏取經詩話》에는 원숭이인 猴行者가 신선 세계의 蟠桃를 훔쳐 먹다 西王母에 잡혀 花果山에 유배당해 27,000년 동안 돌아오지 못했다는 기록이 있으며, 猴行者가 秀士로 변신하는 내용이 있는데,〈원청경〉의 내용과 거의 같다.[16] 이러한 점에서 볼 때〈원청경〉은《大唐三藏取經詩話》와 후세 明代《西遊記》를 잇는 연결고리의 역할을 어느 정도 하고 있다고 여겨진다.

축생의 신분인 猿猴는 극의 제2절에서 축생의 신분임에도 불구하고 佛經의 설법을 듣고 佛道를 이해할 줄 아는 특수한 신분으로 등장한다. 그는 극 중에서 佛堂에 아무도 없음을 확인하고서 불당에 진입하여 修公禪師의 침상인 禪床에서 노닐고, 심지어는 불경의 經文을 읽고 스님들이 입는 袈裟를 몸에 걸치며, 관음보살의 정화수를

16) 李惠綿,〈論析元代佛教度脫劇〉,《佛學研究中心學報》, 第6期, 臺灣, 2007.

마셔보기도 한다. 이러한 점은 물론 원숭이의 장난기 넘치는 행동이기도 하지만, 작자는 주인공인 원숭이를 人格化시킴으로써 自力으로 解脫을 이루고자 하는 모습을 극 중에 안배하였다. 이렇듯 불교 도탈극인 〈원청경〉에서 피도탈자인 주인공의 도탈은 완전히 도탈자인 수공선사에만 의해서 이루어지는 것은 아니다. 곧 〈원청경〉의 작자는 주인공을 도탈시키는 데 있어서 他力 해탈과 함께 自力 해탈을 동원시키고 있음을 알 수 있다. 그러나 극 중에서 원후의 이러한 자력 해탈 방식은 곧 좌절을 당하게 되는데, 도탈자인 수공선사는 원후가 佛堂에서 노닐면서 잘못하여 佛經이나 佛像을 훼손시킬 것이 두려워 원후를 혼내면서 쫓아낸다. 그러면 극 중 주인공인 원후가 죽음의 고통을 느끼면서 쫓겨나는 부분을 원문을 중심으로 살펴보자.

> (正末이 猿猴로 분장하고 등장하여 노래한다) …… 저는 龍濟山의 道妙靈仙(도교 경전 속의 신선)입니다. 저는 이 산에서 1,100여 년 동안 늘 불경과 불법을 들어 불교의 심오한 뜻을 깨달았습니다. ……
>
> (수공선사): 이 원숭이는 비록 佛門과 인연을 지녔건만 인간으로서 살지 못해 속세를 벗어나 극락세계에 오르기 힘들구나. 이 원숭이가 혹 經文을 찢고 佛像을 훼손시킬까 두려우니 그로 하여금 景頭를 보게 하면 반드시 크게 깨달으리라. 자아! 山神은 어디에 있는가?
>
> (外가 山神으로 분장하고 등장): …… 저는 이 곳의 산신입니다. 祖師님께서 부르시니 무슨 분부이신지 모르겠네요.
>
> (수공선사): 산신은 내 명령을 들어라. 佛堂 내에 검은 원숭이가 내 경전을 엿보고, 내 袈裟를 입으니, 네가 그를 한 번 혼내주라. 이 원숭이는 나중에 반드시 正果(得道)를 이룰 것이니 그를 해치지는 말아라. ……
>
> (산신): 이 놈 못된 축생아, 무례하게 굴지 말아라. 어찌 감히 우리 法堂에 와서 장난치고, 佛殿에서 노니느냐. ……
>
> (산신이 칼을 어루만지며): 너는 어찌 감히 네 멋대로 이곳에 왔느냐?

……

(산신): 못된 축생이 무례함을 참을 수 없구나. 이리저리 이 佛殿에서 나오지 않으니 내가 직접 잡아야겠다. (잡는 동작을 하다) (정말이 노래한다)

【採茶歌】 산신이시여 용서해주세요. 놀라 혼이 날라가는구나. 다시는 僧房과 佛殿에서 노닐지 않겠어요. 내 이 목숨 한 순간 죽여버리면, 어떻게 天宮에 올라가 瑤池에서 신선한 과일을 헌상할 수 있을까?

(산신): 본래 마땅히 죽여야 하는데, 하늘이 큰 덕을 지녀 너를 용서하니, 다시는 여기에서 장난치지 말아라. ((正末扮猿猴上, 唱) …… (云)小聖乃是龍濟山中一个道妙靈仙是也. 我在此山中千百餘年, 常只聞經聽法, 推悟玄宗 …… (禪師云)此猿雖有善緣, 未居人類, 難以超升. 此猿恐怕他扯碎了經文, 毁傷了佛像, 我着他見个景頭, 必然大悟也. 疾！山神安在 (外扮山神上) …… 小聖本處山神是也. 祖師師喚, 不知有何法旨. (禪師云) 山神聽吾法旨：你看禪堂內玄猿窺我經典, 着我袈裟, 汝可驚嚇他一回；此猿以後必成正果, 愼勿傷害. …… (山神云) 兀那業畜, 休得無禮. 怎敢來俺法堂作戲, 佛殿嬉游也…… (山神按劍科云云) 你怎生敢擅來此處也. …… (山神云) 叵耐業畜無禮. 百般的不出這佛殿來, 我親自捉拿. (做捉科)(正末唱)

【採茶歌】 告尊神且擔饒, 嚇得我五魂消, 再不敢僧房佛殿逞逍遙. 將我這性命登時間殺壞了, 怎能勾瑤池獻果到青霄. (山神云)本當殺壞了你, 上天尙有好生之德. 且饒過你罪, 再不許你在此作戲也)[17]

위의 인용문에 의하면, 극 중의 주인공이며 피도탈자인 猿猴는 일반 원숭이가 아니라 본래 신선이던 원숭이로서, 인간 세계에 내려와 극의 무대인 龍濟山에서 1,100여 년이라는 아주 긴 기간 동안 佛經과 佛法을 들어 이미 불교의 심오한 뜻을 깨달은 靈長類의 특별

17) 隋樹森編, 《元曲選外編》, 第三冊, 中華書局, 1987, 952-953쪽.

한 원숭이다. 그럼에도 불구하고 猿猴는 다만 인간으로서 태어나지 못해 극락세계에 오를 수 없는 안타까운 처지이다. 그런데 이 猿猴가 아무도 없는 빈 法堂에 들어와 함부로 노닐자, 도탈자인 수공선사는 원후가 經文을 찢고 佛像을 훼손시킬 것이 두려워 그를 혼내고자, 도탈극에서 자주 사용하는 景頭의 수법을 사용한다. 景頭는 境頭 혹은 鏡頭라고도 하는 것으로, 비현실적인 幻境이나 夢境을 가리키는 용어이며, 〈忍字記〉나 〈度柳翠〉 및 〈東坡夢〉과 같은 도탈극에서 도탈자가 피도탈자를 도탈시키기 위해 사용하는 특수 수법이다. 곧 도탈자는 현실 속에서 피도탈자가 자신의 요구에 부응하지 않을 경우, 비록 비현실적이지만 무서운 고통을 동반하는 상황을 피도탈자가 체험하도록 하여 도탈을 유리한 방향으로 이끈다. 그리하여 극중에서는 비록 비현실적인 내용이지만 또 다른 극이 연출되니, 일종의 극 중의 극이라는 수법이 동원되어 일정한 공연효과를 거둘 수 있으리라 여겨진다. 위의 인용문에서는 도탈자인 수공선사가 龍濟山의 山神을 부르는 景頭의 수법을 사용하여 피도탈자인 원후로 하여금 죽음의 고통을 느끼도록 하여 佛法을 크게 깨닫도록 만든다.

극 중의 주인공이 축생의 신분으로 등장한 것은 불교의 기본적인 세계관과도 연관된다. 그것은 극 중 주인공이 축생의 신분과 인간의 신분으로 바꿔가며 輪回하듯이 등장하는 특수한 수법을 사용하기 때문이다. 불교의 핵심적인 세계관에는 十法界가 있다. 십법계는 衆生의 세계인 天上·人間·阿修羅·畜生·餓鬼·地獄의 여섯 가지 迷界와 깨달은 이의 세계인 聲聞·緣覺·菩薩·佛의 네 가지 悟界가 있으며, 속칭 四聖六凡이라고 부른다. 이러한 십법계는 生命의 존재양식으로서, 하나의 생명이 어느 세계에 머무르는가는 오로지 각각 생명의 修行 정도에 따라 구분된다. 이런 점에서 볼 때 제2절의 극 중에서 주인공으로 등장하는 원후는 깨닫지 못한 중생의 세계에서도 畜生이라는 수행이 낮은 단계의 생명에 속해 최종 목표인 해탈에 이르기 위해서는 갈 길이 멀다.

위의 인용문 내용을 통과의례 중 전이의례의 관점에서 보면 극 중의 상황이 전이의례의 일반적 상황과 비슷하다. 곧 위의 인용문은 전의의례의 핵심적 특성인 고통의 시련을 분명하게 보여주고 있다. 이것은 다른 대부분의 도탈극과 마찬가지로, 위에서도 도탈자가 자기의 목적을 이루기 위해 피도탈자에 대하여 강한 공포를 느끼게 하는 景頭의 수법을 사용하였기 때문이다. 위의 극 중에서 비현실적인 景頭의 수법에 등장한 山神은 무서운 칼을 어루만지면서 피도탈자인 원후에게 죽음의 공포를 느끼게 하였으니, 주인공인 원후는 너무나 무서워 혼이 사라지는듯한 고통을 감수하였다. 그러면 피도탈자가 도탈과정 중에 감당해야 하는 이러한 고통은 어떤 의미를 지니고 있을까? 엘리아데는 그의《신화·꿈·신비》에서 통과의례에서의 고통의 의미를 다음과 같이 말하고 있다.

> 모든 전통사회에서 고통은 의례적인 가치를 갖는다. 고문은 초인적 존재에 의해 실행된다고 간주되며, 희생자의 영적인 변모에 그 목적이 있다. 고문은 그 자체가 가입의례를 통한 죽음의 경험이다. 고문을 당하는 것은 가입의례의 악마-스승에 의해 조각조각 해체되는 것, 달리 말해 사지절단으로 죽음에 놓여지는 것을 의미한다. …… 육체적 고통에 대한 종교적 가치 부여는 또 다른 사실들에 의해 확인되었다. …… 정신적 고통과 마찬가지로 육체적 고통은 모든 가입의례에 필요 불가결한 고문과 유사하다. …… 매번 더 높은 곳으로 이르기 위해 존재방식을 초월하게 되고, 더 정확하게 말하자면 매번 영적으로 변화하는 것이다.[18]

18) M. 엘리아데 저, 강읍섭 역,《신화·꿈·신비》, 도서출판 숲, 2006, 252-255쪽.

위에서 엘리아데는 통과의례 중 주로 전이의례에서 행하여지는 고통을 종교론적 의미로 해석하고 있다. 그는 고통이 그 자체로서 그치는 것이 아니라 의례적인 가치를 가지고, 초인적 존재에 의해 실행된다고 간주되며, 고통의 실행 목적이 통과의례 참가자의 영적인 변모에 있다고 보았다. 곧 엘리아데는 위에서 전이의례 중의 고통에 종교적인 가치를 부여하고 있으며, 통과의례의 참가자가 더 높은 곳으로 이르기 위해, 다시 말하면 영적으로 변화하기 위하여 고통은 필수 불가결함을 지적하고 있다.

한편 불교도탈극인 〈원청경〉의 제3절에는 극 중의 본래 주인공이던 猿猴가 다시 인간의 몸으로 변신하며, 제1절의 樵夫와는 달리 科擧에 급제하여 功名을 이룬 文人인 袁遜이 관리인 秀士의 신분으로 극 중의 주인공으로 등장한다. 袁遜은 제3절의 초반부에서 자신이 과거의 甲科에 급제하여 임금과 함께 국사를 논의하고, 임금이 준 御酒를 마시며, 富貴功名을 누리던 榮華롭던 시기를 노래한다. 그러나 관리로서의 이러한 황금시기는 그에게 얼마 지속되지 못하고 곧 삶의 큰 고통이 찾아온다. 곧 정치환경이 혼란해지자 그의 관리생활이 기구하게 되며, 그는 친구의 추천으로 변방의 작은 관직을 맡았지만, 부임한지 1 년도 되지 않아 妻妾과 子女들이 모두 죽게 되는 큰 시련을 당한다. 그리하여 피도탈자의 신분인 그는 제1절의 樵夫가 그렇게도 바라던 부귀공명을 버리기로 결심하고, 자발적으로 극 중의 무대인 龍濟山을 찾아 도탈자인 수공선사를 만나 佛法에 귀의하겠다는 강렬한 욕망을 전달한다. 이에 도탈자인 수공선사는 佛法에 귀의하겠다는 피도탈자인 袁遜의 강한 결심을 확인하고 나서, 자신의 行者와 僧房을 함께 사용토록 하여, 袁遜이 修行에 전념하도록 시키면서 제3절은 끝을 맺는다.

위와 같은 〈원청경〉 제3절의 내용은 통과의례 중 전이의례의 관점에서 보면 또 다른 삶의 고통이 연속되는 고통의 연장선상에 있으며, 위에서 엘리아데가 지적한 바와 같이 종교론적 제의적 의미를 지니고 있다고 볼 수 있다. 그리고 불교적 인생관에 의하면, 이러한 죽음의 고통은 八苦 중의 하나인 死苦이며, 가족들의 죽음은 그 중에서도 가장 커다란 고통을 가져오는 것이다.

불교도탈극인 〈원청경〉의 정점은 제4절에서 나타난다. 극 중 용제산에서 行者와 함께 修行에 전념한 피도탈자인 袁遜은 도탈자인 수공선사의 도움을 받아 불교의 교리와 생명의 이치에 대해 깊이 깨달으며, 새로운 존재양식을 향한 해탈의 과정에 들어간다. 그러면 원문을 중심으로 그러한 도탈과정이 어떻게 전개되는지를 살펴보자.

(袁遜): 사부님께 여쭙니다. 무엇이 妙法입니까?
(수공선사): 입을 다물고 있는 것.
(袁遜): 무엇이 如來의 法입니까?
(수공선사): 49년 동안의 300여 차례의 법회.
(袁遜): 무엇이 祖師의 法입니까?
(수공선사): 9년 동안 말하지 않으나, 명성이 온 세계에 떨친다. ……
(袁遜): 스승님, 偈言으로 저를 點化[19]시켜 주셔서 매우 감사드립니다. …… 오늘 자리에서 또 여러 진리의 말씀을 받아 축생의 마음을 點化시켜 주셨으니, 정말로 분명히 깨달았습니다. ……
(수공선사): 형체가 없고 모양도 없으며 모든 존재는 실체가 없지. 본 모습이 如來이고 반야(지혜)는 같도다. 만약 여러 인연 모두 내려놓으면, 모두들 부처님 머리 위에 있게 되리라.

---

19) 본래는 신선이 法術을 사용하여 사물을 변화시키는 것을 의미하였는데, 후에는 도사나 승려가 언어를 사용하여 사람을 깨우쳐 道를 깨닫게 하는 것을 의미한다.

(袁遜): 제가 이해했습니다. …… 가는 것도 없고 오는 것도 없으며, 마음의 꽃에는 다섯 잎이 피었네. 속세의 인연 모두 내려놓으면, 正果를 證得[20]하여 蓮座臺에 자리하리.

(袁遜이 坐化하자 行者가 말하길): 사부님, 袁手才가 坐化하여 歸空했습니다.

(수공선사): 아! 내 말을 듣고 곧바로 玄妙한 진리를 크게 깨달아 歸空할 줄 누가 생각했겠는가? 내가 그를 위해 친히 불을 지펴야겠다. (正末云)敢問我師, 如何是妙法？(禪師云)合着口. (正末云)如何是如來法？(禪師云)四十九年三百餘會. (正末云)如何是祖師法？(禪師云)九年不語, 聲振五天. …… (正末云)多謝禪師, 偈言點化 …… 今日座下, 又蒙眞詮數語, 點化獸心, 其實的參透得淨也. …… (禪師云)無色無相萬法空, 體自如來般若同. 若把諸緣都放下, 俱在毗盧頂上峰. (正末云)徒弟省了也. …… (云)無去亦無來, 心花五葉開. 塵緣都放下. 位正寶蓮臺. (做坐化科, 行者云)師父, 看袁秀才坐化歸空去了也. (禪師云)哎, 誰想此人言下大悟眞機, 歸空去了. 貧僧就與他親身下火.)[21]

위의 인용문에서 피도탈자로서 秀士의 신분인 袁遜은 자신의 스승이자 도탈자인 수공선사와의 問答을 통하여 불교의 이치를 깨닫는다. 먼저 위에서 袁遜이 불교의 妙法과 如來法 및 祖師法을 수공선사에게 묻자, 수공선사는 佛德을 칭송하거나 佛理를 서술하는 짧은 偈言을 사용함으로써 대답을 하는데, 이는 禪宗에서 말하는 機鋒의 수법이다. 機鋒은 창이나 칼 따위의 날카로운 끝부분처럼, 禪僧들이 대화할 때 사용하는 예리한 언어를 의미하는데, 이를 사용하여 상대방이 깨닫도록 한다. 그런데 이러한 기봉의 수법은 일반적인 이성 사유 원칙을 초월하여 일종의 비논리성을 지니며, 듣는 이로 하여

20) 불교에서 바른 지혜로써 진리를 깨달아 얻음을 가리키는 말.

21) 隋樹森編,《元曲選外編》, 第三冊, 中華書局, 1987, 958-959쪽.

금 당장 깨닫게 하는 신기한 효과를 일으킨다.[22] 위의 인용문에서도 피도탈자인 袁遜은 도탈자인 수공선사의 이러한 기봉으로 인하여, 자신이 불교의 이치를 빠르게 깨닫게 되는 頓悟的 點化 과정을 거치게 되었다. 또한 위에서 수공선사는 불교의 핵심 이치를 7言詩로써 노래하였으니, 無色과 無相 및 空이라는 불교를 대표하는 핵심 용어들을 동원하여 불교의 이치를 말한다. 이에 피도탈자인 袁遜은 즉시 그 내용을 이해하고, 자신의 마음 속으로 이미 다섯 잎과 같은 선종의 5家[23]를 이해했으며, 자신이 解脫을 證得하여 부처나 보살이 앉는 蓮座臺에 자리할 수 있기를 희망하였다. 그리고 이와 같은 상황에서 피도탈자인 원손의 해탈은 일순간에 이루어졌으니, 그는 앉아서 入滅하는 坐化의 모습으로 번뇌와 육신을 소멸하고 涅槃의 경지에 들어갔다.

통과의례 중 전이의례의 관점에서 보면, 극 중 주인공의 죽음은 전이의례의 가장 핵심적인 부분과 부합된다. 사실 전이의례에서 이제까지 행하여졌던 모든 고통과 고난 등의 시련은 모두 전이의례 주인공의 죽음을 위한 준비과정에 불과한 것이다. 다만 현실 속의 통과의례에서는 참가자가 실제 죽어서는 안되므로, 단지 상징적인 죽음을 의미하는 의식을 행하였지만, 불교도탈극인 〈원청경〉에서는 극 중의 주인공이 육신의 죽음에 이름으로써 극의 정점을 이루고 있다. 그러면 전이의례의 과정 중에 보이는 죽음은 무슨 의미를 지니는가? 엘리아데는 그의 저서《성과 속》및《신화·꿈·신비》에서 전이의례 과정 중 나타나는 죽음의 의미를 다음과 같이 종교론적으로 이야기하고 있다.

---

22) 楊毅,《宗教與戲劇的文化交融》, 福建師範大學博士學位論文, 2005, 128쪽.

23) 중국의 선종에서는 達磨大師를 一花라고 하고, 임제종(臨濟宗), 위앙종(潙仰宗), 조동종(曹洞宗), 운문종(雲門宗), 법안종(法眼宗)의 소위 선종오가(五家)를 五葉이라 한다.

> 가입식의 각본-세속적인 조건에서는 죽고 그 다음에 성스러운 신들의 세계에서 재생하는-은 고도로 발달한 종교에서도 중요한 역할을 한다. 유명한 예는 인도의 제의에서 볼 수 있다. 그 목표는 사후에 천상으로 올라가 신들과 더불어 살거나 神性을 획득하는 것이다. 달리 말하면, 제의를 통해서 사람들은 초인간적인 존재양식을 획득한다.[24]
>
> 가입의례의 죽음은 되풀이되며 결코 끝이 아니다. 어떤 의례나 신화도 가입의례에서의 죽음으로 결말을 맺지 않는다. 또 다른 존재방식을 향한 통과의 필수 불가결한 조건으로서의 죽음을 만날 뿐이다. 재생하기 위해, 다시 말해 새로운 삶을 시작하기 위해 필요 불가결한 시험인 것이다. …… 가입의례를 통한 탄생은 세속적인 존재에게 죽음을 내포했다. 도식은 불교에서처럼 힌두교에서도 보존되었다. 요가수행자는 다른 존재방식으로 재탄생하기 위해 '이 생에서 죽었다' 그것은 해방에 의해 구현된다. 붓다는 자유, 지복과 열반의 무제약상태로 다시 태어나기 위해 세속적인 인간조건, 즉 노예 상태와 무지함에서 죽는 방법과 수단을 가르쳤다.[25]

위의 인용문에서 엘라아데는 통과의례 중 참여자의 죽음은 다른 존재양식으로 재탄생하기 위한 필수 불가결한 과정이며, 세속적인 조건에서는 죽고 성스러운 신들의 세계에서 재탄생하는 목적은 죽음 이후 천상으로 올라가 신들과 함께 살거나 神性을 획득하는 것이라고 여겼다. 그리하여 엘리아데에 의하면, 통과의례의 과정 중에 나타나는 죽음은 초인간적인 존재양식을 획득하는 것에 목적과 의미를 지니며, 일례로 붓다는 자유와 지복과 열반이라는 해방의 상태로 재탄생하기 위해 세속적인 인간조건에서 죽는 방법을 가르쳤다. 이러한 점에서 볼 때 통과의례 중의 죽음은 결국 재탄생을 위한 필수 과정에 불과하며, 출생과 죽음 및 재탄생이라는 세 가지는 결코 분리되

---

24) M. 엘리아데 저, 이은봉 역, 《성과 속》, 서울, 한길사, 1998, 178쪽.

25) M. 엘리아데 저, 강읍섭 역, 《신화·꿈·신비》, 도서출판 숲, 2006, 272-276쪽.

어 논의할 수 없는 것이다.

4. 통합의례(統合儀禮)

통합의례는 통과의례의 마지막 단계로서, 분리의례와 전이의례를 거친 참가자들이 다시 공간이동을 하여 원래의 사회로 통합되는 의례이다. 다만 중요한 점은 통합의례의 참가자가 이미 전이의례의 단계에서 많은 고통과 죽음 등의 시련을 거쳐 새로운 모습으로 재탄생하여 원래의 사회로 통합된다는 것이다. 빅터 터너에 의하면, 통합의례의 제의적 주체들이 전체 사회 속에서 상대적으로 새롭고 안정되고 분명한 위치로 되돌아감을 나타내주는 상징적인 현상들과 행동들을 포함한다. 이 삶의 주기적 제의를 지탱하기 위해서, 이 단계는 대개 어떤 향상된 지위, 즉 문화적으로 이미 형성되어 있는 삶의 도정에서 좀 더 나은 하나의 단계를 표상한다.[26] 그러면 이러한 통합의례가 불교도탈극인 〈원청경〉에서는 어떠한 모습으로 나타나고 있는지 원문을 중심으로 살펴보자.

> (聖僧[27]인 阿羅漢 등장) …… 저는 서방 극락세계의 아라한입니다. 오늘 盧陵郡 龍濟山의 1,000년 된 검은 원숭이가 늘 修公禪師에게서 불경을 듣고 불법을 듣더니 분명하게 불법을 크게 깨달고, ……, 坐化하여 正果를 證得해 歸空하였습니다. 제가 여기서 그를 기다리니, 조만간 오겠지요.
>
> (袁遜): 저는 1,000년 된 검은 원숭이인데, 袁遜이라는 인간의 이름을 사

26) 빅터 터너 지음, 김익두 옮김, 《제의에서 연극으로》, 서울, 현대미학사, 1996, 41쪽.

27) 불교에서 正果를 證得한 高僧을 가리키는 말.

용했지요. 사찰의 수공선사에게서 불교에 대해 묻고는, 말씀 한 마디에 크게 깨달아 坐化하여 肉身을 소멸했지요. 보세요. 金童이 저를 맞이해 주고, 玉女가 뒤따르니, 과연 멋진 세계이네요. ……

(聖僧): 袁遜, 그대 왔구나.

(袁遜): 제자 왔습니다. 인사드립니다.

(聖僧): 그대가 迷妄된 것을 버리고 진실된 것을 추구하며, 佛果를 얻게 되는 原因인 菩薩行을 많이 닦아, 오늘 근본의 진리 세계로 되돌아 왔으며, (극락세계 최고의 자리인) 九品 蓮座臺에 자리하게 됐도다.

(袁遜): 누가 오늘을 생각했겠는가?((聖僧羅漢上) 貧僧乃西天阿羅漢是也. 今日盧陵郡龍濟山中. 一個千載玄猿, 常與修公禪師聽經聞法. 了然大悟, …… 坐化, 正果歸空. 僧在此待候他, 這早貧晚敢待來也. (正末上, 云)小生千載玄猿, 托名袁遜, 自于寺中修公祖師座下問罷禪, 一言大悟, 坐化身亡. 你看金童引接, 玉女相隨, 果是好境界也. …… (聖僧云)袁舜夫, 你來了也. (正末云)你徒弟來了也. 稽首. (聖僧云)只因你舍妄求眞, 修因累行, 今日返本歸眞, 位至西方九品蓮池地步. (正末云)誰想今日呵.[28]

위의 인용문에서 극 중의 주인공으로 피도탈자인 원손은 도탈자인 수공선사의 도움으로, 자신이 본래 속해 있던 신선한 세계인 聖界로 되돌아온 것을 매우 감탄해 하고 있다. 먼저 신성한 세계에서 그를 맞이한 것은 아라한이다. 아라한은 소승불교에서 수행자가 도달할 수 있는 최고의 단계로서, 迷妄한 세계를 벗어나 生死의 輪回를 넘어선 깨달은 자이다. 곧 극 중의 원손이 이러한 아라한과 함께 지내는 것은 그가 최고의 해탈을 이룬 것을 의미하는 것이며, 그러한 이유로 원손은 서방의 극락세계에서도 修行의 정도가 가장 높은 자

28) 隋樹森編, 《元曲選外編》, 第三冊, 中華書局, 1987, 959-960쪽.

가 차지할 수 있는 九品의 蓮座臺에 자리를 잡을 수 있었다. 그런데 위의 인용문에는 〈원청경〉이 불교도탈극임에도 불구하고 道教의 용어들이 보이니, 金童과 玉女가 바로 그것이다. 기실 금동과 옥녀는 도교에서 神仙을 옆에서 모시는 천진무구한 아이들이다. 이렇듯 불교도탈극에서 도교 용어들이 사용되는 것은 흔하게 보이며, 인도에서 전래된 중국의 불교가 발전하는 과정 중에 도교와 유교의 영향을 받아 세 종교가 융합되는 三教合一의 성격을 지니고 있음을 보여주는 것이다.[29]

통과의례 중 통합의례의 관점에서 보면, 위의 인용문에 나타난 극중의 내용은 통합의례의 일반적 성격과 부합한다고 볼 수 있다. 극중의 주인공인 猿猴는 피도탈자의 신분으로서 비록 인간의 명의를 기탁했지만, 그는 결국 도탈자의 도움을 받아 자신이 본래 속했던 신성한 세계로 복귀하였다. 그리고 그는 해탈이라는 방식으로 서방의 극락세계에 도달하여, 수행의 정도가 가장 높은 자가 앉을 수 있는 九品의 蓮座臺에 자리를 잡았으니, 이러한 점은 통과의례 중 통합의례의 일반적 성격과 부합하는 것이다. 그러면 이러한 해탈을 통한 통합의례는 어떠한 의미를 지니고 있는가? 엘리아데는 그의《성과 속》에서 다음과 같이 말하고 있다.

> 대다수의 고대 종교들에서 飛翔은 초인간적인 존재(신, 주술사, 정령)양식으로의 접근, 결국 마음대로 움직일 수 있는 자유, 영의 조건 그 자체의 획득을 상징한다. 인도 사상에서 아라한은 '집의 지붕을 깨뜨리고' 공중으로 비상하는 것을 통하여 우주를 초월하여 어떤 역설적이고도 불가사의한 존재 양식, 즉 절대적 자유의 존재 양식-니르바나(열반) …… 등 여러

29) 楊毅,《宗教與戲劇的文化交融》, 福建師範大學博士學位論文, 2005, 238쪽.

> 가지 명칭을 가지고 있더라도-에 도달하는 것을 상징적으로 보여주고 있다. 신화적 차원에서 이와 같은 세계 초월의 모범적 행위는 붓다가 우주의 달걀, "무지의 껍데기"를 "파괴하고" "지복의 보편적인 붓다의 존엄"을 획득하였다고 하는 그의 선언으로 설명되고 있다.[30]

위의 인용문에서 엘리아데는 대다수 고대 종교에서의 영혼의 비상은 신과 같은 초인간적인 존재로 접근하여 절대적 자유를 향유하는, 영의 조건 그 자체의 획득을 상징한다고 여겼다. 그리고 그는 불교의 아라한을 예로 들어, 인도 사상에서의 아라한은 공중으로의 비상을 통하여 어떤 역설적이고도 불가사의한 존재양식, 곧 해탈을 통한 열반과 같은 절대적 자유의 존재양식에 도달하는 것을 상징적으로 보여주고 있다고 보았다. 이러한 엘리아데의 종교론적인 관점에서 볼 때, 불교도탈극인 〈원청경〉에서 극 중의 주인공인 猿猴가 해탈하여 극락세계에 도달했다고 하는 것은, 그가 세속의 온갖 번뇌에서 해방되어 절대적 자유를 획득함을 의미하고 있다고 볼 수 있겠다.

5. 원잡극 〈猿聽經〉의 度脫의 의의

원잡극 〈원청경〉은 제재와 내용이 독특한 불교도탈극으로, 피도탈자로서 주인공인 猿猴가 나무꾼인 樵夫와 관리의 몸으로 변신을 하면서 등장하며, 도탈자인 수공선사의 설법을 듣고 크게 깨달아 해탈하여 극락세계에 도달한다는 종교극이다.

통과의례라는 용어는 민속학자인 겐넵이 처음 사용하던 것으로,

---

30) M. 엘리아데 저, 이은봉 역, 《성과 속》, 서울, 한길사, 1998, 163쪽.

그에 의하면 인간은 자신의 탄생과 결혼 및 죽음 등의 중요한 시기에 사회 내에서의 신분변화와 새로운 역할을 획득하는 과정 중에 일정한 의례를 행하는데, 그는 이것을 통과의례라고 불렀다. 그런데 불교도탈극인 〈원청경〉은 그 도탈구조에 있어서 통과의례와 매우 비슷하였다. 이들은 구조상에 있어서 기본적으로 세 단계로 구성되어 있고, 각각의 단계가 서로 비슷한 양상을 보여주었다.

통과의례의 첫 번째 단계인 분리의례는 불교도탈극인 〈원청경〉의 도탈구조에서도 비슷하게 나타났다. 극 중의 주인공인 猿猴는 畜生으로 본시 신성한 天宮에서 살았으나, 西王母가 있던 瑤池에서 瓊漿酒를 훔쳐 마시고, 3,000년에 한 번씩 열리는 蟠桃를 훔쳐 먹으면서 소동을 일으켜 세속의 인간 세상으로 추방되었다. 이러한 점은 통과의례의 참가자가 새로운 재탄생을 위해 원래의 지역에서 다른 곳으로 분리되는 것과 비슷한 것으로, 〈원청경〉의 극 중 주인공이 통과의례의 분리의례처럼 새로운 재탄생을 위하여 공간이동을 한 것이다.

불교도탈극 〈원청경〉의 도탈구조는 피도탈자인 원후가 도탈자인 수공선사를 만나 고통과 죽음 등 여러 가지 시련을 거치면서 해탈하는 과정이 핵심인데, 이러한 점은 통과의례 참여자가 수많은 고통과 상징적 죽음을 당하는 전이의례의 과정과 비슷한 양상을 보여준다.

먼저 제1절에서 〈원청경〉의 극 중 주인공 원후는 유교 경전을 열심히 공부하였으나 부귀공명을 이루지 못한 나무꾼으로 등장하여 자신의 고통을 노래하였다. 불교적 인생관에 의하면 樵夫의 이러한 고통은 자기가 뜻하는 바를 이루지 못하여 발생한 求不得苦로서, 소위 八苦 중의 하나이다.

제2절에서 원후는 자신의 본 모습으로 등장하여 佛堂에 들어가 불교 經文을 읽고 스님의 袈裟를 입어 보기도 하면서 自力 解脫에

힘쓰지만, 도리어 도탈자인 수공선사에게 쫓겨나면서 무서운 景頭의 수법을 당한다. 그는 비록 현실이 아닌 景頭의 수법을 당하지만, 山神에게 칼로써 하마터면 죽을뻔한 무서운 고통을 당하였다.

제3절에서 원후는 다시 과거에 급제한 관리로서 등장하여 한 동안 임금의 御酒를 마시는 등 부귀공명을 누린다. 그러나 이러한 부귀공명은 오래 가지 못하고, 정치환경이 열악해지자, 그는 변방의 관리로 부임했으며, 1 년이 가지 못해 자신의 妻妾과 子女들이 모두 죽는 커다란 고통을 겪는다. 그런데 〈원청경〉의 주인공이 겪는 이러한 여러 가지 고통은 통과의례 중의 참여자가 겪어야 하는 고통과 비슷한 의미를 지닌다. 고통은 고통 그 자체에 그치는 것이 아니라. 의례적인 가치를 가지며, 모두 주인공 원후의 재탄생을 위한 준비과정이다.

제4절에서 극 중의 주인공 원후는 도탈자인 수공선사와의 問答을 통하여 불교와 생명의 진의를 頓悟的으로 크게 깨닫고 坐化하여 入滅한다. 극의 정점은 죽음을 통하여 이루어졌으며, 이것은 통과의례의 정점에서 참여자가 상징적으로 죽는 것과 거의 똑 같은 양상과 의미를 지니고 있다. 불교도탈극 〈원청경〉의 주인공과 통과의례 참여자의 죽음은 모두 신들의 세계에 진입하고자 하는 준비과정이었다. 곧 이들의 죽음은 또 다른 존재양식을 향한 재탄생을 위하여 준비된 것이다.

통과의례의 마지막 단계인 통합의례의 과정도 〈원청경〉의 제4절에서 비슷하게 보인다. 〈원청경〉의 주인공인 원후는 坐化 이후 세속의 세계에서 신성한 극락세계에 다시 되돌아갔다. 결국 그는 聖界-俗界-聖界로의 공간이동을 하였다. 그리고 그는 철저한 해탈로 인하여, 극락세계에서 부처나 보살이 앉을 수 있는 九品의 蓮座臺에 자리할 수 있었는데, 엘리아데에 의하면, 이렇듯 신성한 세계로의 비상은 절대적 자유를 추구하는 새로운 존재양식의 획득을 상징한다.

4장. 元雜劇 〈東坡夢〉의 度脫
- 통과의례를 중심으로

1. 원잡극 〈東坡夢〉 度脫의 의미

원잡극 〈東坡夢〉(정식 극명은 〈花間四友東坡夢〉)은 元代 前期 작가인 吳昌齡의 작품으로, 宋代 王安石과의 정치투쟁에서 실패한 蘇東坡(1036-1101)가 失意한 文人의 신분으로 등장하여, 정치적 再起를 도모하기 위해 자신의 '同窓故友'인 佛印禪師(1032-1098)를 還俗시키고자 모략을 꾸몄으나, 결국에는 佛法에 귀의한다는 종교극이다. 이러한 〈東坡夢〉의 내용은 소동파와 佛印의 문답을 기록한 《東坡問答錄》에 근거하여 만든 것이다.[1]

원잡극 중의 도탈극은 도탈과정을 핵심으로 하는 독특한 구조를 지니고 있다. 일반적으로 작품 중에는 도탈자가 피도탈자를 여러 가지 방법을 사용하여 도탈시키는 도탈과정이 중점적으로 전개된다. 그리고 작품 중의 피도탈자는 도탈되는 과정 중에, 여러 가지 힘든 苦痛 등의 試鍊을 겪고 나서 새로운 생명의 의미를 지닌 피도탈자로 재탄생된다. 바로 도탈극의 핵심은 피도탈자의 재탄생이다. 다만 피도탈자가 재탄생되기 위해서는 무수한 고통과 시련을 통과해야 하는 것이다.

겐넵은 여러 종족과 민족의 통과의례를 분석하면서 이들 통과의례

1) 陳宗樞 著, 《佛教與戲劇藝術》, 天津人民出版社, 1992, 141쪽.

가 전체적인 과정 중에서 세 단계로 이루어졌다고 하였는데, 분리의례-전이의례(과도의례)-통합의례가 바로 그것이다.[2] 그런데 겐넵의 이러한 통과의례 구조는 원잡극 중 도탈극의 도탈구조와 상당히 흡사하다. 먼저 통과의례와 도탈극은 모두 본질적으로 종교적 신성함과 결부되어 있다. 다음으로 통과의례와 도탈극은 그 전체적인 과정에 있어서 비슷한 성격의 세 단계로 이루어져 있다. 또한 통과의례와 도탈극은 통과의례의 대상자나 도탈극의 피도탈자가 모두 고통과 시련을 통하여 새로운 의미를 지니는 생명으로 재탄생하는 과정을 핵심으로 하고 있다.

다만 〈東坡夢〉에는 분리의례가 나타나지 않는데, 이는 〈東坡夢〉의 핵심 피도탈자가 역사적 실존인물인 소동파이기 때문이다. 왜냐하면 다른 불교도탈극인 〈度柳翠〉나 〈忍字記〉 및 〈猿聽經〉의 피도탈자는 모두 역사적 실존 인물이 아닌 허구적 인물로서, 神聖한 聖界에서 잘못을 犯하여 俗界로 분리되었지만, 〈東坡夢〉의 피도탈자 소동파는 실존 인물로서 聖界에서 俗界로의 분리를 설정하기 힘들기 때문이다. 이렇듯 불교도탈극인 〈東坡夢〉은 통과의례 중의 분리의례적 성격을 지니지 못하지만, 그럼에도 불구하고 〈東坡夢〉의 핵심적 도탈구조는 피도탈자의 재탄생이라는 점에서 통과의례적 구조와 그 핵심에 있어서 매우 비슷하다. 이러한 점에서 도탈극 〈東坡夢〉의 도탈구조를 분석함에 있어서, 본고에서는 통과의례에 대해 서양에서 이미 이룩한 학문적 성과를 사용하고자 한다.

겐넵의 통과의례 이론은 인류학과 민속학 및 종교학에 커다란 영향을 미쳤다. 일례로 현대 종교학자로 유명한 M. 엘리아데(Mircea

---

2) A 반 겐넨 著, 金京秀 譯, 《통과의례》, 서울, 을유문화사, 1994, 40쪽.

Eliade)는 자신의 《성과 속》 및 《신화·꿈·신비》라는 저서에서 통과의례 이론을 종교론적으로 재해석하였고,[3] 상징인류학을 창안한 빅터 터너(Victor Turner)는 《제의에서 연극으로》라는 저서에서 통과의례 이론을 연극학적으로 새롭게 발전시켰으며,[4] 프랑스의 시몬느 비에른느(Simone Vierne)는 《통과제의와 문학》이라는 저서에서 통과의례 이론을 종교와 문학에 적용하며 해석하였다.[5] 이에 여기에서는 이들의 이러한 연구성과를 바탕으로 불교도탈극인 〈東坡夢〉의 도탈구조를 살피고, 아울러 그러한 도탈구조 속에 담긴 연극적·종교적 의미를 파악하고자 한다.

2. 전이의례(轉移儀禮)

통과의례 중의 전이의례는 통과의례의 참여자가 새로운 인간으로 재탄생하기 위한 준비 과정으로서, 가장 격식이 잘 갖추어진 것으로 여겨진다.[6] 곧 전이의례는 통과의례의 참여자가 의례의 과정 중에 나타나는 수많은 고통 등의 시련을 겪고 극복하여 재탄생하는 가장 핵심적인 과정이다. 그리하여 〈東坡夢〉을 비롯한 모든 불교도탈극, 일례로 〈度柳翠〉나 〈忍字記〉 및 〈猿聽經〉에서도 전이의례의 과정은 극의 대부분을 차지하여, 제1절에서부터 마지막 제4절까지, 곧 극 구

3) M. 엘리아데 저, 이은봉 역, 《성과 속》, 서울, 한길사, 1998. M. 엘리아데 저, 강응섭 역, 《신화·꿈·신비》, 도서출판 숲, 2006.

4) 빅터 터너 지음, 김익두 옮김, 《제의에서 연극으로》, 서울, 현대미학사, 1996.

5) 시몬느 비에른느 지음, 이재실 옮김, 《통과제의와 문학》, 문학동네, 1996.

6) 시몬느 비에른느 지음, 이재실 옮김, 《통과제의와 문학》, 문학동네, 1996, 20쪽.

성의 대부분이 전이의례적 성격을 보여주고 있다. 그러면《성과 속》 및《제의에서 연극으로》에서 전이의례의 핵심적 성격을 설파하고 있는 엘리아드와 빅터 터너의 다음 문장을 살펴보자.

> 만약 신가입자가 그 유아적이고 세속적이며 부활없는 生에서는 사멸하고 새롭게 聖化된 실존으로 재생한다면, 그는 또한 인식과 知를 가능케 하는 어떤 존재 양식으로 재생한다는 것이다. 신가입자는 오로지 새로 태어난 자 혹은 부활한 자일뿐만 아니라 알고 있는 자, 신비를 알고 형이상적 계시를 받아들이는 자이기도 하다. …… 가입식은 정신적인 성숙을 의미한다. …… 어떤 민족은 후보자를 매장하거나 새로 판 무덤에 눕혀 둔다. 혹은 나뭇가지로 덮고 죽은 사람처럼 몸을 움직이지 못하도록 눕혀두기도 한다.[7]
>
> 전이의 단계 동안에 제의의 주체들은 일종의 애매성의 시기와 영역, 즉 어떤 결과로 생긴 사회적인 지위나 문화적인 상태의 속성들을 거의 가지고 있지 않은 일종의 사회적인 중간상태를 통과하게 된다.[8]

위에서 엘리아데는 통과의례 중의 어떤 참여자가 자신의 유아적이고 세속적인 세계에서, 새롭게 聖化된 실존으로 재탄생하는 과정이 전의의례의 핵심적 성격이며, 이러한 전이의례의 과정 중에 통과의례의 참여자들은 죽음을 상징하는 여러 가지 고통과 시련을 겪어야 함을 지적하고 있다. 또 빅터 터너는 위에서 전이의례의 단계에서는 의례의 주체들이 아직 재탄생되지 못한, 곧 일종의 사회적인 중간 단계에 속해 있음을 말하고 있다. 그러면 이러한 전이의례적 성격이 불교 도탈극인 〈東坡夢〉에서는 어떠한 모습으로 나타나고 있는지 살펴보자. 먼저 원문을 살피기 전에, 〈東坡夢〉에서 핵심적 피도탈자인 소동

---

7) M. 엘리아데 저, 이은봉 역,《성과 속》, 서울, 한길사, 1998, 172-173쪽.

8) 빅터 터너 지음, 김익두 옮김,《제의에서 연극으로》, 서울, 현대미학사, 1996, 21쪽.

파에 대한 評傳을 쓴 林語堂의《蘇東坡評傳》일부분을 살펴보기로 한다. 이것은 제1절에서 제4절까지 무수한 좌절과 고통 등의 시련을 겪고서, 마침내 새로운 종교적 인간으로 재탄생하는 과정을 이해하는 데 일정한 도움이 되리라 여겨지기 때문이다.

> 죽을 뻔하다 겨우 살아나온 후 동파는 …… 자신의 성격에 대해서도 깊이 반성하며, 어떻게 하면 마음의 평화를 찾을 것인가 궁리하기 시작했다. 한편 신앙심도 점점 돈독해졌다. 〈安國寺記〉에서 그는 이렇게 말하고 있다. …… 깨끗이 새출발하기 위해서 佛道에 헌신함이 좋지 않겠는가? …… 이러한 종교적 몰입에의 충동과는 상반되게, 동파의 의식 저 깊은 곳에 깔려 있는 유교적 가르침은 그를 또 다른 방향으로 잡아끌었다. …… 동파는 虛空無我의 경지에 이르러 모든 인간적 집착에서 벗어나려는 佛家的 목표와, 그리고 동포에 대한 사랑을 근간으로 하는 보다 현실적인 유가적 교훈 사이에서 끝없는 갈등을 겪었다.[9]

위의 책에서 임어당은 소동파가 黃州로 귀양당한 이후, 유교적 의식과 불교적 목표 사이에서 매우 큰 갈등을 겪었음을 지적하고 있는데, 이러한 점은 〈東坡夢〉 중 소동파의 내적 심리 갈등을 이해하는 데 일정한 도움이 되리라 여겨진다. 왜냐하면 〈東坡夢〉의 시대 배경 또한 소동파가 黃州로 귀양당 하는 시기이며, 극 중 소동파의 인물형상 또한 유교적 형상에서 불교적 형상으로 변하는 것을 도탈의 핵심으로 하고 있기 때문이다. 이러한 점에서 볼 때, 〈東坡夢〉은 유교적 사유와 불교적 사유의 충돌과 변화가 핵심이라고 볼 수 있으며, 여기에서는 이러한 유교적 사유와 불교적 사유의 충돌이 통과의례라는 도탈구조를 통하여 어떻게 전개되는지 살피고자 한다. 그러면 먼저

9) 林語堂 지음, 陳英熙 옮김,《蘇東坡評傳》, 지식산업사, 1969, 270-272쪽.

소동파의 유교적 사유가 커다란 고통과 시련을 겪는 부분을 원문을 중심으로 살펴보자.

> (소동파가 外로 분장하고 등장) …… 저는 과거에 급제한 이래 자주 발탁되었고, 관직은 端明殿大學士를 제수받았지요. 지금은 王安石이 조정에 있으면서, 정권을 장악하여 정치를 어지럽히며, 특히 靑苗法을 실시한다 하네요. 제 생각에, 이 청묘법이 시행되면 백성들이 그 고통을 이기지 못하여 그 해로움이 끝이 없지요. 제가 자주 편지를 보내 直言하였으나, 막혀버리니 이 때문에 왕안석과 저는 원수가 되었네요. …… 제가 詩로써 大臣의 아내를 조롱했다고 말하여, 이 때문에 저는 黃州의 團練[10]으로 귀양가네요. …… 지금 이 潯陽驛 琵琶亭에 도착하자, 옛 친구인 賀方回가 이 곳에서 太守를 하여, …… 歌妓 하나를 주었는데, 白樂天의 후손으로 兒名이 牧丹입니다. …… 黃州로 가다 말을 쉴 때가 되었네요. (이 곳에는) 同窓故友인 謝端卿이 廬山의 東林寺에서 삭발하고 중이 되었지요. (그는) 修行하고 道를 닦은 지 15년이 됐건만, 禪房에서 나오지 않네요. 그 사람은 문장으로 한 시대를 풍미한 사람인데, 제가 지금 白牧丹을 데리고 가, 그가 破戒하고 還俗하여 白牧丹과 결혼하도록 시키고자 합니다. (그리하여) 저와 함께 벼슬길에 나아가면, 생각건대 왕안석은 혼자 조정에 있으니, 무슨 어려움이 있겠어요? ((外扮蘇東坡上) …… 小官自登第以來, 屢蒙擢用, 官拜端明殿大學士. 今有王安石在朝, 當權亂政, 特擧靑苗一事. 我想這靑苗一出, 萬民不勝其苦, 爲害無窮, 小官屢次移書諫阻, 因此王安石與俺爲仇. …… 道俺不合吟詩嘲戱大臣之妻, 以此貶小官到黃州團練. …… 如今來到這潯陽驛琵琶亭, 有一故友乃是賀方回, 在此爲守, …… 出一歌妓, 乃是白樂天之後, 小字牡丹. …… 比及到黃州歇馬, 有一同窓故友謝端卿, 在廬山東林寺落發爲僧, 修行辦道, 一十五年, 不下禪床. 此人乃一代文章之士. 俺如今領着白牡丹魔障此人還了俗, 娶了牡丹, 與小官同登仕路. 量安石一人在朝, 有何難處.)[11]

---

10) 지방 民兵 조직을 담당하는 관리.

11) 王學奇 主編,《元曲選校注》, 河北教育出版社, 1994, 3113-3114쪽.

위의 인용문에서와 같이 피도탈자인 소동파는 극이 시작되자마자 제1절의 처음에 등장하여, 자신이 귀양당해야 하는 억울함과 고통을 호소하고 있다. 위에 의하면, 소동파는 靑苗法[12] 등 왕안석이 시행하는 소위 新法 때문에, 자신이 왕안석과 원수가 되었으며, 자신이 쓴 詩가 대신의 아내를 조롱했다는 이유로 黃州로 귀양가게 되었다. 그러나 극 중에서 이와 같이 정치투쟁에서 패배한 소동파는 그냥 물러서지 않고, 다시 새로운 힘을 동원해 왕안석과 대항하고자 한다. 그리고 자신에게 새로운 힘을 가져다 줄 友軍으로, 소동파는 귀양가는 도중 경과한 지역인 廬山의 東林寺에서 修道生活을 하고 있는 佛印禪師(극 중의 謝端卿)를 유혹하고 권유하여 세속의 정치세계로 還俗시키고자 한다. 불교도탈극인 〈東坡夢〉의 핵심 도탈구조는 바로 이렇듯 세속적 현실 정치에 참여하려는 소동파의 유교적 사유와 소동파의 유혹과 권유를 뿌리치며 淸淨하고 신성한 佛法의 세계에 남고자 하는 불교적 사유의 충돌과 변화이다. 극 중에서 소동파는 이러한 자신의 計策을 이루기 위해 특이한 방법을 사용하고 있으니, 바로 美人計의 사용이다. 곧 그는 白居易의 후손인 白牧丹[13]을 사용하여, 불인선사를 유혹하여 자신의 정치 友軍으로 만들고자 하였다.

통과의례 중 전이의례적 관점에서 보면, 위의 인용문은 전이의례의 일반적 성격을 보여주고 있다. 이것은 위의 극 중에서 피도탈자인 소동파가 정치투쟁의 실패와 이로 인한 귀양으로 인하여 생활에서 커다란 고통과 시련을 당하고 있기 때문이다. 극 중의 전이의례적 모

---

12) 청묘(靑苗)의 시기, 즉 곡식이 아직 여물지 않은 춘궁기에 저리로 농민에게 곡식을 대출해 주던 제도.

13) 唐宋人들은 名妓를 자주 白牧丹이라고 불렀다고 한다. 陳宗樞 著,《佛敎與戲劇藝術》, 天津人民出版社, 1992, 141쪽.

습은 피도탈자인 소동파가 도탈자의 신분으로 등장하는 불인선사를 만나면서 더욱 흥미진진하게 나타난다. 제1절의 극 중에서 소동파는 白牧丹을 데리고 불인선사를 유혹하기 위해, 불인선사에게 술을 권유하고 白牧丹과 결혼하여 자신과 함께 벼슬길에 나아가자고 권유하는데, 원문을 중심으로 살펴보자.

(불인선사): 行者야, 채식 식사로 蘇學士님을 대접하렴. ……
(소동파): 그 스님께 가서 말씀드려. 술과 고기가 있으면 먹고, 술과 고기가 없으면 배타러 간다고 해! ……
(불인선사): 그렇다면, 네가 산을 내려 가 俗家에서 술 한 단지 사오고, 고기 한 덩어리 사서 소학사님을 대접해라. ……
(소동파): 牧丹아, 불인선사님께 술 한 잔 올려라.
(白牧丹이 응하며): 사부님, 이 잔 가득 드시지요.
(불인선사): 아가씨, 저는 고기 요리와 술은 못해요.
(白牧丹): 사부님이 고기 요리와 술을 모두 못하시네요.
(소동파): 師兄이 틀렸어요. …… 부처님은 마음 속에 앉아 계시고, 술과 고기는 창자를 통과해 지나가지요. 실컷 드세요. 무엇이 무서워요!
(불인선사): 그렇다면, 제가 술을 먹어도 고기는 먹지 않겠어요. ……
(소동파): 목단아, 술을 내려놓아라. 師兄, 제가 이번에 온 것은 다른 일이 아니에요.
(불인선사): 무슨 일이지요?
(소동파): 오로지 師兄을 위해서지요. 오늘은 길일이니, 白牧丹을 아내로 맞이하고 저와 함께 벼슬길에 나서지요. ……
(소동파): 목단아, 스님께 깨달음의 이슬[14]을 떨어뜨려 달라고 가거라.
(白牧丹): 예, 알겠습니다. 보고 드리겠습니다. 스님, 깨달음의 이슬을 한 방울, 목단의 두 잎에 떨어뜨려 주세요.
(불인선사): 저는 반 방울도 없어요. ((云)行者, 看素齋飯管待學士. …… (東坡云)你去與那和尚說, 有酒有肉我便吃, 無酒無肉, 我回舟

14) 스님의 精液을 비유하는 말.

中去也. …… (正末云)旣然如此, 你下山去俗人家沽一壺酒, 買一方肉, 管待學士便了. …… (東坡云)牡丹, 與那佛印把一杯酒者. (旦兒應云)師父滿飮此杯. (正末云)小娘子. 貧僧葷酒不用. (旦兒云)那師父葷酒皆不用. (東坡云)吾兄差矣, …… 佛在心頭坐, 酒肉穿腸過. 只管吃, 怕怎么! (正末云)旣如此, 貧僧開酒不開葷. …… (東坡云)牡丹, 放下酒者, 吾兄, 我此來非爲別事. (正末云)却是爲何?(東坡云)專爲吾兄. 今日是個好日辰, 娶了牡丹, 與小官同登仕路. …… (東坡云)牡丹, 你與那和尙告菩提露去. (旦兒云)是, 曉得. 上告我師, 和尙一點菩提露, 滴在牡丹兩葉中. (正末云)小僧半點俱無.)[15]

위에서 피도탈자인 소동파는 도탈자인 불인선사로 하여금 佛法의 계율을 破戒하고 환속하여, 자신과 함께 관직 생활에 나아가도록 하기 위해 酒肉과 미인계의 수법을 사용하고 있다. 먼저 소동파는 위에서 사찰의 채식으로 자신을 대접하려는 불인선사에게, 술과 고기를 주지 않으면 돌아가겠다고 협박하여 불인선사의 일 차 양보를 얻어낸다. 이어서 술을 먹지 않으려는 불인선사에게, 부처님은 마음 속에 있다고 말하여, 불인선사가 술을 마시겠다는 두 번째 양보를 얻어낸다. 그러나 두 번의 요구를 모두 관철시킨 소동파는 가장 중요한 세 번째 요구는 성공하지 못한다. 白牧丹과 결혼하여 자신과 함께 왕안석에 대항하는 정치투쟁을 전개하자는 소동파의 권유를 백인선사가 거절하였기 때문이다. 곧 소동파는 속세적 현실 정치에 참여하려는 자신의 유가적 사유가, 청정하고 신성한 불법을 지키려는 불인선사의 불가적 사유를 이겨내지 못한 좌절의 고통을 안아야 했다.

불교도탈극인 〈東坡夢〉은 불교의 기본적인 교리와 인생관을 반영

15) 王學奇 主編,《元曲選校注》, 河北教育出版社, 1994, 3119-3122쪽.

하고 있다. 불교의 교리에 의하면, 모든 불교인들은 일상생활에서 다섯 가지 계율, 곧 五戒를 지킬 의무가 있다. 오계는 살생하지 않고(不殺生), 도둑질하지 않고(不偸盜), 사음하지 않고(不邪淫), 거짓말하지 않으며(不妄語), 술 마시지 않는 것(不飮酒)이 그것이다. 이러한 점에서 본다면, 불인선사가 위에서 白牧丹과 결혼하지 않으려는 것은 오계 중의 不邪淫을 실행하는 것이고, 소동파의 간청을 받아들여 술을 마시겠다고 하는 것은, 단지 소동파의 체면을 보아 동의해 주는 것으로 여길 수 있다.

또한 불교 중심교리의 하나로서, 네 가지 성스러운 진리라는 뜻을 지닌 四聖諦가 있는데, 인생의 모든 문제와 그 해결 방법에 대한 네 가지의 근본 진리를 의미한다. 제(諦)는 진리, 진실이란 뜻이며, 그러한 진리가 신성한 것이라 하여 사성제 또는 사진제(四眞諦)라 한다. 불교의 실천적 원리를 나타내는 불타 교설의 대강(大綱)으로, 고제(苦諦)·집제(集諦)·멸제(滅諦)·도제(道諦)의 네 가지 진리를 말한다. 이 중 苦諦가 가장 핵심이 되며, 현실세계의 참 모습을 설명하는 것으로, 범부 중생의 현실세계는 모두가 괴로움이라는 것이다. 인간은 生·老·病·死의 사고(四苦)를 기본적으로 갖고 있고, 여기에다가 다시 사랑하는 사람과 이별해야 하는 괴로움(愛別離苦), 미워하는 사람과 만나게 되는 괴로움(怨憎會苦), 추구하는 것을 얻지 못하는 괴로움(求不得苦), 그리고 이러한 괴로움의 근본이 되는 색·수·상·행·식(色受想行識)의 오온(五蘊)에 집착하는 괴로움(五陰盛苦) 등, 팔고(八苦) 속에서 輪回(윤회) 애착하게 된다는 것이다. 이러한 불교적 인생관에 의거하여 보면, 위의 인용문에 나타난 소동파의 고통은 '求不得苦'라고 여길 수 있다. 왜냐하면 소동파는 위에서 나타난 바와 같이, 현실 정치에 참여하고 싶은 강렬한 유가적 사유를 지니고 있으나 이루지 못하고 있고, 또 정치적 再起의 수단으로 불인선사를 유혹하고 권유하지만 좌절당하는 고통을 당하고 있기 때문이다. 이러한 점에서 볼 때 위의 인용문은 통과의례 중 전이의례의 일반적 성격에 부합하는 것이라고 말할 수 있다.

그런데 위의 인용문에 보여지는 도탈 과정 중에 나타난 도탈자와 피도탈자의 양상은 상당히 특이하다. 일반적으로 도탈극의 도탈자는 신분이나 지위에 있어서 피도탈자보다 훨씬 높은 위치에 서서, 피도탈자에게 여러 가지 고통과 시련을 안겨주지만, 〈東坡夢〉의 소동파는 피도탈자이지만 극의 전반부인 이 곳에서는 도리어 도탈자인 불인선사에 뒤지지 않는 위치에서 공격적으로 대하고 있다. 이러한 점은 다른 도탈극과는 달리 〈東坡夢〉 중의 피도탈자인 소동파가 역사적 실존 인물인데다, 더욱이 역사적으로 명망이 높은 文豪이기 때문이라 여겨진다.

〈東坡夢〉 중 제1절에서 불인선사를 白牧丹으로 유혹하고 권유했지만 실패한 소동파는 제2절에 이르러서는 더욱 대담한 계책을 꾸며댄다. 곧 소동파는 불인선사가 부득이하게 자신의 요구를 받아들일 수 밖에 없는 새로운 계책, 곧 협박용 계책을 생각해낸다. 일반적으로 유혹과 협박은 도탈극에서 도탈자가 피도탈자를 도탈시키기 위해 전이의례의 과정에서 사용하는 가장 보편적인 수법인데, 불교도탈극인 〈東坡夢〉에서는 거꾸로 피도탈자인 소동파가 도탈자인 불인선사에게 사용하고 있으니, 다른 도탈극과는 다른 특이한 모습을 보여주며, 희극적 무대효과를 일으키고 있다고 여겨진다. 그러면 원문을 중심으로 살펴보자.

【感皇恩】 行者야, 내 말 거스르지 말 것이니, 내 너에게 부탁해야겠구나.

(무릎을 꿇는다)

(행자): 사부님, 정말 창피하시겠네요. ……

【采茶歌】…… (불인선사): 행자야, 귀 좀 빌려줘. (귀속말로 부탁하며, 노래) 네가 그녀와 베게를 같이하고 잠을 자 부부가 되어라. 이미 재미를 좀 봤으면, 빠지지는 말고. (퇴장)

(소동파): 牧丹아, 謝端卿이 方丈室로 갔으니, 뒤쫓아 들어가 다정히 雲雨之情을 나눌 때, 네가 〈雨淋鈴〉을 노래해라…… (그러면) 내가 그를 잡을 것이니, 어찌 나를 따라 환속하지 않겠니. …… 〈雲雨之情을 나눈다) ……

(소동파): 좋았어, 謝端卿, 白牧丹과 다정히 雲雨之情을 나누었지. 애들아, 등불을 키고, 方丈室 문을 열어, 그 불인선사를 잡아라.

(불인선사): 저한테 소동파가 속았네요.

(白牧丹): 정말 창피해 죽겠구나!(【感皇恩】你行者休違拗, 我須索把你來央及. (做跪科)(行者云)師父只當搶了臉也 ……【采茶歌】…… (云)行者, 將耳過來. (做耳囑科, 唱)你和他共枕同眠成連理, 早是得些滋味休要着痴迷. (下) (東坡云)牡丹, 謝端卿往方丈去了, 便赶進方丈去. 與他雲雨和諧了時, 你就唱【雨淋鈴】……. 我就來拿住他,不怕不隨我去還俗也. …… (做歡會科) …… (東坡云)好個謝端卿, 與牡丹雲雨和諧了. 令人點個燈來, 推開方丈門, 拿住那佛印了也. (正末上, 云)被我瞞過子瞻了也. (旦兒云)却不羞殺我牡丹也.)[16]

위의 인용문은 극 중에서 해학적 喜劇性을 강하게 지닌 부분으로, 실제 무대 공연 시에는 상당한 해학적 무대효과를 지녔으리라 여겨진다. 먼저 극 중의 피도탈자인 소동파가 도탈자인 불인선사에게 白牧丹과의 결혼을 강하게 요구하자, 불인선사는 계책을 내놓았다. 곧 그는 자신의 侍從인 行者에게 무릎을 꿇으면서, 행자가 자신의 역할을 몰래 대체하여, 白牧丹과 雲雨之情을 나누라고 요구한다. 극의

16) 王學奇 主編,《元曲選校注》, 河北教育出版社, 1994, 3130-3131쪽.

전개에 있어서 이 부분은 해학성이 가장 강한 부분으로, 극의 공연시 관중들의 웃음을 저절로 자아냈을 것으로 여겨진다. 그런데 불인선사의 이러한 계책을 알지 못하는 소동파는 스스로 다른 계책을 꾸며댄다. 곧 소동파는 불인선사가 方丈室로 잠자러 들어가자, 白牧丹으로 하여금 몰래 따라 들어가 불인선사와 雲雨之情을 나누도록 시킨다. 그리고 그 때 白牧丹이 宋代 柳永의 〈雨淋鈴〉을 노래하는 것을 신호로, 자신들이 쳐들어가, 불인선사가 五戒 중의 하나인 '不邪淫'을 어긴 현장을 급습하기로 한다. 그리하여 소동파는 이러한 '不邪淫'의 현장 목격을 수단으로 하여, 불인선사를 협박하면 그가 자신과 함께 환속하여 벼슬길에 나아갈 수 밖에 없을 것이라고 생각하였다. 그런데 위의 인용문에 의하면, 소동파의 이러한 계책은 도리어 불인선사의 계책에 의해 좌절되는 쓰라린 고통을 맛보아야 했다.

통과의례 중 전이의례의 관점에서 위의 인용문을 보면, 소동파의 계책이 실패하는 고통은 극 중에서 소동파가 겪어야 했던 귀양의 고통 및 '求不得苦'의 고통 등의 연장선상에 있다. 〈東坡夢〉의 전체적인 도탈구조에서 보면, 피도탈자인 소동파가 겪어야 하는 이러한 고통은, 마치 새로운 질적 변화를 이루기 위해서는, 일정한 양의 축적이 필요한 것과 비슷하다고 말할 수 있겠다. 이러한 의미에서, 불교도탈극인 〈東坡夢〉에서 피도탈자인 소동파가 세속적이고 현실적인 자신의 유교적 사유를 넘어서서, 淸淨하고 神聖한 불교적 세계에 들어가기 위해서는, 아직 겪어야 할 더 큰 고통이 남아 있는 것이다.

위에서 도탈자인 불인선사의 계책에 의해 자신의 계책이 좌절된 고통을 맛본 피도탈자 소동파는 극 중에서 술에 취하여 잠이 든다. 그리고 이 때 불교도탈극인 〈東坡夢〉에서는 피도탈자인 소동파를 도탈시키기 위한 방편으로 특수한 방법이 사용되니, 곧 鏡頭의 사용이 그것이다. 鏡頭는 境頭 혹은 景頭라고도 하며, 극 중에서 도탈자가 피도탈자를 도탈시키기 위해 사용하는 강력한 방법으로, 비현실적인 幻境이나 夢境을 가리킨다. 일반적으로 경두는 도탈자가 피도탈자를 도탈하는 과정 중에 자신의 뜻대로 도탈이 여의치 않을 경우, 피도탈자를 도탈시킬 수단으로 사용된다. 그리하여 불교도탈극인 〈度柳翠〉나 〈忍字記〉 및 〈猿聽經〉에서도 모두 도탈자는 극 중의 관건적인 부분에서 경두를 사용하여 피도탈자를 도탈시켰다. 〈東坡夢〉에서는 제2절에서부터 제3절까지 이러한 비현실적인 경두가 사용되어 도탈과정이 전개되는데, 원문을 중심으로 살펴보자.

(불인선사): 大人, 몇 잔 더 하시지요. 아! 잠들었구나. 크게 잠들게 해야겠다. 花間四友야, 어디에 있느냐?

(花間四友가 旦兒로 분장하고 등장): 저희들 갑니다! 사부님이 저희 넷을 부르시니, 무슨 분부가 있으신지요? (불인선사 노래한다)

【哭皇天】 너희 부르는건 다른 뜻이 없고, 각기 준비를 하자구나. 梅야, 너는 가벼히 白雪歌를 노래해라. 柳야, 너는 紫磨金[17] 술잔을 가득 채워 받쳐 들어라. 桃야, 너는 그와 베게를 같이하고 동침하려므나. 竹아, 너는 물과 물고기처럼 (그와) 친밀히 지내라. ……

(花間四友): 저희 넷은 불인선사의 사랑을 독차지하는 妓妾입니다. 사부님의 명령에 따라 특별히 술 한 잔 올리려 왔습니다. ……

(소동파): 아가씨들 춤추고 노래할 줄 아세요?

(花間四友): 저희들은 모두 할 줄 압니다.

(소동파): 수고스럽겠지만, 넷이 춤 한 번, 노래 한 번 해보시지. 내가 실컷 먹고 돌아갈 때까지. (花間四友들이 춤추고 노래한다) ……

(松神이 正末로 분장하고 笏을 들고 등장): 저는 廬山의 松神입니다. 지금 불인선사가 花間四友를 몰래 파견하여 玉春堂에서 소동파

---

17) 자색(紫色)을 띤 순수한 황금. 품질이 가장 좋은 황금을 이른다.

학사를 魔障[18]시키고 있습니다. 上帝께서 (이 사실을) 아시면, 반드시 저를 책망할 것이니, 그 넷 유령들을 쫓아내야 합니다. …… (松神이 花間四友를 쫓아낸다)

(소동파): 신령님, 제가 여기 혼자서 술을 마시면 無聊하니, 아가씨 한 명을 남겨서 시중들게 해주세요. ……

(소동파가 놀라서 깬다): 네 분 아가씨들, 한 잔 가득 마시세요. 아, 원래 南柯一夢이었구나. 제가 배 타러 돌아가고 싶지만, 불인선사가 (이 사실을) 아마 看破했을 것 같으니, 白牧丹을 데리고 法座에 問禪[19]하러 한 번 가야겠다. ((東坡做睡科)(正末云)大人再飮幾杯. 呀! 他睡着了, 着他大睡一覺, 花間四友安在?(旦兒扮四友上, 云)妹子們走動, 師父呼喚俺姐妹四人, 有何分付?(正末唱)【哭皇天】我喚你無別意, 您四人各做準備. 梅也你輕謳着白雪歌, 柳也你與我滿捧着紫金杯, 桃也你和他共枕同眠, 竹也如魚似水. …… (四友云)俺姊妹四人, 是佛印的專房妓妾. 聽師父法旨, 特來與大人奉一杯酒. …… (東坡云)小娘子會舞會唱么?(四友云)俺姊妹們都也會唱. (東坡云)有勞四位舞一回, 唱一回, 待小官吃個盡興方歸也. (四友舞唱介) …… (正末扮松神持笏上, 云)吾乃廬山松神是也. 今有佛印禪師密遣花間四友, 前去玉春堂魔障東坡學士. 恐上帝知道, 必然責罪小聖. 須索追赶那四個鬼頭去也呵. …… (松神做赶四友科)(東坡云)上聖, 念小官獨自在此, 飮酒無聊, 可留一個小娘子. 等他陪奉咱. …… (東坡做驚醒科, 云)四位小娘子, 滿飮一杯. 呀! 原來是南柯一夢. 小官欲待回舟中去, 恐怕他謝端卿勘破. 且領着白牡丹到法座上問禪, 那裏走一遭去來.)[20]

18) 악마의 장애라는 뜻으로, 수도자가 修行하거나 精進하는 데 장애를 주는 것을 말한다. 여기서는 현실정치에 참여하려는 소동파의 유교적 사유를 방해하고 저지하려는 것을 가리킨다.

19) 禪宗의 수행자가 修行이 높은 禪師 등에게 禪門에 대해 물으면 禪師가 대답하는 것.

20) 王學奇 主編, 《元曲選校注》, 河北教育出版社, 1994, 3132-3140쪽.

극 중에서 이제까지 피도탈자인 소동파의 공격적인 양상에 대해 防禦的인 양상을 취했던 도탈자 불인선사는, 여기서부터 경두의 수법을 사용함으로써 비로소 도탈 과정의 주도권을 확실히 확보한다. 불인선사는 위에서 소동파가 술에 취해 잠드는 사이, 소동파로 하여금 꿈을 꾸게 하여 도탈을 진행시키는데, 이 때 등장하는 花間四友라는 네 명의 미녀들은 극 중에서 핵심적인 역할을 한다. 사실 花間四友는 현실 속에 존재하는 것이 아니라, 고대인들의 精靈信仰 속의 정령들로서, 극 중에서 소동파를 기쁘게 하기 위하여, 노래를 하고 춤을 추며 술을 따르는 侍女의 역할을 한다. 곧 극 중에서 소동파는 비록 비현실의 꿈속이지만, 이들 네 명의 미녀들에 둘러싸여 歡樂의 기쁨을 누린다.

불교도탈극 〈東坡夢〉의 제3절에서도 계속 소동파의 꿈속에서 진행되는 경두의 수법이 이어지는데, 다소 특이한 형태로 전개된다. 제3절이 시작되자마자 뜻밖에도 廬山의 松神이 극의 주인공인 正末로 등장하여, 소동파가 花間四友의 미녀들과 누리던 환락의 기쁨을 없애고자 한다. 왜냐하면, 만일 소동파가 花間四友의 미녀들과 환락에 빠져 노는 사실을 上帝가 안다면, 상제가 반드시 松神을 책망할 것이기 때문이다. 그리하여 극 중에서 松神은 화간사우 미녀들을 소동파로부터 쫒아버리며, 이 때 소동파는 송신에게 자신이 술을 마실 때 무료하지 않도록 미녀들 중 한 명만이라도 남겨달라고 부탁하는데, 이는 소동파가 꿈속에서 女色에 깊이 貪着되어 있는 형상을 보여준다.

제3절이 끝나면서 경두의 수법도 끝나, 소동파는 꿈속에서 다시 현실로 돌아오며, 꿈속에서 누렸던 환락의 기쁨이 완전히 南柯一夢임을 깨닫는다. 곧 소동파는 꿈속에서 자신이 그렇게도 누리던 환락의 기쁨이 본시 덧없는 南柯一夢임을 깨달았던 것이다. 그런데 소동

파가 이제껏 극 중에서 추구했던 현실 참여적인 유교적 사유라는 관점에서 보면, 비록 꿈속이었지만 환락의 기쁨이 南柯一夢이었다는 소동파의 깨달음은 그에게 커다란 고통을 안겨주었다고 여겨진다. 이제껏 극 중에서 소동파가 겪어야 했던 고통, 일례로 정치투쟁의 실패로 인한 귀양의 고통, 미인계로 불인선사를 유혹하고 권유했으나 실패했던 좌절의 고통, 자신의 계책이 불인선사의 계책에 의해 막혀 성공하지 못했던 고통 등에 비하면, 환락의 기쁨이 南柯一夢에 불과했다는 깨달음의 고통은 소동파의 유가적 사유의 뿌리를 통째로 흔드는 것이라고 말할 수 있다. 그리하여 극 중에서 이러한 南柯一夢的 깨달음의 고통은 결국 소동파가 유교적 사유에서 불교적 사유로 전환하게 되는 커다란 계기가 되었다고 할 수 있다. 이러한 점에서 볼 때, 극 중 이러한 경두의 사용은 전체적 도탈 과정 중에서 관건적인 역할을 했다고 할 수 있으며, 통과의례 중 전이의례의 핵심적 성격과 부합하는 것이다.

그러면 이제까지 불교도탈극 〈東坡夢〉에서 피도탈자인 소동파가 겪어야했던 수많은 고통들은 무슨 의미를 지니고 있는가? 통과의례의 참가자가 전이의례의 과정 중에 겪어야 했던 고통의 의미에 대해, 엘리아데는 다음과 같이 그의 《신화·꿈·신비》에서 종교론적으로 설명하고 있다.

> 이 같은 고문의 의미는 무엇일까? …… 모든 전통 사회에서 고통은 의례적인 가치를 갖는다. 고문은 초인적 존재에 의해 실행된다고 간주되며, 희생자의 영적인 변모에 그 목적이 있다. …… 정신적 고통과 마찬가지로 육체적 고통은 모든 가입의례에 필요 불가결한 고문과 유사하다. 원시인은 병을 초자연적인 선별의 결과라고 여겼다. 그러므로 병은 가입의례의 시험으로 간주되었다. 다시 태어나려면, 즉 치유되기 위해서는 어떤 것이

'죽어야만' 했다. 이전의 자신과 세속적인 조건은 죽었다.[21]

위에서 엘리아데는 모든 전통 사회에서의 고통이 의례적인 가치를 갖는다고 여겼는데, 불교도탈극인 〈東坡夢〉에서 피도탈자인 소동파가 겪은 여러 고통 또한 의례적인 가지고 있다고 생각된다. 왜냐하면 〈東坡夢〉에서 소동파가 겪은 고통은 결국 불교적인 인간으로 재탄생하는 데 필수 불가결한 것이기 때문이다. 곧 위에 의하면, 〈東坡夢〉에서 소동파가 겪은 고통은 불교적인 영적 변모에 그 목적이 있다. 소동파는 불교적 사유의 인간으로 재탄생하기 위하여, 이전에 자신이 지녔던 세속적 유교적 사유가 '죽어야만' 하는 고통을 감수해야 한 것이다.

3. 통합의례(統合儀禮)

통합의례는 수많은 고통 등의 시련을 겪은 통과의례의 참여자가 새로운 모습의 인간으로 재탄생하여 도달하게 되는 최후의 단계이며, 전이의례는 바로 이 통합의례를 위한 필수 불가결한 준비 단계라고 말할 수 있다. 그러면 먼저 통과의례 중 통합의례의 성격을 종교론적으로 설명해주고 있는 엘리아데의《성과 속》중의 다음 문장을 살펴보자.

> 가입식의 각본-세속적인 조건에서는 죽고 그 다음에 성스러운 세계, 신들의 세계에서 재생하는-은 고도로 발달된 종교에서도 중요한 역할을 한다. 유명한 예는 인도의 제의에서 볼 수 있다. 그 목표는 사후에 천상으

21) M. 엘리아데 저, 강읍섭 역,《신화·꿈·신비》, 도서출판 숲, 2006, 252-254쪽.

로 올라가 신들과 더불어 살거나 神性을 획득하는 것이다. 달리 말하면, 제의를 통해서 사람들은 초인간적인 존재양식을 획득한다.[22]

위에서 엘리아데는 통과의례의 참여자가 세속적인 조건에서는 죽고 그 다음에 성스러운 신들의 세계에서 재탄생하는 통합의례의 목표는, 사후에 천상으로 올라가거나 아니면 神性을 획득하는 것이라고 하였다. 곧 다른 말로 하면, 통합의례의 목표는 초인간적인 존재양식을 획득하는 것이라고 하였다. 그러면 이러한 통합의례의 모습이 불교도탈극인 〈東坡夢〉에서는 어떠한 양상으로 나타나는지 원문을 중심으로 살펴보자.

(소동파가 白牧丹을 데리고 등장): 牧丹아, 불인선사가 法座에서 問禪하고 있으니, 내가 가서 그의 말문이 막히도록 할테니, 너도 가자.

(白牧丹): 예, 알겠습니다.

(소동파): 선사님, 제가 특별히 問禪하러 왔습니다.

(불인선사): 빨리 말하세요!

(소동파): 선사께선 이제껏 예리하게 일깨웠건만, 저는 단지 한가로이 文字禪 하러 왔네요.

(불인선사): 葛藤禪[23]과 老婆禪[24]을 이어서 깨뜨리고, 질남비를 깨뜨려 잔금이 바닥에까지 가야지요.[25]

---

22) M. 엘리아데 저, 이은봉 역, 《성과 속》, 서울, 한길사, 1998, 178쪽.

23) 선(禪)에서 '갈등(葛藤)'이란 언어 문자를 가리킨다. '갈등선(葛藤禪)'이란 이리저리 언어 문자로 선을 풀이, 해석하는 것을 말한다. 다른 말로는 '文字禪'이라고 한다.

24) 老婆처럼 지나칠 정도로 너무 많이 세세하게 알려주어서, 수행자로 하여금 스스로 公案이나 話頭를 參究하여 깨달음을 얻도록 해야 하지 못하는 것을 말한다.

25) 歇後語로서, 끝까지 캐고 따져 眞相을 밝히는 것을 말한다. 璺到底의 '璺'은 '問'과 발음이 같은 것으로, 끝까지 캐고 따지는 것을 가리킨다.

(소동파): 그에 의해 말문이 막혀 버리는구나. 牧丹아, 네가 問禪하렴.

(白牧丹): 선사님, 제가 특별히 問禪하러 왔습니다.

(불인선사): 빨리 말하세요!

(白牧丹): 제가 왜 이 곳에 왔냐면요, 풍류를 동경하여 다만 선사님께 시집가기 위해서죠.

(불인선사): 그대는 본시 기녀가 아니어, 佛門의 弟子가 될 수 있지요. ……

(白牧丹): 과연 진실한 스님이군요. 선사님의 말문을 막게 할 수 없네요. 사부님, 칼을 빌려주세요. 삭발하여 스님이 되어, 사부님을 따라 出家하겠어요. ……

【川撥棹】어젯 밤 玉春堂에서, 소동파와 함께 노닐도록 한 것은, ……, 모두 내가 사용한 계책으로, 그대를 魔障시키려는 것이었다오. ……

(소동파): 선사께선 이제껏 諧謔이 넘쳤건만, 준수하시다고 花間四友들이 자랑하네.

(불인선사): 높이서 타는 밝은 촛불이 미녀들을 비추건만, 불빛은 자신을 비추지 않는다네.

(소동파): 과연 진실한 스님이어서, 선사님의 말문을 막게 할 수 없네요. 저는 오늘부터 懺悔하며, 진실로 佛家의 제자가 되길 바랍니다. ……

【鴛鴦煞尾】오늘 이후로 人相·我相·衆生相[26]을 깨우쳤구나. …… 정말로 色卽是空이도다. (東坡領牡丹上, 云)牡丹, 謝端卿在法座上問禪, 我去問倒了他, 你就過來. (旦兒云)是, 曉得. (東坡云)上告我師和尙, 蘇軾特來問禪. (正末云)速道. (東坡云)佛印從來快開劈, 蘇軾特來閑料嘴. (正末云)葛藤接斷老婆禪, 打破沙鍋問到底. (東坡云)可被他說倒了. 牡丹, 你過去問禪. (旦兒云)上

---

26) 我相: 오온(五蘊)이 화합하여 생긴 몸과 마음에 참다운 나 자신이 있다고 집착하는 견해. 人相: 사람들을 구분, 또는 분별하여, 잘생겼다 못생겼다, 또 마음에 든다 않든다 하는 등의 마음, 衆生相: 부처와 중생을 구별하여 나 같은 중생이 무엇을 하겠는가, 하고 스스로 열등감을 갖거나, 자신을 과소평가하여 향상하고 발전하지 못하는 것.

告我師和尙. 牡丹特來問禪. (正末云)速道. (旦兒云)我白牡丹因何到此？慕風流特來嫁爾. (正末云)你本不是妓館猱兒,堪做俺佛門弟子. …… (旦兒云)果然是眞僧, 問他不倒. 告師父借金刀一把, 削髮爲尼, 跟師父出家. ……【川撥棹】想昨夜在玉春堂, 與東坡曾共賞. …… 都是咱使的伎倆, 故將你厮魔障. …… (東坡云)佛印從來多調笑, 到被花枝誇俊俏. (正末云)高燒銀燭照紅妝, 燈光不把自身照. (東坡云)果然是眞僧, 問他不倒. 蘇軾從今懺悔, 情願拜爲佛家弟子. ……【鴛鴦煞尾】從今後識破了人相我相衆生相, …… 唱道是卽色卽空.[27]

위에서 도탈자인 불인선사는 禪宗의 수행자가 高僧이나 禪師와 問答하는 과정인 問禪의 방법을 통하여 피도탈자인 소동파와 白牧丹을 도탈시키고 있다. 그리고 불인선사는 여기에서 問禪의 과정 중에 선종의 機鋒의 방법을 통하여 소동파와 白牧丹의 말문을 막히게 만들고 있다. 機鋒은 창이나 칼 등의 날카로운 끝부분처럼, 禪僧들이 대화할 때 상대방을 깨우치기 위하여 사용하는 예리한 언어를 의미한다. 기봉의 주요 목적은 사람들에게 佛理를 숙지시키는 것뿐만 아니라, 더욱 많게는 확철대오한 후 佛門에 귀의하도록 하는 것이다.[28] 위에서 먼저 피도탈자인 소동파는 자신의 文字禪을 자랑하고 싶었으나, 文字禪과 老婆禪을 깨뜨려서, 철저히 캐묻고 따져 존재의 진상을 밝히어야 한다는 불인선사의 機鋒的 대답에 말을 더 하지 못하고 말문이 막혀버린다. 문자선은 이리저리 언어문자로 선을 풀이하고 해석하는 것을 말하며, 실제적인 參究는 하지 않고 지식과 학식을 동원하여 고칙(古則)이나 공안(公案), 화두를 풀이하는 것으로, 직

27) 王學奇 主編,《元曲選校注》, 河北教育出版社, 1994, 3142-3145쪽.

28) 荏攀, 〈試論元代佛教雜劇中的禪宗文化〉,《連運港職業技術學院學報》, 第22卷 第2期, 2009年 6月, 62쪽.

접적인 수행과 실제적인 체험을 통하여 존재의 본질을 파악하는 진실한 禪에 이르지 못한다. 또 선승이 수행자를 교육시키는 방법에 있어서, 수행자로 하여금 스스로 공안이나 화두를 참구하여 깨달음을 얻도록 해야 하는데, 노파선은 그만 노파심이 간절한 나머지 직접 실제적 참선을 통하여 알아야 할 것까지 다 알려 주어 버린 것이다.

위의 인용문에서 소동파와 함께 〈東坡夢〉에서 피도탈자의 신분으로 등장한 白牧丹은 불인선사와의 몇 마디 機鋒的 문답 후에, 자신의 말문이 막혀버리고 곧 크게 깨달아 삭발을 하고는, 불인선사를 따라 출가한다. 白牧丹이 佛門에 비교적 쉽게 귀의한 것에 비하면, 극중 소동파는 佛門에 귀의하는 데 機鋒的 문답을 더 나누어야 했다. 위에서 보았던 첫 번째 기본적 문답을 통하여, 소동파는 자신이 선종의 문답으로는 불인선사의 상대가 되지 못함을 깨달았다. 그러나 그렇다고 소동파는 곧바로 자신이 이제껏 지켜왔던 유가적 사유를 버리고 불문에 들어가지 못했다. 그러나 불인선사의 두 번째 기본적 문답, 특히 '불빛은 자신을 비추지 않는다네(燈光不把自身照)' 부분을 듣고는, 소동파는 일순간 色空의 이치를 깨달아 불문에 귀의한다. 이로써 소동파는 극 중에서 자신이 세속적 현실에서 추구하던 유교적 사유를 버리고, 대신 청정하고 신성한 불교적 사유 속으로 들어가는 도탈을 달성하게 되었다. 그리하여 극 중에서 불인선사는 불문에 귀의한 소동파가 불가의 기본 교리인 我相과 人相 및 衆生相을 看破하고, 色卽是空이란 불교의 근본적 이치를 깨달았다고 칭송하였다. 그러면 이러한 불교적 세계로의 도탈은 무슨 의미를 지니고 있는가? 엘리아데는 그의 《성과 속》에서 통과의례 참여자의 새로운 세계로의 진입, 새로운 인간으로서의 재탄생의 의미를 다음과 같이 종교론적으로 말하고 있다.

> 원시 사회의 인간들이 자연적 생존의 단계에 '주어지는' 것만으로는 자신을 아직 '완성되지' 않았다고 생각한다는 사실을 보여준다. 진정한 의미로 인간이 되기 위하여 그는 이 최초의 (자연적) 생명으로는 죽어야 하며, 종교적이고 문화적인 더 높은 생명으로 다시 태어나야 하는 것이다. …… 이것은 다음과 같은 의미를 갖는다. 사람은 '자연적' 인간을 넘어서고, 어떤 의미에서는 그것을 폐기시킬 때에 비로소 완전한 인간이 된다. 왜냐하면 가입식의 본질은 무엇보다도 역설적이고 초자연적인, 죽음과 부활 혹은 재생의 체험이기 때문이다.[29]

엘리아데는 위에서 통과의례 중 통합의례의 구체적인 의미를 '완전한 인간'이 되는 것이라고 하였다. 그리고 이를 위해서는 자연의 생존의 단계에 주어지는 '자연적' 인간을 넘어서, 종교적이고 문화적인 더 높은 생명으로 재탄생해야 함을 지적하고 있다. 곧 다시 말하면, 새로운 존재양식으로 재탄생해야 한다는 것이다. 이러한 엘리아드의 종교론적 논의의 관점에서 보면, 〈東坡夢〉의 작자가 세속적인 유교적 사유를 지닌 소동파로 하여금 청정하고 신성한 불교적 세계로 귀의시킨 점은, 소동파로 하여금 '자연적' 인간을 넘어서 色卽是空의 불교적 이치를 터득한 새로운 종교적 존재양식으로 재탄생시키는 의미를 지니고 있다고 할 수 있다.

4. 원잡극 〈東坡夢〉 度脫의 의의

원잡극 〈東坡夢〉은 宋代의 문인인 소동파가 왕안석과의 정치투쟁에서 실패한 후 귀양가는 도중에 자신의 '同窓故友'인 佛印禪師를

29) M. 엘리아데 저, 이은봉 역, 《성과 속》, 서울, 한길사, 1998, 170-171쪽.

만나, 정치적 再起를 도모했으나 결국에는 佛法에 귀의한다는 내용의 종교극이다. 극 중에서 소동파는 자신의 목적을 달성하기 위하여 白牧丹이라는 妓女를 사용하는 美人計로써 불인선사를 유혹하고 還俗을 권유했으나 실패한다.

〈東坡夢〉은 극의 구성과 줄거리에 있어서 불교도탈극이다. 도탈극에는 반드시 극 중에 도탈자와 피도탈자가 등장해야 하고, 극의 전체적인 줄거리는 도탈자가 여러 가지의 방법을 사용하여 피도탈자를 도탈시키는 과정에 집중되어 있다. 그리고 도탈의 과정 중에 피도탈자는 반드시 여러 가지의 시련과 고통을 겪어야만 하는데, 불교도탈극인 〈東坡夢〉은 이러한 도탈극의 핵심적 성격을 그대로 보여주고 있다.

통과의례는 민속학자로서 주로 프랑스에서 활약한 겐넵(Gennep)이 처음 사용한 용어이다. 겐넵에 의하면, 개인은 탄생과 결혼 및 죽음 등의 중요한 시기에 사회 내에서의 새로운 지위와 역할을 획득하면서 일정한 의례를 시행하는데, 이것을 통과의례라고 불렀다. 그의 연구에 의하면, 半文明的인 정신세계에서는 모든 행위들이 종교적 神聖함과 철저하게 결부되어 있기 때문에, 이러한 행위는 일정한 의식을 통하여 이루어진다. 통과의례는 일반적으로 형식상에서 볼 때, 분리의례-전이의례-통합의례라는 세 단계로 이루어지고, 내용상에서 볼 때 의례의 참여자가 많은 고통과 시련을 겪은 후 새로운 존재양식으로 재탄생하는 것을 핵심적 성격으로 한다. 이러한 점에서 볼 때 불교도탈극인 〈東坡夢〉은 비록 형식상에 있어서 분리단계가 생략되어 있으나, 전체적인 도탈구조와 그 내용에 있어서 통과의례의 핵심적 성격과 부합하는 것이다.

〈東坡夢〉의 도탈과정은 통과의례적 관점에서 볼 때, 다른 불교도탈극과 마찬가지로 대부분 전이의례에 집중되어 있으며, 제1절부터 제4절까지 대부분의 내용이 전이의례에 속한다. 그리고 도탈의 핵심적 내용은 세속적인 현실정치에 참여하려는 소동파의 유교적 사유가 많은 고통과 시련을 거친 후 청정하고 신성한 불교적 사유로 변화되는 것이다. 먼저 극 중의 제1절에서 소동파는 정치투쟁의 실패로 인한 귀양의 고통을 겪는다. 그리고 이를 해결하기 위해 소동파는 기녀인 白牧丹을 데리고 불인선사를 찾아가, 불인선사가 白牧丹과 결혼하여 자신과 함께 벼슬길에 나아가자고 유혹하고 권유했으나 실패하는 고통을 겪는다. 그런데, 불교적 인생관에 의하면 소동파의 이러한 고통은 소위 八苦 중의 求不得苦에 해당되었다. 극의 제2절에서 소동파가 계속 불인선사에게 白牧丹과 결혼해줄 것을 요구하며 계책을 사용하자, 불인선사는 자신의 시종인 行者에게 白牧丹과 雲雨之情을 나눌 것을 부탁하는 계책을 써서 소동파가 좌절의 고통을 떠안게 만든다. 그리고 도탈자인 불인선사는 피도탈자인 소동파를 도탈시키기 위하여 소위 鏡頭의 수법을 사용하여, 소동파의 꿈속에 花間四友라는 네 명의 미녀들을 등장시킨다. 꿈속에서 소동파는 이들 미녀들과 歡樂의 기쁨을 누렸으나, 꿈에서 깬 소동파는 이러한 환락의 기쁨이 南柯一夢이었음을 깨닫는다. 그런데 소동파에게 닥치는 이런 연속적인 고통은 전이의례의 핵심적 성격과 부합하는 것이며, 통과의례의 관점에서 보면, 새로운 재탄생을 위하여 필수 불가결한 것으로 의례적인 가치를 지닌 것이다.

불교도탈극 〈東坡夢〉의 도탈과정 중 통합의례적 양상은 제4절에서 소동파와 불인선사의 問禪의 방식을 통하여 나타났다. 소동파는 불인선사와의 問禪을 통하여 色卽是空의 불교적 세계관을 일순간 깨달았는데, 극 중에서는 禪僧들이 대화할 때 상대방을 깨우치기 위하여 사용하는 예리한 언어인 機鋒의 수법이 사용되어, 소동파가 佛理를 깨닫고 佛門에 귀의하였다. 그리고 현대의 종교학자인 엘리아데에 의하면, 소동파의 이러한 佛門에의 귀의는 자연적 인간을 넘어서서 완전한 인간을 이루고자 하는, 곧 새로운 존재양식의 획득을 의미하였다.

3부

불교와 元雜劇

1장. 元雜劇 중의 佛教劇
- 三教合一을 중심으로

1. 원잡극 중 불교극의 의미

원잡극 중에는 인과응보와 윤회 등 불교적 사상과 교리를 선전하기 위한 내용이 극 중의 주도적인 역할을 하는 작품들이 존재하는데 여기서는 편의상 이들 작품을 불교극이라고 명칭하고자 한다. 원잡극 중 이러한 불교극은 논자에 따라서는 조금씩 다를 수 있지만 다음과 같은 세 가지 부류의 8종 작품을 불교극으로 분류할 수 있다.[1]

1. 度脫劇 4편: 〈布袋和尚忍字記(간칭 忍字記)〉, 〈花間四友東坡夢(간칭 東坡夢)〉, 〈月明和尚度柳翠(간칭 度柳翠)〉, 〈龍濟山野猿聽經(간칭 猿聽經)〉
2. 因果應報劇 3편: 〈看錢奴買冤家債主(간칭 看錢奴)〉, 〈崔府君斷冤家債主(간칭 崔府君)〉[2], 〈龐居士誤放來生債(간칭 來生債)〉

---

1) 일례로 羅錦堂은 그의 《錦堂論曲》에서 불교극을 '弘法度世'와 '因果輪回'의 두 부류로 나누면서, 〈西遊記〉〈東坡夢〉〈忍字記〉〈度柳翠〉〈猿聽經〉 다섯 작품을 '弘法度世'에 소속시키고, 〈來生債〉〈崔府君〉〈看錢奴〉를 '因果輪回'의 부류에 소속시켰다. 羅錦堂著, 《錦堂論曲》, 95쪽, 聯經出版社, 1977년.

2) 논자에 따라 간칭을 〈冤家債主〉〈斷冤家債主〉라고 하기도 하지만 〈看錢奴〉의 전체 劇名에도 '冤家債主'라는 용어가 있으므로 혼돈을 방지하기 위해 여기에서는 〈崔府君〉이라고 한다.

3. 잡극 〈西遊記〉[3]

위에서 알 수 있듯이 원잡극 중 불교극에는 도탈극이 4편으로 절반을 차지하고 있다. 度脫이란 본시 佛家에서 사용하는 용어로서 높은 덕을 지닌 高僧이나 神佛이 고통 중의 생명을 濟度하고 解脫시켜 不生不滅인 涅槃의 경지에 진입시키는 것을 말한다. 또한 인과응보는 輪回와 함께 불교의 대표적인 사상이므로 불교극에서는 극의 주제나 전체적인 구조로써 위에서와 같이 자주 사용되었다. 다만 위의 불교극 중 잡극 〈서유기〉는 다소 독특한 것으로, 다른 불교극과는 달리 6本 24齣의[4] 대형 잡극이며, 내용 또한 三藏法師 玄奘의 取經故事로서 明代 吳承恩의 소설 〈서유기〉 형성에 상당한 영향을 끼친 것으로 다른 불교극과는 다른 모습을 보여준다.

원잡극 중의 불교극은 본시 불교라는 종교적 내용을 핵심으로 하고 있으니 분명 종교극이다. 그러나 원잡극 중의 불교극은 우리가 일반적으로 말하는 의미의 종교극과는 상당히 다른 양상을 보여준다. 곧 원잡극 중의 불교극은 종교극이지만 중세 유럽에서 성행했던 종교극인 소위 기적극·신비극·전례극과 확연히 다를뿐만 아니라, 일본의 전통극 중 종교극인 노오(能)나 고대 인도의 종교극인 梵劇-일례로 〈彌勒會見記〉와도 다른 양상을 보여준다.[5] 그것은 원잡극 중의 불교극은 다른 나라의 종교극에서 보인 祭儀儀式이나 엄숙함이나 경건함을 보이지 않고, 도리어 世俗的이고 喜劇的인 娛樂性을 풍

---

3) 다른 불교극과는 달리 7-8 글자로 된 劇名이 따로 없다.

4) 잡극 〈서유기〉에서는 원잡극에서 일반적으로 사용하는 '折'이란 용어 대신에 '齣'을 사용하고 있다.

5) 鄭傳寅, 〈論元雜劇中的佛教劇〉, 《武漢大學學報》, 88쪽, 제66권 제1기, 2013년.

부하게 지니고 있기 때문이다. 그러면 원잡극 중의 불교극은 왜 이러한 세속화 양상을 보여주는가? 이에 대해서는 여러 가지 관점에서 살펴볼 수 있으나[6] 원대 불교 자체의 세속화와도 밀접한 연관을 지니고 있다.

중국에 있어서 불교의 세속화는 삼교합일과 밀접하게 연관을 맺고 있다. 삼교합일이란 三教歸一·三教調和·三教融合 등으로도 불리우는 것으로, 중국에서 성행한 유교와 불교 및 도교라는 세 종교를 조화·융합시키려는 것이다. 일례로 中國化된 불교의 대표라고 여겨지는 禪宗의 기틀을 마련한 唐代의 六祖 惠能은 그의《六祖壇經》에서 "불법은 世間에 있으며 세간을 떠나서는 깨닫지 못하네. 세간을 떠나서 깨달음을 찾는다면, 그것은 마치 토끼뿔을 구하는 것과 같네.(佛法在世間, 不離世間覺. 離世覓菩提, 恰如求兎角)"라고[7] 하였다. 이렇듯 중국을 대표하는 불교 종파인 선종이 이미 당나라 시기에 벌써 세속화의 길을 걸었는데, 이는 삼교합일의 한 증거라고 할 수 있다. 그리고 이러한 삼교합일의 양상은 원잡극이 성행했던 시기에 이미 조류가 되었으며, 원잡극 중에는 삼교합일의 양상이 분명하게 반영되어 있다. 이에 여기에서는 이러한 삼교합일의 관점에서 원대의 불교극의 성격과 그 양상을 살펴보고자 한다.

원잡극 중 불교극의 성격을 삼교합일의 관점에서 전문적으로 살펴본 논문은 별로 없는 편이다. 毛小雨는 〈元雜劇中佛教戲研究〉라는 논문에서 불교극을 삼교합일의 관점에서 바라봄으로써 저평가

6) 일례로 朱莎는 〈論元雜劇中佛教世俗化現象及原因〉에서 원잡극 자체의 속문학적 성격, 불교가 俗人의 바람을 만족시키는 정신적 기탁처가 된 점, 禪宗의 세속화 등을 지적했다.《襄攀學院學報》, 제33권 4기, 2012년.

7) 김창윤저,《부처를 죽이고 부처가 되라》, 228쪽, 올린책상, 2006.

된 불교극을 새롭게 평가하고자 했으며,[8] 楊毅는 그의 박사학위 논문《宗教與戲劇的文化交融》에서 불교극에 나타난 삼교합일의 양상을 단편적으로 살펴보았다.[9] 여기에서는 이들의 연구성과를 바탕으로 원대 불교극 중 삼교합일의 양상이 어떠한 모습으로 나타나고 있는가를 살피고, 아울러 극 중에서 삼교합일은 어떠한 기능과 의미를 지니고 있는지를 살피고자 한다.

2. 三教合一의 내력

삼교합일의 주장이 대두된 것은 불교가 중국에 전래된 이후 불교가 어느 정도 자생력을 가지게 되고, 아울러 도교가 呪術과 民間信仰 등을 집대성하여 중국 고대의 종교로서 체제를 갖추기 시작한 後漢 말엽부터 시작되었다. 제일 먼저 중국에서 삼교합일을 제창한 사람은 일반적으로 후한의 牟融(?-79)으로 여겨진다. 후한의 사상가 牟融은 그의《理惑論》에서 역사와 문화가 전혀 다른 이질적인 가치관이 접촉하여 생겨난 유불도의 논쟁과 융합의 양상을 생생하게 전하고 있다. 다만 그는 삼교합일 사상을 표방하면서도 불교의 우월성을 주장하고 있는 것으로 보아 불교를 포교할 목적으로 저술했다는 것을 알 수 있다. 그는 다음과 같이《理惑論》에서 주장하였다.

> 서책이 반드시 孔子의 말이어야 하는 것은 아니고, 약이 반드시 扁鵲의 처방이어야 하는 것은 아니네. 이치에 맞으면 따르고, 병을 낫게 하는

8) 毛小雨,〈元雜劇中佛教戲研究〉,《戲曲研究》, 第31輯, 文化藝術出版社, 1989.

9) 楊毅,《宗教與戲劇的文化交融》, 福建師範大學博士學位論文, 2005.

것이라면 양약이지. 군자는 널리 여러 학파의 좋은 것을 취하여, 자신을 온전하게 한다네(書不必孔子之言, 藥不必扁鵲之方. 合義者從, 愈病者良. 君子博取衆善, 以輔其身).[10]

위의 인용문에서 모융은 남들이 자신에게 유교의 五經을 배반하고 불도를 숭상한다는 이단자라고 비난하자, 자신의 삼교합일의 실용주의적 주장으로 대답하였다. 곧 모융은 환자에게 병을 낫게 하는 양약이라면 반드시 편작의 처방이 필요하지 않듯이, 이치에 맞으면 여러 학파의 좋은 점을 취하여 자신을 온전하게 만들면 되는 것이니, 반드시 공자의 책을 볼 필요가 없다고 주장하였다. 그리고 그는《理惑論》에서 불타의 威容이나 행동거지의 관점과 治民修身의 관점에서는 불교와 유교를 조화시키려 했고, 부처를 도덕의 원조라는 점에서는 불교와 도교를 조화사키며, 불교의 도를 老子的인 관점에서 보아 無爲自然을 뜻하는 것으로 해석하였다.[11]

위진남북조 시기에 이르러서 삼교합일의 주장은 더욱 왕성하게 나타났다. 東晉의 孫綽(320-377)은 그의《喩道論》에서 "周公과 孔子가 곧 부처이고, 부처가 곧 주공과 공자이다. (周孔卽佛, 佛卽周孔)"[12]라고 대담하게 말하였고, 南朝 齊나라의 大臣이자 道士인 顧歡(生卒 未詳)은 그의《夷夏論》에서 "부처가 老子이고, 노자가 부처다(佛是老子, 老子是佛)"[13]라고 말하면서 불교와 도교의 근본은 같다고 하였다. 또 北周의 顔之推(531-602)는 그의《顔氏家訓》에서 불교와 유교가 사상적

---

10) 〈理惑論〉,《大正藏》52권, 1쪽.

11) 구보타 료온 지음, 최준식 옮김,《중국 유불도 삼교의 만남》, 22쪽, 민족사, 1990.

12) 〈喩道論〉,《大正藏》52권, 16쪽.

13) 〈夷夏論〉,《大正藏》52권, 41쪽.

으로 한 몸이라고 하면서 다음과 같이 유교의 근본사상인 五常과 불교의 五戒를 조화시켰다.

> 仁이란 不殺生의 禁戒요, 義란 不偸盜의 禁戒요, 禮란 不邪淫의 禁戒요, 智란 不飮酒의 禁戒요, 信이란 不妄語의 禁戒이다. (仁者不殺之禁也, 義者不盜之禁也, 禮者不邪之禁也, 智者不酒之禁也, 信者不妄之禁也)[14]

위의 인용문에서 안지추는 중국 유교사상의 근간을 이루는 五常을 불교사상인 五戒에 배합해 조화를 꾀하였는데, 이러한 것은 일찍부터 행해지던 것으로서, 특히 불교측으로부터 제창되었던 것으로 여겨진다. 더구나 안지추가 살던 北周 시기에는 武帝의 廢佛이[15] 단행되어 불교가 식자들로부터 외면당했으나, 그 와중에서도 불교를 연구하여 유교로 흡수한 것은 실로 흥미로운 일이 아닐 수 없다.[16]

수·당 시기에 이르러 유교와 불교 및 도교는 三敎鼎立의 상태를 이루어 삼교합일은 더욱 진일보한 상태에 이르렀다. 위진남북조 시기에는 단지 형식상으로 삼교합일을 제창하여 이론상 아직 융합을 이루지 못한 반면, 수·당 시기에는 유학 위주의 전제 하에서 삼교가

---

14) 《廣弘明集》 卷三, 《大正藏》 52권, 107쪽.

15) 불교 탄압을 말한다. 일반적으로 말하자면 사원·불당·불상·경서를 파괴하고 승려와 니승(尼僧)을 환속시키며 그들이 소유하고 있는 장원(莊園)과 노비를 국가가 몰수하는 것을 말한다 중국불교사에서는 네 번의 큰 폐불사건이 있었는데 이를 삼무일종의 폐불(三武一宗의 廢佛)이라고 부른다. 삼무(三武)는 북위(北魏)의 태무제(太武帝: 재위 423~452), 북주(北周)의 무제(武帝: 재위 560~578), 당(唐)의 무종(武宗: 재위 840~846)을 가리키고, 일종(一宗)은 후주(後周)의 세종(世宗: 재위 954~959)을 가리킨다.

16) 구보타 료온 지음, 최준식 옮김, 《중국 유불도 삼교의 만남》, 143쪽, 민족사, 1990.

이론상 융합을 실현하였다.[17] 隋代에는 서로 배척하는 일이 없이 융합조화론만이 주장되었다. 도교와 불교 사이에는 李士謙(生卒 未詳)이 三敎鼎立說을 주장하였고, 유교와 불교 사이에는 王通(584-617)이 삼교융합설을 주장하였다.[18] 당나라 시기에 이르러 불교와 도교, 불교와 유교 사이에는 격렬한 논쟁이 벌어지기도 하였는데, 이러한 논쟁 후에 宗密(780-841)은 〈原人論〉에서 중국 사상인 유교·도교를 불교의 입장에서 정의하여 삼교일치설(三敎一致說)을 전개하였으며 이후 五代까지는 삼교합일설이 주류를 이루었다.[19]

宋·元 시기 사상영역에 있어서 삼교합일은 고도로 이루어졌고, 삼교합일의 결과는 封建 宗法制度 이론의 최고 성취를 대표하는 理學의 탄생이며, 또한 흥성 시기의 도교도 유불도를 한 몸으로 융합하는 완전히 새로운 도교파인 全眞敎를 형성하였다.[20] 유교는 송대에 이르러 더욱 불교를 연구하고 그 교리를 취하여 마침내 자연철학을 대성하여 이른바 유교의 황금시대를 이루었다. 송대의 유학자들은 불교 중에서도 특히 禪과의 교섭이 밀접했는데, 禪은 不立文字를 표어로 내세우고 있을만큼 그 교리도 대단히 간단하였다. 따라서 그 수도 방법도 指心見性을 목적으로 하는 것에 불과했기 때문에 유교도들로부터 대단한 환영을 받았다. 따라서 송대 理學은 禪을 기초로 하고 있다고 말할 수 있다.[21] 이렇듯 宋代의 삼교합일은 주류가 되었고

17) 楊軍, 〈宋元時期 '三敎合一' 原因探析〉, 江西社會科學, 98쪽, 2006.

18) 구보타 료온 지음, 최준식 옮김, 《중국 유불도 삼교의 만남》, 145-146쪽, 민족사, 1990.

19) 林義正, 〈儒佛會通方法研議〉, 188쪽, 《佛學研究中心學報》, 第七期, 2002.

20) 楊軍, 〈宋元時期 '三敎合一' 原因探析〉, 江西社會科學, 98쪽, 2006.

21) 구보타 료온 지음, 최준식 옮김, 《중국 유불도 삼교의 만남》, 195쪽, 민족사, 1990.

매우 흥성하였으니, 일례로 北宋 때 승상을 지낸 張商英(1043-1121)은 그의 〈護法論〉에서 "儒는 피부를 낫게 하고, 道는 혈맥을 낫게 하고, 佛은 골수를 낫게 한다"(儒療皮膚, 道療血脈, 佛療骨髓)라고 했으며,[22] 南宋 때 제2대 황제 孝宗(1127-1194)은 그의 〈原道辨〉에서 "그것을 대강 말한다면 불교로써 마음을 닦고, 도교로써 양생하고, 유가로써 치세하면 되는데, 또 어찌하여 미혹되겠는가?"(大略謂之, 以佛修心, 以道養生, 以儒治世, 可也, 又何惑焉)라고[23] 했다. 또 이러한 宋代 삼교합일의 사상은 元代에 이르러서도 여전히 시대 조류로써 작용하였다. 일례로 원말 명초의 유학자 출신으로 불교에 귀의한 劉謐(유밀)(生卒 未詳)은 그의 〈三教平心論〉에서 유불도 삼교가 이치로 추리하자면 처음부터 같지 않았다고 할 수 없으며, 동일한 기원을 가졌지만 셋으로 나뉘었다고 하면서[24] 三教鼎分說을 주장하였다. 이렇듯 삼교합일의 사상은 원잡극이 성행했던 당시에 주류적 종교사상이 되었으며, 이러한 점은 원잡극 중의 불교극에 분명하게 반영되어 있다.

3. 불교극 중의 유교적 성분

원잡극 중 불교극에는 당연히 불교사상이 핵심적 주도작용을 하지만 극 중에는 당시에 성행한 삼교합일의 영향으로 말미암아 유교적 사상이 결합되어 나타난다. 종교로서의 유교는 공자에 의해 창시

22) 〈護法論〉, 《大正藏》 52권, 643쪽.

23) 〈原道辨〉, 《大正藏》 49권, 429쪽.

24) 임형석, 〈劉謐의 '三教平心論'에 대하여-유교의 排佛論에 대한 불교도의 반응〉, 《한국철학논집》 제20집, 74쪽.

되어 맹자, 한유, 주자, 등으로 이어진 현실주의적 사상 체계로서, 현실 생활에서의 五常 곧 仁義禮智信 등의 도덕적 덕목을 중시하며, 그 핵심은 수기치인(修己治人), 즉 자기를 완성하여 군자가 되어 남에게 덕행을 미치도록 하는 것이다. 이러한 점에서 볼 때 원잡극 중 불교극에는 당시의 현실생활을 반영하고 현실생활 중 인간 중심의 윤리를 중시하는 유교적 요소가 고통 속의 현실을 초탈하여 청정한 열반의 세계를 지향하는 불교적 요소와 결합되어 나타난다. 그리하여 원잡극 중 불교극에서는 이러한 유교적 요소가 혹은 유교사상의 윤리규범을 직접 선전하는 모습으로 나타나기도 하고, 혹은 원나라 당시 열악한 지위에 처한 知識分子 등 당시의 현실문제를 반영하는 것으로 나타나기기도 한다. 그러면 삼교합일의 영향으로 인한 이러한 유교적 요소가 원잡극 중 불교에는 어떠한 양상으로 나타나고 있는지 살펴보자.

1) 유교사상의 윤리규범

원잡극 중 불교극은 분명 불교극임에도 불구하고 종종 극 중에 유교사상의 윤리규범을 직접적으로 선전하기도 한다. 일례로 〈간전노〉와 〈서유기〉·〈동파몽〉에서 극의 작자는 유교사상의 윤리규범을 극 중 등장인물을 통하여 선전한다.

먼저 鄭廷玉(生卒 未詳)의 〈간전노〉는 인괴응보의 사상을 배경으로 당시 사회에 나타났던 守錢奴의 추악한 모습을 드러낸 諷刺喜劇이다. 극의 제1折에서 神廟 중의 靈派侯는, "속담에서 말하길, 不孝하면 千 묶음의 종이돈을 (신령님께) 태우더라도 쓸모없고, 양심에 부끄러우면 향로에 만 개의 향을 피어도 헛되다(便好道, 不孝謾燒千束紙, 虧

心空爇萬爐香)"라고[25] 하였다. 극 중에서 靈派侯가 한 위의 말은《明心寶鑑》省心篇에도 나오는 유명한 것으로, 유교 윤리의 핵심 규범인 孝道와 良心을 강조한 것이다. 또 〈간전노〉의 극 중 주인공으로 등장하는 周榮祖는 楔子 부분에서 다음과 같이 노래한다.

> 【仙呂賞花時】또 일찍이 불교 경전과 유교의 宗師 책을 자세히 공부했나니, 모두 積善修心이 제일이라고 아니한 것이 없었다오. 우리 집안이 富貴한 것도 조상님들이 덕을 쌓았기 때문이요. 그분들이 왜 仁德을 베풀었나면, 孝子와 賢妻를 얻기 위해서지요(也曾將釋典儒宗細講習, 無非是積善修仁爲第一. 則俺這家豪富是祖先積. 他爲甚施仁布德, 也則要博一个孝子和賢妻).[26]

위의 인용문에서 알 수 있듯이, 극 중의 주인공 주영조는 제일 처음 부르는 노래를 통하여 '積善修心'과 '人德' 및 '孝子賢妻'라는 유교적 윤리규범을 칭송하고 있음을 알 수 있다. 그리하여 〈간전노〉의 작자가 극 중에서 진정으로 표현하고 선양하고자 하는 것은 인과응보의 불교사상이 아니라 도리어 유교의 윤리규범이라고 여겨지기도 한다. 곧 여기에서 불교라는 종교사상은 작품의 목적이 아니라 수단이라고 여겨지기도 한 것이다.[27] 물론 이렇게 작품의 목적과 수단이 논자에 따라 다르게 해석될 수 있는 것은 불교극인 〈간전노〉에 삼교합일의 복합적 사상이 핵심적 기능을 하기 때문이다.

원잡극 〈서유기〉는 唐代 玄奘(602-664)의 西天取經이라는 역사적 사실을 바탕으로 이전부터 전해오던 여러 가지 신화와 전설 등을 가

25) 王學奇 主編,《元曲選校注》, 第4冊 下卷, 3986쪽, 河北教育出版社, 1994.

26) 王學奇 主編,《元曲選校注》, 第4冊 下卷, 3982쪽, 河北教育出版社, 1994.

27) 張麗娟, 〈元雜劇 '看錢奴' 佛教思想之新解〉,《文藝評論》, 10期, 2010년.

미한 불교극이다. 그러나 극 중에는 인과응보나 불경의 이야기 등을 비롯한 불교사상 뿐만 아니라 도리어 유교적 도덕규범 또한 종종 나타난다. 극 중의 주인공인 唐僧으로 등장한 玄奘은 西天取經을 위한 여러 대신들의 환송식에서 "신하로서 忠誠을 다하고, 자식으로서 孝道를 다하리. 충성과 효도 두 가지를 겸비하게 되면, 나머지는 보답할 것이 없네. (爲臣盡忠, 爲子盡孝, 忠孝兩全, 餘無所報)"라고[28] 충성과 효도를 다할 자신의 각오를 밝힌다. 또 제10齣의【牧羊關】에서는 山神의 노래를 통하여"이번 西天取經의 出行이 半은 백성을 위해서 이고, 半은 국가에 보답하고자 하기 때문이네. (此一行半爲於民, 半爲報國)"라고 하면서 유교에서 중시하던 爲民報國의 사상을 드러냈다.

吳昌齡(生卒 未詳)의 〈동파몽〉은 高德을 지닌 佛印禪師(1032-1098)가 세속의 고통 속에 방황하는 친구인 소동파(1036-1101)를 도탈시켜 불교에 귀의하게 만드는 도탈극이다. 그런데 극의 주인공인 불인선사는 제4折에 등장하면서 곧 이렇게 말하고 있다.

> 불인선사: 나무아미타불. 이번에 피우는 향불로는 우리 임금님께서 萬壽를 누리시고 신하들이 千壽를 누리길 축원합니다. 이번에 피우는 향불로는 백성들이 맡은 일을 즐겨하고 五穀이 풍년들길 축원합니다(南無阿彌陀佛. 此一炷香願吾王萬壽, 臣宰千秋, 此一炷香願黎民樂業, 五穀豐登).[29]

위의 인용문에 보인 바와 같이 극 중 승려 신분인 불인선사는 극 중의 마지막 折인 제4절에서 도리어 국왕의 萬壽를 기원하고 백성들이 각각 자신의 일을 즐겨하기를 축원하였다. 그리고 그는 곧【雙調新水令】에서 "國泰民安하고 단비가 제 때에 내리길 기원하노라(國泰

---

28) 隋樹森編,《元曲選外編》, 第2冊, 中華書局, 1987, 648쪽.

29) 王學奇 主編,《元曲選校注》, 第3冊 下卷, 3141쪽, 河北教育出版社, 1994.

民康願甘雨及時降)"라고 노래하였다. 이렇듯 불교극인 〈동파몽〉에 유교적 색채가 분명한 윤리사상과 규범 등이 나타난 것은 원나라 시기의 불교에 삼교합일의 사상이 확실한 주류로 자리잡고 있음을 보여주는 것이라고 여겨진다.

2) 열악한 지위의 지식분자

원잡극 중의 불교극에는 원나라 당시 사회적으로 열악한 지위에 처한 지식분자의 모습을 반영하는 것들이 보이는데, 〈간전노〉와 〈동파몽〉 및 〈원청경〉의 주인공으로 등장하는 지식분자의 형상이 대표적인 것이다. 이 중 〈간전노〉에서 儒學을 학습하여 과거에 응시하였으나 낙방한 지식분자인 秀才 周榮祖는 落魄한 지식분자의 비참함을 잘 보여주고 있다. 극 중에서 주영조는 사회의 하층으로 전락한 지식분자의 처참한 모습을 대표하고 있으니, 그는 극 중에서 자신의 경제적 어려움을 감당하지 못해 부유한 사람에게 자신의 아들까지 팔아야만 했다. 그리하여 논자에 따라서는 중국의 고전문학 작품 중 어느 시대의 작품도 지식분자의 비참함을 원잡극 〈간전노〉 중 주영조의 모습보다 더 비참하게 묘사한 것이 없다고 말하기도 한다.[30]

〈동파몽〉에서 소동파는 고통과 시련에 처한 지식분자의 형상을 보여주고 있다. 극 중에서 피도탈자인 그는 현실에 참여하려는 강한 유교적 사유를 지니고 도탈자인 불인선사를 설득하고 유혹하였으나, 끝내는 성공하지 못하고 도리어 불교에 귀의한다. 극 중에서는 이러한 유교적 사유와 불교적 사유의 충돌 중에 지식분자로서 피도탈자인

30) 毛小雨, 〈元雜劇中佛教戲研究〉, 《戲曲研究》, 第31輯, 20쪽, 文化藝術出版社, 1989.

소동파의 고통과 시련이 계속 묘사되는데, 이는 일시적으로나마 관직에 나아간 지식분자의 고통과 시련을 보여주는 것이라고 생각된다.

무명씨의 〈원청경〉은 원숭이가 주인공으로 등장하는 특이한 도탈극으로, 극 중에서 원숭이는 落魄한 지식분자인 樵夫(나무꾼)와 과거에 급제한 문인으로 두 차례 신통한 변신을 하다가, 결국에는 高僧인 修公禪師의 도움을 받아 得道하고 解脫하여 극락세계에 이른다. 그런데 극 중에서 원숭이가 변신한 樵夫와 과거에 급제했지만 여러 고통과 시련을 겪은 문인은 원잡극 중의 불교극에 나타난 지식분자의 두 가지 대표적인 유형인데, 〈원청경〉의 원숭이는 결국 이 두 가지 지식분자의 유형을 모두 아우르고 있다. 그러면 극 중에 나타난 이 지식분자의 인물형상을 원문을 중심으로 살펴보자.

> (正末이 나무꾼으로 분장하고 등장하여 말하길): 저는 이 산 아래의 나무꾼(樵夫)입니다. 姓은 余씨이고 이름은 舜夫이에요. 저는 비록 나무꾼이지만 어려서 儒家의 學業을 배웠지요. 家業이 쇠락하고 功名을 이루지 못했으니 어찌 하겠어요. 단지 늘 이 산에서 나무를 채취하며 살지요. 저 같은 선비가 공연히 국가를 다스리고 세상을 구할 재주를 지니고서는 여전히 이렇게 빈궁하게 지내니 정말 서글프네요. (노래한다) ……
>
> 【油葫蘆】…… 총명한 사람은 오랫동안 곤궁하여 한가롭게 지내고, 어리석은 이가 벼슬을 받는구나. 십년 동안 바람과 눈보라 속에서 힘들게 공부했건만, 가난한 내가 언제 부귀영화를 누릴지 모르겠구나. (正末扮樵夫上, 云)小人是這山下一个打柴的樵夫, 姓余名舜夫. 小人雖是个樵夫, 幼習儒業, 爭奈家業凋零, 功名未遂, 常只是在此山中採樵爲生. 想俺這讀書的, 空有經綸濟世之才藝, 產的在此窮暴之中, 好是傷感人也呵! (唱) ……【油葫蘆】…… 聰明的久困在閑, 愚蠢的爵祿封. 自俺那寒窗風雪十年凍, 不知俺受貧的却也甚日榮.)[31]

31) 隋樹森編, 《元曲選外編》, 第2冊, 中華書局, 1987, 949쪽.

극 중에서 儒家의 학업을 배웠으나 功名을 이루지 못하여 산에서 나무를 채취하며 사는 樵夫로 변신한 원숭이는 원나라 당시 가난하고 힘든 세상을 원망하고 있는 지식분자의 보편적 형상을 반영하고 있다고 볼 수 있다. 그런데 극의 第三折에서 원숭이는 과거에 급제하여 공명을 이룬 袁遜이라는 文人의 신분으로 등장한다. 그러나 극 중 그의 운명은 고통과 시련의 연속이며, 결국 그는 부귀공명을 버리고 佛法에 귀의하게 된다. 이렇게 볼 경우 〈원청경〉 중에서 원숭이가 초부의 문인으로 변한 것은 당시 지식분자들의 두 가지 형상을 하나의 작품에서 함께 보여주는 특이한 경우라고 하겠다.

3) 냉혹한 현실 반영

원잡극 중의 불교극은 종교극임에도 불구하고 극 중에서는 원나라 당시의 냉혹한 현실을 직접적이고도 중점적으로 반영하기도 한다. 이러한 점은 불교가 내세지향적인 종교임을 감안하면 분명 현실지향적인 당시의 유교사상과 일정한 연관이 있다고 볼 수 있다. 물론 불교극 중 이러한 냉혹한 현실반영이라는 현실지향적 경향은 현실지향적인 유교사상의 직접적 결과라고 말하기는 어렵다. 만일 수학적인 표현을 빌린다면, 유교사상은 현실지향적 경향의 充分條件이지만, 불교극 중의 현실지향적 경향은 유교사상의 必要條件에 가깝다고 말할 수 있겠다. 이러한 점에서 본다면 불교극 중의 현실지향적 경향은 원나라 시기 성행했던 삼교합일의 추세와 일정한 연관을 지니고 있다고 하겠다. 여기에서는 원잡극 중의 불교극에서 원나라 당시의 냉혹한 현실을 반영하는 것으로 〈도류취〉와 〈최부군〉을 살펴보자.

李壽卿의[32] 〈도류취〉는 도탈자인 月明和尙이 기녀 신분의 피도탈자 柳翠를 세속적 욕망에서 벗어나 새로운 생명의 세계에 진입하도록 만드는 도탈극이다. 〈도류취〉는 도탈극이기 때문에 피도탈자인 류취는 새로운 생명으로 재탄생하기 위해 많은 고통과 고난 및 시련을 통과해야 한다. 그녀는 극 중에서 돈을 벌기 위해 대도시인 杭州에서 비참한 기녀 생활을 하고 있다. 그런데 이러한 점은 원나라 시기의 기녀 문제를 상당히 반영하고 있다고 말할 수 있다. 곧 원나라 시기에는 도시 상품경제가 기형적으로 발전하고 관료와 지주 및 상인들이 향락을 추구하여 기녀가 매우 성행하였다. 원나라 시기 중국을 방문했던 이탈리아의 마르코 폴로가 지은 《東方見聞錄》에 의하면, 당시 원의 수도였던 大都의 성곽 밖에는 기녀가 25,000명이나 있었다고 한다.[33] 그런데 이들 중 樂籍에 올라 官妓가 되고 특히 上廳行首가[34] 되면 더욱 더 관부의 압박을 받았고, 지방관들은 '喚官身'[35]이라는 명의로 마음대로 불러다 연회와 술자리에서 향락을 추구하였다.[36] 극 중에서는 이러한 당시의 기녀 형상이 생동적으로 묘사되었다.

무명씨의 〈崔府君〉은 원잡극 중의 불교극에서 인과응보적 종교적 색채가 제일 강렬하고 단순하게 묘사된 작품으로, 극 중 주인공인 張善友의 두 아들이 前生에 지은 業의 果報를 今生에서 갚고 있는 것

32) 《元曲選》에서는 無名氏의 작품으로 보았으나 지금은 대부분 李壽卿의 작품이라고 여긴다.

33) 김명석, 《역사 속 중국의 성문화》, 167쪽, 한국학술정보, 2010.

34) 上廳은 官府를 가르키고 行首는 관기 중 미모와 재능이 뛰어난 기녀를 가리킴.

35) 官府에서 藝人을 부르면 관부에 가서 의무적으로 가서 시중들고 가무를 공연하는 것.

36) 毛小雨, 〈元雜劇中佛教戲研究〉, 《戲曲研究》 第31輯, 24쪽, 文化藝術出版社, 1989.

을 핵심 내용으로 하고 있다. 그런데 극 중에서 張善友의 큰아들이 죽을 병에 걸려 죽게 되는데, 그가 병에 걸리게 된 내력을 묘사한 부분이 다음과 같이 나타나 있다.

> 큰아들: 어머니, 제가 이 병을 왜 걸린지 모르시지요. 제가 그날 전당포 문 앞에서 때마침 양고기구이집을 지나다가, 맛있는 냄새가 코를 찌르자 양고기를 보고는 먹고 싶어서 한 근에 얼마냐고 물었지요. 주인이 한 근에 두 貫이라고 하던데요. 제가 어떻게 두 貫을 주고 사서 먹겠어요. 저는 그 양고기를 두 손으로 두 번 집고는, 양이 말랐다는 핑계로 사지 않았어요. 그리고는 기름 묻힌 두 손을 소매에 넣고는 집에 와서 밥을 퍼서는 한 손에 묻은 기름을 몇 입 핥어 밥 한 그릇을 먹었어요. 한 끼로 다섯 그릇을 배불리 먹었더니 졸렸어요. 또 남은 한 손의 기름은 점심 때 먹으려고 했는데, 제가 저도 몰래 잠이 들어 한 손을 소매 밖으로 내놓았어요. 그런데 개 한 마리가 와서는 내 손의 기름을 깨끗이 핥어먹었어요. 그것 때문에 화가 나서 이렇게 병에 걸렸어요(乞僧云: 娘也, 我這病你不知道, 我當日在解典庫門前, 適値那賣燒羊肉的走過. 我見了這香噴噴的羊肉, 待想一塊儿吃, 我問他多少錢一斤, 他道兩貫鈔一斤. 我可怎生舍的那兩貫鈔買吃? 我去那羊肉上將兩只手捏了兩把, 我推嫌羊瘦, 不曾買去了. 我却袖那兩手肥油, 到家里盛將飯來, 我就那一只手上油舔幾口, 吃了一碗飯. 我一頓吃了五碗飯, 吃得飽飽兒了, 我便瞌睡去. 留着一只手上油, 待吃晌午飯. 不想我睡着了, 漏着這只手, 却走將一個狗來, 把我這只手上油都吮干淨了. 則那一口氣, 就氣成我這病).[37]

위의 인용문에서 〈최부군〉의 작자는 과장과 嘲笑의 수법을 동원하여 풍자함으로써 인색한 수전노의 추악한 형상을 생생하고 해학

37) 王學奇 主編, 《元曲選校注》, 第3冊 下卷, 2868쪽, 河北教育出版社, 1994.

적으로 보여주고 있다. 위에 의하면 주인공인 장선우의 큰아들의 병은 수전노적인 홧병이다. 그는 양고기구이집의 양고기를 먹고 싶지만 돈이 아까와 차마 사먹지 못하고, 사는 척하면서 두 손에 양고기기름을 흠뻑 묻힌다. 그리고는 집에 돌아와 한 손에 묻힌 기름으로 다섯 그릇의 밥을 먹고 잠이 들었는데, 때마침 개가 와서는 남은 한 손의 기름을 모두 핥어 먹어버린 것에 화가 나서 죽을 병에 결렸다. 그런데 이러한 수전노의 인물형상 묘사는 〈간전노〉의 第三折에도 거의 똑같게 나타나 있어[38] 당시 수전노의 인물형상을 보여주는 보편적인 묘사라고 여겨진다.

이상에서 삼교합일의 관점을 통하여 원잡극 중의 불교극에 나타난 유교적 성분을 살펴보았다. 위에서 살펴보았듯이 극 중의 유교적 성분은 불교적 성분과 결합되어 나타났는데, 혹은 忠孝 등 유교의 도덕규범을 직접 선전하기도 하였고, 혹은 원대 당시 열악한 지위에 처한 지식분자의 현실과 갈등을 강렬하게 반영하는 양상으로 나타나기도 하며, 혹은 당시 사회에 존재했던 어두운 사회문제 등을 반영하는 모습으로 나타나기도 하였다. 그리하여 극 중에서 작자는 불교교리를 선전해야 하는 불교극의 주인공임에도 불구하고 도리어 유교적 도덕규범을 지니고 있음을 보여주었고, 또한 현실사회 중 사회적 지위가 열악했던 유교적 지식분자의 비참한 형상을 보여주기도 하였다. 이러한 점으로 볼 때 삼교합일 중의 유교적 성분은 불교극을 무미건조한 종교선전물에서 벗어나 더욱 생동적이고 문학적 의미를 지니게 만드는 기능을 하였다고 여겨진다.

38) 王學奇 主編,《元曲選校注》, 第4冊 下卷, 4021쪽, 河北教育出版社, 1994.

4. 불교극 중의 도교적 성분

도교는 고대의 民間信仰을 기초로 神仙說을 중심에 두고 老莊思想·역리(易理)·음양·오행·참위(讖緯)·의술·점성, 그리고 불교와 유교사상까지 받아들여, 심신의 수련을 통한 不老長生을 주요 목적으로 삼고 現世의 吉福을 추구하는 종교이다.

원잡극 중의 불교극에는 삼교합일 사상의 영향으로 이러한 도교적 성분이 보이는데, 유교적 성분에 비해 전반적이지 못하지만 여러 작품에 도교적 성분이 보인다. 이러한 도교적 성분은 원잡극 중의 불교극에서 도교적 생활규범을 칭송하면서 나타나기도 하고, 혹은 도교의 이상인 長生不死의 사상과 도교적 성분이 불교적 성분과 결합되어 나타나기도 한다. 그러면 개별 작품을 중심으로 불교극 중에 나타난 도교적 성분을 살펴보자.

1) 도교적 생활규범

원잡극 중 불교극에는 도교적 생활규범이 극 중에서 직접 주창자의 노래를 통하여 나타나기도 하는데, 이는 다른 불교극과 비교하면 상당히 독특한 것으로 도교적 성분이 비교적 강하게 묘사된다. 그러면 이러한 도교적 생활규범이 직접적이면서도 비교적 자세히 나타난 〈서유기〉를 원문을 중심으로 살펴보자.

> (唐僧 일행이 등장하여 말하길): 女人國을 떠나 한 달 동안 나섰는데, 앞이 어디인지 모르니 마을 사람에게 길을 물어야겠다. …… (퇴장) (採藥仙人이 漁鼓와 簡子를[39] 지니고 등장): 산이 높고 물이 깊구나. …… 만약 酒色財氣를 벗어날 수 있다면, 속세의 신선

이 될 수 있으리라. (노래한다)

【南呂玉交枝】 술을 탐하길 싫증이 없어서, 매일 맛있는 술 가득하다네. …… 술이여! 천하 사람들이 싫어하는 명성을 날린다네.

【幺】 누구를 그리워하는가? 일찍이 용모가 멋진 美女이지오. …… 女色이여! 천하 사람들이 싫어하는 명성을 날린다네.

【幺】 부유한 것은 지나치게 검소한 것이고, 호화로운 생활은 수단을 가리지 않고 재물을 모은 것이네. …… 재물이여! 천하 사람들이 싫어하는 명성을 날린다네.

【幺】 영웅처럼 화내는 기세는 맹수 같아서 그칠 줄 모른다네. ……화냄이여! 천하 사람들이 싫어하는 명성을 날린다네. (唐僧一行人上, 云)自離了女人國, 行經一个月期. 不知前至那裏, 得個地方人, 問他問路兒也好. (下)(採藥仙人持漁鼓,簡子上, 云)山兮山兮高, 水兮水兮深. …… 若離得酒色財氣, 便堪爲塵世神仙. (唱)【南呂】【玉交枝】 貪杯無厭, 每日價汎流霞瀲灩. …… 酒呵, 播聲名天下嫌.【幺】 待誰來挂念 ? 早則是桃腮杏臉. …… 色呵, 播聲名天下嫌.【幺】 富豪的偏儉, 奢華的無過是聚斂. …… 財呵, 播聲名天下嫌.【幺】 英雄氣焰, 貔虎般不能收斂. …… 氣呵, 播聲名天下嫌.[40]

위의 인용문은 〈서유기〉 第十八齣인 〈迷路問仙〉의 앞부분으로서, 극 중의 주인공 唐僧 일행이 등장하지만 위에서와 같이 곧 퇴장하고 도교사상을 선전하는 採藥仙人이 등장하여 극 중에서 主唱者의 역할을 담당하고 있으니, 불교극 중에서는 매우 독특한 경우라고 하겠다. 위의 인용문 중 극 중의 주창자인 採藥仙人은 속세에서 신선이 되기 위해서는 酒色財氣(술과 女色 및 재물 욕심, 그리고 화를 내는 것)라는 네 가지 사항을 경계할 것을 노래하고 있다. 그런데 주색재기는 도교

39) 漁鼓와 簡子는 희곡에서 道情을 노래할 때 반주하는 타악기.

40) 隋樹森編, 《元曲選外編》, 第2冊, 中華書局, 1987, 979-980쪽.

에서 수련의 과정 중 인간이 경계해야 하는 대표적인 것이다. 이렇듯 玄奘의 取經故事를 핵심 내용으로 하는 불교극인 〈서유기〉에서 도교적인 성분이 사용되어 불교적인 성분과 결합되어 있음을 알 수 있다.

2) 도교적 이상 추구와 도교 용어의 사용

원잡극 중 불교극에서는 도교에서 수련을 통하여 최종적 목표로 추구하는 長生不死나 昇天 등 도교적 이상이 일반적으로 극의 결말 부분에서 종종 나타난다. 이것은 극 중 주인공이 여러 가지 힘든 고난과 수행을 통하여 성취하고자 하는 목표가 종종 장생불사나 白日昇天 등의 도교적 이상이기 때문이다. 이러한 경우 극 중 주인공의 수행 과정은 비록 불교적인 성분이 대부분이지만, 결말에는 도리어 도교적 성분과 결합되어 있음을 보여주고 있다. 그러면 개별 작품을 중심으로 살펴보자.

鄭廷玉의 〈忍字記〉는 도탈자인 布袋和尙이 여러 가지 힘든 과정을 통하여 피도탈자인 주인공 劉均佐를 도탈시키는 내용의 불교 도탈극이다. 그런데 극 중의 주인공인 유균좌는 온갖 수행을 통하여 결국 도탈되었는데, 극의 결말은 도교적 성분이 불교적 성분과 결합되어 나타난다. 그러면 〈인자기〉의 원문을 중심으로 살펴보자.

【堯民歌】…… 사부님이 만일 昇天해 버리시면 어떡하지요? ……
(포대화상): 유균좌는 들어라. 그대는 凡人이 아니라 天上의 제13尊 羅漢인 賓頭盧尊者[41]이니라. 네 부인도 凡人이 아니라 驪山老母

41) 빈두로(賓頭盧)는 산스크리트어로 Pindolabharadvaja이고 16羅漢 가운데 한 사람이다. 한역하여 부동이근(不動利根)이라고 한다.

가 되었느니라. 또 네 아들 딸은 金童과 玉女가 되었느니라. (【堯民歌】…… 師傅也不爭你昇天去後我如何. …… (布袋云:) 劉均佐, 你聽者. 你非凡人, 乃是上界第十三尊羅漢賓頭盧尊者. 你渾家也非凡人, 他是驪山老母一化.你一雙男女. 一個是金童, 一個是玉女.)[42]

위의 인용문은 〈인자기〉의 결말 부분인 第4折의 마지막 부분으로서, 극 중에서 힘든 수행을 통과한 주인공 유균좌가 어떠한 모습으로 도탈되는지를 보여주고 있다. 그런데 위에서 유균좌는 먼저 극 중의 노래를 통하여 자신의 수행 목표가 도교적 修鍊의 이상인 '昇天'임을 분명히 하고 있다. 그리고 도탈자인 포대화상은 유균좌의 수행결과를 말하면서 유균좌뿐만 아니라 그의 가족들도 이미 '凡人'이 아니라 속세를 초월하였음을 말하고 있다. 또 위의 〈인자기〉에는 여러 가지 도교 용어들이 사용된다. 일례로 金童과 玉女는 도교에서 神仙을 옆에서 모시는 천진무구한 남녀 아이들인데, 위의 〈인자기〉에서는 도탈한 주인공의 아들과 딸이 각각 金童과 玉女로 변하며, 또한 驪山老母는 도교의 고대 전설 중 여성 神仙의 이름인데, 〈인자기〉에서는 도탈한 주인공의 부인이 최후에는 驪山老母로 변한다. 이렇듯 〈인자기〉의 결말에서는 극 중의 주인공 가족들이 불교적 성분과 함께 도교적 성분의 형상으로 함께 결합되어 나타나고 있음을 볼 수 있다.

劉君錫(生卒 未詳)의[43] 〈내생채〉는 당나라 시기 역사적 실존인물인 龐蘊居士(生卒 未詳)의 行蹟을 인과응보와 윤회사상을 중심으로 묘사한 불교극이다. 극 중에서 주인공인 방온거사는 전당포를 운영하면서 좋은 일을 한다는 생각으로 돈을 빌려주었는데, 뜻밖에 그에게

42) 王學奇 主編, 《元曲選校注》, 第3冊 上卷, 2732쪽, 河北敎育出版社, 1994.

43) 《元曲選》에서는 無名氏의 작품이라고 하였다.

서 돈을 빌린 채무자는 고리대로 인한 어려움으로 빚을 갚지 못하여 그 괴로움으로 병에 걸리고 만다. 곧 방거사는 돈을 빌려주는 자신의 好意가 도리어 고리대로 인하여 남에게 來生에서의 채무 곧 '來生債'를 만드는 끔직한 결과를 야기하는 사실을 간파하였다. 이러한 이유로 극 중에서 방거사는 자신의 많은 재산이 재앙의 근원임을 깨달아 집안의 재산과 보물들을 바다에 버리고, 채무자들과의 계약서를 불태워 버리며, 스스로 청빈한 생활을 한 결과, 최후에는 得道하여 白日昇天하게 된다. 그러면 원문을 중심으로 구체적으로 살펴보자.

> 【殿前歡】…… (增福神): 방온거사, 당신은 오늘 功德을 이루고 修行을 원만히 갖추어서, 수행의 果報인 깨달음을 證得하였으며 속세를 떠난 神仙의 경지에 들었습니다.
>
> (방온거사가 노래한다): 六道輪回에 들지 않고 또 제가 平地升天하길 바랍니다. (【殿前歡】…… (增福神云): 居士今日功成行滿, 證果朝元也. (正末唱) 不打入六道輪回轉, 又待着俺平地升天).[44]

위의 인용문은 〈내생채〉의 제4절 마지막 부분으로서, 극 중의 주인공인 방온거사가 청빈한 修行을 완성한 후 그가 얻게 되는 果報를 보여주고 있다. 위의 극 중에서는 원잡극 중의 불교극에서 인간의 生死와 貴賤 및 高下를 관장하는 增福神이 등장하여 극 중의 주인공 방온거사가 '功成行滿' 하여, 그 결과 '證果朝元' 했음을 알려준다.

그런데 극 중의 주인공 방온거사가 극 중에서 '功成行滿'한 果報인 '證果朝元'이라는 용어는 불교 희곡 용어에서 자주 사용되는 것으로 다소 독특한 造語法으로 이루어졌다. 곧 '證果朝元'은 '證果' '朝元'이라는 두 개의 용어가 결합되어진 것인데, 각기 불교와 도교에

44) 王學奇 主編,《元曲選校注》, 第1冊 下卷, 926쪽, 河北教育出版社, 1994.

서 사용하는 용어로서, '證果'는 불교의 수행자가 부단한 精進修行을 한 후에 얻게 되는 결과인 果報를 證得(진리를 깨달음)함을 말하고, '朝元'은 도교의 수련자가 부단한 수련을 통과하여 神仙의 경지에 진입하는 것을 말한다. 이렇듯 '證果朝元'이라는 용어는 의미가 비슷한 불교와 도교의 용어를 결합한 것으로, 원잡극 불교극에는 불교적 성분과 함께 도교적 성분도 용어상에서 함께 결합되어 사용되고 있음을 알 수 있다.

한편 위의 인용문에서 극 중의 주인공 방온거사는 增福神에게 자신의 수행 목표를 노래하는데, 그는 자신이 더 이상 六道輪回에 들지 않고 平地昇天하기를 기원한다. 여기에서 六道輪回는 불교에서 중생이 善惡의 업인(業因)에 따라 地獄과 餓鬼, 畜生, 修羅, 人間, 天上의 여섯 세계를 윤회하는 고통을 겪게 된다고 믿는 것으로, 방온거사는 수행 후 이러한 육도윤회의 고통에서 벗어나 涅槃의 세계에 진입하기를 기원하였다. 그런데 여기에서 방온거사는 또 자신이 수행 후 平地昇天하기를 바랐는데, 平地昇天은 본시 도교에서 수련자가 추구하는 목표이자 이상인 神仙의 경지에 진입하는 것이다. 이상과 같은 사실에서 우리는 극 중에서 방온거사가 수행 후 추구하는 이상적 목표로서 불교적인 성분과 도교적인 성분이 함께 결합되어 있음을 알 수 있다.

5. 원잡극 중 불교극의 의의

원잡극 중에는 인과응보나 윤회관념 등 불교적 사상과 교리를 선전하는 것을 주된 내용하는 불교극이 8편 전해지고 있다. 그리고 그 중에는 세속적 인물형상을 神聖한 인물형상으로 濟度하고 解脫시키는 내용의 도탈극이 4편, 인과응보의 사상을 전달하기 위한 내용의 인과응보극이 3편, 이와는 달리 다소 독특한 내용과 구성으로 당나라 玄奘의 西天取經을 묘사하여, 후세에 명대 吳承恩의 소설《서유기》 형성에 상당한 영향을 끼친 잡극 〈서유기〉가 있다.

원잡극 중의 불교극은 불교라는 종교를 핵심으로 하기 때문에 분명 종교극이다. 그러나 원잡극 중의 종교극은 서양 중세의 종교극이나 일본의 노오(能)나 인도 고전의 종교극인 梵劇과는 달리, 종교적 경건함이나 엄숙함이 거의 없으며, 도리어 세속성과 오락성을 핵심으로 하는 喜劇적인 분위기로 충만되어 있다. 원잡극 중 불교극의 이러한 성격은 여러 가지 관점에서 살펴볼 수 있지만 본고에서는 중국 불교 자체의 삼교합일적 사상에서 그 원인을 살펴보았다.

삼교합일의 사상은 중국의 유교와 도교 및 인도에서 전래된 불교를 조화·융합시키려는 것으로, 중국에 불교가 전래되고 도교가 틀을 잡기 시작한 後漢 때부터 형성되기 시작하였으며, 牟融의《理惑論》은 대표적인 것이다. 이후 위진남북조 시기에는 삼교합일의 사상이 점점 흥성해지기 시작했고, 불교가 흥성한 수·당 시기에 이르러서는 三教鼎立說이 제창되었다. 송·원 시기에 이르러 삼교합일은 고도로 이루어졌고, 송대의 理學과 원대 성행한 全眞教는 삼교합일의 산물이라고 할 수 있으며, 송원 시기 삼교합일의 사상은 주류가 되었다. 그리하여 원잡극 중의 불교극에는 이러한 삼교합일의 영향을 크게 받아 극 중에는 자연스럽게 삼교합일의 사상이 반영되었다.

원잡극 중의 불교극에는 삼교합일 사상의 영향으로 유교적 성분이 극 중에 상당히 중요한 비중을 차지하며 불교적 성분과 결합되어 나타났다. 극 중에서는 불교극임에도 불구하고 유교적 윤리도덕과

규범을 직접 선전하기도 하였다. 그리하여 몇몇 작품에서는 유교에서 중시하는 윤리규범인 충효와 積善修心 및 孝子賢妻를 칭송하기도 하였다.

현실생활과 현실의 윤리를 중시하는 유교사상의 영향으로 원잡극 중의 불교극에는 또한 원나라 당시의 어두운 현실을 반영하기도 하였다. 극 중에서 불교극의 작자들은 당시 사회에 존재한 妓女와 인색한 수전노의 추악한 형상을 과장과 嘲笑의 수법을 동원하여 諷刺하였으며, 원나라 당시 비참한 처지로 전락한 지식분자의 형상을 생생하게 묘사하기도 하였다. 그리하여 삼교합일 중 유교적 성분으로 인하여 원잡극 중 불교극은 불교선전물에서 벗어나 당시의 어두운 사회를 반영하는 내용을 지닐 수 있었다. 이런 점에서 삼교합일 중의 유교적 성분은 불교극이라는 종교극에 신선한 활력을 제공했으며, 만일 인과응보나 윤회사상이라는 종교적 외투를 벗어낸다면 불교극임에도 불구하고 사회극적 성분을 상당히 지니도록 하는 기능을 하고 있다.

원잡극 중 불교극에는 삼교합일의 영향으로 도교적 성분이 나타나기도 한다. 먼저 극 중에서는 도탈과 수행의 목적을 長生不死나 昇天이라고 하기도 하는데, 기실 장생불사와 승천은 도교 수련의 목적이다. 또 극 중에서는 불교극임에도 불구하고 도교적 용어들이 자주 보인다. 도교에서 신선에게 시중을 두는 천진무구한 아이들을 의미하는 金童玉女가 쓰였고, 도교에서 고대 전설 중 신선의 이름인 驪山老母가 나타났으며, 원대 全眞教에서 자주 사용하는 용어인 酒色財氣와 人我是非가 사용되었다.

2장. 雜劇 〈西遊記〉 - 캠벨의 영웅신화 관점에서

1. 잡극 〈西遊記〉의 의미

잡극 〈서유기〉는 원말 명초의 몽고족 극작가 楊景賢의 작품으로, 역사상 실존 인물인 당나라의 玄奘이 불경을 구하러 인도로 가는 파란만장한 西遊故事를 그 내용으로 하며, 吳承恩의 소설 〈서유기〉 형성에 커다란 역할을 하였다. 극 중에는 주인공인 唐僧이 강물에 버려지는 출생담인 江流故事가 나타나 始祖神話的 성격이 강하게 나타나고, 아울러 수많은 요괴들이 등장하여 신화적 색채로 충만되어 있다. 그리하여 극 중의 주인공 당승은 천신만고의 시련 끝에 불경을 가져온 일종의 문화영웅[1]으로 묘사되는 등 영웅신화적 색채를 강하게 지닌다.

캠벨(Joseph Cambell. 1904-1987)은 미국 태생의 세계적인 비교신화학자로, 동서양 각국의 신화와 전설을 비교 연구하였다. 그는 스위스의 정신의학자이자 심리학자인 융(Jung. Carl Gustav. 1875-1961)의 심층심리학 이론을 계승하여, 모든 신화에 적용될 수 있는 동질적이고 보편적인 기본 구조를 발견하고, 이를 원형신화[2]라고 불렀다. 이러한 원형은 인류의 집단무의식에 기인하고 있으며, 원형은 하나의 틀로서 그

1) 주로 원시사회의 신화에 나오는 半神半人的인 존재로, 인간생활에서 빼놓을 수 없는 지식이나 기술을 맨 처음 가르쳐 주고, 제도나 관습을 제정하는 역할을 맡은 사람.

2) monomyth는 원형신화 혹은 원질신화라고 번역된다.

안에는 영웅, 탄생, 죽음, 부활, 신 ,악마 등을 포함한다.

원형이론을 전제로 삼은 캠벨은 네덜란드계 프랑스 인류학자인 반, 겐넵(A. Van Gennep. 1873-1959)의 통과의례에 주목하였다. 겐넵이 인간으로서 꼭 겪어야 하는 출생과 결혼 및 장례 등의 의례를, 분리의례-전이의례-통합의례라는 세 단계로 구분하자, 캠벨은 자신의 원형신화에서 이를 더욱 확대된 개념으로 파악하여 출발-입문-귀환의 세 단계로 나누었다. 원형신화는 내용과 형식을 망라하는 동질성을 가지는데, 내용 면에서는 영웅과 같은 다양한 인물과 여러 상징들의 궁극적인 의미의 유사성을 보이고, 형식면에서는 어머니의 자궁을 떠나 죽음에 이르는 개인의 인생 여정의 축소판이라고 할 패턴의 동일성을 보인다.[3] 그리하여 캠벨은 원형신화로서의 영웅 여정 서사의 패턴을 다음과 같이 총 17단계로 구분한다.

1. 분리 혹은 출발

1) 모험에의 소명, 혹은 영웅 소명의 표적 2) 소명의 거부, 혹은 신으로부터의 우매한 도주 3) 초자연적인 조력, 즉 어느 수준까지의 모험에 도전한 사람에 대한 뜻밖의 도움 4) 첫 관문의 통과 5) 고래의 배, 혹은 밤의 영역으로의 여행

2. 입문 (시련과 입문의 성공)

1) 시련의 길, 혹은 신들의 위험한 측면 2) 여신과의 만남, 혹은 다시 찾은 유아기의 행복 3) 유혹자로서의 여성, 오이디포스 고뇌의 체득 4) 아버지와의 화해 5) 신격화 6) 궁극적인 홍익

---

3) 김기홍, 〈캠벨의 원질신화와 문화콘텐츠〉, 《통일인문학》, 66집, 2016.

3. 귀환

1) 귀환의 거부, 혹은 버림받은 세계 2) 불가사의한 도주, 혹은 프로메테우스의 도주 3) 외부로부터의 원조 4) 귀환 관문의 통과, 혹은 일상 세계로의 복귀 5) 두 세계의 주인 6) 살기 위한 자유, 즉 궁극적인 홍익의 성질과 기능[4]

캠벨은 위에서 영웅신화의 여정을 17단계로 나누었지만, 본고에서는 이 중 핵심적인 단계만을 중심으로 잡극 〈서유기〉를 살피고자 한다. 캠벨에 의하면, '영웅이 치르는 신화적 모험의 표준궤도인 위의 원형신화에서, 영웅은 일상적인 삶의 세계에서 초자연적인 경이의 세계로 떠나고 여기에서 엄청난 세력과 만나며, 결국은 결정적인 승리를 거두고, 영웅은 이 신비스러운 모험에서 동료들에게 이익을 줄 수 있는 힘을 얻어 현실세계로 돌아온다.'[5]

잡극 〈서유기〉대한 선행 연구는 아직 부족한 편이다. 국내에서는 잡극 〈서유기〉를 연구한 논문이 아직 보이지 않고, 다만 소설 〈서유기〉를 대상으로 캠벨의 영웅신화의 관점으로 연구한 논문[6]이 보이며, 중국에서는 馬會의 논문이 있다.[7] 이에 여기에서는 이들의 연구성과를 바탕으로, 잡극 〈서유기〉에 충만한 영웅신화를 캠벨의 원형적 영웅신화의 관점에서 살펴봄으로써, 극 중의 영웅신화가 어떠한 의미를 지니고 있는지 살피고자 한다.

4) 이윤기 옮김, 《천의 얼굴을 가진 영웅》, 51-52쪽, 민음사, 1999.

5) 이윤기 옮김, 《천의 얼굴을 가진 영웅》, 44-45쪽, 민음사, 1999.

6) 안혜진, 〈영웅신화 원형으로 본 〈서유기〉의 삼장법사: 영웅의 제자리 찾기〉, 《비교문학》 69집, 2016.

7) 馬會, 〈雜劇〈西遊記〉之英雄之旅〉, 赤峰學院學報, 2014年 10期.

2. 出發

1) 영웅에의 소명과 소명거부

캠벨의 영웅신화 중 개시 부분에 해당되는 출발 부분은 통과의례의 분리의례와 비슷한 것으로, 영웅이 모험처럼 힘든 소명을 받고 새로운 영역으로 출발하는 것을 주된 내용으로 한다. 캠벨에 의하면, 이러한 모험에의 소명은 자신의 주관적 의지로 받은 것이 아니라 운명이 영웅을 불렀고, 영웅의 영적 重心(무게 중심)이 그가 속한 사회에서 미지의 영역으로 옮겨졌음을 암시하고 있다.[8] 잡극 〈서유기〉의 주인공인 당승도 이와 같은 모습을 보여주고 있는데, 극 중의 원문을 중심으로 살펴보자.

> (觀世音이 등장): … 보아하니, 지금 西天 天竺에《大藏金經》5048卷이 있어서 중국으로 전하고 싶으나. 佛法을 밝히고 선전할 肉身으로서의 인간이 없구나. 지금 諸佛께서 의논하신 결과, 西天의 毘盧伽尊者로 하여금 중국 海州 弘農縣 陳光蕊 집안의 아들로 托生[9]하여, 커서는 출가하여 승려가 되어 西天取經하여 佛法을 밝히도록 하였다. ……
>
> (丹霞禪師 등장): 가져와 보아하니 훌륭한 어린아이구나. 섬뜩한 빛이 번쩍이고 특이한 향기가 내뿜도다. 안에는 금비녀 두 개와 血書 한 통이 있는데, 이렇게 씌여있네: "殷氏의 혈서입니다. 이 애의 부친은 海州 弘農人이며, 姓은 陳이고 이름은 萼입니다. 관직을 洪州 知府를 제수받아, 가족을 거느리고 부임하는 길에, 돈을 주고 배를 빌려 劉洪이란 자를 강의 뱃사공으로 썼습니다. 그런

8) 이윤기 옮김,《천의 얼굴을 가진 영웅》, 80쪽, 민음사, 1999.

9) 영혼이 다른 것의 몸에 깃들어 이 세상에 다시 태어나는 것.

데 그놈이 남편을 강물에 밀어 빠뜨리고는 자신이 洪州 知府라고 사칭하였습니다. 저에게는 남편의 유복자가 있어서, 부모로서 책임을 다하여 애가 한 달이 되었습니다. 그러자 도적놈은 애를 강에 버리라고 저를 핍박합니다. 그리하여 금비녀 두 개와 혈서 한 통을 넣으니, 그대께서 불쌍히 여기시어 구해주세요. 이 애는 貞觀3년 10월 15일 子時 生입니다. 달리 이름이 없고 江流라고 부릅니다." ……

(당승 등장): …… 천자께서 金色 袈裟와 九環 錫杖을 하사하시고 삼장법사에 封하여 주시어, 저로 하여금 西天取經토록 하시니, 제 생각건대 제 목숨은 부처님과 하늘이 보우해 주실겁니다. …… 오늘 임금님께 작별 인사를 드리고 登程에 나서야겠습니다.[10]

위의 인용문은 잡극 〈서유기〉 제1본의 핵심 내용이다. 극의 주인공 당승은 보통 사람과는 달리, 출생 때부터 악한에게 부친을 잃고, 또한 모친에 의해 부득이하게 강물에 버려지는 신비한 江流故事를 그의 출생담으로 하고 있다. 그리하여 당승은 위에서와 같이 신화적이고 영웅적인 인물로 묘사된다. 위에 의하면, 당승이 서천취경의 장도에 오르는 것은 자신의 의지와는 상관없이 결정되었다. 곧 당승은 諸

10) (觀世音上, 云) …… 見今西天竺有《大藏金經》五千四十八卷, 欲傳東土, 爭奈無個肉身幻軀的眞人闡揚. 如今諸佛議論, 着西天毗盧伽尊者托化于中國海州弘農縣陳光蕊家爲子, 長大出家爲僧, 往西天取經闡敎. …… (丹霞云)將來看, 好個孩兒. 寒光閃爍, 異香馥人. 內有金釵二股, 血書一封, 上寫道 : "殷氏血書. 此子之父, 乃海州弘農人也, 姓陳名蕚, 字光蕊. 官拜洪州知府. 携家之任, 買舟得江上劉洪者, 將夫推墮水中, 冒名作洪州知府. 有夫遺腹之子, 就任所生. 得滿月, 賊人逼迫, 投之于江. 金釵二股, 血書一封. 仁者憐而救之. 此子貞觀三年十月十五日子時建生. 別無名字, 喚作江流 …… (唐僧云) …… 賜金襴袈裟, 九環錫杖, 封三藏法師, 着往西天取經. 我想來, 小僧性命, 也是佛天相保. …… 今日辭了天子, 便索登程去也 隋樹森編, 《元曲選外編》, 第2冊, 中華書局, 1987, 633-646쪽.

佛들이 결정한 소명을 받아들인 것이니, 이것은 캠벨이 지적한 것처럼 운명이 영웅을 불렀다. 특히 위의 인용문에서와 같이 당승은 전생에 부처님의 제자로서 수행과 공덕이 훌륭한 비로가존자였다. 그는 극 중에서 중생을 구제하는 정신적인 仙藥이라고 할 수 있는 불경을 중국에 전래할 목적으로, 영웅적인 소명을 완수하기 위해 인간의 육신으로 중국에 托生하였다. 그리하여 당승은 극 중에서 丹霞禪師의 도움으로 성장하여 악한에게 복수하고, 영웅적인 서천취경의 장도에 오른다. 이 때 극 중에서 천자는 위의 인용문에서와 같이 당승의 서천취경을 위하여 당승에게 金色 袈裟와 九環 錫杖을 하사하고, 여러 개국공신과 수많은 百官들이 참여하는 성대하고 장엄한 환송식을 거행한다. 당승은 이렇듯 성대한 환송식을 받고, 諸佛들이 부여한 소명을 이루기 위해 온갖 고난과 시련이 가득한 미지의 영역으로 출발한다.

캠벨에 의하면, '신화적 여행의 첫 단계인 모험에의 소명은 언제나 변용의 신비, 완성되면 곧 죽음과 탄생에 이르는, 정신적 통과의례 혹은 순간을 개막한다. 지금까지의 삶의 지평은 이제 너무 웃자라, 낡은 개념과 정서 패턴은 몸에 맞지 않는다. 바야흐로 또 하나의 문턱을 넘어야 할 때가 도래한 것이다.'[11] 그리하여 캠벨은 프로이트의 말을 인용하면서, 영웅이 기존의 영역에서 새로운 미지의 영역으로 분리되어 출발할 때 불안함이 생기는 것을 지적하였다. 곧 '프로이트는, 불안한 순간은 어머니로부터 분리될 때의 고통(탄생하는 순간의 숨이 막히고, 피가 응어리지는 등의)을 상기시킨다고 지적한 바 있다. 거꾸로 말하면, 분리와 탄생의 순간은 불안을 야기시킨다.'[12]라고 하여다. 이

11) 이윤기 옮김, 《천의 얼굴을 가진 영웅》, 72쪽, 민음사, 1999.

12) 이윤기 옮김, 《천의 얼굴을 가진 영웅》, 73쪽, 민음사, 1999.

렇듯 앞으로 영웅에게 닥칠 수많은 시련을 예감하는 불안은 현재 영역에서의 분리로부터 생겨난다. 이러한 점은 잡극 〈서유기〉에서도 마찬가지다. 당승은 西天의 비로가존자로부터 분리되어 고통으로 가득찬 인간 세계에 托生하였고, 모친으로부터 분리되면서 강물에 버려졌으며, 단하선사로부터 분리되면서 험난한 서천취경의 장도에 올라야만 했다.

그런데 캠벨에 의하면, 영웅은 종종 운명적 소명을 거부하기도 하니, '현실생활에서는 자주, 신화나 민간 전승에서도 드물지 않게 소명에 응하지 않는, 조금은 답답한 경우를 우리는 만난다. 다른 데 주의를 집중하고 있기 때문에 이러한 소명에 응하지 못하는 것이다.'[13] 잡극 〈서유기〉 중에도 이러한 소명거부가 보인다. 당승의 조력자이자 개별적 영웅인 取經團의 孫行者나 豬八戒 및 沙和尙은 모두 처음에는 취경단에 가입하여 서천취경하라는 소명을 거부한다. 극 중 손행자는 花果山에 억눌려 있다가 당승에 의해 구출되자, 도리어 당승을 먹으려 했다가 緊箍兒의 呪文에 의한 고통을 당하고서 비로소 취경단에 합류하였다. 사화상도 마찬가지로 처음에는 당승을 먹으려 했다가 손행자의 협박에 의해 항복하여 취경단에 가입했고, 저팔계 역시 격렬하게 투쟁하다가 二郎神과 細犬의 위세에 눌려 비로소 취경단에 합류하였다.

2) 초자연적인 조력

운명적인 소명을 받고 세계를 변혁할 출발에 나선 영웅은 자신의

---

13) 이윤기 옮김, 《천의 얼굴을 가진 영웅》, 81쪽, 민음사, 1999.

힘만으로 소명을 완수하지 못한다. 캠벨에 의하면, 영웅의 운명적인 소명에는 반드시 초자연적인 조력자가 등장한다. 곧 '소명을 거부하지 않은 모험 당사자는 영웅적인 편력 도중 첫 번째 보호자를 만난다. 노파나 노인의 모습으로 자주 등장하는 이 보호자는 모험 당사자가 곧 만나게 되는 용(극복 대상)과 맞설 護符를 준다. 고급신화에서는 이 역할을 맡은 조력자는 스승, 나룻배 사공, 영혼을 내세로 안내하는 안내자로 발전한다.'[14] 잡극 〈서유기〉에서도 당승의 취경단이 시련을 당하거나 큰 재난에 당했을 때 캠벨이 말한 여러 조력자가 등장한다. 그러면 극 중의 원문을 중심으로 살펴보자.

> (관음이 揭帝[15]를 데리고 등장): 저는 唐僧의 西遊를 위하여 옥황상제께 아뢰어, 十方保官을 보내주도록 하였습니다. 그들은 모두 海外의 蓬萊三島에 모였는데, 第一보관은 저이고, 第二보관은 李天王[16]이며, 第三보관은 那吒三太子,[17] 第四보관은 灌口二郎,[18] 第五보관은 九曜星辰,[19] 第六보관은 華光天王,[20] 第七보관은 木叉行者,[21] 第八보관은 韋馱天尊,[22] 第九보관은 火龍太子,[23] 第十보관은 大權修利[24]로 모두 당승을 보호하

14) 이윤기 옮김, 《천의 얼굴을 가진 영웅》, 93-97쪽, 민음사, 1999.

15) 佛法 護護神 중의 하나.

16) 도교의 호법신, 손에 塔을 들고 있어서 托塔李天王이라고도 부른다.

17) 도교의 호법신. 李天王의 아들.

18) 민간에서 水理와 農耕에 능한 신화적 인물.

19) 九曜는 북두칠성과 이를 보좌하는 두 별을 가리키며, 인간의 길흉화목을 주재한다.

20) 민간전설과 도교 중의 신선.

21) 관세음의 제자.

22) 본래 힌두교의 軍神이었으나 후에 불교의 호법신이 됨.

23) 불을 내뿜는 火龍의 아들로 불교의 호법신.

24) 인도 阿育王(아소카왕)의 아들로 호법신.

여 무사하게 등정토록 한다.[25]

위의 인용문은 제2본 제8齣 '華光署保'의 개시 부분으로, 당승의 안전한 서천취경을 위하여 관세음이 옥황상제에게 진언하여 열 명의 조력자를 파견토록 한 것이다. 극 중 서천취경의 소명을 부여받은 당승은 이후 여러 시련과 재난을 당하는데, 결국 이들 초자연적인 조력자들의 도움으로 소명을 완수한다. 그런데 이들 조력자들의 구성은 조금 특이하다. 곧 이들 조력자에는 민간신화에 등장하는 二郎神뿐만 아니라 불교와 도교의 여러 神佛들이 결합되어 있다. 그뿐 아니라 극 중에서는 당승이 요괴에게 두 번이나 잡혀가는 재난을 당하는데, 이때 불교의 최고신인 世尊佛이 초자연적인 조력자로 등장하여 당승을 재난에서 구출해 준다. 이러한 점에서 볼 때 잡극 〈서유기〉의 당승은 도교와 불교의 최고신인 옥항상제와 세존불 및 여러 神佛과 같은 초자연적 조력자의 보호 아래 서천취경의 소명을 완수하였다.

25) (觀音引揭帝上, 云)老僧爲唐僧西游, 奏過玉帝, 差十方保官, 都聚于海外蓬萊三島. 第一個保官是老僧, 第二個保官李天王, 第三個保官那吒三太子, 第四個保官灌口二郎, 第五個保官九曜星辰, 第六個保官華光天王, 第七個保官木叉行者, 第八個保官韋馱天尊, 第九個保官火龍太子, 第十個保官回來大權修利, 都保唐僧, 沿路舞事. 隋樹森編, 《元曲選外編》, 第2冊, 中華書局, 1987, 652쪽.

3. 入門

1) 시련의 길

영웅 여정의 단계에서 입문은 통과의례의 전이의례와 비슷한 것으로, 전체 여정에서 가장 핵심이 되는 부분이다. 캠벨에 의하면, '일단 관문을 통과한 영웅은 기묘할 정도로 유동적이고 모호한 형태로 이루어진 꿈의 세계로 들어간다. 영웅은 이곳에서 거듭되는 시련을 극복하고 살아남지 않으면 안된다. 신화와 모험에서 가장 흥미롭게 다루는 부분도 바로 이 국면이다. 이 국면은, 기적적인 시험과 시련을 다룬 세계의 문학을 창출해 왔다. 영웅은 거듭나는 데 필요한 충고와 호부(액막이), 그리고 이 영역에 이르기 전에 만났던 초자연적인 조력자와 밀사로부터 도움을 받는다.'[26] 영웅 여정의 전체 단계에서 영웅의 파란만장한 시련과 재난이 펼쳐지는 부분이 바로 이 부분인 것이다.

잡극 〈서유기〉에서도 주인공인 당승의 본격적인 시련과 재난이 이 단계에서 시작된다. 다만 잡극 〈서유기〉가 원잡극 중 가장 장편인 6본 24척으로 구성되었지만, 소설 〈서유기〉에 비해서는 편폭이 훨씬 제한적이다. 그리하여 소설 〈서유기〉에는 81難이 나타나지만, 잡극 〈서유기〉에는 일곱 가지의 재난이 극 중에 보인다. 그리고 이 중에서 주인공 당승의 江流故事라는 재난은 이미 출발 부분에서 나타나서, 당승이 겪게 되는 재난은 실제로는 여섯 가지라고 할 수 있다.

첫 번째 시련은 제3본 제11척 '行者除妖'에서 당승과 손행자 및 사화상의 취경단이 黃風山 근처의 마을에 도착했을 때 발생하였다. 곧

26) 이윤기 옮김, 《천의 얼굴을 가진 영웅》, 128쪽, 민음사, 1999.

황풍산의 劉太公은 자신의 딸이 妖魔에게 붙잡혀간 사실을 취경단에게 울면서 구출을 호소하였다. 그리하여 손행자와 사화상은 妖魔인 銀額將軍과 싸워 그를 죽이고, 유태공의 잡혀간 딸을 데려왔다. 극 중 첫 번째의 시련은 비교적 쉬운 시련으로 간단하게 해결되었으며, 이후의 시련은 갈수록 어려워진다. 두 번째 시련은 깊은 산 속에서 일어났다. 그러면 극 중의 원문을 중심으로 살펴보자.

(당승): 훌륭하구나! 훌륭하구나! 깊은 산 속 누구 집 어린아이가 길을 잃었구나. 조금 지나 어두워지면 豺狼과 毒蟲이 이 애의 목숨을 해치지 않겠는가? 출가인이 죽을 것을 보고 구해주지 않는다면 마땅히 戒行을 파괴하는 것이리라. 행자야! 내 대신에 업어라! 앞에 人家가 있으니, 내력을 알아보고 그애 집에 보내주면 좋은 일이지.

(행자가 등장): 사부님! 산의 숲 속에는 妖怪가 매우 많으니 쓸데없이 참견하지 마세요!

(당승): 너 이놈의 원숭이! 내 말을 또 안들어. 반드시 그 애를 업어라!

(행자): 사부님! 먼저 가십시오. (업혀지지 않는 동작을 한다): 내 일찍이 花果山에 눌려 있다가도 몸을 솟구쳐 뛰어 나왔는데, 크고 작은 요술방망이로도 업을 수 없으니, 분명히 요괴구나. 너 내 戒刀맛을 보고, 계곡으로 떨어지도록 해주마. (계곡으로 떨어뜨리는 동작을 한다)

(沙和尙이 황급히 등장): 師兄! 큰일 났어요! 그 어린아이에게 사부님이 잡혀갔어요. 그애가 무슨 요괴인지 누가 알았겠어요?

(행자): 火龍아, 우리 셋이 관음불께 가자. (퇴장)

(관음불이 등장): 老僧의 눈에 당승이 재난을 당하고 손오공이 오는 것이 보이구나. 이 동굴의 妖魔는 무슨 괴물인지, 노승은 본 모습을 보지 못했도다. 손오공이 오면, 같이 世尊佛께 여쭈러 가야겠도다. (퇴장) ……

(세존불): 그애가 요괴인지는 모르지만, 그애 엄마는 내 밑에서 天神으로

> 있도다. 佛法에 아직 귀의하지 않았으며, 鬼子母라고 한다. 그녀의 어린아이는 愛奴兒라고 부르는데, 내가 이미 揭帝[27]를 파견하여 잡아다가 깊은 바위나 큰 연못 가운데 두도록 시켰으니, 그애 엄마가 곧 올 것이다. 揭帝가 그애를 항복시키지 못할까 두려우니, 老僧의 鉢盂를 가지고 오너라.[28]

위의 인용문은 제3본 제12척 '鬼母皈依'에서 극 중의 영웅인 당승이 도리어 요괴인 홍해아에 의해 납치되는 재난을 보여주고 있다. 극 중에서 당승 등의 취경단이 깊은 산 속을 가고 있던 중에, 紅孩兒라고 하는 어린아이가 혼자 울고 있자, 당승은 자비심을 내어 손행자에게 홍해아를 업고 집에 데려다 주라고 명령하였다. 그러나 홍해아는 본시 요괴여서 손행자가 아무리 업으려고 해도 업혀지지 않았으며, 이 와중에 당승은 홍해아에게 납치되는 재난이 발생하였다. 이에 손행자와 사화상은 사부인 당승을 구출하려고 했으나, 홍해아의 신통력이 강하여 도저히 이길 수 없었다. 그리하여 손행자 등은 부득이하

27) 佛法을 수호하는 護法神의 하나.

28) (唐僧云)善哉！善哉！深山中誰家個小孩兒, 迷踪失路？少刻晚來, 豺狼毒虫, 不壞了這孩兒性命？出家人見死不救. 當破戒行. 行者, 與我馱着, 前面有人家, 教根問, 送還他家請賞, 也是好事. (行者云)師父, 山林中妖怪極多, 不要多管. (唐僧云)爾這個胡孫, 又不聽我說. 定要你背他. (行者云)師父先行. (做背不起科)(云)我曾壓在花果山, 聳身一跳, 尙出來了. 棒槌大的小的, 背他不起, 這必是妖怪. 教爾嘗我一戒刀, 就砍下澗裏去；(做丢下澗科, 沙和尙慌上, 云)師兄禍事, 吃那小孩兒拿將師父去了. 知他是何妖怪？(行者云)火龍, 俺三人見觀音佛去來. (下)(觀音上, 云)老僧目中, 見唐僧有難. 孫悟空來也. 這一洞妖魔, 是何怪物？老僧正不見本來面目, 待孫悟空來, 同往問世尊佛去. (下) …… (佛云)不知此非妖怪. 這婦人我收在座下, 作諸天的. 緣法未到, 謂之鬼子母, 他的小孩兒, 喚做愛奴兒. 我已差揭帝去拿他, 在个幽岩大澤之中, 卽日便到. 恐揭帝降不下他, 將老僧鉢盂去, 盖將來. 隋樹森編, 《元曲選外編》, 第2冊, 中華書局, 1987, 662쪽.

게 초자연적인 조력자인 觀音에게 도움을 요청했고, 관음은 다시 불교의 최고신인 世尊佛에게 부탁해서 당승을 재난에서 구출했다. 특히 이때 세존불은 홍해아를 스님들의 食器인 鉢盂 속에 가두었으며, 홍해아의 모친인 鬼子母는 아들을 구하려 왔다가 전투에서 지고, 결국은 불교에 귀의하였다.

극 중의 세 번째 시련은 黑風山의 黑風洞에서 裵太公의 딸인 海棠을 납치하여 살고 있던 豬八戒를 항복시켜 취경단에 합류시키는 과정에서 발생하였다. 극 중에서 저팔계는 신통력이 대단하여, 쉽게 변신을 할 수 있는 인물로 등장한다. 손행자는 이러한 저팔계를 잡고자 했으나 성공하지 못하고, 도리어 그 와중에 자신의 사부인 당승이 저팔계에 의해 납치되는 재난이 발생한다. 그리하여 당승을 구출하기 위하여 二郎神까지 동원하였으나 전투에서 승부를 가리지 못하였다. 그리고 마침내는 저팔계가 가장 두려워하는 細犬을 동원하여 저팔계를 항복시키고, 저팔계가 당승의 자비심으로 佛法에 귀의하기 길 원하며 취경단에 합류하였다.

극 중의 네 번째 시련은 당승이 여인들만 사는 女人國에 도착하여 그 곳의 여왕에게 성적인 유혹을 받으면서 겪는 것인데, 이 네 번째 시련은 다음 節의 '여신과의 만남' 부분에서 자세히 논의하기로 한다. 극 중의 다섯 번째 시련은 당승을 비롯한 영웅적인 취경단이 길을 잃고 헤메이다가, 이후 폭염으로 이글거리는 火焰山을 통과할 때의 시련을 보여주고 있는데, 여기서는 원문을 중심으로 살펴보자.

> (鐵扇公主 등장): 저는 철선공주입니다. …… 제 부채 한 자루는 무게가 1,000여 근이고, 부채에는 24개의 부채살이 있는데, 24절기에 맞춘 것입니다. 이러한 兵器는 三界[29]의 聖賢도 測定하지 못합니

다. 저는 홀로 南方 화염산을 지키고 있는데, 만일 이 부채가 없으면 통과하지 못합니다. 훌륭한 부채지요. ……

(손행자가 등장하여 소리를 지른다. 洞窟에서 小鬼가 나온다) (손행자): 小鬼야! 너희 공주님께 전해라. 大唐 三藏國師의 摩合羅[30]같이 사랑스럽고 훌륭한 제자 손오공이 뵙고자 하니, 法寶인 부채를 빌려주어 화염산을 통과하게 해주라고 해라. ……

(철선공주가 손행자와 싸운다.) (철선공주가 패배하고 도망가며): 이 놈의 원숭이가 신통력이 대단하네. 내가 이길 수 없으니, 법보인 부채를 가져와라! …… (부채질을 한다) (손행자가 곤두박질치며 퇴장) ……

(손행자): 그 여자가 부채질 하니 내 몸이 휘익 하늘로 날려가 버리네. ……

(觀音이 등장): 저는 관세음입니다. 唐僧이 화염산을 통과하지 못하여 손오공이 사정을 알리러 왔네요. 제가 雷公, 電母, 風伯, 雨師, 箕水豹, 壁水貐, 參水猿[31] 등 水部의 신통한 이들을 파견하겠습니다. 물이 불을 이길 수 있으니, 이 화염산의 해로움을 없애야지요.[32]

---

29) 불교에서 衆生이 輪回하는 欲界, 色界, 無色界를 가리킨다.

30) 음력 7월7일 부처님께 아들을 점지해 달라고 바치는 작은 인형. 여기서는 남에게 사랑을 받는 인물을 비유한다.

31) 기수표, 벽수유, 삼수원은 모두 중국 고대신화 중 28星宿의 하나.

32) (鐵扇公主上, 云)妾身鐵扇公主是也. …… 我一柄扇子, 重一千餘斤, 上有二十四骨, 按二十四氣. 此般兵器, 三界聖賢, 不可量度. 單鎭南方火焰山, 若無此扇, 諸人不可過去. 好扇子呵. …… (行者上, 叫科)(洞裏小鬼做出科)(行者云)小鬼, 對恁公主說, 大唐三藏國師摩合羅俊徒弟孫悟空來求見, 借法寶, 過火焰山咱. …… (做戰科)(公主做敗走科, 云)這胡孫神通廣大, 我贏他不得. 將法宝來. …… (做扇科)(行者做一筋斗下) ……)(行者上, 云)吃這婆娘一扇子, 扇得我滴溜溜半空中. …… (觀音上, 云)老僧觀世音是也. 唐僧過不得火焰山, 孫悟空來告. 我差雷公, 電母, 風伯, 雨師, 箕水豹, 壁水犭俞, 參水猿等水部神通. 水能滅火, 就除此火山之害. 隋樹森編, 《元曲選外編》, 第2冊, 中華書局, 1987, 682-684쪽.

위의 인용문은 잡극 〈서유기〉 제19척 '鐵扇兇威'와 제20척 '水部滅火'의 일부이다. 극 중 여인국에서의 性的인 시련을 간신히 해결하고 떠난 취경단은 길을 잃고 헤메이다가, 道士인 採藥仙人의 도움으로 영웅적인 장정을 계속하며, 이후 폭염으로 유명한 화염산을 통과해야 했다. 그런데 화염산은 너무 뜨거워 더위를 식혀야만 통과할 수 있는데, 철선공주의 24骨 부채만이 더위를 식힐 수 있다. 그러나 극 중에서 철선공주는 손행자가 무례하다고 하여 부채를 빌려주지 않자, 결국 철선공주와 손행자는 대결을 하였다. 그리하여 손행자의 신통력에 敗走하던 철선공주가 부채질을 한 번 하자, 손행자는 부채의 위력에 곤두박질치며 허공으로 날려가 버렸다. 이렇듯 취경단이 화염산에서 철선공주에 의해 또 시련에 부딪치자, 위에서와 같이 손행자는 초자연적인 조력자인 觀音에게 도움을 청하였다. 그리하여 관음은 水部인 雷公, 電母 風伯, 雨師 등의 신통한 무리들을 파견하여 물로써 불을 이겨내고, 마침내 취경단은 시련을 이기고 영웅적인 장정을 계속 이어간다.

극 중 취경단의 마지막 시련은 서천취경의 목적지인 天竺國에 도착하고 나서 발생하며, 앞의 다섯 시련과 비교하면 다소 특이한 것이다. 곧 당승 등의 취경단은 羅漢들이 많이 거주하는 佛國인 中天竺國에 도착하여 取經하러 가던 도중에, 길거리에서 胡餠[33]을 파는 가난한 老婆인 貧婆를 만나 뜻밖의 시련에 부딪친다. 극 중에서 손행자는 貧婆와 《金剛經》에 나오는 '過去心不可得, 未來心不可得, 現在心不可得'[34]이라는 유명한 구절에 대해 이야기 한다. 그리고 빈파

---

33) 밀가루를 반죽하여 참깨를 뿌려 구운 빵의 일종.

34) 과거의 마음을 얻지 못하고, 미래의 마음을 얻지 못하며, 현재의 마음을 얻지 못한다. 마음은 고립되어 있고 분리되어 있는 실체가 아니므로 결코 잡을 수

가 손행자에게 당신의 과거심, 미래심, 현재심 중의 어느 마음에 點을 찍느냐는 '點心'의 질문을 하자, 손행자는 대답하지 못하고 말문이 막히는 시련을 당한다. 물론 여기서의 시련은 보기에 따라서는 시련이 아니라고 할 수 있다. 그러나 만일 취경단의 서천취경 과정을 佛法의 경전을 가지고 귀국하는 것에 국한하지 않고, 취경단 개개인이 자신의 내면에 담긴 佛性을 깨달아가는 수행의 과정으로 생각한다면, 손행자가 극의 거의 마지막 부분에 이르렀어도 아직도 내면의 불성을 깨닫지 못했다는 면에서 상당한 시련의 과정이라고 생각할 수 있다. 그리하여 만일 앞의 다섯 가지 시련이 외적 시련이라고 한다면, 여기서의 시련은 내적 시련이라고 할 수 있다. 그런데 이 부분은 중국의 불교사에서 매우 유명한 이야기로, 당나라 고승인 德山禪師(782-865)의 '點心' 이야기와 연관된 것인데,[35] 잡극 〈서유기〉의 작자는 이 고사를 극의 마지막 갈등 구조로 안배하였다. 극 중에서 손행자의 이러한 내적 시련은 당승이 손행자와 함께 빈파를 만나 대화를 나눔으로써 해결되는데, 당승은 빈파에게 佛法과 佛性을 터득한 자신의 면모를 유감없이 보임으로써 마지막 시련을 극복한다.

없다. 지나간 마음도, 지금 마음도, 앞으로 마음도 잡을 수 없다. 시간 속에서 어제·오늘·내일로 분리된 불변의 마음은 없기 때문이다.

35) 여기에서의 '點心'은 마음에 점을 찍듯이 간단하게 먹는 음식을 가리킨다. 전해지는 이야기로, 덕산은 《금강경》에 능통하였는데, 남쪽의 선사를 만나러 가다가 떡을 파는 노파를 만났다. 덕산이 떡을 하나 팔라고 하자, 노파는 "그러면 제가 《금강경》에 관련된 문제를 하나 내어서 스님이 맞추시면 떡을 그냥 드리지요"라고 했다. 이에 스님이 좋다고 하자 노파는 《금강경》에 "過去心不可得, 現在心不可得, 未來心不可得'란 구절이 있는데, 그렇다면 스님은 어느 마음에 떡을 드시겠습니까?"라고 물었지만, 《금강경》에 대해 누구 못지않게 해박한 지식을 갖고 있던 스님도 끝내 대답할 수 없었다고 한다.

2) 여신과의 만남

캠벨의 영웅신화 발전단계에 의하면, 입문은 영웅 여정의 핵심이며 많은 시련을 동반하는데, 캠벨은 '여신과의 만남' 그리고 '유혹자로서의 여성'이라는 두 단계를 따로 '시련의 길'단계와 구분하여 설명하였다. 그러나 크게 보면 여성과 연관된 이 단계들도 '시련의 길'이라는 단계에 포함시킬 수 있다고 여겨진다. 그것은 영웅이 새로운 세계를 창조하기 위하여 이전과는 다른 미지의 영역으로 가는 도중에 겪게 되는 '여신과의 만남'이란 고통 또한 시련의 하나이기 때문이다. 캠벨에 의하면, '모든 장애물이 극복되고 도깨비가 퇴치되었을 때 영웅이 치르는 마지막 모험은 승리한 영웅과 세계의 여왕인 여신과의 신비스러운 婚禮로 표상된다. 이로써 영웅은 天底, 天頂 혹은 땅끝, 우주의 중심점, 신전의 성소, 혹은 마음 속의 가장 어두운 방 속에서 위기를 맞는다.'[36] 그러면 잡극 〈서유기〉의 원문을 중심으로 네 번째 시련을 살펴보자.

> (女人國 여왕 등장): 저는 여인국 여왕입니다. 저희 나라에는 남자가 없습니다. …… (노래한다) ……
> 【混江龍】…… 평생 남자 모습 몰라서/ 그림을 봐도 욕정이 움직이고/ 흙인형을 봐도 마음이 슬퍼지네. ……
> (女王이 당승을 끌어당긴다): 이 正殿에서는 이야기 할 곳이 못되니, 우리 둘이 後殿으로 갑시다.
> (당승): 손오공아! 나를 구해줘! (퇴장)
> (손오공): 저도 어찌할 수 없어요. ……
> (여왕이 당승을 끌어당기며): 당승! 저랑 당신이랑 부부가 됩시다! 당신

36) 이윤기 옮김, 《천의 얼굴을 가진 영웅》, 144쪽, 민음사, 1999.

은 오늘 國王이 되는 것이 어떤지요? …… (여왕이 당승을 잡고 엎치락뒤치락 한다)

(당승): 누가 나 좀 구해줘!

(韋駄尊天[37]이 등장): 저는 위태존천입니다. 관음보살의 명령을 받들어 당승을 구하러 가야지요. 발칙한 것이 어찌 감히 내 사부님의 몸을 망가뜨리려고 하다니!

(여왕): 너는 어떤 놈인데 내 침실로 들어와? ……

(위태존천): 만일 사부님을 안놓아주면 몽둥이로 박살낼거야. (여왕이 손을 놓아준다)……

(당승): 행자야! 오늘 위태존천이 구해주지 않았다면, 거의 내 몸이 망가졌을거야.[38]

위의 인용문은 제5본 제17척 '女王逼配'의 부분으로, 남자를 몰랐던 여인국의 여왕이 당승을 보고서 유혹하고 욕정을 발동시켜, 당승이 시련에 봉착했음을 보여준다. 다만 캠벨에 의하면 이러한 성적 시련은 주로 마지막 시련의 단계에서 나타나지만, 잡극 〈서유기〉에서는 중간의 네 번째 시련으로 나타나고 있다. 그런데 위의 인용문에서, 여인국의 여왕이 당승을 적극적으로 유혹하여 당승이 시련에 처하지만, 당승은 스스로 해결하지 못하고 護法神인 위태존천이 등장하여

37) 불교의 호법신 중의 하나.

38) (女人國王上, 云)子童女人國王. 俺一國无男子, …… (唱)【混江龍】…… 平生不識男兒像. 見一幅畵來的也情動, 見一个泥塑的也心傷. …… (女王做扯唐僧科)這正殿上不是說話的去處, 俺兩個後殿裏去來. (唐僧云)孫悟空救我. (下)(行者云)我自也顧不得. …… (女王扯唐僧上, 云)唐僧, 我和爾成其夫婦, 爾則今日就做國王, 如何? …… (女王捉番唐僧科)(唐僧云)誰救貧僧也. (韋駄尊天上, 云)某韋駄尊天是也. 奉觀音法旨, 去救唐僧走一遭. 潑賤人, 怎敢毁吾師法體?(女王云)爾是何人, 直走到臥房裏來? …… . (韋云)若不送師父出來, 一杵打爾做泥塵. (女王做放手科)…… (唐僧云)行者, 貧僧若非尊神護持, 幾毁法體. 隋樹森編, 《元曲選外編》, 第2冊, 中華書局, 1987, 676-679쪽.

당승을 시련에서 구출하였다. 이러한 점에서 볼 때 여왕과의 만남이란 시련을 당한 영웅인 당승은 앞에서 살펴본 시련들과 마찬가지로 초자연적인 조력자들의 도움으로 시련을 극복하였다.

그러면 캠벨의 영웅신화의 여정 단계 중 여러 가지 시련 극복을 핵심으로 하는 입문 부분은 어떠한 의미를 지니고 있을까? 캠벨에 의하면, '어떤 사회에 속하는 사람이든지 고의적으로든 타의에 의해서든 자기 정신의 迷宮이라는 迷路에 내려가 어둠 속을 헤매는 사람이라면 누구든지 저 시베리아의 푸닥[39]과 성산에 못지않는 상징적인 것들(능히 여행자를 삼켜버릴 수도 있는)에 둘러싸여 있음을 발견하게 된다. 신비주어 용어로 말하자면 이것은 自己 淨化에 이르는 두 번째 단계에 해당된다. 즉 감각이 정화되고 스스로를 낮추어 모든 관심이 초월적인 것에 집중될 때인 것이다. 굳이 현대적인 의미의 어휘를 쓰자면 우리 개인이 가진 과거의 유아적 심상이 분리, 초월, 변화하는 과정인 것이다.'[40] 여기에서 캠벨이 말한 것에 의한다면, 영웅이 새로운 미지의 영역으로 나아가 부딪치게 되는 시련은 결국은 초월적인 것에 집중하여 자기정화에 이르기 위한 과정으로서, 과거의 유아적 심상이 분리, 초월, 변화하는 과정이라는 의미를 지닌다. 영웅은 이 과정에서 자기 정신의 미궁이라는 미로에 내려가 시베리아의 푸닥과 같은 시련을 통과해야 한다. 그리하여 캠벨은 '신화적 영웅의 길은 부수적으로는 地上的일지 모르나, 근본적으로는 내적인 길이다. 즉 보이지 않는 저지선이 뚫리고, 오래 전에 잊혀졌던 힘이 다시 솟아 세계의 變

39) 바이칼 호수 근처 시베리아 삼림 지구에 사는 에벤키족의 언어로 장애물이라는 뜻. 푸닥거리는 푸닥을 없애는 巫儀.

40) 이윤기 옮김, 《천의 얼굴을 가진 영웅》, 133쪽, 민음사, 1999.

容에 기여하게 되는 그런 심연으로 뚫린 길인 것이다.'[41]라고 말하였다. 캠벨의 이러한 논의에 따른다면, 잡극 〈서유기〉 중 취경단의 영웅이 서천취경하는 도중에 겪게 되는 여러 가지 시련들도 결국은 세계의 변용에 기여하기 위한 내적인 자기정화 혹은 내면에 존재하는 佛性을 깨닫기 위한 과정이라고 여길 수 있겠다.

4. 歸還

1) 귀환 관문의 통과, 혹은 일상 세계로의 복귀

캠벨의 영웅신화 여정의 마지막 단계인 귀환은 통과의례 중 통합의례와 비슷한 것으로, 영웅이 미지의 영역에서 온갖 시련을 극복하여 얻은 사회 재생의 靈藥을 가지고 기존의 현실 영역으로 귀환하는 것을 가리킨다. 캠벨에 의하면, '신화의 영웅은 세계사적, 대우주적 승리를 거두는 게 보통이다. …… 모험을 통하여 자기가 속한 사회 전체의 소생에 필요한 수단을 가지고 돌아온다.'[42] 그러면 잡극 〈서유기〉의 영웅인 당승이 천축국에서 사회 재생의 영약인 불경을 가지고 귀환하는 것을 원문을 중심으로 살펴보자.

> (부처가 등장): 玄奘아, 너는 지난날에는 天竺의 羅漢이었는데, 지금은 중국의 國師이구나. …… 내 제자 네 명, 곧 한 명은 成基, 한 명은 惠光, 한 명은 恩昉, 한 명은 敬測 이들 네 명이 너를 중국에

41) 이윤기 옮김, 《천의 얼굴을 가진 영웅》, 44쪽, 민음사, 1999.

42) 이윤기 옮김, 《천의 얼굴을 가진 영웅》, 53쪽, 민음사, 1999.

까지 호송할 것이다. 중국에 도착하여 승려들이 受戒하는 壇을 개설하고, 佛法을 크게 일으키고는 이후 다시 이곳으로 돌아와 正果를 이루어라. 給孤獨長者[43]야, 그를 데리고가 佛經을 받고 급히 떠나도록 해라. ……

(여러 父老들이 등장): 三藏國師께서 西天에 가신지 17년이 되었는데, 소나무 가지가 오늘 동쪽으로 기울었구나!. 저희들이 官府에 알리고, 모두 성 밖에서 맞이해야겠어요. (퇴장)

(父老가 여러 관리들과 등장): 기이하도다! 기이하도다! 오늘 소나무 가지가 동쪽으로 기울었으니, 國師께서 반드시 돌아오실 것이다. ……

(고타마[44]와 四大金剛[45]이 등장): 저는 賢劫[46] 네 번째 부처인 석가모니입니다. 오늘 唐僧이 중국에서 說法을 시작하고 佛法을 밝히었습니다. 오늘 마땅히 이곳으로 돌아와 正果朝元[47]해야 하니, 飛仙으로 하여금 그를 데리고 靈山會上[48]에 오도록 해야지요. (깃발과 악기 아래 飛仙이 당승을 데리고 등장)

(飛仙): 당승이 오늘 功德과 修行을 원만히 성취하여 正果朝元하네요. 부처님께서 저더러 영산회상으로 데리고 오라고 하셨으니, 모름지기 같이 한 번 가야지요. ……

(당승이 부처를 알현하며): 부처님! 저 머리 숙여 인사드립니다.

(부처): 당승아! 내 말을 들어라. 수년 만에 이곳에 이르러 오늘 공덕과

---

43) 당시 인도의 부유한 상인으로 자비와 선을 베풀기를 좋아했고, 석가모니 부처님께 祇園精舍라는 사찰을 지어주었다.

44) 고타마(Gotama)는 석가모니의 성이고 싯다르타(Siddhrtha)는 이름.

45) 四大天王이라고도 부르며 동서남북에서 佛法을 수호하는 守法神.

46) 겁(劫)이란 본래 천지가 한번 개벽한 후부터 다음 개벽할 때까지의 기간으로 매우 길고 오랜 시간을 이르는 불교 용어이다. 겁에는 과거겁(住劫)과 현재겁(賢劫), 미래겁(星宿劫)의 세 종류가 있다. 이 중 현겁은 현재의 겁으로 세상이 성(成)·주(住)·괴(壞)·공(空)의 4기를 일주하는 데 걸리는 시간이다.

47) 正果는 불교에서 수행 후 깨달음을 얻어 羅漢의 경지에 진입하는 것이고, 朝元은 도교에서 수련을 통하여 신선이 되는 것.

48) 靈鷲山에서 행해진 부처의 설법 모임.

수행이 원만히 성취되었으니 비로소 正果朝元한다.[49]

위의 인용문은 잡극 〈서유기〉 제6본 제22척 '參佛取經'과 제23척 '送歸東土' 및 제24척 '三藏朝元'에서, 주인공 당승이 서천취경의 목적을 성취하고 중국으로 귀환하고, 이후 다시 천축으로 돌아가 羅漢의 경지에 오른 것을 보여주고 있다. 극 중에서 당승은 부처 네 제자의 호송을 받으며 중국으로 귀환하여 佛法을 크게 일으킨다. 그런데 이때 당승이 장안성으로 귀환할 신기한 징조가 이미 발생하였다. 곧 서천취경을 위한 환송식에서 당승은 만일 소나무 가지가 평상시와는 달리 동쪽으로 기울면 자신이 돌아올 것이라고 약속하였다. 그리하여 당승은 중국에 귀환하여 佛法을 크게 선양한 후, 다시 飛仙과 함께 천축국의 영산회상으로 돌아갔으며, 마침내 부처 앞에서 공덕과 수행이 원만하게 성취되었음('功成行滿')을 인정받고, 그 결과 '正果朝元'하게 되었다. 곧 당승은 극 중에서 사회 재생의 영약인 불경을 가져오는 공덕을 이루었을 뿐만 아니라, 또한 수많은 시련을 통한 수행을 통하여 자신의 내면에 있는 佛性을 깨달아 '正果朝元'함으로써,

49) (佛云)玄奘, 你往日是西天羅漢, 今爲東土國師. …… 我佛座下弟子四人, 一名成基, 一名惠光, 一名恩昉, 一名敬測. 基, 光, 昉, 測四人, 送你到于東土, 開闡戒壇, 大興妙法, 後回西天, 始成正果. 給孤長者, 引將他去. 着他領取經寶, 疾忙便行. …… (衆父老上, 云)三藏國師, 去西天十七年也, 松枝今日向東也. 俺報與官府, 都在城外接去來. (下)(父老引衆官上)(衆云異异哉！異哉！今日松枝已向東也, 國師必定歸也. …… (佛高垛, 四金剛上, 云)老僧賢劫第四尊, 釋迦牟尼是也. 今日唐僧東土開壇闡教, 今當西來正果朝元, 教飛仙引入靈山會上來者. (旌幡, 樂器, 飛仙引唐僧上)(飛仙云)唐僧今日功成行滿, 正果朝元, 佛祖着我引入靈山會. 須索同去走一遭也呵. …… (唐僧見佛科)告佛祖, 唐僧稽首. (佛云)唐僧聽我明言. 數年得到西天. 今日功成行滿. 方才正果朝元. 隋樹森編, 《元曲選外編》, 第2冊, 中華書局, 1987, 690-694쪽.

속세의 欲界에서 淸淨한 神界로 향하는 새로운 생명의 가치를 획득했다고 볼 수 있다.

그러면 이와 같은 당승의 모습은 캠벨의 영웅신화의 관점으로 보면 어떠한 의미를 지니고 있는가? 캠벨에 의하면, '영웅이 고도로 갈망하는 신의 모습은 점점 커져, 이윽고 우주 전체에 가득 차게 된다. 영웅의 마음은 마침내 우주의 벽을 깨뜨리고 모든 형상(모든 상징, 모든 神性)의 경험을 초월하는 자각에 이르게 된다. 이것이 바로 불변의 空에 대한 자각이다.'[50] 다만 일반 凡夫들은 이러한 불변의 空에 대한 자각을 이루기가 쉽지 않기 때문에, 캠벨은 '오로지 감각의 배타적 증거만 급급한 일반인에게 어떻게 저 만유의 근원인 '공(空)'을 설명한단 말인가?'[51]라고 말하였다. 이러한 캠벨의 관점에 의하면, 잡극 〈서유기〉에서 영웅인 당승이 '正果朝元'하여 만유의 근원인 '空'을 깨달아, 세속의 欲界에서 청정하고 신성한 神界로 진입한 것은 생명 가치의 재탄생이라고 볼 수 있다. 이러한 의미에서 본다면 잡극 〈서유기〉는 영웅신화로서 再生神話的 의미를 지니고 있다고 할 수 있다.

2) 두 세계의 스승

캠벨 영웅신화 중의 영웅은 사회재생의 영약을 획득하여 기존의 현실사회로 가져오는 것이 일반적이지만, 경우에 따라서 영웅은 우주의 진리를 깨닫고는 이승과 저승 두 세계의 스승이 되어, 죽음으로써 재생하여 영원을 획득하기도 한다. 캠벨에 의하면, '세계의 경계를 넘나드는, 말하자면 시간을 초월한 세계인 저승과 일상적인 세계인

50) 이윤기 옮김, 《천의 얼굴을 가진 영웅》, 249쪽, 민음사, 1999.

51) 이윤기 옮김, 《천의 얼굴을 가진 영웅》, 282쪽, 민음사, 1999.

이승을 두루 돌아다니는 자유(그것도 한 세계의 원리로 다른 세계를 오염시키지 않되, 한 세계의 선으로써 다른 세계의 존재를 깨우치면서)는 거장들의 재능에나 어울리는 자유다.'[52] 잡극 〈서유기〉에서 당승은 영웅적인 모습으로 온갖 시련을 극복하여 세계사적, 대우주적 승리를 거두어 중국으로 귀환한다. 그러나 그의 영웅적인 제자들인 손행자와 저팔계 및 사화상은 서천취경의 목적을 이루고 이울러 내면의 불성을 깨달았지만, 사회 재생을 위하여 중국으로 귀환하지 못하고 天竺國에서 圓寂[53]에 들어간다. 그러면 원문을 중심으로 살펴보자.

(부처가 등장): …… 손행자와 저팔계와 사화상 세 명은 人類가 아니라 다시 중국으로 귀환할 수 없으니, 먼저 세 명으로 하여금 正果[54]를 얻도록 한다. ……

(사화상이 등장): 제가 사부님을 수 년 동안 따르다가 오늘 正果를 얻었습니다. ……

(손행자가 등장): 제가 功績과 德行을 이루어 오늘 사부님께 사직하고 圓寂에 듭니다. ……

(저팔계가 등장): 제가 사부님께 사직하고 朝天[55]에 듭니다.[56]

52) 이윤기 옮김, 《천의 얼굴을 가진 영웅》, 297쪽, 민음사, 1999.

53) 모든 덕(諸德)이 圓滿하고, 모든 악(諸惡)이 寂滅한다는 뜻에서 圓寂이라 한다. 원래는 모든 無知와 私見을 버리고 깨달았다는 뜻이었지만, 그 뒤 스님의 죽음을 뜻하는 말로 변했다.

54) 불교에서 修行 후 깨달은 올바른 果報.

55) 도교에서 수련 후 신선의 경지에 진입하는 것을 말함.

56) (佛云) 孫, 猪, 沙弟子三個, 乃非人類, 不可再回東土, 先着三個正果. …… (沙和尙云)徒弟從師父數年, 今日我正果. …… (行者云)弟子功行也到, 今日辭了師父圓寂. …… (猪八戒云)弟子也辭師父, 朝天去也. 隋樹森編, 《元曲選外編》, 第2冊, 中華書局, 1987, 690-691쪽.

위의 인용문은 잡극 〈서유기〉 제6본 제22척 '參佛取經' 중 당승의 제자인 손행자와 저팔계 및 사화상이 영웅적인 서천취경의 목적을 이루고 모두 正果를 획득한 것을 보여준다. 그런데 극 중에서 이들 세 명의 영웅적인 제자들이 당승보다 먼저 正果를 획득한 것은 그들이 人類 곧 인간이 아니라 중국으로 귀환할 수 없기 때문이다. 그리하여 이들 세 명의 영웅적인 제자들은 우주의 진리와 내면의 佛性을 깨닫고 圓寂함으로써 신성하고 청정하며 영원한 생명을 획득하였다.

그러면 이들 영웅적인 제자들의 이와 같은 모습은 어떠한 의미를 지니고 있는가? 캠벨은 《聖經》의 마태복음 10章을 인용하며 이렇게 말하고 있다, 곧 '예수는 똑 같은 것을 훨씬 간명하게 가르치고 있다. "나를 위해서 목숨을 잃는 사람은 생명을 얻을 것이다" 이제 의미는 분명해진다. 말하자면 이것은 모든 종교적 관행이 좇고 있는 바이다. 심리적 훈련을 통하여 개인적인 한계, 독특한 습관, 희망, 공포에 대한 집착을 버리고, 진리를 깨닫고 거듭나는데 필수적인 자기 적멸에 대한 저항을 버리면, 개인은 위대한 하나됨, 즉 자기화해에 이를 수 있다는 것이다.' 캠벨의 말에 의하면, 잡극 〈서유기〉에서 세 명의 영웅적인 제자들이 서천취경의 목적을 이루고 圓寂한 것은 죽음을 통하여 거듭나 새로운 생명을 얻는 것, 곧 再生의 의미를 지닌다고 볼 수 있다. 그들 영웅적인 세 명의 제자들은 자기 적멸에 대한 저항을 버림으로써 자기화해에 이르러, 예수가 《聖經》에서 말한 것처럼 새로운 생명을 얻을 수 있기 때문이다. 이런 점에서 잡극 〈서유기〉는 캠벨의 영웅신화의 관점에 의하면 재생신화적 의미를 지니고 있다고 볼 수 있다.

5. 잡극 〈西遊記〉의 의의

잡극 〈서유기〉는 원말 명초 몽고족 극작가 楊景賢이 지은 6本 24齣의 장편 희곡으로, 당나라의 실존인물 玄奘의 영웅적인 서천취경을 제재로 한 것이다. 극 중에는 가공적이고 신화적인 현장의 출생담인 江流故事가 보일뿐만 아니라. 전체적인 내용 또한 취경단의 영웅적이고 신화적인 색채로 충만되어 있다. 그리고 이러한 잡극 〈서유기〉의 모습은 후세 소설 〈서유기〉의 형성에 커다란 영향을 끼쳤다.

캠벨은 미국 태생의 세계적인 비교신화학자로서 동양과 서양의 신화와 전설을 비교·연구하였으며, 스위스의 정신의학자 융의 심층심리학 이론을 계승하여 영웅신화의 일반적 양상을 체계화시켰다. 그에 의하면, 영웅신화는 통과의례의 확대판으로 출발과 입문 및 귀환의 세 부분으로 구성되며, 각 부분은 여러 가지의 단계로 형성되어, 모두 17단계로 이루어진다.

캠벨에 의하면, 출발 부분에서 영웅은 일부가 소명을 거부하기도 하지만 대부분 모험에의 소명을 받으며 이후 초자연적인 조력자의 도움을 받는다. 잡극 〈서유기〉에서도 캠벨의 이와 같은 관점은 그대로 적용할 수 있었다. 극 중의 주인공 당승은 운명적으로 소명을 받았으며, 이후 서천취경의 과정에서 수많은 神佛인 초자연적인 조력자의 도움을 받아 소명을 완성할 수 있었다. 다만 당승의 영웅적인 제자인 손행자와 저팔계 및 사화상은 처음에는 모두 모험에의 소명을 거부하였지만 이후 모두 취경단에 합류하였다.

캠벨의 영웅신화 여정에 의하면 두 번째 부분인 입문 부분이 가장 핵심적인 단계이듯, 잡극 〈서유기〉에서도 취경단이 온갖 시련을 겪어야 하는 이 부분이 가장 중심적인 부분이었다. 다만 잡극 〈서유기〉는 잡극 중 가장 장편의 희곡이지만, 소설 〈서유기〉의 81難과는 달리 일곱 개의 시련 부분으로 이루어져 있는데, 이 중 강류고사의 시련 부분은 초반에 나왔기 때문에 입문 부분에는 실제로 여섯 가지의 시련으로 구성되어 있다.

잡극 〈서유기〉 중 영웅이 겪어야 하는 시련은 비교적 쉬운 시련에서부터 시작하여 점점 어려워졌다. 이러한 과정 중에 취경단의 핵심 영웅인 당승은 요괴에게 두 번이나 납치당하는 재난을 당하였으며, 화염산에서는 손행자가 칠선공주의 부채질에 허공에 날려버려지는 시련을 겪었다. 그리고 이러한 시련은 대부분 초자연적인 조력자인 神佛들의 도움에 의지하여 해결되었다. 극 중에서 주인공인 당승은 주로 시련의 당사자로 등장하는데, 특히 여인국에서는 여왕의 유혹으로 인하여 당승이 시련을 겪어야만 했다. 또 취경단이 천축국에 도착하여 佛國의 지혜로운 노파인 貧婆에게 《金剛經》 중 '點心'과 관련된 한 구절로 마지막으로 시련을 당하였는데, 이것은 앞의 시련과는 달리 내적인 시련이었다.

캠벨의 영웅신화의 관점으로 보면, 이상에서 살핀 영웅들의 시련들은 세계의 變容에 기여하기 위한 내적인 자기정화 혹은 내면에 존재하는 佛性을 깨닫기 위한 과정이라고 볼 수 있다. 왜냐하면 잡극 〈서유기〉의 서천취경 고사는 불경을 중국에 가져오는 소명을 달성하는 것임과 동시에 자기 내면의 불성을 깨달아가는 과정이라고 볼 수 있기 때문이다. 그리하여 캠벨은 '신화적 영웅의 길은 부수적으로는 地上的일지 모르나, 근본적으로는 내적인 길이다'라고 하였다.

캠벨의 영웅신화 부분 중 귀환 부분은 영웅이 미지의 영역에서 획득한 사회재생의 영약을 기존의 일상세계로 가지고 돌아오는 것이다. 잡극 〈서유기〉에서는 먼저 천축국에서 당승의 영웅적 제자들인 손행자, 저팔계, 사화상이 모두 圓寂하는데, 이것은 죽음을 통하여 거듭나는 再生神話的 의미를 지니었다. 또한 당승은 부처 제자들의 호송으로 중국에 귀환하여 佛法을 밝히고 선양한 후, 다시 飛仙과 함께 천축국의 영산회상으로 돌아가 佛法을 듣고 '正果朝元'하였다. 그리고 이러한 점은 캠벨에 의하면, 감각의 배타적 증거에만 급급한 일반인들과는 달리 당승이 만유의 근원인 '空'을 깨달았으니, 이는 세속의 欲界에서 청정하고 신성한 神界로 들어가는 생명가치의 재탄생이라고 할 수 있다. 이러한 점에서 본다면 잡극 〈서유기〉는 전체적으로 재생신화적 의미를 지니고 있음을 알 수 있다.

3장. 雜劇 〈西遊記〉 중 唐僧의 人物形像

1. 잡극 〈西遊記〉 중 唐僧 인물형상의 의미

잡극 〈서유기〉는 元末 明初의 蒙古族 극작가 楊景賢(본명은 楊訥이고, 景賢은 그의 字임. 생졸년대는 불명확함)의 작품으로 역사적 실존인물인 당나라의 玄奘(602-664)이 印度로 西天取經하는 고사를 내용으로 하고 있다. 원잡극의 작가 중 몽고족인 양경현은 그의 姊兄인 楊鎮撫를 따라 錢塘(지금의 杭州)에 이주하여 살았기 때문에 그를 楊氏 姓으로 불렀다. 그는《續錄鬼簿》의 저자인 곡학자 賈仲明과 50여 년을 교왕하였고, '비파를 잘 타고 희롱거리기를 좋아했다(善琵琶, 好戲謔)'고 하며,[1] 모두 18종의 잡극을 지었으나 지금 전해지는 것은 잡극 〈서유기〉와 신선도화극인 〈劉行首〉 두 편 뿐이다.

몽고족 극작가라는 독특함을 지닌 양경현의 잡극 〈서유기〉는 전체 원잡극 중에서도 독특한 모습을 보여준다. 곧 잡극 〈서유기〉는 1本 4折 1楔子라는 잡극의 일반적 체제를 크게 확대하여 6本 24齣의 장편 희곡으로 창작되었다. 물론 양경현 이전에도 王實甫가 5本 20折의 〈西廂記〉를 지었으나, 양경현의 잡극 〈서유기〉는 왕실보의 〈서상기〉를 뛰어넘는 거대한 장편 희곡인 것이다.뿐만 아니라 잡극 〈서유기〉는 전체 6본 중 제1본에서 殷氏가 主唱하는 것을 제외하고는, 나머지 각 본은 모두 남녀 각색이 나누어 主唱하며, 또한 일률적으로

1) 鐘嗣成, 賈仲明著,《新校錄鬼簿正續編》, 165쪽, 巴蜀書社, 1996.

인물의 성명을 사용하면서 '正末' '正旦' 등의 각색명을 사용하지 않는 독특함을 보여주고 있다.

서천취경의 西遊故事라는 내용상에서 볼 때 잡극 〈서유기〉는 서천취경을 제재로 하는 전체 문학 작품 중에서 연결고리나 교량의 역할을 하고 있다. 곧 당나라 시기 실존인물인 현장이 온갖 어려움을 무릅쓰고 성취한 서천취경의 서유고사는 이후 민간에 전해지면서 점점 傳奇化되고 神話化되어 여러 가지 문학 형태로 나타나다가 마침내 명말에 소설 〈서유기〉가 탄생하였다. 이 전체 과정 중에 잡극 〈서유기〉는 송나라 시기 說話四家의 하나인 說經의 전문 설화인이 공연할 때의 대본인 〈大唐三藏取經詩話〉(이하 〈詩話〉로 간칭함)가 소설 〈서유기〉로 집대성될 때 중요한 연결고리나 교량의 역할을 해내고 있는 것이다.

한편 잡극 〈서유기〉는 전체 서유고사의 발전에서 볼 때 一師三徒라는 取經團을 처음으로 확실하게 형성하여 소설 〈서유기〉 취경단의 모태가 되었다는 점에서 일정한 의미를 지니고 있다. 그런데 잡극 중의 핵심 성원인 三藏法師 당승의 인물형상은 잡극 〈서유기〉 이전의 〈시화〉나 이후의 소설 〈서유기〉와는 분명하게 다른 양상을 보이고 있다. 곧 잡극 〈서유기〉 중의 당승은 영웅적 고승의 형상과 함께 이와는 상반되는 일반적 凡僧의 형상을 함께 보여주는데, 이런 점에서 당승은 잡극 서유기〉의 전체적 성격을 보여주는 핵심적 인물이다. 이에 여기에서는 잡극 〈서유기〉에 나타난 당승의 인물형상을 통하여 잡극 〈서유기〉 자체의 희곡적 의미를 파악하고, 아울러 잡극 〈서유기〉 중 이러한 당승의 인물형상이 전체 서유고사의 발전이라는 관점에서 볼 때 어떠한 의미를 지니는지를 살피고자 하며, 또한 잡극 〈서유기〉에는 당승의 인물형상이 왜 이러한 모습으로 나타나게 되었는지를 일이보고자 한다.

잡극 〈서유기〉 중 당승의 인물형상을 다룬 선행 연구는 별로 없는 편이다. 우선 국내에서 잡극 〈서유기〉를 연구한 논문은 없으며, 다만 서정희가 소설 〈서유기〉의 당삼장에 대한 연구를 하였다.[2] 또한 중국에서는 馬冀가 잡극 〈서유기〉 중의 여러 인물형상을 논하면서 그 중에서 당승의 인물형상을 비교적 간략히 논하였다.[3] 여기에서는 이들의 연구 성과를 기반으로 하여 잡극 〈서유기〉 중 당승의 인물형상의 의미와 그 배경을 살피고자 한다.

2. 잡극 〈西遊記〉 이전 唐僧의 인물형상

당나라 시기 실존인물인 玄奘의 파란만장한 실제 서천취경의 서유고사가 양현경의 잡극 〈서유기〉로 발전하기까지는 거의 700여 년이 경과하였고, 다시 이후 명대 말엽 吳承恩에 의해 소설 〈서유기〉로 탄생되는 데는 거의 200여 년이 필요하였다. 이렇듯 서유고사는 장시간에 걸쳐 여러 변화를 보이고 있는데, 여기서는 먼저 역사서와 傳記 및 《大唐西域記》라는 地誌 중 당승의 모습을 살펴보고, 아울러 송대 이후 문학에 나타난 당승의 인물형상을 살피고자 한다.

1) 史傳과 地誌 중의 당승

당나라 시기 실존인물인 삼장법사 玄奘에 대해 서술한 것은 많으

2) 서정희, 〈〈서유기〉의 당삼장 연구〉, 《중어중문학》 38집, 2006, 6.

3) 馬冀, 〈論雜劇〈西遊記〉的人物形象〉, 內蒙古社會科學, 第22卷, 6期, 2001.

나 이들 중 가장 객관적이고 실제적인 기록은 아무래도 正史의 기록이라고 여겨진다. 이러한 현장에 대한 역사적 사실로서의 기록은《舊唐書》와《新唐書》에 보이고, 아울러 당나라 시기의 學僧인 道宣(596-667)이 편찬한《續高僧傳》에도 현장에 대한 기록이 보인다. 여기에서는 그 중《구당서》에 실린 현장에 관한 기록을 살피기로 한다.

> 승려 현장은 姓이 陳氏이고 洛州(지금의 洛陽) 偃師人이다. 大業 말년(617년) 출가하여 광범위하게 經論을 섭렵하였다. 번역된 經書에 오류가 많아, 그리하여 西域에 가서 다른 板本들을 폭넓게 구하여 참고하며 검증하겠다고 일찍이 말하였다. 貞觀 초년(627년) 그는 상인을 따라 서역으로 나섰다. 현장은 말재주와 박학함에 있어서 출중하여, 이르는 곳에서는 반드시 그들을 위하여 論難된 점을 설명해주어, 오랑캐들은 遠近을 막론하고 모두 그를 존경하고 탄복하였다. 그는 서역에서 17년을 지내면서, 100여 국가를 다녔는데, 모두 그들 국가의 언어를 알았으며, 그 山川 풍속과 土地 物産을 채집하여《대당서역기》12권을 편찬하였다. 貞觀 19년(645년) 그는 京師로 돌아왔으며, 太宗이 그를 보고서 매우 기뻐하며 그와 담논하였다.[4]

위의 인용문에 의하면, 속세에서 현장의 姓氏는 陳氏이고, 낙양 출신이며, 隋나라 말기 혼란스러운 시기에 출가하여 불교의 많은 經論을 섭렵하였다. 위의 인용문에는 또 승려로서의 현장이 서역으로 取經하게 된 동기를 보여주고 있으니, 곧 현장은 당시의 불교 經書에

---

4) 僧玄奘, 姓陳氏, 洛州偃師人. 大業末出家, 博涉經論. 嘗謂翻譯者多有訛謬, 故就西域, 廣求異本以參驗之. 貞觀初, 隨商人往游西域. 玄奘旣辯博出群, 所在必爲講釋論難, 蕃人遠近咸尊伏之. 在西域十七年, 經百餘國, 悉解其國之語, 仍采其山川謠俗, 土地所有, 撰《西域記》十二卷. 貞觀十九年, 歸至京師. 太宗見之, 大悅, 與之談論.《舊唐書 · 方伎傳》, 漢語大詞典出版社, 4391쪽, 2004.

번역상의 오류가 많음을 느껴, 직접 서역으로 가서 다른 판본들을 구하여 올바르게 검증하기 위하여 출발하였다. 그리하여 그는 627년 상인들의 무리를 따라 서역으로 출발하였고, 이후 17년 동안 100여 국가를 직접 다닌 후에《대당서역기》를 편찬하였으며, 645년 귀국하여 당 태종 李世民의 커다란 환대를 받았다고 한다.

여기에서 말한《대당서역기》는 현장이 17년 동안 서역 138개 국가의 지리와 풍속 등을 직접 보거나 간접적으로 들은 것을 책으로 찬술하도록 당 태종이 명령하자, 현장이 646년 제자인 辯機에게 구술한 것을 변기가 정리한 地誌이다. 이렇기 때문에《대당서역기》에는 求法旅行家로서 현장의 모습보다는 주로 서역의 지리 소개지로서의 모습을 지니고 있다.

《大唐大慈恩寺三藏法師傳》(이후《法師傳》으로 간칭)은 현장의 生平事跡 등의 史料가 최초로 상세하게 기술된 것으로, 현장의 제자인 慧立과 彦悰이 688년《대당서역기》를 근거로 하여 찬술한 것이다. 다만《법사전》에서 현장의 제자들은 종교적 열광으로 자신들의 스승인 현장을 칭송하기 위하여 현장의 神奇함을 과장적으로 묘사하였으며, 몇몇 신화 전설을 더하여 불교적 색채를 지니게 만들었다. 그리하여《법사전》에는 현장의 서천취경이 더욱 신비스럽게 묘사되었으며, 이 때문에《법사전》은 당시에 성행했던 唐 傳記와 비슷하게 되었다.[5] 일례로《법사전》에 의하면, 현장은 儒學을 좋아하는 학자의 모습인 陳慧의 넷째 아들로서, '법사가 막 태어났을 때 어머니는 법사가 흰 옷을 입고 서방으로 가는 꿈을 꾸었다고 한다. (法師初生也, 母夢法師著白衣西去)'[6] 이러한 점에서 볼 때《법사전》중의 당승은 기본적으

5) 涂秀虹著,《元明小說戲曲關係研究》, 144쪽, 上海三聯書店, 2004..

6)《大唐大慈恩寺三藏法師傳》, 제1권, 김영률 번역, 동국역경원, 1997.

로 《구당서》나 《대당서역기》와 같이 실제적 모습에 의거하고 있지만, 실제적 모습에 일정한 상상력이 더해진 신비한 聖僧의 인물형상도 일정 부분 지니고 있음을 알 수 있다. 다만 《대당서역기》와 마찬가지로 진정한 서유고사의 작품으로 여겨지지 못하지만, 서유고사의 발전에 있어서 상당히 중요한 역할을 하였다.

2) 송대 이후 문학 작품 중의 당승

송대 이후 중국문학은 민간문학으로 점점 중심축이 이동하여, 서천취경의 서유고사도 주로 민간문학에서 활발하게 나타난다. 먼저 송나라 시기 유행했던 說話四家 중 佛經과 관련된 내용을 공연하던 說經의 대본인 〈大唐三藏取經詩話〉는 서유고사의 신천지를 열었으며, 서유고사 문학의 원천이다. 곧 〈시화〉에 이르러서야 비로소 서유고사의 인물과 사건 묘사에 있어서 神魔的 색채가 나타나고, 取經團의 주요 인물이 간략하게나마 형성되었다. 이러한 점에서 〈시화〉는 서유고사의 진정한 출발점이다. 이전에 살펴보았던 〈법사전〉이 현장의 일대기인 점과는 달리, 〈시화〉 중에는 처음으로 白衣秀才로서의 猴行者와 深沙神의 형상이 출현하여 취경단의 대원으로 들어왔는데, 이들은 이후에 손오공과 沙和尙으로 바뀐다. 〈시화〉는 또한 그 성격상 寺院 俗講의 底本이기 때문에 불교 사상을 선양하는 데 목적을 두며, 작품 중에서는 세속의 위험과 어려움을 해결해주고 어떻게 妖怪와 魔鬼를 항복시키는 등의 고사를 통하여, 佛法이 無邊함을 선양하였다. 다만 이때 당승이 하는 작용은 경건한 선교사와 같은 것으로, 〈시화〉 중 그의 인물형상은 평범한 凡僧으로서, 그 자신에게는 어떠한 神話 색채나 신마색채의 後光이 없다. 곧 그는 一心으로 수

행하는 경건한 佛徒이고 충직한 불교 선양자이다.[7]

금·원대에 이르러 서유고사는 또 다른 양상으로 나타났다. 먼저 서유고사는 희곡 무대에 등장하였다. 그리하여 金代 院本인 무명씨의 〈唐三藏〉과 元雜劇인 吳昌齡의 〈唐三藏西天取經〉이 나타났으나, 안타깝게도 모두 실전되어 전하지 않으며, 제목으로 추측건대 〈서유기〉의 당승 고사와 비슷하리라고 여겨진다.[8] 또 徐渭의 《南詞敍錄》에 실린 宋·元 戲文의 이름 중에 〈陳光蕊江流和尙〉이란 희문이 있으나, 실전되어 전하지 않는다. 다만 제목으로 추측하면, 현장의 부친인 陳光蕊가 惡漢에게 살해되자, 어머니에 의해 부득이하게 강물에 버려진 현장이 나중에 승려가 되어 서천취경하는 고사로 보인다. 이러한 점에서 본다면 현장의 서유고사는 송·원 시기에 이미 상당히 흥성하였으며, 작품 중의 당승인 현장은 강물에 버려진('江流') 새로운 인물형상으로 등장하였으리라고 여겨진다.

원대에 있어서 서유고사는 희곡뿐만 아니라 산문체의 민간문학인 平話로도 나타났으니, 바로 〈西遊記平話〉가 그것이다. 평화는 설화인에 의하여 인물과 줄거리가 풍부해졌으며, 종교고사로 나타난 것이 아니라 민간고사로 나타난 것이다. 그러나 〈서유기평화〉는 실전되어 전하지 않으며, 다만 《永樂大全》 13139卷 중에 1200여 字의 단편적 기록이 남아있고, 또 조선 시대의 중국어 교과서인 《朴通事諺解》에도 〈唐三藏西遊記〉의 殘本 이야기가 여덟 차례 인용되고 있을 뿐이다.

---

7) 田華, 《論〈西遊記〉雜劇在西遊題材作品中的地位》, 12쪽, 內蒙古民族大學 碩士學位, 2011.

8) 王振星, 〈唐僧江流兒身世的原型與流變〉, 南通大學學報, 23卷, 2期, 2007.

3. 잡극 〈西遊記〉 중 唐僧의 인물형상

서유고사는 당나라 시기 실존인물에서 종교적 색채를 강하게 지닌 전기문학적 성격의 〈법사전〉으로 나타났다가, 이후 송나라 시기 민간문학인 〈시화〉로 비로소 초보적이나마 문학적 형식이 완성되었으며, 이후 금·원대에 이르러 다시 희곡과 평화의 형식으로 등장하였다. 그러나 전체 서유고사의 발전에서 볼 때 소설 〈서유기〉를 만약 완성품이라고 본다면, 〈시화〉에서 출발하여 잡극 〈서유기〉에 이르러서야 비로소 고사 줄거리나 인물형상 및 취경단의 조직에 있어서 거의 완벽한 서유고사가 형성되어, 명말 오승은의 소설 〈서유기〉의 탄생에 커다란 영향을 끼친 작품으로 출현하였다. 이런 점에서 볼 때 잡극 〈서유기〉는 서유고사를 제재로 하는 작품 중 〈시화〉에서 소설 〈서유기〉로 발전해가는 과정 중의 중요한 연결고리나 교량 역할을 하고 있다고 볼 수 있다. 그런데 잡극 〈서유기〉 중의 핵심인물인 당승은 극 중에서 극의 전반부와 이후 전개된 부분에서 매우 다른 인물형상으로 나타난다. 곧 당승은 극의 제1本과 제2本 초반부에서는 신화적이고 영웅적인 高僧의 모습으로 나타났다가, 이후에는 해학적이고 평범한 승려로 출현한다. 그러면 먼저 당승의 영웅적 형상을 살펴보자.

1) 영웅적 高僧

잡극 〈서유기〉의 작자 양경현은 당승의 영웅적 형상을 부각시키기 위하여, 전체 6本 중 제1本과 제2本의 첫 부분을 전면적으로 할애했으며, 거기에서 중점적으로 당승의 특이한 출생 내력과 서천취경을 위한 조정의 성대한 송별식을 묘사하였다. 그러면 먼저 잡극 〈서유기〉에 보인 당승의 신화적이고 영웅적인 출생내력을 원문을 중심으로 살펴보자.

(龍王 등장): 밤새 觀音菩薩님의 명령이다: "毘盧伽尊者께서 금일 재난이 있으니, 夜叉에게 분부하여 강가의 水神들이 단단히 지키도록 하라." (퇴장)

(부인이 애를 안고 등장): 도적놈에게 남편이 죽고 나서, 저는 애를 낳아 오늘 한 달이 되었네요. 도적놈이 애를 강에 버리라고 강요하고, 따르지 않는다면 저까지 죽인다고 하네요. 제가 죽는다면 누가 제 남편을 위해 복수해줄까요? 하는 수 없이 따라야지요. 애야! 나도 어쩔 수 없구나! (노래한다) ……

【醉春風】 애끓는 심정으로 백원짜리 紙錢을 태우고/ 이별의 한으로 술석 잔을 따르는데/ 도도한 강물에 물보라 일어나네/ 陳光蕊여! 당신의 魂靈은 있는가? 있는가? 저에게 큰 화장상자 있으니, 아이를 그 속에 넣어야지. 두 세 개 나무 조각을 댓개비로 묶으면 떠내려갈 수 있겠지.

화장상자에 넣어서/ 물가에 버리네/ 陳光蕊여! 그 강에서 기다리세요. ……

(漁夫가 상자를 들고 등장하여 인사를 드린다): 오늘 제가 고기를 잡는데, 백사장에서 불꽃이 일어나는 것을 보고 가보니, 도리어 漆匣이었습니다. 안에는 어린아이가 하나 있어, 어르신들게 보여드렸으니, 설마 妖精이나 怪物이 아니겠지요?

(丹霞禪師 등장): 가져와 보아하니 훌륭한 어린아이구나. 섬뜩한 빛이 번쩍이고 특이한 향기가 내뿜도다. 안에는 금비녀 두 개와 血書 한 통이 있는데, 이렇게 씌여있네: "殷氏의 혈서입니다. 이 애의 부친은 海州 弘農人이며, 姓은 陳이고 이름은 蕚입니다. 관직을 洪州 知府를 제수받아, 가족을 거느리고 부임하는 길에, 돈을 주고 배를 빌려 劉洪이란 자를 강의 뱃사공으로 썼습니다. 그런데 그놈이 남편을 강물에 밀어 빠뜨리고는 자신이 洪州 知府라

> 고 사칭하였습니다. 저에게는 남편의 유복자가 있어서, 부모로서 책임을 다하여 애가 한 달이 되었습니다. 그러자 도적놈은 애를 강에 버리라고 저를 핍박합니다. 그리하여 금비녀 두 개와 혈서 한 통을 넣으니, 그대께서 불쌍히 여기시어 구해주세요. 이 애는 貞觀3년 10월 15일 子時 生입니다. 달리 이름이 없고 江流라고 부릅니다."[9]

위의 인용문은 잡극 〈서유기〉 중 제2齣 '逼母棄兒'과 제3齣 '江流認親'에서 극 중의 주인공 당승이 '江流'라는 이름으로 출생하게 되는 내력을 보여주는 부분이다. 위에 의하면, 당승은 우선 前生의 신분이 毘盧伽尊者라고 하는데, 비로가존자는 부처의 제자로서 학문과 덕행이 뛰어난 阿羅漢이다. 잡극 〈서유기〉의 작자는 당승을 신화화시키고 영웅화시키기 위하여, 먼저 당승의 전생에불교에서 수행과 공덕이 매우 뛰어난 부처의 제자서의 신분을 극도로 높였다. 또한 위

9) (龍王上, 云)夜來觀音法旨云：毗盧伽尊者今日有難, 分付巡海夜叉, 沿江水神, 緊緊的防護者. (下)(夫人抱孩兒上, 云)自從被賊徒壞了男兒, 我得了个孩兒, 今朝滿月, 賊漢逼臨我抛在江裏. 待不依來, 和我也要殺壞. 我死了呵, 誰與我男兒報讐？則索依着他. 兒呵, 也是我出于無奈. (唱) ……【醉春風】燒一陌斷腸錢, 酹三杯離恨酒. 滔滔雪浪大江中, 陳光蕊呵, 你魂靈兒敢有, 有！我有一個大梳匣, 將孩兒安在裏面, 將兩三根木頭兒, 將蔑子縛着, 可以浮將去. 匣子裏安藏, 水波邊抛弃, 陳光蕊呵, 你在那浪花中等候. …… (漁人持匣上, 做相見科)今早小人打魚, 見沙灘焰起, 去看時, 却是個漆匣兒, 內有一個小孩兒, 與長老看, 莫不是妖精怪物麼？(丹霞云)將來看, 好個孩兒. 寒光閃爍, 異香馥人. 內有金釵二股, 血書一封, 上寫道："殷氏血書. 此子之父, 乃海州弘農人也, 姓陳名蕚, 字光蕊. 官拜洪州知府. 携家之任, 買舟得江上劉洪者, 將夫推墮水中, 冒名作洪州知府. 有夫遺腹之子, 就任所生. 得滿月, 賊人逼迫, 投之于江. 金釵二股, 血書一封. 仁者憐而救之. 此子貞觀三年十月十五日子時建生. 別無名字, 喚作江流 隋樹森編, 《元曲選外編》, 第2冊, 中華書局, 1987, 637-639쪽.

의 인용문에는 불교의 중요한 보살인 관음보살과 佛法의 수호신인 夜叉 및 水中의 龍王神이 神佛의 형상으로 등장하는데, 모두 극 중에서 당승의 서천취경을 돕는 조력자의 역할을 하는 것으로, 비록 신불이지만 모두 세속화되고 인격화된 모습으로 등장하여 당승을 돕고 있다.

위에서 당승의 어머니인 부인은 남편의 유복자로서 한 달된 아들을 안고서 자신이 부득이하게 강물에 버려야 하는 상황을 처참하게 노래하면서, 당승이 본시 강물에 버려진 아이라는 뜻의 '江流'라는 이름을 지니게 되었던 출생 내력을 밝히고 있다. 곧 그녀는 벼슬을 제수받은 남편과 함께 부임지로 가는 도중, 강의 뱃사공인 劉洪이 남편을 물에 빠뜨려 남편을 잃게 되었으며, 이후 부득이하게 남편의 복수를 위하여 류홍과 살아야 했고, 또 남편의 유복자인 '江流'를 漆匣으로 된 화장상자에 넣어 강요에 의하여 강물에 버려야 하는 자신의 처절한 상황을 밝히고 있다. 그러면서 그녀는 아이를 넣은 칠갑상자 속에 아이의 출생 내력을 血書로 써 넣었는데, 어부가 이 칠갑상자를 발견하여 金山寺의 丹霞禪師에게 넘김으로써, 江流故事가 분명하게 드러났다.

위에서 보인 당승의 신화화되고 영웅적인 인물형상은 강류고사가 그 핵심이다. 그리고 이러한 강류고사는 당승의 인물형상을 신화화하고 영웅화시키기 위하여 잡극 〈서유기〉의 작자가 일부러 채용한 것인데, 이러한 강류고사의 수법은 세계 여러 국가에도 보이니, 《聖經》에서 모세가 나일강에 버려지는 이야기는 주지의 사실이다. 그러면 일종의 始祖神話와 비슷한 양상의 이러한 강류고사는 중국에서 언제 처음으로 생겼을까? 일반적으로 강류고사의 원형으로는 B.C. 1600년 경 湯 임금을 보좌하여 夏나라를 멸망시키고 商나라를 건립하는 데 큰 공을 세운 정치가로 유명한 伊尹의 특이한 출생신화를 들고 있다.[10] 그러면《呂氏春秋》에 보인 이윤의 특이한 출생신화를 살펴보자.

> 有莘氏의 여자가 뽕을 따다가 (줄기 속이) 비어있는 뽕나무 가운데서 갓난아이 하나를 얻어 군주에게 바쳤다. 그 군주는 주방장에게 기르도록 하고는 그렇게 된 이유를 살피게 하였더니 (조사하여) 말했다. "그 어머니는 伊水에서 살았습니다. 임신을 했는데 꿈에 신이 나타나 알리기를 '절구에서 물이 나오면 동쪽으로 달아나라. (그리고) 돌아보지 말아라'하였답니다. 다음날 절구에서 물이 나오는 것을 보고는 이웃에 알린 뒤 동쪽으로 10리를 달아났습니다. 그러나 뒤를 돌아보았더니 자신의 동네는 전부 물에 잠겼는데 자신의 몸도 변해서 속이 빈 뽕나무로 되었다는 것입니다." 그러므로 이름을 지어 伊尹이라고 하였다. 이것이 이윤이 속이 빈 뽕나무에서 태어나게 된 연고이다.[11]

위의 인용문에 의하면, 商나라의 賢臣인 이윤은 강물에 떠내려간 속이 텅빈 뽕나무에서 태어나는 특이한 출생신화를 지녔다, 有莘氏는 夏·商 시기 동방의 중요한 씨족 부락의 사람으로, 하나라 말기 商 탕왕의 왕비가 되었으며, 이때 이윤은 유신씨의 媵臣[12]으로 솥과 도마를 등에 지고 따라가서 요리사로서 湯王을 즐겁게 해주었다. 요리사로서 성공한 이후 이윤은 탕왕을 접견할 기회를 가지게 되었다. 탕왕은 이윤이 훌륭한 정치적 식견을 지니고 있음을 발견하고 노예

10) 王振星,〈唐僧江流兒身世的原型與流變〉, 南通大學學報, 23卷, 2期, 2007.

11) 有莘氏女子採桑, 得嬰兒于空桑之中, 獻之其君. 其君令烰人養之. 察其所以然, 曰: "其母居伊水之上, 孕夢有神告之曰: '臼出水而東走, *毋顧*' 明日, 視臼出水, 告其鄰, 東走十里, 而顧其邑盡爲水, 身因化爲空桑" 故命之曰伊尹. 此伊尹生空桑之故也.《呂氏春秋譯註·本味》, 378쪽, 북경대학출판사, 2000.

12) 잉신은 귀족 집안의 딸이 결혼 때 데려가는 奴僕.

신분이던 그에게 파격적으로 재상을 맡기자, 이윤은 탕왕과 힘을 합쳐 포악한 桀을 제거하여 하나라를 멸망시켰다. 이렇듯 이윤이 미천한 노예 신분에서 재상이라는 최고의 신분에까지 이르자, 후세에는 위의 인용문과 같이 그를 신화화하는 강류고사가 형성되었다. 그런데 위의 강류고사에서 이윤이 강물에 떠내려가는 뽕나무 속에 있으면서도 살아남았던 것은, 그의 어머니가 아들을 보호하기 위하여 속이 텅빈 뽕나무로 변신하였기 때문이다. 현실적으로 볼 때 인간이 속이 텅빈 뽕나무로 변신하는 것은 물론 불가능하다. 그러나 이렇게 강류고사에서 인간이 속이 텅빈 뽕나무로 변신하는 것은 인간의 이상과 염원을 담은 신화에서는 얼마든지 가능하다. 이런 점에서 속이 텅빈 뽕나무에서 태어난 이윤은 이미 평범한 아이가 아니고 신비화되고 신화화된 아이이며, 인간의 심령 깊은 곳 무의식 속에 잠재해있는 일종의 영웅숭배 사상의 일면을 반영한 것이라고 볼 수 있다.

하·상시기 이윤에서 시작된 강류고사는 이후 끊임없이 나타났으니, 앞에서 언급했던 徐渭의 《南詞敍錄》에 실린 宋·元 戲文 중의 〈陳光蕊江流和尙〉이란 희문은 비록 제목만 전하고 있지만, 제목만 보아서도 송원 시기에 이미 강류고사가 매우 흥성했음을 보여주는 증거라고 할 수 있다. 그리하여 이러한 강류고사는 잡극 〈서유기〉에 이르러서는 다시 서천취경의 서유고사와 결합되었으니, 이것이 바로 신화적이고 영웅적인 당승의 인물형상을 자연스럽게 형성한 것이라고 할 수 있다.

잡극 〈서유기〉 중 강류고사로부터 형성된 당승의 영웅적 인물형상은 서천취경을 위하여 인도로 떠나는 당승의 서유고사에서도 나타난다. 극 중에서 당승은 '江流'에서 성장하여 18세 청년이 되어, 金山寺의 丹霞禪師로부터 자신의 출생 내력을 전해 듣고, 자신의 親母를 찾아가 만나며, 이후 단하선사의 도움으로 자신의 가정을 파괴한 劉洪에게 철저한 복수를 한다. 그리고 복수를 마친 당승은 서천취경의 장도에 나서는데, 극 중 당나라 시기 조정의 유명한 백관들이 모두 나와 그에게 송별식을 해주는 장면은 당승의 영웅적 기개와 장엄한 풍격을 보여주는 부분이다. 그러면 극 중의 원문을 중심으로 살펴보자.

(虞世南 등장): …… 저는 우세남입니다. 觀音佛의 명령을 받들어 玄奘을 조정에 천거하여 제가 그를 모시고 천자를 뵈었지요. 京師에 큰 가뭄이 들어 祭壇을 만들어 기우제를 지냈지요. 현장께서 잠시 靜坐를 하니 큰 비가 삼일 동안 내렸습니다. 그리하여 천자께서는 金色 袈裟와 九環 錫杖[13]을 하사하셨습니다. …… 오늘은 임금님의 뜻을 받들어 百官有司들이 모두 覇橋[14]에 가서 천막을 설치하여 연회를 베풀고 여러 社火[15]를 동원하여 삼장법사께서 西行하시는 것을 환송해야죠.

(秦叔寶 등장): …… 저는 진숙보입니다.

(房玄齡 등장): …… 저는 방현령입니다. ……

(당승 등장): …… 천자께서 金色 袈裟와 九環 錫杖을 하사하시고 삼장법사에 封하여 주시어, 저로 하여금 西天取經하도록 하시니, 제 생각건대 제 목숨은 부처님과 하늘이 보호해 주실 겁니다. …… 오늘 임금님께 작별 인사를 드리고 登程에 나서야겠습니다. ……

---

13) 승려들이 들고 다니는 지팡이로 보통 머리 부분에 여섯 개의 고리가 달려 있는데, 특별히 아홉 개의 고리가 달린 지팡이를 하사했다. 이 고리는 석장이 흔들릴 때마다 고리에서 소리가 나도록 하기 위하여 단 것이며, 길을 갈 때 이 소리를 듣고 기어 다니는 벌레들이 물러가도록 하여 살생을 막는다는 의미가 포함되어 있다.

14) 서안 근처 灞水(파수) 위에 있는 다리로서 환송객을 위해 주로 여기에서 송별식을 벌였다.

15) 민속 오락 공연 활동단.

(尉遲公 등장): …… 오늘 聖旨를 받들어 百官을 이끌고 한 번 가야지요. 보세요. 승려와 비구니, 출가한 사람과 세속의 사람들, 百官과 父老들, 그리고 잡다한 社火가 모두 모였네요. ……
(당승 등장): 여러 백관들이여, 저의 한 말씀 들어주세요. 신하로서 마땅히 충성을 다하고, 자식으로서 효도를 다하여, 忠과 孝 두 가지를 온전히 하면, 나머지는 보답할 것이 없지요.[16]

위의 인용문은 제2本 제5척 '詔餞西行'에 나오는 부분으로, 당시의 유명한 수많은 백관들이 임금의 명령을 받들어 많은 오락 공연활동을 동원하여 현장의 서천취경을 위하여 성대하고 장엄하게 송별식을 거행하고 있는 것을 묘사하고 있는데, 마치 영웅의 登程을 위한 엄숙하고 장중한 송별식과 같다. 위의 극 중에 등장한 우세남, 진숙보, 방현령, 울지경덕 등은 모두 당나라의 대표적인 개국공신들인데, 이들이 모두 참여하는 환송식은 거국적인 것으로 평범한 환송식이라고 하기에는 너무 성대하고 웅장하다. 또 위에서 극 중 주인공인 당승은 천지로부터 金色 袈裟와 九環 錫杖을 하사받았는데, 이것은 당승이 천자로부터 특별한 대우를 받는 것을 상징하고 있다고 볼 수 있다. 이러한 점들로 보면, 위의 송별식에 나타난 당승의 인물형상은 영웅

16) (虞世南上, 云) …… 小官虞世南. 奉觀音佛法旨, 薦陳玄奘于朝, 小官引見天子. 京師大旱, 結壇場祈雨, 玄奘打坐片時, 大雨三日. 天子賜金襴袈裟, 九環錫仗, …… 今日奉聖旨, 着百官有司都至霸橋, 設祖帳排筵會, 諸般社火, 送三藏西行. (秦叔寶上, 云) …… 某秦叔寶是也. (房玄齡上, 云) …… 某房玄齡是也.) …… (唐僧云) ……賜金襴袈裟, 九環錫杖, 封三藏法師, 着往西天取經. 我想來, 小僧性命, 也是佛天相保. …… 今日辭了天子, 便索登程去也 …… (尉遲恭上, 云) …… 今日奉聖旨, 率領百官前往, 須索要走一遭. 爾看僧尼道俗, 百官父老, 諸雜社火都到. …… (唐僧云)衆官, 聽小僧一句言語 : 爲臣盡忠, 爲子盡孝. 忠孝兩全, 餘無所報. 隋樹森編, 《元曲選外編》, 第2冊, 中華書局, 1987, 646-648쪽.

적 기개와 장중한 풍격을 지닌 高僧의 형상을 보여주는 것으로, 일반적이고 평범한 승려로서는 불가능한 모습이라고 할 수 있다.

그런데 위의 인용문 중 당승이 백관들을 상대로 한 송별사는 조금 특이하다. 당승은 위에서와 같이 비록 불교의 승려 신분이지만, 忠孝를 강조하는 색다른 모습을 보여준다. 이것은 중국의 불교가 인도에서 수입된 이래 시대가 흐를수록 점점 세속화되어 유교와 불교 및 도교가 함께 결합되는 소위 三敎合一의 영향이라고 여겨진다. 그리하여 극 중에서 당승은 경건한 불교의 승려이지만, 한편으로는 위에서와 같이 유교적 書生의 형상이 함께 결합되어 나타난 것이다.

그러면 잡극 〈서유기〉에 나타난 영웅적 고승으로서의 인물형상은 어떠한 의미를 지니고 있을까? 먼저 잡극 〈서유기〉라는 작품에서 볼 때, 당승의 영웅적 인물형상은 주로 강류고사에서 연원하였는데, 이러한 영웅적 인물형상은 伊尹과 같은 중국의 고대신화와 민간전설, 아울러 당·송 소설 및 송·원 희곡 등의 내용에 서천취경의 서유고사가 융합되어 이루어진 결과라는 성격을 지닌다. 곧 잡극 〈서유기〉는 강류고사와 서유고사를 처음으로 문학적으로 결합시킨 작품으로서 일정한 의미를 지닌다. 이러한 점에서 잡극 〈서유기〉 중 당승의 영웅적 인물형상은 신화적 색채를 위주로 하여, 이전의 여러 문학양식을 계승하고 집대성하는 의미를 지니고 있는 것임을 알 수 있다. 또한 〈시화〉에서 본격적으로 시작된 서유고사가 소설 〈서유기〉로 발전해가는 서유고사 제재의 전체적 발전 경로에서 볼 때, 잡극 〈서유기〉 중의 당승의 영웅적 인물형상은 연결고리나 교량 역할을 하고 있음을 알 수 있다. 왜냐하면 당승의 신화적 강류고사는 〈시화〉에는 나타나지 않은 것으로, 잡극 〈서유기〉에 비로소 나타났으며, 이후 소설 〈서유기〉는 이러한 당승의 강류고사를 기본적으로 계승하고 있기 때문이다. 다만 소설 〈서유기〉에서는 이러한 당승의 신화적 강류고사가 24句의 詩 형식으로 간략하게 묘사되고 있을 뿐이다. 이러한 점에서 당승의 강류고사는 〈시화〉나 소설 〈서유기〉와 비교할 때 잡극 〈서유기〉에 중점적으로 묘사되고 있어서, 잡극 〈서유기〉의 총체적 성격에 커다란 영향을 끼치고 있음을 알 수 있다.

이상에서 잡극 〈서유기〉에 보인 당승의 영웅적 고승의 인물형상을 살펴보았다. 당승의 영웅적 인물형상은 주로 始祖신화적 색채를 강하게 지닌 강류고사에서 기인하였다. 그리고 이러한 강류고사는 夏·商 시기 노예 신분에서 재상의 신분에까지 오른 伊尹의 강류고사를 그 원형으로 하고 있으며, 강류고사의 이면에는 인간의 심령 깊은 곳에 무의식적으로 내재하는 영웅숭배의 심리를 어느 정도 반영하는 것으로 여겨진다. 또한 이러한 당승의 영웅적 인물형상은 당나라의 개국공신들이 거국적으로 참여하여 당승의 서천취경을 축하하는 장엄하고 성대한 송별식에서도 그 일면을 볼 수 있다.

2) 일반적 凡僧

잡극 〈서유기〉의 작자 양경현은 극의 초반부에서는 앞에서와 같이 강류고사라는 출생고사를 통하여 당승을 신화화하고 영웅화하였지만, 그 이후에는 도리어 당승을 凡夫化하고 세속화하여 전혀 다른 극 중 희극적 분위기를 조성한다. 곧 극 중의 당승은 해학화되고 조롱당하는 형상으로 등장하여, 영웅적인 모습과는 이율배반적인 모습을 보여준다. 그러면 원문을 인용하여 극 중 당승의 인물형상이 어떻게 나타나는지 살펴보자.

(老張이 등장): …… 저는 대대로 長安城 밖에 거주하는 성실한 농민입니다. 오늘 듣자하니, 장안 성 안에서 國師인 唐三藏께서 西天取經하러 가시는 것을 환송한다고 합니다. 저희 마을의 건장한 王二와 胖姑兒가 모두 갔습니다. …… 그들이 돌아오면, 저에게 이야기해 주도록 해야지요. ……

(老張): 胖姑兒! 당신이 세심하지요. 말해주세요. . (胖姑兒 노래한다)

【一緺兒麻】 胖姑兒가 유난히 세심하지는 않아요/ 관리들이 떼지어 큰 절구공이를 둘러싸고 있었지요/ 절구공이에는 하늘에서 내준 눈과 눈썹이 달렸어요/ 제가 보기에는 표주박이고 호롱박이네요/ 그 사람 정말 기괴하게 생겼어요/ 무슨 놈의 唐僧, 唐僧이에요. 다행히 어르신과 안가길 다행이지요. 헛수고 했을 뻔했으니까요. 정말 별볼일없는 것이었어요/ 괜히 옆 사람들에게 비웃음을 당하네요/[17]

위의 인용문은 제2本의 제6齣 '村姑演說'로서, 성대하고 장엄한 환송식을 시골 村婦인 胖姑兒의 시각을 통해서 해학화시키고 조롱하는 부분이다. 극 중에서는 장안성 밖에 거주하는 농민인 老張에게 시골 村婦인 반고아가 당승의 서천취경을 위한 환송식을 직접 본 결과를 노래를 통하여 설명해주는 방식으로 전개된다. 그런데 극 중에서 唱者인 반고아는 당승의 형상을 매우 해학적으로 묘사하여 웃음을 짓지 않을 수 없게 만든다. 곧 위의 인용문에서, 잡극 〈서유기〉의 작자는 고의로 喜劇性을 증가시키기 위하여 당승의 형상이 매우 기괴

17) (老張上, 云) …… 老張祖在長安城外住, 生是個老實的傍城莊家. 今日聽得城裏送國師唐三藏西天取經去, 我莊上莊王二, 胖姑兒都看去了, 等他們來家, 教他敷演與我聽, …… (張云)胖姑兒, 則有你心精細, 你說者. (姑唱)【一緺儿麻】不是胖姑兒偏精細, 官人每簇捧着個大檑椎. 檑椎上天生得有眼共眉, 我則道瓠子頭葫蘆對. 這個人也索是蹺蹊, 甚麼唐僧, 唐僧, 早是不和爺爺去看哩, 枉了這遭. 恰便似不敢道的東西, 枉惹得傍人笑耻. 隋樹森編, 《元曲選外編》, 第2冊, 中華書局, 1987, 648쪽.

하게 생겼다고 말하면서, 승려인 당승의 얼굴을 '절구공이' '표주박' '호롱박'에 비유하며 조롱한다.

그런데 이러한 희극적 수법은 〈牡丹亭·學堂〉과 〈長生殿·彈詞〉에도 똑같이 보이는 것으로, 元曲 作家 睢景臣의 套曲 作品인 〈高祖還鄉〉[18]의 표현수법과 사상경향을 차용하여 표현한 것이다.[19] 〈高祖還鄉〉에서 漢高祖 劉邦이 해학적으로 조롱되고 풍자되었듯이, 당승의 서천취경을 위한 성대하고 장엄한 환송식에서 당승은 위의 인용문에서와 같이 평범한 촌부의 입을 통하여 도리어 조롱되고 풍자되었다. 그리고 이러한 조롱과 풍자는 강류고사에서 형성되었던 당승의 영웅적 권위와 풍격에도 심각한 손상을 가하여, 당승을 凡夫化하는 역할을 하였다. 이렇듯 잡극 〈서유기〉의 작자는 당승의 형상을 신화화되고 영웅적인 모습으로 계속 유지하지 않고, 극 중에서 도리어 범부화하고 해학화하는 희극성과 풍자성을 결합하여 다원적인 당승의 인물형상을 보여주고 있다.

극 중 당승의 凡僧으로서의 인물형상은 그의 구체적인 행위나 말을 통해서도 표현된다. 잡극 〈서유기〉는 제3本에 이르러 孫悟空인 孫行者가 등장하는데, 이때부터 극의 실제적인 중심인물은 손행자로 대체된다. 그러면 영웅적이지 못하고 도리어 일반적인 범승의 형상으로 나타난 당승의 인물형상을 원문을 중심으로 살펴보자.

> (당승 일행이 등장): 행자야! 우리들이 너와 함께 며칠간 걸었더니 몸이 피곤하구나. 빨리 숙소를 찾아 식사를 하고 가자구나. (紅孩兒

---

18) 한 고조 劉邦의 내력을 잘 아는 고향 농민이 유방의 추악한 면모를 조롱한 套曲으로, 해학성과 풍자성이 매우 강렬한 작품이다.

19) 葛星煜 主編, 《元曲感賞辭典》, 1082쪽, 上海辭書出版社, 1990.

가 등장하며 우는 동작을 한다)

(당승): 훌륭하구나! 훌륭하구나! 깊은 산 속 누구 집 어린아이가 길을 잃었구나. 조금 지나 어두워지면 豺狼과 毒蟲이 이 애의 목숨을 해치지 않겠는가? 출가인이 죽을 것을 보고 구해주지 않는다면 마땅히 戒行을 파괴하는 것이리라. 행자야! 내 대신에 업어라! 앞에 人家가 있으니, 내력을 알아보고 그애 집에 보내주면 좋은 일이지.

(행자가 등장): 사부님! 산의 숲 속에는 妖怪가 매우 많으니 쓸데없이 참견하지 마세요!

(당승): 너 이놈의 원숭이! 내 말을 또 안들어. 반드시 그 애를 업어라!

(행자): 사부님! 먼저 가십시오. (업혀지지 않는 동작을 한다): 내 일찍이 花果山에 눌려 있다가도 몸을 솟구쳐 뛰어 나왔는데, 크고 작은 요술방망이로도 업을 수 없으니, 분명히 요괴구나. 너 내 戒刀맛을 봐서, 계곡으로 떨어지도록 해주마. (계곡으로 떨어뜨리는 동작을 한다)

(沙和尙이 황급히 등장): 師兄! 큰일 났어요! 그 어린아이에게 사부님이 잡혀갔어요. 그애가 무슨 요괴인지 누가 알았겠어요?

(행자): 火龍아, 우리 셋이 관음불께 가자. (퇴장)

(관음불이 등장): 老僧의 눈에 당승이 재난을 당하고 손오공이 오는 것이 보이구나. 이 동굴의 妖魔는 무슨 괴물인지, 노승은 본 모습을 보지 못했도다. 손오공이 오면, 같이 世尊佛께 여쭈러 가야겠도다. (퇴장) ……

(세존불): 그애가 요괴인지는 모르지만, 그애 엄마는 내 밑에서 天神으로 있도다. 佛法에 아직 귀의하지 않았으며, 鬼子母라고 한다. 그녀의 어린아이는 愛奴兒라고 부르는데, 내가 이미 揭帝[20]를 파견하여 잡아다가 깊은 바위나 큰 연못 가운데 두도록 시켰으니, 그애 엄마가 곧 올 것이다. 揭帝가 그애를 항복시키지 못할까 두려우니, 老僧의 鉢盂를 가지고 오너라.

(四揭帝가 鉢盂를 들고 등장. 세존불): 손오공아! 너는 본 자리로 돌아가

20) 佛法을 수호하는 護法神의 하나.

> 거라. 너의 사부는 이미 나와서 거기에 있니라.[21]

위의 인용문은 잡극 〈서유기〉의 제3본 제12척 '鬼母皈依'의 시작 부분으로, 극 중에서 손오공이 본격적으로 요괴를 제압해가는 시련 과정 중의 하나인데, 당승은 여기에서 자신의 판단 착오로 요괴에게 납치당하는 무능한 범승의 면모를 보여준다. 곧 위에서 깊은 산속을 가고 있던 당승은 홀로 길을 잃고 울고 있는 어린아이인 紅孩兒를 만나자, 승냥이나 이리 및 독충이 그를 해칠까 걱정되어, 손행자에게 업어서 집으로 데려주라고 명령한다. 물론 어린아이는 요괴인 홍애아가 변신한 것으로, 손행자는 홍해아가 요괴일 것이라고 이미 판단하였다. 그리하여 손행자가 당승의 명령에 따르지 않자, 당승은 손행자에게 '원숭이'라고 욕하면서 홍해아를 업으라고 재차 명령하였다. 그러나 손행자가 요괴인 홍해아를 아무리 업으려고 해도 업혀지지 않

---

21) (唐僧一行人上, 云)行者, 我每與爾行了幾日, 身子困倦, 早些尋個宿頭, 安排些齋吃, 却行. (紅孩兒上, 哭科)(唐僧云)善哉！善哉！深山中誰家個小孩兒, 迷踪失路？少刻晚來, 豺狼毒虫, 不壞了這孩兒性命？出家人見死不救. 當破戒行. 行者, 與我馱着, 前面有人家, 教根問, 送還他家請賞, 也是好事. (行者云)師父, 山林中妖怪極多, 不要多管. (唐僧云)爾這個胡孫, 又不聽我說. 定要你背他. (行者云)師父先行. (做背不起科)(云)我曾壓在花果山, 聳身一跳, 尙出來了. 棒槌大的小的, 背他不起, 這必是妖怪. 教爾嘗我一戒刀, 就砍下澗裏去；(做丢下澗科, 沙和尙慌上, 云)師兄禍事, 吃那小孩兒拿將師父去了. 知他是何妖怪？(行者云)火龍, 俺三人見觀音佛去來. (下)(觀音上, 云)老僧目中, 見唐僧有難. 孫悟空來也. 這一洞妖魔, 是何怪物？老僧正不見本來面目, 待孫悟空來, 同往問世尊佛去. (下) …… (佛云)不知此非妖怪. 這婦人我收在座下, 作諸天的. 緣法未到, 謂之鬼子母, 他的小孩兒, 喚做愛奴兒. 我已差揭帝去拿他, 在个幽岩大澤之中, 即日便到. 恐揭帝降不下他, 將老僧鉢盂去, 盖將來. (四揭帝扛鉢盂上, 佛云)孫悟空, 爾回原處去. 爾師父已出在那裏了也. 隋樹森編,《元曲選外編》, 第2冊, 中華書局, 1987, 662쪽.

았으며, 그 사이 당승은 홍해아에 의해 납치되는 재난을 당하였다. 그리고 위의 극 중에서 당승의 납치라는 재난은 손행자의 능력으로는 처리되지 못하고, 강력한 조력자인 神佛의 힘에 의지하여 해결되었다. 특히 홍해아는 신통력이 강대한 요괴이여서, 당승의 납치는 관음불로는 해결되지 못하고, 불교의 최고 부처인 세존불의 힘에 의해 당승이 구출되었다.

이후 극 중의 鬼子母는 자기 아들인 홍해아를 구하려고 군대를 이끌고 나왔으나, 불교의 호법신인 那吒에게 제압당하고, 결국에는 아들을 구하기 위해 불교에 귀의한다. 특히 세존불이 귀자모를 불교로 귀의시키기 위하여, 귀자모의 아들을 세존불의 발우 안에 가둔 고사는 불교에서 매우 유명한 고사이며, 이후 소설 〈서유기〉에도 보인다. 위의 인용문에서 보인 것처럼, 당승은 극 중에서 무능하고 판단력이 떨어진 범승의 형상으로 출현하였는데, 그러면 다른 장면에 나타난 당승의 범승적 형상을 살펴보자.

> (女王이 당승을 끌어당긴다): 이 正殿에서는 이야기 할 곳이 못되니, 우리 둘이 後殿으로 갑시다.
> (당승): 손오공아! 나를 구해줘! (퇴장)
> (손오공): 저도 어찌할 수 없어요. ……
> (여왕이 당승을 끌어당기며): 당승! 저랑 당신이랑 부부가 됩시다! 당신은 오늘 國王이 되는 것이 어떤지요? …… (여왕이 당승을 잡고 엎치락뒤치락 한다)
> (당승): 누가 나 좀 구해줘!
> (韋馱尊天[22]이 등장): 저는 위태존천입니다. 관음보살의 명령을 받들어 당승을 구하러 가야지요. 쌍년이 어찌 감히 내 사부님의 몸을

22) 불교의 호법신 중의 하나.

망가뜨리려고 하다니!
(여왕): 너는 어떤 놈인데 내 침실로 들어와? ……
(위태존천): 만일 사부님을 안놓아주면 몽둥이로 박살낼거야. (여왕이 손을 놓아준다) ……
(당승): 행자야! 오늘 위태존천이 구해주지 않았다면, 거의 내 몸이 망가졌을거야.[23]

위의 인용문은 잡극 〈서유기〉 제5본 제17척 '女王逼配' 부분으로, 당승을 위시한 취경단이 여인국에 들렀을 때 당승이 맞이했던 시련을 해학적으로 보여주고 있다. 당승은 위에서 여자들만이 사는 女人國의 여왕이 부부가 되자며 유혹하고 욕정을 내보일 때, 자신의 의지나 능력으로는 해결하지 못하고, 호법신인 위태존천에 의해 구출된다. 그리고 이러한 장면은 극 중의 우스꽝스러운 희극성을 보여주는 것으로, 난처한 상황에서 어쩔 줄 몰라하는 당승의 유약함과 무능함을 드러낸다. 이러한 점에서 볼 때 위의 인용문 중의 당승은 신화적이고 영웅적인 인물형상과는 전혀 다른 것으로, 당승의 해학적이고 평범한 인물형상을 보여주는 것이다.

이상과 같은 해학적이고 평범한 당승의 인물형상은 어떠한 의미를 지니고 있는가? 먼저 잡극 〈서유기〉라는 작품 자체에서 볼 때, 당승의 이러한 해학적 인물형상은 극 중 무대공연의 희극적 연극성을

23) (女王做扯唐僧科)這正殿上不是說話的去處, 俺兩個後殿裏去來. (唐僧云)孫悟空救我. (下)(行者云)我自也顧不得. …… (女王扯唐僧上, 云)唐僧, 我和爾成其夫婦, 爾則今日就做國王, 如何? …… (女王捉番唐僧科)(唐僧云)誰救貧僧也. (韋馱尊天上, 云)某韋馱尊天是也. 奉觀音法旨, 去救唐僧走一遭. 潑賤人, 怎敢毀吾師法體？(女王云)爾是何人, 直走到臥房裏來？……. (韋云)若不送師父出來, 一杵打爾做泥塵. (女王做放手科)…… (唐僧云)行者, 貧僧若非尊神護持, 幾毀法體. 隋樹森編, 《元曲選外編》, 第2冊, 中華書局, 1987, 678-679쪽.

제고시키는 데 크게 기여했다고 볼 수 있다. 그것은 극 중에서 신화적이고 영웅적인 모습을 바탕으로 해학적이고 평범한 모습이 결합된 당승의 인물형상이 확실히 희극적 무대효과를 높이는 데 크게 기여했다고 볼 수 있기 때문이다. 또 서천취경의 서유고사라는 전체적인 노정에서 볼 때, 잡극 〈서유기〉 중 당승의 해학적이고 풍자적인 인물형상은 소설 〈서유기〉의 해학적이고 풍자적인 예술 풍격에 상당한 영향을 끼쳤다고 할 수 있다. 일례로 소설 〈서유기〉에 나타난 神佛들에 대한 풍자는 기본적으로 잡극 〈서유기〉를 계승하고 있기 때문이다.[24]

그러면 잡극 〈서유기〉의 작자는 왜 신화적이고 영웅적인 면과 해학적이고 평범한 당승의 이율배반적인 인물형상을 한 작품 안에 결합시켰을까? 여기에는 크게 보아 두 가진 요인이 작용했다고 여겨진다. 첫째, 원말 명초에 쓰여진 잡극 〈서유기〉는 당시 종교적 추세의 영향을 받았는데, 당시의 불교는 이미 세속화의 길을 오랫동안 걸어, 불교와 유교 및 도교가 결합되는 三教合一이 대세가 되었다. 예를 들면 잡극 〈서유기〉의 작자인 양경현과 같은 시기인 원말 명초의 유학자 출신으로 나중에 불교에 귀의한 劉謐은 그의 《三教平心論》에서 儒佛道 三教가 이치상 처음부터 같지 않았다고 할 수 없다는 三教鼎分說을 주장하였다.[25] 이러한 점은 원잡극 중의 불교극에도 잘 나타나는데, 원잡극 중의 불교극에는 삼교합일의 세속적 승려의 형상이 보편적으로 나타나고, 그리하여 원잡극 중의 불교극에는 당시

24) 최한용, 〈〈서유기〉에 나타난 神佛들에 대한 비판〉, 《중국어문학논집》, 제58호, 2009.

25) 임형석, 〈劉謐의 三教平心論에 대하여 - 유교의 排佛論에 대한 불교도의 반응〉, 《한국철학논집》, 제20집, 74쪽.

의 불교와 승려를 풍자하고 조롱하는 해학적 양상이 자주 보인다.[26] 그리하여 이러한 경향 아래에서 잡극 〈서유기〉 중 당승의 인물형상도 이러한 영향을 받았으리라고 여겨진다.

둘째로는, 희곡이 근본적으로 무대상연을 전제로 한다는 점과 연관된다고 생각된다. 잡극 〈서유기〉는 희곡 역사상 처음으로 서천취경의 서유고사를 무대 위에서 공연한 작품인데, 잡극 〈서유기〉의 작자인 양경현은 특히 작품의 해학적 무대효과를 중시하여, 당승의 인물형상에 희극적이고 풍자적인 인물형상을 결합했다고 여겨진다. 그리고 《後錄鬼簿》에 보이듯이, 거기에는 희롱거리기를 좋아한('好戱謔') 양경현 자신의 성격도 영향을 끼치었다고 생각된다.

4. 잡극 〈西遊記〉 중 唐僧 인물형상의 의의

원말 명초 몽고족 극작가 양경현의 잡극 〈서유기〉는 실존인물인 당나라 玄奘의 서천취경을 제재로 하는 서유고사의 작품이다. 잡극 〈서유기〉는 잡극의 일반적 체제를 크게 확대하여 6本 24齣라는 장편의 희곡으로 무대에 공연된 작품이며, 唱者에 있어서도 기존의 잡극과는 달리 '正末' '正旦' 등의 각색명을 사용하지 않고 노래하는 인물의 성명을 사용하는 독특함을 보여주고 있다.

잡극 〈서유기〉 중의 당승은 玄奘이라는 이름으로 史傳과 地誌 중에 나타났는데, 《구당서》와 《대당서역기》에는 그가 불경 번역의 오류를 고치고자 상인들을 따라 서역으로 출발하여 17년 동안 138개 국

26) 羅永忠, 〈試論元雜劇佛道劇中對佛教道教的批判〉, 藝術百家, 2003年 第3期.

가를 다녔던 역사적 사실이 기록되어 있다. 또 이후《법사전》에서 현장의 제자들은 자신들의 스승을 칭송하기 위해, 현장의 神奇함을 과장적으로 묘사했으며, 몇몇 신화전설을 더하여 불교적 색채를 지니게 만들었다. 이러한 바탕 위에서 당승의 서천취경의 서유고사가 진정한 문학 작품으로 등장한 것은 민간문학이 흥성한 송대 이후였다. 곧〈대당삼장취경시화〉는 서유고사 문학의 원천으로서, 인물과 사건 묘사에 있어서 神魔的 색채가 나타나고, 取經團의 주요 인물이 간략하게나마 형성되었다. 다만〈시화〉는 그 성격상 寺院 俗講의 底本이기 때문에 불교 사상을 선양하는 데 그 목적을 두었으며, 극 중 당승이 하는 작용은 경건한 선교사와 같은 평범한 역할이었다. 金·元代에 서유고사는 희곡무대에 등장하였으나 양경현의 잡극〈서유기〉를 제외하고는 모두 실전되었다. 그러나〈陳光蕊江流和尚〉이라는 작품의 제목만으로도 당시에 서유고사가 흥성함을 알 수 있었다.뿐만 아니라, 원대에 있어서는 산문체의 민간문학인〈西遊記平話〉도 나타났으나 전하지 않고《永樂大全》이나 조선의 중국어 교과서인《朴通事諺解》에 잔본만 전해진다.

잡극〈서유기 〉중 당승의 인물형상은 특이하게 신화적이고 영웅적인 모습과 해학적이고 평범한 모습이 함께 결합되어 나타난다. 먼저 극 중에서는 시작하자마자 당승의 출생담으로서 始祖神話的 색채가 강한 강류고사가 1본과 2본에 걸쳐 전면적으로 묘사된다. 그리고 이러한 강류고사는 당승 영웅형상의 핵심으로, 인간의 심령 깊은 곳에 무의식적으로 내재하는 영웅숭배의 심리를 어느 정도 반영하고 있다. 잡극〈서유기〉의 작자인 양현경은 강류고사를 서유고사와 결합시켜 당승의 신화적이고 영웅적인 형상을 창조하였다. 그런데 이러한 강류고사는 중국에 오랫동안 전해져 온 것으로, 그 원형은 商나라 시기 湯王의 賢臣인 伊尹의 강류고사에서 비롯되었다. 이윤은 본시 노예 출신이만 후에 재상의 지위에 오르자, 영웅이 된 이윤을 신격화하여 신화가 형성되었다. 이와 마찬가지로 극 중에서 작자는 당승을 신격화시키기 위해 곧 이전까지 전해오던 강류고사를 사용하였다. 곧 당승의 신화적이고 영웅적인 형상은 역사적 실존인물의 신기한 이야기를 바탕으로, 고대신화와 민간전설 등이 복합적으로 결합되어 형성된 것이다. 그리하여 극 중에서는 당승의 서천취경을 환송하기 위하여 조정의 개국공신들이 참가한 성대하고 장엄한 환송식이 거행되는데, 이 또한 영웅의 출정식과 같은 분위기를 주는 것으로, 당승의 영웅적 형상의 일면을 보여주고 있다.

잡극 〈서유기〉 중 당승의 신화적이고 영웅적인 인물형상은 작품 자체에 일정한 의미를 부여해 주고 있다. 곧 이제까지 전해져 오던 고대신화와 민간전설 등을 종합한 강류고사가 잡극 〈서유기〉에 이르러 처음으로 서유고사와 결합되었기 때문이다. 또한 서천취경을 제재로 하는 서유고사라는 전체적인 면에서 볼 때, 당승의 신화적이고 영웅적인 인물형상은 소설 〈서유기〉 중 당승의 인물형상에도 일정한 영향을 끼쳤다. 그것은 당승의 강류고사가 소설 〈서유기〉에도 계승되어 나타나기 때문이며, 다만 편폭이 크게 줄어들어 나타나고 있을 뿐이다.

그런데 극 중에는 전반부에서 보인 당승의 신화적이고 영웅적인 모습과는 달리 해학적이고 평범한 승려로서의 모습 또한 나타난다. 이 중 장안성 밖에 거주하는 일반 村婦의 눈으로 본 당승의 형상은 극 중에서 저절로 웃음을 자아내는 것으로, 강렬한 해학성과 풍자성을 보여준다. 극 중에서 촌부인 胖姑兒는 당승이 매우 기괴하게 생겼다고 비웃으면서, 당승의 얼굴이 '절구공이' '표주박' '호롱박'과 같다고 노래하여 희극적 해학성을 조성하였다.뿐만 아니라 극 중에서 당승은 鬼子母의 아들로서 요괴인 紅孩兒를 길을 잃은 아이로 잘못 판단하여, 손행자에게 업어서 집에 데려다주도록 시키는데, 이때 당승은 홍해아에게 납치되는 재난을 당한다. 그리고 극 중 당승의 이러한 시련은 스스로 해결하지 못하고, 강력한 조력자인 관음보살이나 世尊佛에 의하여 해결되어, 잡극 〈서유기〉의 작자는 당승을 무능하고 판단력이 떨어진 평범한 인물로 묘사한다. 또한 극 중 당승의 취경단이 여자들만 사는 여인국에 들렀을 때도 당승의 해학적이고 평범한 인물형상은 분명하게 드러난다. 곧 여인국 여왕이 당승에게 성적인 유혹과 욕정을 나타낼 때, 당승은 자신의 의지나 능력으로 해결하지 못하고 손행자 등에게 자신을 구해주라고 소리치는데, 이러한 당승의 인물형상은 강한 희극성을 보여준다.

한편 극 중 당승의 해학적이고 평범한 인물형상은 작품의 희극적 무대효과를 제고시키는 데 크게 기여하고 있다. 또 서천취경의 서유고사 전체에서 볼 때, 극 중 당승의 해학적이고 풍자적인 모습은 소설 〈서유기〉의 예술 풍격에 큰 영향을 끼치고 있다. 그리고 잡극 〈서유기〉에서 이렇듯 당승 형상이 신화적이고 영웅적인 모습과 해학적이고 평범한 모습으로 결합되어 표현된 것은 일정한 원인을 지녔다. 곧 원말 명초 당시에 성행한 三敎合一의 사상적 경향을 당시의 불교극이 보편적으로 받았듯이, 잡극 〈서유기〉도 三敎合一의 영향을 크게 받아 당승의 형상이 다원화되었고, 아울러 《續錄鬼簿》에 보이듯이 희극적 무대효과를 중시하는 작자의 경향도 당승의 인물형상에 일정한 영향을 끼쳤다고 여겨진다.

4장. 〈大唐三藏取經詩話〉와 雜劇 〈西遊記〉 비교 - 三藏法師와 孫行者의 인물형상을 중심으로

1. 〈大唐三藏取經詩話〉와 잡극 〈西遊記〉의 의미

〈대당삼장취경시화〉(이하에서는 〈취경시화〉로 간칭함)는 南宋[1] 무명씨의 소설 작품으로, 역사적 실존인물인 당나라의 玄奘(602-664) 곧 삼장법사 일행이 온갖 고난과 시련을 극복하여 天竺國에서 佛經을 구하여 당나라에 귀국하는 것을 내용으로 한다. 작품은 중국에서는 실전되었다가 1916년에 일본에서 처음 발견되어 알려졌으며, 상중하 3권 모두 17장으로 이루어져 있다. 그리고 각 장에는 반드시 詩가 있으므로 詩話라고 불리우며, 중국의 章回小說은 이로부터 비롯되었다고 여겨진다.[2] 〈취경시화〉에는 중국의 각종 신화와 민간전설 등이 묘사되어 낭만적 색채로 가득하며, 여러 妖魔 등이 등장하여 소위 神魔小說의 추형을 보여준다.

잡극 〈서유기〉는 元末 明初의 蒙古族 극작가 楊景賢(본명은 楊訥이고, 景賢은 그의 字임. 생졸년대는 불명확함)의 희곡 작품으로 삼장법사 일행이 印度로 西天取經하는 고사를 내용으로 하고 있다. 원잡극의 작

---

1) 작품의 성립 연대에 대하여는 이제까지 네 가지 주장이 있다. 곧 晩唐 五代說(李時人, 蔡鏡浩), 北宋說(張錦池), 南宋說(王國維), 元代說(魯迅) 등이 그것이다. 이 중 학계에서 남송설이 가장 보편적으로 받아들여지므로, 여기에서는 남송설을 따른다.

2) 노신, 《중국소설사략》, 조관희 역주, 살림출판사, 1998, 273쪽.

가 중 몽고족인 양경현은 모두 18종의 잡극을 지었으나, 지금 전해지는 것은 잡극 〈서유기〉와 신선도화극인 〈劉行首〉 두 편 뿐이다. 잡극 〈서유기〉는 〈취경시화〉와 마찬가지로 중국에서 실전되었다가 1928년 일본에서 발견되어 비로소 그 모습이 나타났다.

〈취경시화〉와 잡극 〈서유기〉는 모두 당나라 시기 실존인물인 현장의 서유고사를 제재로 한 것으로서 후세 명대 吳承恩의 소설 〈서유기〉의 형성에 큰 영향을 끼쳤다. 오승은의 소설 〈서유기〉는 〈三國志演義〉와 〈水滸傳〉과 마찬가지로 소위 '世代累積型' 작품으로서, 7세기의 실제 인물 玄奘이 900여 년이 지난 16세기에 이르러서야 그간의 여러 문학적 성과를 집대성함으로써 출현할 수 있었다.

먼저 현장의 서유고사는 《大唐西域記》로 정리되었는데, 이것은 현장의 제자 辨機가 현장의 구술에 의거하여 646년 완성한 地理志이다. 이후 또 다른 두 명의 제자가 스승의 업적을 홍보하고 불교의 영향을 확대하기 위하여 신비적 종교색채를 가미하여 서유고사를 제재로 작품을 완성하였으니, 곧 《大唐慈恩寺三藏法師傳》이 그것이다. 그러나 《大唐慈恩寺三藏法師傳》은 문학 작품이라기보다는 현장의 전기이다. 이후 서유고사에는 신화와 민간전설 등이 많이 첨가되었는데, 〈취경시화〉는 이전의 역사적 史實에서 벗어나 새롭고 진정한 문학적 모습으로 등장하였다. 그리고 〈취경시화〉에는 현장뿐만 아니라 손오공의 前身인 猴行者가 등장하고, 아울러 간략하지만 沙和尙의 전신인 深沙神의 형상도 보이니 후세 一師三徒의 取經團이 형성되기 시작했음을 알 수 있다. 이러한 배경 아래에서 원말 명초에 양경현은 잡극 〈서유기〉에 豬八戒를 취경단에 가입시켜 진정한 취경단을 완성하였다.

여기에서는 서유고사의 발전상에서 후세 소설 〈서유기〉의 형성에 큰 영향을 끼친 〈취경시화〉와 잡극 〈서유기〉를 비교하여, 잡극 〈서유기〉가 전체적인 서유고사의 발전 과정에서 어떠한 의미를 지니고 있으며, 아울러 그러한 의미가 있게 된 배경을 살피는데 중점을 두고자 한다. 그리고 이를 위하여 소설과 희곡의 두 작품에서 중요한 인물로 등장한 삼장법사와 손행자의 인물형상을 비교함으로써 잡극 〈서유기〉 성립의 의미와 배경을 살피고자 한다. 이것은 〈취경시화〉에 저팔계가 아직 등장하지 않고, 사오정은 거의 역할을 하지 않기 때문이다.

〈취경시화〉와 잡극 〈서유기〉를 직접 비교하는 선행연구는 아직 거의 없는 편이다. 국내에서는 朴春迎이 〈서유기의 成書過程과 주요 인물형상 연구〉[3]라는 박사학위 논문에서 언급하였고, 중국에서는 田華가 〈論西遊記雜劇在西遊題材作品中的地位〉[4]에서 〈취경시화〉와 〈서유기〉 중의 인물형상을 간략히 살펴보았다. 여기에서는 이들의 연구성과를 바탕으로 〈취경시화〉와 잡극 〈서유기〉 중 삼장법사와 손행자의 인물형상을 중심으로 이들 두 작품을 비교함으로써, 잡극 〈서유기〉가 서유고사를 제재로 하는 작품 중에서 차지하는 의미와 배경을 살피고자 한다.

3) 박춘영, 〈서유기의 성서과정과 주요 인물형상 연구〉, 숭실대학교 박사학위논문, 2006.

4) 田華, 〈論西遊記雜劇在西遊題材作品中的地位〉, 내몽고민족대학, 석사학위논문, 2011.

2. 〈取經詩話〉 중의 인물형상

1) 삼장법사

역사상 실존인물인 삼장법사 玄奘은 기록에 의하면, 당시 불경의 번역상에 오류가 많아 이것을 시정하고자 국가에서 금지하였음에도 불구하고 몰래 상인들 틈에 끼여 서역으로 향하였고, 17년만에 귀국하여 太宗의 환대를 받았으며, 학식과 인품이 매우 출중했다고 한다.[5] 그러나 〈취경시화〉 중 법사는 불경을 구해오라는 황제의 勅命을 받아 天竺國으로 향하였으며, 불경을 구한 이후 3년만에 귀국하여 황제의 환대를 받는다. 〈취경시화〉에서 취경단의 대표이자 작품의 주인공인 법사는 역사상의 실존인물보다도 더욱 존경받는 인물로 등장하여, 작품 중에서는 법사의 '不可思議한 德行'을 칭송한다. 그리하여 법사는 〈취경시화〉에서 더욱 경건하고 고상하며 덕행이 출중한 승려로 묘사된다. 그러면 먼저 작품 중 여자들만 사는 女人國에서 나타난 법사의 인물형상을 원문을 중심으로 살펴보자.

> 女王이 법사의 詩를 보고서 법사 일행이 內宮에 들어와 감상토록 하였다. 법사 일행이 안으로 들어가자, 향기로운 꽃이 자리에 가득하고 七寶가 첩첩이 쌓였으며, 양쪽으로 모두 여인들인 것이 보였다. 여인들은 나이가 二八 청춘이었으며, 미모에다가 유연했고, 별 같은 눈에 버들잎 같은 눈썹, 붉은 입술에 석류 같은 치아, 복숭아 같은 얼굴에 매미 같은 머리결이었고, 옷은 산뜻하고 말하는 것이 부드러워 세상에는 없는 여인들이었다. 여왕은 법사 일행이 들어오는 것을 보고서, 만면에 웃음을 머금고, 눈썹을 낮추고 다가섰으며, 앞으로 가까이 와서 인사했다.

5) 《舊唐書·方伎傳》, 漢語大詞典出版社, 2004, 4391쪽.

"스님께 여쭙니다. 이곳은 여인국이라 남편이 없습니다. 오늘 스님 일행이 오시는 것을 보고서, 받들어 여기에 寺院을 지을 것이니, 스님 일행 분께서 여기에 머무르시길 요청드립니다. 또 그러시면 마땅히 저희 나라 여인들은 아침 일찍부터 저녁가지 절에 들어와 향을 피우고, 불경 설법을 들어 善根[6]을 심을 것입니다. 또 남편을 보게된 것은 夙世의 인연입니다. 스님의 생각은 어떠신지요?"

법사가 말하길,

"저는 東土(중국)의 중생을 위하고자 왔는데, 또 어떻게 여기에 머무를 수 있겠습니까?"

여왕이 말하길,

"스님께선 '사람은 한 생애 사는 것이지, 두 세상 살지 않는다'는 古人의 말씀 안들어보셨나요? 바로 여기에 머무르시어 저를 위하여 나라의 주인이 되시는 것도 매우 風流있는 일이잖아요!"

법사는 거듭 사양하고 마침내 작별인사를 하였다. 이에 양쪽의 여인들은 눈물이 얼굴에 흘렀으며, 눈썹에 근심이 생기며 말했다.

"이번에 가시면 언제 다시 남편의 얼굴을 보지요?"

여왕은 마침내 가는 데 사용하도록 夜光珠 다섯 알과 白馬 한 필을 법사에게 주었다. 법사 일행은 합장하며 감사드렸다.[7]

위의 인용문은 〈취경시화〉 중 제10장에 해당되는 '經過女人國處'

---

6) 좋은 果報를 가져올 선한 행위.

7) 女王見詩, 遂詔法師一行, 入內宮着賞. 僧行入內, 見香花滿座, 七寶層層：兩行盡是女人, 年方二八, 美貌輕盈, 星眼柳眉, 朱唇榴齒, 桃臉蟬髮, 衣服光鮮, 語話柔和, 世間无此.一見僧行入來, 滿面含笑, 低眉促黛, 近前相揖："起咨和尙, 此是女人之國, 都無丈夫. 今日得覩僧行一來, 奉爲此中, 起造寺院, 請師七人, 就此住持. 且緣合國女人, 早起晩來, 入寺燒香, 聞經聽法, 種植善根；又且得見丈夫, 夙世因緣. 不知和尙意旨如何？" 法師曰："我爲東土衆生, 又怎得此中住院？" 女王曰："和尙師兄, 豈不聞古人說：'人過一生, 不過兩世' 便只住此中, 爲我作个國主, 也甚好一段風流事！" 和尙再三不肯, 遂乃辭行. 兩伴女人, 淚珠流臉, 眉黛愁生, 乃相謂言："此去何時再覩丈夫之面？" 女王遂取夜明珠五顆,白馬一疋, 贈與和尙前去使用. 僧行合掌稱謝. 李時人 蔡鏡浩校注, 〈大唐三藏取經詩話校注〉, 中華書局, 1997, 28쪽.

부분으로서, 작품의 주인공인 삼장법사가 여인국에서 여왕에게 성적 유혹이란 시험을 당하지만, 법사는 이에 넘어가지 않음을 보여줌으로써 법사의 금욕주의적 경건함과 德行을 보여주고 있다. 그리고 위에서와 같이 법사를 色慾으로 유혹하는 장면은 잡극 〈서유기〉 제17齣 '女王逼配'에서도 비슷하게 나타나고, 100회본 소설 〈서유기〉 제54回에도 이러한 장면이 보이고 있으니, 〈취경시화〉 중의 고사가 후세 서유고사 작품에 미친 영향을 알 수 있다. 또한 위의 인용문에 의하면, 여왕의 여러 회유에도 불구하고 법사가 단호히 거부하고 작별인사를 건네자, 여왕은 법사 일해에게 夜光珠 다섯 알과 白馬 한 필을 주면서 앞으로 가는 길에 사용하도록 준다. 그런데 여기에 보이는 白馬는 잡극 〈서유기〉 중의 白馬와 소설 〈서유기〉 중 龍馬의 雛形을 보여주는 것이라고 할 수 있다.

위의 인용문에 의하면, 여왕은 법사를 유혹하기 위하여 상당히 그럴듯한 이유를 제시한다. 곧 먼저 여왕은 법사가 자신의 건의를 받아들여 여인국에 머무르는 것은 여인국의 여인들에게 善根을 심게 만들어주는 것이라고 말한다. 불교에서 善根을 심는 功德은 매우 중요한 것이므로, 여왕은 법사에게 선근이란 고상한 핑계로써 유혹하였다. 그리고 위에 의하면, 여인국의 여인들이 법사 일행을 남편으로 맞게 된 것은 夙世의 인연이므로 피할 수 없다는 논리로 여왕은 법사를 유혹하였다. 그러나 위에서와 같이 법사는 자신이 東土, 곧 중국의 중생을 위해서 불경을 구하는 것이 자신의 목적임을 분명히 하면서 여왕의 유혹을 단호히 거절하였다.

〈취경시화〉 중 법사의 '불가사의한 德行'은 법사가 불경을 얻기 위해 도달한 천축국에서도 보여진다. 법사는 천축국의 福仙寺에 도착하여 불경을 얻고자 했지만 쉽지 않자, 일행들과 함께 경건하고 진지하게 불경을 얻기 위해 부처가 있는 鷄足山을 향해 기도를 한다. 그리고 법사의 간절한 기도에 복선사의 모든 승려들은 탄복을 하고, 이후 천둥이 치고 한 줄기 불빛이 비치더니 일순간 불경이 법사 앞에 놓여졌다. 이에 복선사의 승려들은 법사의 '불가사의한 덕행'에 탄복한다.

그런데 〈취경시화〉 중 위에서와 같이 경건하고 고상하여 출중한 덕행을 지닌 법사의 형상은 작품 중의 다른 곳에서는 전혀 다른 부정적 형상으로 나타난다. 곧 법사는 승려로서 修行이 부족하고 德行을 지니고 있지 못하는 모습으로 나타난다. 그러면 〈취경시화〉 중에 나타난 원문을 중심으로 살펴보자.

> 후행자가 말했다.
> "사부님 앞으로 50里만 가시면 곧 西王母 연못입니다."
> 법사가 말했다.
> "너는 온적이 있느냐?"
> 후행자가 말했다.
> "제가 800살 때 여기에 와서 복숭아를 훔쳐 먹었습니다. 지금은 27,000살인데 그 후로는 안왔습니다."
> 법사가 말했다.
> "오늘 반도(蟠桃)[8]가 열매를 맺었다니, 서너 개 정도 훔쳐 먹고 싶구나."
> 후행자가 말했다.
> "제가 팔백 살이었을 때 열 개를 훔쳐 먹었다가 서왕모에게 잡혀 쇠몽둥이로 왼쪽 옆구리 팔백 대, 오른쪽 옆구리 삼천 대를 맞는 벌을 받고 花果山 紫雲洞에 유배되었습니다. (그 때문에) 지금까지도 옆구리 아래가 아직도 아프니, 저는 이제는 감히 훔쳐 먹지 못하겠습니다."[9]

---

8) 3,000년마다 한 번씩 열린다는 전설상의 복숭아.

9) 猴行者曰 : "我師且行, 前去五十裏地, 乃是西王母池. "法師曰 : "汝曾到否 ?"

위의 인용문은 〈취경시화〉 제11장의 '入王母池之處'로서 법사 일행이 서왕모의 연못에 도착하여 발생한 고사이다. 위의 인용문에 의하면, 손오공의 전신인 후행자는 팔백 살 때 이곳에 들러 蟠桃 복숭아 열 개를 훔쳐 먹다가 서왕모에게 걸려 쇠몽둥이로 벌을 받고 화과산에 유배당하였다. 오승은의 〈서유기〉에서 가장 관건적인 부분이 손오공이 반도를 훔치는 등 天宮에서 난동을 피우는 것임을 상기한다면, 이러한 '大鬧天宮' 내용의 雛形이 이미 〈취경시화〉 중의 이 부분에서 나타났음을 알 수 있다.

그런데 위의 인용문에 의하면, 법사의 행동은 앞에서 살펴본 경건하고 덕행이 출중한 승려의 모습과는 전혀 같지 않다. 법사는 서왕모의 瑤池에서 자라나는 반도 복숭아를 보고 후행자에게 훔쳐 오라고 시킨다. 물론 반도 복숭아를 먹으면 長生할 수 있다는 세속적 욕심때문일 것이다. 불교에서 남의 물건을 훔치는 것, 곧 偸盜는 五戒 중의 하나로서, 반도를 훔치는 것은 계율을 어기는 것이다. 여기에서 우리는 〈취경시화〉 중에 나타난 법사의 형상이 경건함과 세속성이 함께 어우러져 상당히 이율배반적인 모습을 하고 있음을 알 수 있다. 〈취경시화〉 중 법사의 이러한 형상은 제4장인 '入香山寺'에서도 나타난다. 곧 법사는 향산사에 도착하여 寺門의 좌우 양쪽에 있는 金剛力士의 무서운 모습을 보고 깜짝 놀라고 무서워하며 '온 몸에 땀을 흘리고, 솜털이 곧게 일어나는' 형상을 보여준다. 금강역사는 본시 모

行者曰 :"我八百歲時, 到此中7.偸桃吃了 ; 至今二萬七千歲, 不曾來也" 法師曰 :"願今日蟠桃結寔, 可偸三五個吃." 猴行者曰 :"我因八百歲時, 偸吃十顆, 被王母捉下, 左肋判八百, 右肋判三千鐵棒, 配在花果山紫雲洞. 至今肋下尙痛, 我今定是不敢偸吃也." 李時人 蔡鏡浩校注, 〈大唐三藏取經詩話校注〉, 中華書局, 1997, 31쪽.

든 사찰의 사문 양쪽에서 사찰을 지키는 수호신이기 때문에 법사가 이미 익숙할 것인데, 여기에서 도리어 매우 공포스럽게 여기고 있는 것은 정상적인 승려의 모습보다는 세속적인 市井 俗人의 모습과 같은 것이다.

그러면 이상과 같이 〈취경시화〉 중에 경건함과 세속성이 함께 나타난 이율배반적인 법사의 형상은 어떠한 배경을 지니고 있는가? 이에 대하여는 다음과 같은 두 가지 요소가 큰 영향을 끼쳤다고 볼 수 있다. 첫째, 법사의 세속적인 형상은 아무래도 남송 당시 불교의 세속화와 밀접한 연관을 맺고 있다고 할 수 있다. 중국 불교는 당나라 六祖 惠能 이후 세속화의 길을 걸었다. 그리고 만당 오대 이후 중국 불교는 커다란 시련을 겪어, 왕권에 잘 타협해야 했을 뿐만 아니라 일반 시민과의 거리를 가깝게 하는 것을 특별히 중시하였다.[10] 〈취경시화〉는 바로 이렇게 불교가 날로 세속화할 때 탄생하여 그 영향을 벗어나기 힘들었다고 볼 수 있다. 둘째, 〈취경시화〉의 문학 장르적 성격에서 그 원인을 찾을 수 있다. 〈취경시화〉는 본시 당나라 시기 승려들이 일반 대중의 居士들에게 불경의 내용을 전하는 俗講을 계승한 說經類의 작품이다. 설경은 물론 佛法 선양과 불교 敎義 선전을 중점으로 삼지만, 일반 대중들인 청중들의 수요에 적응하기 위하여 종교 교화에 오락성을 첨가시켰다. 곧 설경은 원래의 종교 선전물 바탕 위에 문예 오락물적인 성격을 함께 가미해서 자신의 생명력을 유지해야 했다. 이러한 점은 지금 전해지는 전문적 설경 藝人의 이름이 13명이나 기록되어 있으나, 지금 전해지는 송원 시기 說經類 市井小說이 〈취경시화〉와 〈化燈轎蓮女成佛〉 두 편 뿐이라는 사실이 증명

10) 朱萍, 李暢, 〈大唐三藏取經詩話中法師形像變異及原因分析〉, 淮海工學院學報, 14卷 7期, 2016년 7월.

하고 있다. 이들 설경류 소설이 매우 적게 전해지고 있는 것은, 대개 이러한 작품들이 종교 선전에 치중하여 예술성이 강하지 못했고, 그리하여 문학적 생명력이 결핍된 것과 연관이 있으며, 또한 어떤 작품은 후세의 寶卷에 합해져 그 고사가 보권에 남아있을 가능성이 크기 때문이다.[11]

2) 猴行者

〈취경시화〉에는 손오공의 전신이라고 할 수 있는 후행자가 서유고사를 제재로 하는 작품에서 처음으로 등장하였다. 이러한 점에서 후행자는 〈취경시화〉에 중요한 의미를 지니고 있는 인물이다. 그런데 〈취경시화〉 중의 후행자는 이후의 손오공과는 상당히 구별되는 인물형상을 하고 있다. 그는 작품 중에서 文質彬彬한 白衣秀才의 형상으로 출현한다. 그러면 원문을 중심으로 후행자의 인물형상을 살펴보자.

> 스님 일행 여섯 사람은 그날 길을 떠났다. 법사가 말했다.
> "오늘 西天으로 떠나는데 갈 길이 백만 리이다. 각기 근신해라."
> 수행 승려들이 응답했다. 한 나라를 가는 길에 우연히 어느 날 午時에 흰옷을 입은 秀才를 만났는데, 그는 正東 쪽에서 와서 곧 스님께 절하며 말했다.
> "안녕하십니까? 스님은 지금 어디로 가시는지요? 설마 다시 서방 천축으로 불경을 가지러 가시는 건 아닐테지요?"
> 법사가 합장하며 말했다.
> "소승은 勅命을 받자와 동쪽 땅의 중생들이 아직 불교의 가르침을 얻

11) 蕭相愷著, 《宋元小說史》, 浙江古籍出版社, 1997, 153쪽.

지 못했기에 불경을 가지러 갑니다."

수재가 말했다.

"스님께선 생전에 두 번이나 불경을 가지러 가시다가 중도에 재난을 만났으니, 만약 이번에도 떠나신다면 반드시 목숨을 잃게 되실 것입니다."

법사가 말했다.

"그대가 어떻게 알 수 있단 말이오?"

수재가 말했다.

"저는 다른 사람이 아니라 花果山 紫雲洞에서 銅으로 된 머리와 鐵로 된 이마를 가진 팔만 사천 獼猴 중의 王입니다. 저는 오늘 스님께서 불경을 가지러 가는 것을 도우러 왔습니다만, 이곳으로부터 백만 리 길을 가자면 36개의 나라를 지나야 하고 어려움을 겪게 될 곳이 많이 있습니다."

법사가 대답했다.

"만일 그러하다면 三世[12]의 인연이 있는 것이니, 동쪽 땅의 중생들은 큰 이익을 얻게 될 것이오."

그리고는 당장 그를 후행자라고 바꿔 불렀다.[13]

위의 인용문에 의하면, 후행자는 법사가 생전에 불경을 구하러 천축에 가는 길에 두 번이나 재난을 당했음을 알고 자발적으로 법사의 西天取經을 도왔다. 이것은 후세의 서유고사에서 손오공이 삼장법

---

12) 前世, 現世, 來世.

13) 僧行六人, 當日起行, 法師語曰 : "今往西天, 程途百萬, 各人謹愼." 小師應諾, 行經一國已來, 偶於一日午時, 見一白衣秀才從正東而來, 便揖和尙 : "萬福, 萬福! 和尙今往何處? 莫不是再往西天取經否?" 法師合掌曰 : "貧僧奉敕, 爲東土衆生未有佛敎, 是取經也." 秀才曰 : "和尙生前兩廻去取經, 中路遭難, 此廻若去, 千死萬死." 法師雲 : "你如何得知?" 秀才曰 : "我不是別人, 我是花果山紫雲洞八萬四千銅頭鐵額獼猴王. 我今來助和尙取經.此去百萬程途, 經過三十六國, 多有禍難之處." 法師應曰 : "果得如此, 三世有緣.東土衆生, 獲大利益." 當便改呼爲猴行者. 李時人 蔡鏡浩校注, 〈大唐三藏取經詩話校注〉, 中華書局, 1997, 31쪽.

사에게 빚진 救援의 은혜를 갚기 위하여 부득이하게 취경단에 참여한 것과는 다르다. 후행자는 위의 인용문에서 두 가지의 인물형상을 함께 겸비하고 있다. 그는 '銅頭鐵額'을 한 미후왕의 신분인 동시에, 또한 작품 중에서 곧잘 詩를 짓는[14] 인자한 백의수재이다. 곧 후행자는 원숭이와 秀才의 형상을 함께 취하고 있으니, 무명씨의 元 잡극 〈猿聽經〉에서 주인공이 수재와 원숭이로 변신하면서 고사가 진행된 것과 비슷한 형상을 하고 있다.

후행자는 이와 같이 인간과 원숭이의 두 모습을 함께 지니고 있으므로, 〈취경시화〉 중에서 그는 殺生을 하지 않는 자애로운 백의수재인 동시에, 또한 法術을 부리는 등 神通力을 보여주면서 법사의 서천취경 도중에 나타나는 여러 가지 재난을 해결해 준다. 그러면 작품 중의 원문을 중심으로 후행자가 신통력을 발휘하는 영웅적 모습을 살펴보자.

> 후행자가 몇 里를 가서 물어보니 人家가 하나 나타났다. 고깃배가 나무에 메여 있고, 문에는 도롱이가 걸려 있었다. 그런데 小行者는 집주인에게 法術을 당하여 나귀로 변해서 대청 앞에 매달려 있었다. 나귀는 후행자가 오는 것을 보고 크게 울부짖자, 후행자가 주인에게 물었다.
>
> "저희 소행자가 야채 사러 갔는데 어디로 갔지요?"
>
> 주인이 말했다.
>
> "오늘 아침 소행자가 여기에 왔다가 제 法術에 걸려 나귀로 변해서 지금 여기에 있습니다."
>
> 후행자가 그 자리에서 화를 냈다. 그리고 후행자는 나이가 二八 청춘이고 미모가 뛰어나며 행동이 단아하여 西施도 못따라올 주인의 아내에

14) 시를 짓는 원숭이는 고대 인도의 유명한 서사시 〈라마야나〉에 나오는 원숭이 하누만의 형상과 똑같아 서유고사의 손오공이 인도의 하누만에서 나왔다고 주장하기도 한다. 毛小雨, 〈雜劇西遊記硏究〉, 雲南藝術學院學報, 2004.

법술을 부려 한 묶음 靑草로 변화시켜 나귀 입 옆에 놓았다.

주인이 말했다.

"제 아내는 어디에 갔나요?"

후행자가 말했다.

"나귀 입 옆의 靑草 한 묶음이 당신 부인이요."

주인이 말했다.

"그렇다면 당신도 邪法(魔法)을 하실 줄 아나요? 저는 이런 법술을 할 줄 아는 사람이 없다고 생각했습니다. 師兄, 제 아내를 돌려주세요"

후행자가 말했다.

"당신이 우리 소행자를 돌려주세요"

주인이 물 한 모금을 품어대자 나귀가 곧 소행자로 변하였다. 후행자도 물 한 모금을 품어대자 靑草가 부인으로 변하였다.

후행자가 말했다.

"지금 우리 일행 일곱 명이 이곳을 지나노니 함부로 妖法을 부려서는 안된다. 만일 妖術을 부린다면 너희 집안 사람들을 모두 없애 버리겠다."

주인이 앞으로 와서 감사의 인사를 하였다.

"제가 어찌 감히 어기겠습니까?"

그러면서 전전긍긍하였다.[15]

위의 인용문은 〈취경시화〉 제5장인 '過獅子林及樹人國' 부분으로,

---

15) 猴行者一去數裏借問, 見有一人家, 魚舟系樹, 門掛蓑衣. 然小行者被他作法, 變作一個驢兒, 吊在廳前. 驢兒見猴行者來, 非常叫噉. 猴行者便問主人 : "我小行者買菜, 從何去也 ?" 主人曰 : "今早有小行者到此, 被我變作驢兒, 見在此中" 猴行者當下怒發, 卻將主人家新婦, 年方二八, 美皃過人, 行動輕盈, 西施難比, 被猴行者作法, 化此新婦作一束青草, 放在驢子口伴..主人曰 : "我新婦何處去也 ?" 猴行者曰 : "驢子口邊青草一束, 便是你家新婦" 主人曰 : "然你也會邪法 ? 我將爲無人會使此法.今告師兄, 放還我家新婦" 猴行者曰 : "你且放還我小行者" 主人噀水一口, 驢子便成行者.猴行者噀水一口, 青草化成新婦. 猴行者曰 : "我卽今有僧行七人, 從此經過, 不得妄有妖法. 如敢故使妖術, 須教你一門剗{封}草除根" 主人近前拜謝 : "豈敢有違" 戰戰兢兢. 李時人 蔡鏡浩校注, 〈大唐三藏取經詩話校注〉, 中華書局, 1997, 13쪽.

樹人國에서 발생한 이야기이다. 〈취경시화〉에는 법사가 서천취경 하는 도중 세 번의 재난이 닥쳐오는데, 이 부분은 그 중의 첫 번째 재난 부분이다. 후행자는 〈취경시화〉에 나타나는 재난 세 가지를 모두 적극적이고 영웅적으로 해결하는데, 이러한 점은 잡극 〈서유기〉 중의 여섯 가지 재난, 소설 〈서유기〉 중의 81 재난에 비하면 간소한 편이지만 후행자의 영웅적 형상을 보여주고 있다. 위의 인용문에 의하면, 법사 일행은 수인국에서 소행자 한 명이 야채를 사러 나갔다가 수인국 집주인의 법술에 걸려 나귀로 변하였다. 그리하여 후행자는 소행자를 구하기 위해 집주인의 부인을 나귀 먹이인 青草로 변화시켜 나귀의 입 옆에 두었다. 이에 깜짝 놀란 집주인이 소행자를 풀어 주었고, 후행자도 집주인의 부인을 법술에서 풀어 주었다. 곧 여기에서 후행자는 집주인보다 더 뛰어난 법술을 보임으로써 재난을 해결하였다.

〈취경시화〉에서 후행자의 영웅적 형상은 法術 등과 같은 神通力을 사용하는 것으로 나타난다. 첫번째 신통력은 제2장인 '入大梵天王宮'에서 후행자가 법술을 부려 법사 일행 여섯 명을 天宮의 연회에 참석시키는 것으로 나타난다. 법사 일행 여섯 명은 후행자의 법술 덕분에 천궁에 오르게 된다. 제6장 '過長坑大蛇嶺處'에서 妖精인 白虎精을 만나 겪게 되는 두 번째 재난은 후행자의 또 다른 신통력을 보여준다. 후행자는 백호정을 항복시키기 위하여 수 천 수 만의 獼猴로 변신시키는데, 이러한 分身法을 활용하는 신통력은 오승은의 소설 〈서유기〉에 나타나는 것과 제법 비슷하다. 또한 제7장 '入九龍池處'에서 법사 일행은 세 번째 재난을 만나는데, 후행자는 馗頭鼉龍(규두타룡)과 싸우면서 자신의 모습을 상대방에게 보이지 않게 하는 陳法 등과 같은 특이한 신통력을 발휘하여 재난을 해결하였다.

이상과 같이 〈취경시화〉에서 후행자는 법사일행의 재난을 해결하는 해결사 역할을 충분히 하였다. 다만 후행자는 결코 재난의 극복 과장에서 殺生을 하지 않았는데, 이것은 이후의 잡극 〈서유기〉나 소설 〈서유기〉에서와 같이 손오공이 수많은 요괴를 죽여 피비린내 나는 모습을 보여준 것과는 다른 형상이다. 이러한 후행자의 모습은 〈취경시화〉가 아직 종교색채를 강하게 지니는 작품이기 때문에, 불교의 계율 중 제일 중요한 殺生을 피하고자 하는 작자의 의도가 들어있는 것이 아닌가 생각된다.

3. 잡극 〈西遊記〉 중의 인물형상

1) 삼장법사

잡극 〈서유기〉는 서유고사를 제재로 하는 문학 작품의 발전 과정 중 핵심적인 연결고리의 역할을 하는 작품이다. 앞의 〈취경시화〉가 후세 소설 〈서유기〉의 雛形이라고 말한다면, 잡극 〈서유기〉는 소설 〈서유기〉의 형성에 중요한 역할을 하고 있다고 볼 수 있다. 이것은 잡극 〈서유기〉에 이르러 취경단이 분명하게 확립되었을 뿐만 아니라, 극 중 희극성이 풍부한 예술 풍격 또한 〈취경시화〉와는 다른 모습으로 후세 소설 〈서유기〉에 큰 영향을 끼치었기 때문이다. 그리하여 잡극 〈서유기〉 중 법사의 형상 또한 〈취경시화〉 중의 법사 형상과는 또 다른 모습을 보여준다. 그러면 먼저 원문을 중심으로 법사의 인물형상을 살펴보자.

(龍王 등장): 밤새 觀音菩薩님의 명령이다: "毘盧伽尊者께서 금일 재난

이 있으니, 夜叉에게 분부하여 강가의 水神들이 단단히 지키도록 하라." (퇴장)

(부인이 애를 안고 등장): 도적놈에게 남편이 죽고 나서, 저는 애를 낳아 오늘 한 달이 되었네요. 도적놈이 애를 강에 버리라고 강요하고, 따르지 않는다면 저까지 죽인다고 하네요. 제가 죽는다면 누가 제 남편을 위해 복수해줄까요? 하는 수 없이 따라야지요. 애야! 나도 어쩔 수 없구나! (노래한다) ……

【醉春風】 애끊는 심정으로 백원짜리 紙錢을 태우고/ 이별의 한으로 술 석 잔을 따르는데/ 도도한 강물에 물보라 일어나네/ 陳光蕊여! 당신의 魂靈은 있는가? 있는가? 저에게 큰 화장상자 있으니, 아이를 그 속에 넣어야지. 두 세 개 나무 조각을 댓개비로 묶으면 떠내려갈 수 있겠지.

화장상자에 넣어서/ 물가에 버리네/ 陳光蕊여! 그 강에서 기다리세요.[16]

위의 인용문에 의하면 잡극 〈서유기〉 중의 법사 형상은 앞에서 살펴본 〈취경시화〉 중의 모습과는 전혀 다르다. 곧 위의 인용문에서 잡극 〈서유기〉 중의 법사 형상은 神話化된 출생 내력인 江流故事를 핵심적으로 보여준다. 위의 인용문에 의하면, 법사는 전생에 毘盧伽尊者였다. 비로가존자는 본시 불교에서 수행과 공덕이 매우 뛰어난 羅漢으로 부처의 제자이니, 법사의 극 중 신분이 매우 높게 안배되었음을 알 수 있다. 그리고 극 중 법사의 출생 내력은 매우 특이하다. 법

16) (龍王上, 云)夜來觀音法旨云：毗盧伽尊者今日有難, 分付巡海夜叉, 沿江水神, 緊緊的防護者. (下)(夫人抱孩兒上, 云)自從被賊徒壞了男兒, 我得了个孩兒, 今朝滿月, 賊漢逼臨我抛在江裏. 待不依來, 和我也要殺壞. 我死了呵, 誰與我男兒報讐？則索依着他. 兒呵, 也是我出于無奈. (唱) ……【醉春風】燒一陌斷腸錢, 酹三杯離恨酒. 滔滔雪浪大江中, 陳光蕊呵, 你魂靈兒敢有,有！我有一個大梳匣, 將孩兒安在裏面, 將兩三根木頭兒, 將蔑子縛着, 可以浮將去. 匣子裏安藏, 水波邊抛弃, 陳光蕊呵, 你在那浪花中等候. 隋樹森編,《元曲選外編》, 第2冊, 中華書局, 1987, 637-639쪽.

사의 어머니는 강도에게 남편을 잃고 나서 법사를 출산했지만, 강도의 강요에 따라 부득이하게 법사를 강물에 버리었으니, 소위 江流故事가 법사의 핵심적 출생 내력이 된 것이다. 그리하여 위의 인용문에서 법사의 어머니는 극 중의 노래를 통하여 자신이 법사를 강물에 버려야만 하는 처절한 심정을 노래하고 있다. 그런데 이러한 강류고사는 중국에서 이전부터 존재하여 왔는데, 가장 대표적인 것이 伊尹의 출생신화이며,[17] 잡극 〈서유기〉의 작자 楊景賢은 이러한 강류고사를 통하여 법사를 더욱 신화화시키고 영웅화시킨 것이다. 그리하여 양경현은 이러한 강류고사를 서유고사와 처음으로 결합하여 잡극 〈서유기〉를 완성하였으며, 후세 오승은의 소설 〈서유기〉에도 이러한 신화화된 법사의 강류고사가 나타나고 있으니, 이러한 점은 서유고사의 발전에서 큰 의미를 지니고 있는 것이다.

잡극 〈서유기〉 중의 법사는 신화화된 모습으로 나타날뿐만 아니라, 〈취경시화〉 중의 법사에 비하여 훨씬 영웅화된 형상으로 나타난다. 법사는 자신을 길러준 丹霞禪師로부터 자신의 출생 내력을 전해듣고, 자신의 가정을 파괴한 강도를 찾아 철저한 복수를 하고, 이후 서천취경의 장도에 나선다. 그런데 이때 극 중 천자의 명령으로 당나라 시기 房賢齡 등 조정의 유명한 개국공신들과 百官들이 모두 출현하여 그에게 송별식을 해주고, 아울러 법사는 天子로부터 金色 袈裟와 九環 錫杖을 하사받는데, 이러한 장면은 법사의 영웅적 기개와 장엄한 풍격을 보여준다.

그러나 앞에서와 같이 잡극 〈서유기〉 중 법사의 신화화되고 영웅화된 인물형상은 이후의 극정 전개에 있어서는 전혀 다른 모습을 보

17) 王振星, 〈唐僧江流兒身世的原型與流變〉, 南通大學學報, 23卷, 2期, 2007.

여준다. 이것은 마치 앞에서 살펴보았듯이, 〈취경시화〉 중 경건하고 덕행이 출중한 승려인 법사가 후행자에게 반도 도둑질을 시키는 것과 궤를 같이한다. 그러나 잡극 〈서유기〉 중의 법사는 〈취경시화〉 중의 법사에 비하여 훨씬 희극성을 지닌 모습으로 나나난다. 이것은 〈취경시화〉에는 전반적으로 종교적 색채가 충만되어 있는 것에 비하여, 잡극 〈서유기〉에는 전반적으로 극 중에 희극적 색채로 충만되어 있기 때문이라고 여겨진다. 그러면 원문을 중심으로 법사의 또 다른 인물형상을 살펴보자.

> (老張이 등장): …… 저는 대대로 長安城 밖에 거주하는 성실한 농민입니다. 오늘 듣자하니, 장안 성 안에서 國師인 唐三藏께서 西天取經하러 가시는 것을 환송한다고 합니다. 저희 마을의 壯王二와 胖姑兒가 모두 갔습니다. …… 그들이 돌아오면, 저에게 이야기해 주도록 해야지요. ……
>
> (老張): 胖姑兒! 당신이 총명하지요. 말해주세요. (胖姑兒 노래한다)
>
> 【一緺兒麻】胖姑兒가 유난히 총명하지는 않아요/ 관리들이 떼지어 큰 절구공이를 둘러싸고 있었지요/ 절구공이에는 하늘에서 내준 눈과 눈썹이 달렸어요/ 제가 보기에는 표주박이고 호롱박이네요/ 그 사람 정말 기괴하게 생겼어요/ 무슨 놈의 唐僧, 唐僧이에요/ 다행히 어르신과 안가길 다행이지요./헛수고 했을 뻔했으니까요/ 정말 차마 입에 꺼내기 힘든 것(생식기)같이 생겼여요/ 괜히 옆 사람들에게 비웃음을 당하네요/[18]

18) (老張上, 云) …… 老張祖在長安城外住, 生是個老實的傍城莊家. 今日聽得城裏送國師唐三藏西天取經去, 我莊上莊王二, 胖姑兒都看去了, 等他們來家, 教他敷演與我聽, …… (張云)胖姑兒, 則有你心精細, 你說者. (姑唱)【一緺儿麻】不是胖姑兒偏精細, 官人每簇捧着個大檑椎. 檑椎上天生得有眼共眉, 我則道瓠子頭葫蘆對. 這個人也索是蹺蹊, 甚麽唐僧, 唐僧, 早是不和爺爺去看哩, 枉了這遭. 恰便似不敢道的東西, 枉惹得傍人笑耻. 隋樹森編, 《元曲選外編》, 第2冊, 中華書局, 1987, 648쪽.

위의 인용문은 제6齣 '村姑演說'로서, 법사를 위한 성대하고 장엄한 환송식을 시골 村婦인 胖姑兒의 시각을 통해서 해학화시키고 조롱하는 插科打諢 부분이다. 극 중에서 장안성 교외의 촌부인 반고아는 자신의 노래를 통하여 법사의 형상을 매우 해학적으로 묘사하여 저절로 웃음을 짓게 만든다. 위의 인용문에서, 잡극 〈서유기〉의 작자는 시골 촌부의 입을 통하여 고의로 喜劇性을 증가시키기 위하여 조롱의 수법을 사용한다. 곧 반고아는 법사의 형상이 매우 기괴하게 생겼다고 말하면서, 승려인 법사의 얼굴을 '절구공이' '표주박' '호롱박'에 비유하며 조롱한다.

잡극 〈서유기〉에서 신화적이고 영웅적인 법사의 高僧 형상과는 이율배반적인 무능하고 식별력이 부족한 凡僧의 모습은 극 중 법사 일행에게 재난이 전개되는 과정에서 종종 나타난다. 법사는 잡극 〈서유기〉 제12척 '鬼母皈依'에서 妖怪인 紅孩兒가 자신들의 일행 앞에 나타났을 때 요괴인줄 모르고 호의를 베풀다가, 도리어 홍해아에게 납치되는 재난을 당하며, 결국에는 극 중의 조력자인 觀音菩薩의 도움을 통해서야 구조된다. 또 제17척 '女王逼配'에서 법사는 女人國 여왕이 부부가 되자며 노골적으로 유혹하는 性的인 시련을 스스로 해결하지 못하고 손오공에게 구해주라고 요청하며, 결국에는 佛法의 護法神인 韋馱尊天의 도움으로 간신히 시련에서 벗어난다. 그리고 법사의 이러한 재난과 시련은 모두 법사의 무능과 식별력 부족에서 야기된 것으로, 극 중 법사의 이러한 형상은 신화적이고 영웅적인 형상과는 강렬한 대비를 이루어 강한 희극성을 불러일으킨다.

2) 孫行者

잡극 〈서유기〉와 〈취경시화〉의 인물형상 변화를 비교할 때 제일 큰 변화를 보이는 인물은 단연 손행자 곧 손오공이다. 잡극 〈서유기〉 중의 손행자는 〈취경시화〉 중의 후행자와 같은 백의수재의 모습을 보이지 않아서, 자유를 추구하고 반역정신을 지니며 요괴를 제거하는 강한 전투정신을 소유하는 영웅적 형상을 보여주고 있다. 그러면 원문을 중심으로 잡극 〈서유기〉에 나타난 손행자의 인물형상을 살펴보자.

> (손오공 등장): 천지가 개벽한 이래/ 천지간에 내 몸이 있네./ 일찍이 온 세상 골치 아프게 만들었고. 사방의 神들도 내가 무섭다고 말하네./ 五岳의 鬼兵들도 화를 내고/ 천지 사방을 혼란에 빠뜨리네./ 위세는 북두칠성과도 구분하기 힘드나니/ 팔방 세계에 어느 누가 우두머리인가?/ 넓고 넓은 하늘도 나를 잡기 힘드나니/ 십만 악마들의 君王이네./ 저에게는 형제자매가 다섯입니다. 큰 누나는 驪山老母, 둘째 누나는 巫枝祇聖母, 큰형은 齊天大聖, 저는 通天大聖, 남동생은 耍耍三郎입니다. 저는 기쁜 때면 산의 등나무와 칡나무를 올라타고, 화날 때면 바다와 강물을 뒤집어 버립니다. 또 金鼎國의 여자를 약탈해와 제 아내로 삼았고, 玉皇殿의 맛있는 술을 훔쳐 먹었습니다. 저는 또 太上老君께서 만드신 金丹을 훔쳤습니다. 저는 아홉 번 정련된 구리와 철로 근육과 뼈를 하고 있고, 눈은 불과 같고 눈동자는 금과 같습니다. 똥구멍은 黃銅으로 되어 있고, 생식기는 朱錫에 수은을 합성시켜 만들었습니다. 저는 西王母의 仙桃 백 개를 훔쳤고, 훔친 신선 옷 한 벌은 아내에게 입으라고 주었습니다.[19]

19) 一自開天辟地, 兩儀便有吾身, 曾教三界費精神, 四方神道怕, 五岳鬼兵嗔, 六合乾坤混擾, 七冥北斗難分, 八方世界有誰尊, 九天難捕我, 十万總魔君. 小聖弟兄,姊妹五人, 大姊驪山老母, 二妹巫枝祇聖母, 大兄齊天大聖, 小聖通天大聖, 三弟耍耍三郎. 喜時攀藤攬葛, 怒時攪海翻江. 金鼎國女子我爲妻,

위의 인용문은 제9척 '神佛降孫' 시작 부분으로 극 중의 실질적 주인공 손오공이 등장하여 자신을 소개하며 읊은 上場詩 부분인데, 손오공의 몇 가지 핵심적 형상을 잘 드러내고 있다. 첫째, 위에 의하면 손오공은 '바다와 강물을 뒤집어 버리는' 등 자유자재하고 무소불능하여 팔방 사계의 우두머리로 자처한다. 그리하여 극 중에서 손오공은 이러한 무소불능의 능력인 신통력을 발휘하여 법사 일행에게 닥친 재난과 시련을 해결하였다. 비록 〈취경시화〉의 후행자도 영웅적 형상을 보여주었으나, 잡극 〈서유기〉 중의 손오공에는 비교할 수가 없다. 일례로 〈취경시화〉에서 후행자는 서왕모의 반도를 훔쳐 먹었다가 잡혀서 철몽둥이로 맞았지만, 잡극 〈서유기〉의 손오공은 더 많은 것을 훔쳐 먹었지만 李天王 등의 백만 天兵으로도 손오공을 잡을 수 없었다. 그리하여 〈취경시화〉의 주인공이 법사였지만, 잡극 〈서유기〉의 주인공은 이미 손오공으로 바뀌었다. 그리고 이러한 점은 후세 오승은 〈서유기〉 중의 손오공 인물형상 형성에 중요한 연결고리의 역할을 하였다. 둘째, 위에 의하면, 그러한 손오공도 세속 세계의 五慾七情을 지니고 있으니, 금정국의 여자를 약탈하여 아내로 삼고, 또한 네 명의 형제자매를 두고 있다. 극 중에는 손오공이 지닌 이러한 세속성으로 인하여 〈취경시화〉 중의 후행자와는 전혀 다른 희극성을 조성하여 잡극 〈서유기〉에 희극색채가 충만하도록 만든다. 셋째, 또한 손오공은 위의 인용문에서 천상의 권위와 질서에 반항하는 반역정신을 보여주고 있으니, 그는 玉皇殿의 맛있는 술을 훔쳐 먹고, 아울러 태상노군이 민든 仙藥인 金丹을 훔쳤다. 손오공의 이러

玉皇殿瓊漿咱得飮. 我盜了太上老君煉就金丹, 九轉煉得銅筋鐵骨, 火眼金睛, 我偸得王母仙桃百顆, 仙衣一套, 與夫人穿着. 隋樹森編, 《元曲選外編》, 第2冊, 中華書局, 1987, 654쪽.

한 반역정신은 바로 후세 오승은 〈서유기〉의 핵심이라고 할 수 있는 '大鬧天宮'에 큰 영향을 끼쳤다.

손오공은 잡극 〈서유기〉 전체 24척 중 제9척에서 비로소 등장하지만, 이후의 극정 전개에서 재난과 시련을 해결하는데 주도적 역할을 한다. 일례로 제11척 '行者除妖'에서는 劉太公의 딸을 약탈해간 요괴인 銀額將軍을 죽이고 딸을 돌려주고, 제15척 '導女還裴'에서는 저팔계에 잡혀간 裴太公의 딸을 찾아서 데려다 준다. 또 제19척 '鐵扇凶威'에서는 火焰山을 통과하기 위해 鐵扇公主와 전투를 하면서도 이울러 작품에 해학성이 충만하도록 만드는 插科打諢을 사용하면서 서천취경을 진행한다.

그러나 잡극 〈서유기〉에서 손오공은 〈취경시화〉 중의 후행자에서는 볼 수 없는 또 다른 모습을 보여주기도 한다. 예를 들어, 제10척 '收孫演呪'에서 손오공은 법사가 그를 火焰山에서 구원해 주었지만 도리어 법사를 먹으려 한다. 물론 손오공의 이러한 점은 그에게 잠복해 있던 妖怪性이 일순간 출현한 것이다. 또한 손오공은 제19척 '鐵扇凶威'에서 화염산을 통과하는 데 필요한 鐵扇을 철선공주에게 빌리려고 하는 과정에서 성희롱에 해당되는 무례하고 비속한 언어를 사용하여 철선공주를 화나게 만든다.[20] 제21척 '貧婆心印'에서 손오공은 佛法의 이치를 깊게 터득한 貧婆와의 대화에서 불교의 教義를 조롱하는데, 이러한 점은 경건한 불교색채가 충만한 〈취경시화〉에서는 전혀 생각하기 힘든 부분이다. 그러면 원문을 중심으로 살펴보자.

---

20) "제 것은 얕지 않고, 아가씨 것은 깊지 않으니, 나와 당신 모두 각기 물건을 내서, 한 쌍의 요정이 되어 보세."(弟子不淺, 娘子不深, 我與爾大家各出一件, 湊成一對妖精.)

(손오공): 당신은 내가《金剛經》을 모른다고 말하세요? 저도 사부님께서 '과거의 마음을 얻을 수 없고, 미래의 마음을 얻을 수 없으며, 현재의 마음을 얻을 수 없다'는 구절을 읽던 것을 늘 들었어요. 제가 어떻게 모르겠어요? 당신 저에게 胡餠이나 백 文어치 팔아요. 제가 마음에 점을 찍고서 당신과 서서히《金剛經》을 이야기하죠.

(빈파): 이 놈의 원숭이가 내 앞에서 번지르한 말을 뽐내고 있네. 네가 마음에 점을 찍겠다는 것은 너의 과거심에다 찍니, 현재심에다 찍니, 미래심에다 찍니?

(손오공): 이 노인네 대단하네.

(빈파): 마음은 본성의 본체이고, 본성은 마음의 작용이다. 혹은 있기도 하고, 혹은 없기도 하니, 다만 움직인지 움직이지 않은지 볼뿐이다. 너는 내가 묻는 말에 대답해라. 너는 마음이 있니 없니?

(손오공): 저는 본래 마음이 있었는데, 똥구멍이 커서 떨어져 버렸소.[21]

위의 인용문에서 손오공과 천축국의 빈파가 나눈 대화는 대승불교의 대표적 경전인《金剛經》에 나오는 내용을 둘러싸고 나눈 대화이다. 여기에 나오는《金剛經》의 '過去心不可得, 未來心不可得, 現在心不可得'이란 구절은 당나라 시기 禪僧인 德山大師와 호떡 파는 여인과의 대화로 유명한 것으로서, '點心'이란 단어의 어원으로 여겨지기도 한다. 손오공은 위에서 불교 경전에 대한 지식이 매우 높은 천축국 빈파와의 대화 중에서 자신이《金剛經》의 내용을 알지도 못

21) (行者云)你道我不省得《金剛經》? 我也常聽師父念 : 過去心不可得, 未來心不可得, 見在心不可得. 怎的我不省得? 你且賣一百文胡餠來, 我點了心呵, 慢慢和你說經. (貧婆云)這胡孫, 在我家行賣弄他鐵嘴鐵舌. 你說道要點心, 却是點你那過去心也, 見在心也, 未來心也? (行者云)這婆子倒利害. (貧婆云)心乃性之体, 性乃心之用. 或有亦或舞, 只看動不動.你答來我問 : 你有心也無? (行者云)我原有心來, 屁眼寬阿掉了也. 隋樹森編,《元曲選外編》, 第2冊, 中華書局, 1987, 654쪽.

하면서 아는척 하고 있으며,《金剛經》에서 말하고 있는 마음이 있느냐 없느냐는 빈파의 물음에 '본래 마음이 있었는데 똥구멍이 넓어서 떨어져 버렸다'는 揷科打諢으로써 대답함으로써 불교 교의에 대한 조롱을 하고 있다. 잡극 〈서유기〉 중 손오공의 이와 같은 揷科打諢은 〈취경시화〉 중 문질빈빈한 모습의 후행자에게서는 전혀 볼 수 없는 것으로, 극의 희극성을 제고시키는 역할을 하고 있다.

그러면 이상까지 살펴본 잡극 〈서유기〉 중 법사와 손오공의 인물형상은 어떠한 의미를 지니고 있는가? 먼저 법사는 강류고사를 통하여 신화화 되었으면서도 아울러 평범한 凡僧으로 등장한 인물형상은 후세 오승은의 소설 〈서유기〉 중 법사의 인물형상에 영향을 끼쳤다. 그리고 엄청난 신통력과 강렬한 세속성 및 특유의 반역정신을 지닌 손오공의 형상 또한 오승은의 소설 〈서유기〉에 커다란 영향을 끼쳤다. 곧 잡극 〈서유기〉 중 법사와 손오공의 인물형상은 〈취경시화〉 중의 형상을 계승하여, 오승은의 〈서유기〉를 성립시키는 데 중요한 연결고리로서의 의미를 지닌다. 또한 예술 풍격의 측면에서 볼 때 잡극 〈서유기〉 중의 법사와 손오공은 희극성을 풍부하게 지녀 오승은 소설 〈서유기〉가 희극성이 충만한 작품으로 이루어지는 데 큰 영향을 끼쳤다. 일례로 소설 〈서유기〉에 나타난 神佛들에 대한 풍자는 기본적으로 잡극 〈서유기〉를 계승하고 있다.[22] 그리하여 〈취경시화〉가 불교적 종교색채로 충만되어 있는 것에 비하여, 잡극 〈서유기〉에는 희극적 오락색채로 충만되어 있다.

잡극 〈서유기〉 중 법사와 손오공의 인물형상이 〈취경시화〉 중의 법사 및 후행자와는 달리 더욱 세속화되고 희극성이 풍부한 인물로

22) 최한용, 〈〈서유기〉에 나타난 神佛들에 대한 비판〉, 《중국어문학논집》, 제58호, 2009.

큰 변화를 일으킨 배경은 무엇일까? 첫째, 〈취경시화〉와 잡극 〈서유기〉가 형성된 시대 배경에서 기인하니, 잡극 〈서유기〉가 형성된 원말 명초에는 유교·불교·도교가 서로 융합하던 소위 삼교합일의 사조가 주류를 이루었기 때문이다. 그리하여 잡극 〈서유기〉 중의 법사는 승려이면서도 극 중에서 '報皇恩' '保國祚'를 강조하여, 겉은 불교이지만 내면은 書生과 같은 모습을 하고 있다. 둘째, 잡극 〈서유기〉의 작자 양경현이 활동했던 동남 해안 지역의 사상 풍조와도 연관성을 가지고 있는 것으로 보여진다. 일례로 陳建華는 원말 명초 중국 동남 해안 지역에는 이탈리아 르네상스 시대의 문화정신과 비슷한 개성 해방 사조가 성행하였으며, 그곳에 살았던 양경현은 자연스럽게 영향을 받아 잡극 〈서유기〉에 반영되었다고 여긴다.[23] 셋째는 양경현이 공연문학인 잡극의 문학 특성을 고려하여 작품의 무대성을 중시하고, 그로 인하여 오락성을 추구하였기 때문이라고 여겨진다. 만일 잡극 〈서유기〉가 희곡사상 처음으로 무대에서 공연된 희곡 작품이라는 사실을 감안한다면, 잡극 〈서유기〉의 풍부한 희극성은 무대효과 등과 직접적인 연관성을 지니고 있다고 할 수 있다. 특히 양경현 본인이 '비파를 잘 타고 희롱거리기를 좋아했다(善琵琶, 好戲謔)'는 기록이[24] 있는 것으로 미루어 볼 때, 잡극 〈서유기〉에 희극적 오락성이 충만한 것은 자연스러운 것이라고 생각된다.

---

23) 陳建華, 〈元末東南沿海城市文化特徵初探〉, 復旦學報, 1998年 1期.

24) 鐘嗣成, 賈仲明著, 《新校錄鬼簿正續編》, 巴蜀書社, 1996, 165쪽.

4. 〈大唐三藏取經詩話〉와 잡극 〈西遊記〉의 의의

〈취경시화〉는 남송 무명씨의 소설로서, 역사적 실존인물인 玄奘의 서천취경을 제재로 하고 있고, 그 중에는 각종 신화와 민간전설이 들어있어 낭만적 색채로 충만되어 있으며, 여러 妖魔 등이 등장하여 神魔小說인 오승은 〈서유기〉의 雛形을 보여준다.

〈취경시화〉 중의 주인공인 법사는 경건하고 덕행이 출중한 승려로 묘사되어 서천취경의 임무를 달성한다. 법사의 이와 같은 인물형상은 여인국에서 여왕에게 성적인 유혹울 당하지만 유혹을 단호히 거부함으로써 분명히 드러났으며, 아울러 천축국에 도착하여 福仙寺에서 경건하고 간절히 기도함으로써 불경을 획득하는 과정에서 확연히 나타났다.

그러나 〈취경시화〉 중 법사의 인물형상에는 이러한 경건한 승려의 모습과는 어긋나는 모습이 보여진다. 곧 법사는 서왕모의 瑤池에 도착하여 후행자에게 반도 복숭아를 훔쳐 오도록 시킨다. 불교의 계율에 의하면 남의 물건을 훔치는 것은 五戒 중의 하나로서 절대 금지되어 있는 것이다. 그리고 香山寺에 도착해서는 寺門의 양쪽에 있는 金剛力士의 모습을 보고 두려워 하여 온 몸에 땀을 흘리는 모습을 보여 주는데, 이것은 정상적인 승려라기 보다는 마치 市井의 俗人과도 같은 모습이다.

이와 같이 〈취경시화〉 중 법사의 인물형상에 경건함과 함께 세속적 희극성이 함께 나타나는 이율배반적인 모습은 일정한 배경을 지니고 있다. 첫째, 당나라 이후 불교는 점점 세속화 되었는데, 〈취경시화〉는 불교의 세속화가 심화된 남송 시기에 탄생하였기 때문이다. 둘째, 〈취경시화〉는 당나라 시기 승려들이 일반 대중의 居士들에게 불경의 내용을 전달하는 俗講을 계승한 說經類의 작품이기 때문이다. 곧 설경류의 작품인 〈취경시화〉는 당시 일반 청중들의 수요에 적응하기 위하여, 종교 교화에 희극적 오락성을 가미하여 자신들의 생명력을 유지해야 했다.

〈취경시화〉 중의 후행자는 후세 손오공의 추형으로 비교적 단순한 모습을 보여준다. 그는 문질빈빈한 白衣秀才의 형상으로 출현하여 詩를 짓기도 하며, 법사의 서천취경을 자발적으로 도운다. 또한 작품 중에서 후행자는 세 번의 재난을 극복하는 데 있어서 영웅적인 신통력을 발휘한다.

잡극 〈서유기〉 중의 법사는 출생 내력에 있어서 독특함을 보여 江流故事와 결합되어 神話化되고 영웅화 된다. 그러나 극 중 초반에서 신화화된 법사는 시골 촌부인 반고아가 插科打諢을 사용하여 노래함으로써 곧 바로 조롱의 대상으로 바뀐다. 또한 법사는 극 중 妖怪를 식별하지 못해 요괴에게 잡혀 가는 등 무능함을 드러내 凡僧으로서의 희극성을 보여준다. 이런 점에서 잡극 〈서유기〉에 나타난 법사의 희극성은 〈취경시화〉 중 법사의 희극성보다 훨씬 강렬하다.

잡극 〈서유기〉 중 손오공은 후행자의 모습과는 판이한 차이를 보여준다. 그는 바닷물과 강물을 뒤집어 버리는 엄청난 신통력을 갖추었고, 문질빈빈한 후행자와는 달리 남의 여자를 탈취하여 아내로 삼는 등 오욕칠정을 지닌 세속성을 지니고 있으며, 天宮의 질서에 도전하여 仙丹과 仙衣를 훔치는 등 반역정신의 소유자이다. 그리고 이러한 모습은 후세 오승은 〈서유기〉 중의 손오공 형상에 막대한 영향을 끼치었다. 또한 잡극 〈서유기〉 중의 손오공은 妖怪性을 버리지 않아 법사를 먹으려고 했으며, 火焰山을 지날 때에는 칠선공주에게 비속하고 무례한 성희롱적 발언을 하기도 하였다. 또한 극 중 그는 천축국에 도착하여 불교 교의에 뛰어난 貧婆와의 대화 중 插科打諢을 사용하여《金剛經》에 나타난 불교의 교의를 조롱하기도 하였다.

잡극 〈서유기〉 중 법사와 손오공의 인물형상은 일정한 의미를 지니고 있다. 이들은 모두 〈취경시화〉 중의 인물형상을 계승하고 발전시켜 오승은의 〈서유기〉를 성립시키는 중요한 연결고리의 의미를 지닌다. 또한 예술 풍격에 있어서도 잡극 〈서유기〉는 종교적 색채가 강한 〈취경시화〉를 희극적 오락색채가 충만한 작품으로 변화시켜, 오승은 〈서유기〉가 희극적 색채로 충만토록 하는 데 큰 영향을 끼쳤다.

잡극 〈서유기〉에 이렇게 희극적 색채가 충만한 것은 일정한 배경을 지니고 있다. 먼저 잡극 〈서유기〉는 삼교합일이 주류인 원말 청초에 성립되어 강한 세속성을 지녔으며, 잡극 〈서유기〉의 작자 양경현이 활동했던 동남 해안 지역에 개성해방의 문예사조가 흥성했던 것도 시대 배경이 되었다. 또한 양경현이 성격적으로 희롱거리기를 좋아하여 희극성이 넘친 오락적 무대효과를 중시한 결과이기도 하다. 잡극 〈서유기〉는 희곡사상 서천취경을 제재로 한 작품 중에서 처음으로 무대에 공연된 작품인 것이다.

5장. 〈大唐三藏取經詩話〉와 雜劇 〈西遊記〉 비교 - 喜劇性을 중심으로

1. 〈大唐三藏取經詩話〉와 잡극 〈西遊記〉의 의미

〈대당삼장취경시화〉(이하에서는 〈취경시화〉로 간칭함)와 잡극 〈서유기〉는 모두 당나라 시기 역사적 실존 인물인 玄奘(602-664)의 西天取經을 제재로 한 작품으로, 각각 소설과 희곡의 문학 장르에 속한다. 서천취경을 제재로 하는 소위 西遊故事는 7세기의 역사적 史實에서 시작되어 16세기 吳承恩이 소설 〈서유기〉로 완성할 때까지는 거의 900여 년이 필요하였다. 이것은 희극성으로 충만한 오승은의 神魔小說 〈서유기〉가[1] 등장하기 까지는 〈三國志演義〉나 〈水滸傳〉의 형성과 마찬가지로 오랜 기간동안 수많은 사람들을 통하여 무수한 신화와 전설 등이 가미되어 민간에 유전되고 창작되는 긴 과정을 거쳤음을 의미한다.

현장의 위대한 서유고사는 먼저 당나라 시기에 《大唐西域記》로 나타났다. 그런데 이 저작은 현장이 불경을 구하기 위하여 17년 동안 보고 들었던 국가들에 대한 地理志의 성격을 지닌다. 이후 현장의 서유고사에 대한 저작으로는 얼마 후에 《大唐慈恩寺三藏法師傳》이 등장하였다. 그런데 이 저작 또한 문학 작품이라기보다는 현장의 傳記書이다. 현장의 서유고사를 허구적 수법을 동원하여 다룬

1) 명대 陳元之는 世德堂本 〈西遊記〉 序에서, 〈서유기〉가 '골계의 으뜸(滑稽之雄)'이라고 말하였다. 吳承恩著, 李卓吾批評, 〈西遊記〉(上), 岳麓書社, 2006, 3쪽.

진정한 문학작품은 서민문학이 흥성하기 시작한 송대에 나타난 무명씨의 〈취경시화〉이다. 원나라 시기에 이르러서는 산문 서사체의 형식으로 〈西遊記評話〉가 나타났는데, 지금은 실전되어 보이지 않고 일부만이 조선의 중국어 회화 교과서인 《朴通事諺解》에 나타날 뿐이다. 그리고 원말 명초에 이르러서는 몽고족 희곡 작가인 楊景賢이 잡극 〈서유기〉를 내놓음으로써 희곡사상 처음으로 서유고사를 제재로 하는 작품이 무대 위에서 공연되었다. 그리고 마침내 오승은의 〈서유기〉가 출현하기 까지는 다시 200여 년의 기간을 기다려야 했다. 이상에 의거하면, 서유고사가 오승은의 〈서유기〉에 앞서 진정한 문학 작품으로 등장한 것은 〈취경시화〉와 잡극 〈서유기〉 뿐이다. 결국 크게 보면 서유고사가 〈취경시화〉 - 잡극 〈서유기〉 - 오승은 〈서유기〉로 창작되고 계승·발전되었을 뿐만 아니라, 그 예술 풍격에 있어서도 희극성이 관건으로 작용하여 계승·발전되었다.

〈취경시화〉에는 삼방법사와 손오공의 전신인 후행자가 주요 인물로 등장하여 고사가 진행되며, 작품 중에는 종교색채가 강하여 희극성이 그리 크지 못하다. 이에 비하여 잡극 〈서유기〉에는 1師3徒의 取經團이 확실하게 구성되었으며, 인물들의 희극성이 풍부하게 나타난다. 그리하여 극의 초반부를 제외한 대부분의 단계에 희극성이 충만되어 있으며, 잡극 〈서유기〉의 희극성은 오승은 〈서유기〉의 예술풍격에 큰 영향을 끼치고 있다. 여기에서는 이에 희극성이 서유고사의 예술풍격에 중요한 요소임에 근거하여, 희극성의 관점에서 〈취경시화〉와 잡극 〈서유기〉를 구체적으로 비교하고자 한다. 그리고 이들 각각의 작품에 희극성이 왜 동원되었는지 그 배경을 함께 살펴보고자 한다.

희극성은 문예미학에서는 달리 滑稽美라고도 부르며, 골계미의 하위 범주에는 해학과 풍자가 있다. 해학과 풍자는 逸脫과 顚覆을 통하여 웃음을 유발한다는 점에 있어서는 공통적이나, 해학이 대상에 대한 연민과 동정을 불러일으키는 웃음이라면, 풍자는 嘲弄 등의 수법을 통하여 대상에 대상 날카로운 비판을 가하고 이후에 교정을 요구하는 웃음이다. 그리하여 여기에서는 정상과 비정상, 성과 악 등의 부조화와 괴리를 발생시키는 희극 수법인 對比, 機智, 欺瞞, 嘲弄, 욕설 등을 통한 희극성을 해학과 풍자로 나누어 살피기로 한다.

2. 諧謔的 희극성

1) 〈취경시화〉 중의 해학적 희극성

〈취경시화〉 중에는 법사와 후행자가 주요 인물로 등장하지만, 후행자는 文質彬彬한 白衣秀才이면서 동시에 신통력을 갖춘 인물로서 거의 희극성을 조성하지 않는다. 그런데 후행자에 비하여 법사는 본시 경건하고 덕행이 출중한 승려이지만, 작품 중에서는 뜻 밖의 모습을 보여줌으로써 해학적 희극성을 보여준다. 그러면 먼저 법사와 후행자가 西天取經 도중에 부딪친 세 가지 재난을 모두 해결하고 나서 西王母의 瑤池에 도착했을 때의 모습을 제11회 '入王母池之處' 중의 원문을 중심으로 살펴보자.

> 壯途에 올라 수백 里를 가자, 법사가 탄식했다.
> 후행자가 말했다.
> "사부님 앞으로 50里만 가시면 곧 西王母 연못입니다."
> 법사가 말했다.
> "너는 온 적이 있느냐?"

후행자가 말했다.

“제가 800살 때 여기에 와서 복숭아를 훔쳐 먹었습니다. 지금은 27,000살인데 그 후로는 안왔습니다.”

법사가 말했다.

“오늘 반도(蟠桃)[2]가 열매를 맺었다니, 서너 개 정도 훔쳐 먹고 싶구나.”

후행자가 말했다.

“제가 팔백 살이었을 때 열 개를 훔쳐 먹었다가 서왕모에게 잡혀 쇠몽둥이로 왼쪽 옆구리 팔백 대, 오른쪽 옆구리 삼천 대를 맞는 벌을 받고 花果山 紫雲洞에 유배되었습니다. (그 때문에) 지금까지도 옆구리 아래가 아직도 아프니, 저는 이제는 감히 훔쳐 먹지 못하겠습니다.”[3]

위의 인용문에서 〈취경시화〉의 작자는 對比의 희극 수법을 사용하여 逸脫과 顚覆을 드러냄으로써 해학적 희극성을 보여준다. 〈취경시화〉에서 주인공인 법사는 본시 경건하고 덕행이 출중한 불교 宣揚者이다. 그런데 위의 인용문에서의 법사는 후행자에게 반도 복숭아를 훔쳐 오도록 시킴으로써, 불교의 대표적 계율인 五戒를 破戒[4]하는 형상을 나타낸다. 곧 이전의 정상적인 법사의 형상에서 완전히 일탈되고 전복된 비정상적인 모습을 대비시켜 보여줌으로써 해학적 희극성을 드러낸다.

---

2) 3,000년마다 한 번씩 열린다는 전설상의 복숭아.

3) 登途行數百里, 法師嗟歎. 猴行者曰 : “我師且行, 前去五十裏地, 乃是西王母池. ”法師曰 : “汝曾到否 ? ”行者曰 : “我八百歲時, 到此中偸桃吃了 ; 至今二萬七千歲, 不曾來也”法師曰 : “願今日蟠桃結寔, 可偸三五個吃.”猴行者曰 : “我因八百歲時, 偸吃十顆, 被王母捉下, 左肋判八百, 右肋判三千鐵棒, 配在花果山紫雲洞. 至今肋下尙痛, 我今定是不敢偸吃也.” 李時人 蔡鏡浩校注, 〈大唐三藏取經詩話校注〉, 中華書局, 1997, 31쪽.

4) 不殺生, 不偸盜, 不邪淫, 不妄語, 不飮酒.

對比의 희극 기법을 통한 해학적 희극성은 법사 일행이 香山寺에 도착한 제4회 '入香山寺'에서도 나타난다. 곧 법사는 향산사 寺門의 양쪽에 있는 金剛力士의 무서운 모습을 보고 공포심을 느끼어 온 몸에 땀을 흘린다. 정상적인 경우라면 법사는 승려의 신분이기에 佛法의 수호신인 금강력사의 모습을 보고 전혀 공포심을 느끼지 않았을 것이다. 그러나 작자는 고의로 해학적 희극성을 증가시키기 위하여 법사가 비정상적인 행위를 하도록 일종의 희극적 장치로서 안배한 것이다. 이 또한 정상과 비정상의 부조화를 만들어 해학적 희극성을 조성한 것이라고 하겠다.

〈취경시화〉의 작자는 또한 희극 수법의 하나인 機智를 사용하여 해학적 희극성을 만들기도 하였다. 機智는 일정한 상황에 따라서 재치있게 대응하는 지혜로서, 예상 밖의 언어로써 해학적 희극성을 야기시킨다. 작품 중 법사는 마지막 제17회인 '到陝西王長子妻殺兒處'에서 富豪인 王長子가 개최한 無遮大會[5]라는 法會의 宴會에 참가한다. 그러면 원문을 중심으로 살펴보자.

> 삼장법사는 (천축국의) 王舍城에서 불경을 가지고 돌아와, 일행 일곱 명이 모두 왕장자의 法會 宴會에 참석하였다.
>
> 王長子가 물었다.
>
> "법사님이 기다리신 오늘이 왔는데, 왜 素食(채식)을 하지 않으신가요?"
>
> 법사가 말했다.
>
> "오늘 술에 취하여 마음에 오직 물고기탕을 먹고 싶지, 다른 것은 모두 먹고 싶지 않아요."
>
> 王長子가 그 말을 듣고 功德을 얻지 못하더라도 어찌 따르지 않겠어

5) 승려·속인·남녀노소·귀천의 차별 없이 평등하게 널리 일반대중을 대상으로 하여 잔치를 베풀고 물품을 골고루 나누어 주면서 집행하는 법회.

요? 그리하여 곧 물고기를 찾아 사오도록 시켰다.

법사가 말했다.

"작은 물고기는 먹지 않고, 반드시 百 斤이나 되는 큰 물고기라야 먹겠습니다."[6]

위의 내용은 법사가 불경을 얻어 돌아오는 길에 富豪인 王長者가 개최한 무차대회에 참가하면서 발생한 이야기이다. 작품 중 왕장자는 자신이 집을 비운 사이 전처소생의 아들 癡那가 죽은 것을 애통해 하여 법회를 개최하였다. 痴那는 본시 후처인 孟氏가 죽이기 위하여 물에 빠뜨렸으나, 왕장자는 이 사실을 알지 못하고 있을 뿐이다. 이러한 상황에서 법사는 왕장자가 준비한 素食을 먹지 않고 도리어 물고기탕을 먹고 싶다고 말한다. 그것도 지금 술에 취하였기 때문에 百 斤이나 되는 큰 물고기를 먹고 싶다고 말한다. 물론 법사가 술에 취했다고 말하고 물고기탕을 먹고 싶다는 것은 법사의 진심이 아니다. 법사는 물에 빠진 癡那가 반드시 큰 물고기의 배 속에 살아 있다고 믿는 것이다. 그리고 과연 왕장자가 사온 커다란 물고기의 배를 가르니 癡那가 그 속에 살아 있자, 왕장자는 매우 기뻐하고 다시 癡那와 살 수 있게 된다. 여기에서 〈취경시화〉의 작자는 법사가 '물고기탕'이라고 말하는 機智의 희극 수법을 동원하여 해학적 희극성을 일으켰다.

〈취경시화〉 중의 법사는 본시 경건하고 덕행이 출중한 불교 선양

6) 三藏法師從王舍城取經回次, 僧行七人, 皆赴長者齋筵.法師與猴行者全不吃食.長者問曰："師等今日既到, 何不吃齋？" 法師曰："今日中酒, 心內只憶魚羹, 其他皆不欲食." 長者聞言, 無得功果, 豈可不從？便令人尋買. 法師曰："小魚不吃, 須要一百斤大魚, 方可充食." 李時人 蔡鏡浩校注, 〈大唐三藏取經詩話校注〉, 中華書局, 1997, 31쪽.

자인데, 작자는 왜 이상에서 살펴본 바와 같이 도리어 도둑질을 시키는 등의 해학적 희극성을 동원하여 법사의 인물형상을 이율배반적으로 만들었는가? 여기에는 크게 보아 두 가지 요소가 작용한다고 여겨진다. 먼저 〈취경시화〉가 성립한 시기의 불교 세속화와 큰 연관을 맺고 있다고 여겨진다. 중국의 불교는 唐代 六祖 惠能 이후 세속화의 길을 걸었으며, 〈취경시화〉가 성립된 남송 시기에는 매우 세속화되었기 때문이다. 또 한 가지는 〈취경시화〉가 說經類의 작품으로서, 당나라 시기 승려들이 민간의 居士들에게 불경의 내용을 전하던 俗講을 계승하고 있기 때문이다. 본시 속강은 불경의 내용만을 이야기했으나, 청중들의 오락적 수요에 적응하기 위하여 오락적 색채를 가미하여 생명력을 유지하였는데, 마찬가지로 설경류의 작품인 〈취경시화〉도 부득이하게 오락적 희극성을 가미하여 자신의 생명력을 유지해야 했던 것이다. 이러한 점은 지금 전해지는 전문적 설경 藝人의 이름이 13명이나 기록되어 있으나, 지금 전해지는 송원 시기 說經類 市井小說이 〈취경시화〉와 〈化燈轎蓮女成佛〉 두 편 뿐이라는 사실이 증명하고 있다.[7] 곧 설경류의 작품 중에서 청중들의 오락적 수요에 적응하지 못하고 오직 종교 교의만을 다룬 작품들은 생명력을 유지하기 힘들었던 것이다.

2) 잡극 〈서유기〉 중의 해학적 희극성

〈취경시화〉와 비교하면, 잡극 〈서유기〉 중에는 해학적 희극성이 여러 곳에 더욱 충만되어 있는데, 여기에서는 법사와 손오공 및 저팔

---

7) 蕭相愷 著, 《宋元小說史》, 浙江古籍出版社, 1997, 153쪽.

계를 중심으로 극 중의 해학적 희극성이 어떻게 묘사되고 있는지 살피기로 한다. 먼저 법사는 제12척 '鬼母皈依'에서 妖怪인 紅孩兒를 어린아이로 잘못 식별하여 결국에는 납치되는 극 중의 두 번째 재난을 스스로 자초한다. 잡극 〈서유기〉의 작자 楊景賢은 여기에서 영웅과 凡夫라는 對比的 희극 수법을 사용하여 해학적 희극성을 불러일으킨다. 그것은 극 중의 초반부에서 신화적이고 영웅적인 형상을 한 법사가 도리어 여기에 이르러서는 거꾸로 식별력이 부족한 凡夫的 형상을 보임으로써, 자연스럽게 逸脫과 顚覆에서 야기되는 해학적 희극성이 조성된 것이다. 또한 제17척 '女王逼配'에서는 법사 일행이 女人國에 들렀을 때, 법사의 무능함으로 인한 해학적 희극성이 보여진다. 그러면 원문을 중심으로 살펴보자.

> (女王이 당승을 끌어당긴다): 이 正殿에서는 이야기 할 곳이 못되니, 우리 둘이 後殿으로 갑시다.
> (당승): 손오공아! 나를 구해줘! (퇴장)
> (손오공): 저도 어찌할 수 없어요. ……
> (여왕이 당승을 끌어당기며): 당승! 저랑 당신이랑 부부가 됩시다! 당신은 오늘 國王이 되는 것이 어떤지요? …… (여왕이 당승을 잡고 엎치락뒤치락 한다)
> (당승): 누가 나 좀 구해줘!
> (韋馱尊天[8]이 등장): 저는 위태존천입니다. 관음보살의 명령을 받들어 당승을 구하러 가야지요. 쌍년이 어찌 감히 내 사부님의 몸을 망가뜨리려고 하다니!
> (여왕): 너는 어떤 놈인데 내 침실로 들어와? ……
> (위태존천): 만일 사부님을 안놓아주면 몽둥이로 박살낼거야. (여왕이 손을 놓아준다) ……

8) 불교의 호법신 중의 하나.

(당승): 행자야! 오늘 위태존천이 구해주지 않았다면, 거의 내 몸이 망가졌을거야.[9]

위의 인용문에 의하면 법사는 무능하고 유약한 凡僧의 모습을 보여주고 있다. 잡극 〈서유기〉의 작자 楊景賢은 위에서 극의 초반부에서 보였던 신화적이고 영웅적인 高僧과는 전혀 다른 무능하고 유약한 凡僧의 모습을 對比的 희극 수법을 통하여 나타내고 있다. 법사는 위의 인용문에서와 같이 자신에게 부딪친 色慾의 재난을 스스로 해결하지 못하고 도리어 손오공에게 구해 주라고 하며, 마침내는 불교의 호법신인 위태존천에 의하여 구출됨으로써 해학적 희극성을 보여준다.

잡극 〈서유기〉를 〈취경시화〉와 희극성이라는 관점에서 비교할 때 가장 대조적인 인물은 바로 손오공이다. 〈취경시화〉 중의 후행자는 詩를 짓는 白衣秀才로서, 뛰어난 신통력을 지니고 재난을 해결하지만, 희극성을 보여주지 못한다. 반면에 잡극 〈서유기〉 중의 손오공은 후행자보다 훨씬 강력한 신통력을 지닐뿐만 아니라. 극 중 여러 장면에서 강렬한 희극성을 보여준다. 손오공은 제15척 '導女還裵'에서 저팔계에 납치된 裵太公의 딸 裵海棠을 구한 이후, 저팔계가 다시 배해당을 잡아 가기 위하여 온다는 소식을 듣고 배해당으로 變裝한다.

9) (女王做扯唐僧科)這正殿上不是說話的去處, 俺兩個後殿裏去來. (唐僧云)孫悟空救我. (下)(行者云)我自也顧不得. …… (女王扯唐僧上, 云)唐僧, 我和爾成其夫婦, 爾則今日就做國王, 如何? …… (女王捉番唐僧科)(唐僧云)誰救貧僧也. (韋駄尊天上, 云)某韋駄尊天是也. 奉觀音法旨, 去救唐僧走一遭. 潑賤人, 怎敢毁吾師法體？(女王云)爾是何人, 直走到臥房裏來？……. (韋云)若不送師父出來, 一杵打爾做泥塵. (女王做放手科)…… (唐僧云)行者, 貧僧若非尊神護持, 幾毁法體. 隋樹森編, 《元曲選外編》, 第2冊, 中華書局, 1987, 678-679쪽.

그러면 원문을 중심으로 살펴보자.

(裴太公 등장): 어제 손오공이 저팔계를 잡으러 갔는데, 아직도 돌아오지 않는구나. 내 여기서 기다려야지.

(손오공 등장): 내가 그놈의 돼지를 잡으러 갔는데, 뜻 밖에 그가 동굴에 있지 않구나. 오늘 배태공 집에서 기다리면서 計策을 세워야지. 그놈은 아마 제발로 올거야. (배태공을 보고 말하는 동작을 한다)

(손오공): 당신네 딸을 다른 곳에 안전하게 두세요. 제가 도리어 당신 딸의 옷을 입고서 그녀의 방에 앉아 있겠소. 그 도적놈이 올 때 당신은 그를 방에 넣어주세요. 제가 그를 처리하겠습니다. (방에 들어가는 동작을 한다)[10]

위의 인용문애서 잡극 〈서유기〉의 작자는 남을 속이는 희극 수법인 欺瞞의 방식을 운용하여 극 중에 해학적 희극성을 조성하고 있다. 위에서 손오공은 저팔계를 항복시키기 위하여 자신이 배태공의 딸 배해당의 여자 옷을 입고서, 여자의 모습으로 變裝하여 저팔계를 속이고 있다. 잡극 〈서유기〉가 서유고사를 제재로 하는 희곡으로 실제 무대에서 처음 공연된 희곡 작품이라는 사실을 감안한다면, 손오공이 여자의 옷을 입고 변장한 위의 모습은 상당히 희극적 무대효과를 거두었으리라 여겨진다.

잡극 〈서유기〉의 작자는 또한 손오공으로 하여금 卑俗語나 辱說을 사용하게 만듦으로써 해학적 희극성을 일으킨다. 비속어는 저속

10) (裴老上, 云)昨日孫悟空去拿猪精, 尙未回來. 我且在此等候者. (行者上, 云)我去拿那個猪, 誰想他不在洞裏. 今日且在裴公莊上等他, 定個計策. 他敢自來也. (做見說科)(行者云)將爾女孩兒別處安頓了, 我却穿了他的衣裳, 在他房裏坐. 那魔軍來時, 爾着他入房來, 我料持他. (做入房科) 隋樹森編,《元曲選外編》, 第2冊, 中華書局, 1987, 673쪽.

한 언어표현이나 상스러운 속어를 말하며, 욕설은 상대방의 인격을 무시하는 모욕적이고 공격적인 언어 표현인데, 잡극 〈서유기〉 중에 손오공은 이러한 언어를 종종 사용함으로써 정상으로부터의 逸脫이나 顚覆으로 인한 해학적 희극성을 야기시킨다. 일례로 제19척 '鐵扇凶威'에서, 손오공은 '똥구멍(屁眼)' '陰莖(鷄巴)' 등의 비속어를 사용하며, 또 火焰山을 지나는 데 필요한 부채를 빌리기 위하여 鐵扇公主를 보자마자 '내 것은 얕지 않고, 아가씨 것은 깊지 않지. 나와 당신 모두 한 물건(생식기)을 내서, 한 쌍의 妖精이 되보세'(弟子不淺, 娘子不深, 我與爾大家各出一件, 湊成一對妖精)라는 성희롱적인 욕설을 함으로써 철선공주를 화나게 만든다.

잡극 〈서유기〉 중의 저팔계는 〈취경시화〉에서는 보이지 않는 인물로서, 잡극 〈서유기〉의 해학적 희극성을 제고시키는 데 커다란 역할을 한다. 저팔계는 우선 돼지 모습의 시각적 외모부터 해학적 희극성을 불러 일으키니, 실제 무대에서 공연되었을 때에는 더욱 관중들로 하여금 웃게 만들었을 것이다. 저팔계는 제13척 '妖猪幻惑'에서 처음 등장하여 上場詩에서 자신의 외모를 말하는데, '주둥이는 길고 목이 굵으며, 발굽은 단하고 갈기는 뻣뻣하다'(生得喙長項闊, 蹄硬鬣剛)라고 자신의 독특한 외모 특성을 밝히었다.

그런데 저팔계는 무지한 멧돼지와 같은 자신의 형상과는 달리 극중에서 뜻 밖의 모습욿 보여주어 해학적 희극성을 조성한다. 그는 우선 등장할 때 詩를 지을 수 있을 능력을 소유했을 뿐만 아니라, 裵海棠을 자신의 아내로 차지하기 위해 變裝하여 남을 속일 수 있는 능력을 보여준다. 그러면 제13척 '妖猪幻惑' 중의 원문을 중심으로 살펴보자.

(저팔계가 등장): 天宮을 떠나 인간세계에 이르니/ 홀몸에 먹을 것 부족함이 한스럽네/ 만일 신통함을 조금 부리면/ 三界의 神들이 힘들어 한다네/ 저는 摩利支天[11]의 부하인 御車將軍입니다. …… 요사이 山 南西 쪽 50里의 裵氏네 집에 여자가 한 명 있는데, 北山 朱太公 아들의 아내가 되기로 婚約했답니다. 그런데 朱公의 집이 가난하여, 裵公은 婚事를 후회한다네요. 裵公의 딸은 밤마다 향을 피우며 朱太公의 아들과 만나기를 기도합니다. 그러나 그놈은 겁이 많아서 감히 가질 못합니다. 제가 오늘 밤에 朱太公의 아들로 변장하여 약속에 나가, 그녀를 동굴로 데리고 와 아내로 삼으면, 어찌 멋지지 않겠어요? …….

(裵海棠): 당신은 누구세요?

(저팔계): 저는 주태공의 아들입니다. 전에는 하얗고 깨끗한 사람이었는데, 아가씨 생각 때문에 검둥이가 되고 말았습니다. 생각하면 이전의 漢나라 司馬相如나 당나라 崔護도 모두 이런 상사병에 걸렸지요. 《資治通鑑》 같은 책도 모두 지니고 있습니다.[12]

위의 인용문에서 저팔계는 우선 上場詩에서 자신의 특성과 능력을 알려준다. 그는 여자없이 홀몸으로 지내는 것과 먹을 것이 부족함을 한스럽게 생각하여, 자신의 好色함과 食貪을 보여주고, 아울러 자신이 三界의 신들도 힘들어할 정도의 대단한 신통력을 지녔음을

11) 불교에서 항상 해 앞에 있으면서 어떤 목적을 이루기 위한 신통력이 있다는 천신. 양염(陽琰)이라고 번역한다.

12) (猪八戒上, 云)自離天門到下方, 只身惟恨少糟糠. 神通若使些儿个, 三界神祇惱得忙. 某乃摩利支天部下御車將軍. ……, 近日山西南五十里裴家莊, 有一女子, 許配北山朱太公之子爲妻. 其子家貧, 裴公欲悔親事. 此女夜夜焚香禱告, 願與朱郎相見. 那小厮膽小不敢去. 我今夜化做朱郎, 去赴期約, 就取在洞中爲妻子, 豈不美乎? ……, 足下是誰?(猪云)小生朱太公之子. 往常時白白淨淨一個人, 爲煩惱娘子呵, 黑干消瘦了. 想當日漢司馬, 唐崔護, 都曾害這般的症侯, 《通鑑》 書史都收. 隋樹森編, 《元曲選外編》, 第2冊, 中華書局, 1987, 665-667쪽.

밝힌다. 그리하여 극 중에서 손오공은 저팔계를 항복시키고자 했으나 저팔계의 신통력을 감당하지 못하며, 결국에는 저팔계가 무서워하는 細犬을 동원하여 저팔계를 항복시켜 취경단에 합류시킨다. 그런데 위의 인용문에서 저팔계는 신통력이 뛰어날뿐만 아니라 智略 또한 훌륭하여 자신의 호색함을 채우기 위하여 배해당을 약탈해 간다. 이때 잡극 〈서유기〉의 작자는 상대방을 속이는 欺瞞의 희극 수법을 동원하여 해학적 희극성을 불러일으킨다. 극 중에서 저팔계는 집이 가난하다는 이유로 裵太公이 朱太公 아들과의 혼사를 후회하자, 자신이 직접 그 틈을 이용하여 朱太公의 아들로 變裝하여 배해당을 속인다. 그리고 이때 더욱 해학적 웃음을 자아내는 것은 또 다른 희극수법인 機智를 사용하여 저팔계가 배해당에게 자신의 외모에 대해 변명하는 부분이다. 저팔계는 자신의 외모가 검게 되고 마르게 변한 것은 배해당에게 상사병에 걸렸기 때문이며, 이것은 마치 漢 나라의 司馬相如나 唐 나라의 崔護의 경우와 같다고 말하였다. 사마상여와 卓文君의 연애고사는 유명한 것이고, 崔護는 〈題都城南莊〉이라는 詩에서 복숭아꽃처럼 어여쁜 얼굴이라는 '人面桃花'라는 표현으로, 사랑하는 사람을 다시 만나지 못하는 된 경우를 비유하는 고사성어를 만들어냈다. 이러한 점에서 볼 때 여기에서 잡극 〈서유기〉의 작자는 저팔계에게 커다란 희극성을 부여하고 있은데, 欺瞞과 機智라는 희극적 수법을 함께 결합하여 사용함으로써 극 중에 해학적 희극성을 더욱 충만하게 만들었다.

그러면 이상에서 살펴본 바와 같이 잡극 〈서유기〉에는 왜 〈취경시화〉에 비해서 희극성이 더욱 충만되게 나타났을까? 그 배경은 다음과 같다고 생각할 수 있다. 첫째, 불교 세속화의 과정이자 결과인 三教合一의 정신이 원나라 시기에 더욱 시대적 조류가 되었기 때문이다. 삼교합일는 유교와 불교 및 도교가 서로 융합되어 하나로 합쳐지는 과정인데, 이는 불교가 세속화하는 데 결정적 영향을 끼치었다. 그리하여 원나라 시기의 거의 모든 불교극은 불교적 내용 자체만을 다루지 않고 있으며, 잡극 〈서유기〉 또한 이러한 영향에서 벗어나기 힘들었다. 일례로 잡극 〈서유기〉 중의 법사는 승려의 싱분이지만, 극 중에서 '報皇恩' '保國祚'를 강조하여, 외면은 불교도이지만 내면은 書生과 같은 모습을 하고 있다. 둘째, 잡극 〈서유기〉의 작자 楊景賢이 희곡가로서 활동했던 원말 명초의 중국 동남 해안 지역의 자유로운 사상 풍조와도 연관성을 가지고 있는 것으로 보여진다. 일례로 陳建華는 원말 명초 중국 동남 해안 지역에는 이탈리아 문예부흥 시대의 문화정신과 비슷한 개성해방 사조가 성행하였고, 그곳에서 활동했던 양경현은 자연스럽게 새로운 개성해방 사조의 영향을 받았으며, 이러한 점은 잡극 〈서유기〉에 반영되었다고 말한다.[13] 그리하여 〈취경시화〉에 종교색채가 충만하여 희극성이 부족한 것과는 달리 잡극 〈서유기〉에는 희극성으로 인한 세속적 오락색채가 충만하게 되었다. 셋째는, 잡극 〈서유기〉가 중국 희곡사상 서유고사를 제재로 무대에 직접 공연된 첫번째 작품이라는 사실에서 알 수 있듯이, 양경현이 잡극 〈서유기〉의 무대효과를 중시하였던 사실과 연관된 것으로 보인다. 아울러 양경현 본인이 '비파를 잘 타고 희롱거리기를 좋아했다(善琵琶, 好戲謔)'는 기록이[14] 있는 것으로 알 수 있듯이 그의 이러한 해학적 성격 또한 어느 정도 영향을 끼쳤으리라고 여겨진다.

---

13) 陳建華, 〈元末東南沿海城市文化特徵初探〉, 復旦學報, 1998, 1期.

14) 鐘嗣成, 賈仲明著, 《新校錄鬼簿正續編》, 巴蜀書社, 1996, 165쪽.

3. 諷刺的 희극성

1) 〈취경시화〉 중의 풍자적 희극성

〈취경시화〉에는 전반적으로 종교색채로 충만되어 있어서 앞에서 살펴본 해학적 희극성을 제외한 풍자적 희극성은 매우 적게 보인다. 작품 중에는 법사 일행이 불경을 구하기 위하여 세 가지 재난을 모두 해결하고 최후에 天竺國에 도달하여 그곳의 승려들과 대화를 나누는 과정에서 풍자적 희극성이 보인다, 그러면 원문을 중심으로 살펴보자.

> 저녁이 되자 주지스님이 법사를 초청하고는 세상 이야기를 물었다. 주지는 주위 사람들에게 차를 주더니, 마침내 법사에게 물었다.
>
> "멀리서 내달리어 여기에 오신 것은 무슨 이유가 있으신지요?"
>
> 법사가 일어나 말했다.
>
> "唐 황제의 詔勅을 받들어 동쪽 땅의 중생들에게는 아직 불교가 없기 때문이며, 특히 (저희) 나라에서 大乘 佛法을 懇願하기 때문에 달려왔습니다."
>
> 이때 절의 스님이 그 말을 듣더니 冷笑를 지으며 머리를 낮추고서 말했다.
>
> "저희 福仙寺는 수 천여 년 동안 오랜 세월이 지났지만 佛法이라는 것을 들은 적이 없습니다. 당신은 佛法을 懇請하신다고 말씀하시는데, 佛法은 어디에 있고, 부처님은 어느 곳에 있습니까? 당신은 어리석은 사람입니다.!"
>
> 법사가 물었다.
>
> "이곳에 佛法이 없다면 왜 이곳에 사찰이 있고 스님이 계십니까?"
>
> 스님이 말했다.
>
> "이곳에서는 한 돌이 되면 불경을 가르치며, 法性은 스스로 통하는 것

이니, 어찌 佛法을 찾을 필요가 있겠습니까?"[15]

위의 인용문은 제15회 '入竺國度海之處'의 부분으로, 법사 일행이 부처가 있다는 鷄足山 근처의 福仙寺에 도착하여 그곳의 승려와 나눈 대화로서, 嘲弄이라는 풍자적 희극 수법이 동원된 곳이다. 법사는 여러 재난을 극복하고 3년여 만에 천신만고 끝에 천축국의 복선사에 도착하여 자신이 이곳에 오게 된 이유를 설명한다. 법사는 당 황제의 칙명을 받들어 중국에 아직 불교가 없기 때문에 찾아 왔으며, 특히 대승불법을 구하러 왔다고 말한다.

이때 천축국의 스님은 법사의 그 말을 듣고 冷笑를 지으며 경건한 佛心을 지닌 법사에게 어리석은 사람(癡人)이라고 嘲弄한다. 그러면서 천축국의 스님은 자신들이 거주하는 복선사는 수천 년이 되었지만 법사가 원하는 佛法을 들어본 적이 없고, 우주의 모든 현상이 지니고 있는 진실 불변한 본성, 곧 法性은 스스로 통하는 것(法性自通)이라고 말한다. 곧 복선사의 스님은 법사가 온갖 재난을 감수하고 佛法을 구하러 온 것은 어리석은 사람의 행위라고 조롱하니, 法性은 스스로 구하여 깨달아 통하는 것이지 불경을 이용하여 법성에 통하는 것이 아님을 갈파하였다.

그런데 '法性은 스스로 통하는 것(法性自通)'이라는 천축국 스님의 이 말은 〈취경시화〉에서 핵심적 주제 역할을 한다고도 볼 수 있을 것

15) 至晚, 寺主延請法師, 叙問人情. 茶湯周匝, 遂問法師 : "遠奔來此, 有何所爲?" 法師起曰 : "奉唐帝詔敕, 爲東土衆生未有佛教, 特奔是國求請大乘." 時寺僧聞語, 冷笑低頭道 : "我福仙寺中, 數千餘年, 經歷萬代, 佛法未聞. 爾道求請佛法, 法在何處? 佛在何方? 爾是癡人!" 法師問曰 : "此中卽無佛法, 因何有寺有僧?" 僧曰 : "此中人周歲教經, 法性自通. 豈用尋請?" 李時人 蔡鏡浩校注, 〈大唐三藏取經詩話校注〉, 中華書局, 1997, 39쪽.

같다. 왜냐하면 표면상으로 보면 〈취경시화〉의 주제가 佛法의 無邊을 칭송하고 불경을 중국으로 가져오는 위대한 取經故事를 찬양하는 것이지만, 만일 이면적으로 본다면 법사 일행이 자신의 내면에 있는 佛性을 터득하고 생명의 眞義를 깨닫는 기나긴 과정이라고도 여길 수 있기 때문이다. 그리고 이러한 취경고사의 양면적 주제는 잡극 〈서유기〉에도 그대로 적용될 수 있기 때문이다.

2) 잡극 〈서유기〉 중의 풍자적 희극성

잡극 〈서유기〉 중의 풍자적 희극성은 〈취경시화〉에서 나타나는 것보다 더욱 전반적이다. 극 중에서는 손오공과 저팔계가 남의 여인을 약탈해 가는 好色함을 표현하여 불교의 금욕주의를 嘲弄하는 풍자적 희극성을 불러 일으키기도 하고, 제22척 '參佛取經'에서 손오공은 부처에게서 받은 經卷을 龍馬에게 실을 때 도리어 《金剛經》《般若心經》《妙法蓮華經》《楞伽經》《饅頭粉湯經》이라고 말하여, 佛經이 아닌 《饅頭粉湯經》을 함께 섞어 말함으로써 佛經에 대한 조롱을 하였다. 여기에서는 법사 및 손오공과 연관된 풍자적 희극성을 살피기로 하며, 먼저 법사가 嘲弄의 대상이 된 원문을 보기로 한다.

(老張이 등장): …… 저는 대대로 長安城 밖에 거주하는 성실한 농민입니다. 오늘 듣자하니, 장안 성 안에서 國師인 唐三藏께서 西天取經하러 가시는 것을 환송한다고 합니다. 저희 마을의 壯王二와 胖姑兒가 모두 갔습니다. …… 그들이 돌아오면, 저에게 이야기해 주도록 해야지요. ……

(老張): 胖姑兒! 당신이 총명하지요. 말해주세요. (胖姑兒 노래한다)

【一緺兒麻】 胖姑兒가 유난히 총명하지는 않아요 / 관리들이 떼지어 큰

> 절구공이를 둘러싸고 있었지요/ 절구공이에는 하늘에서 내준 눈과 눈썹이 달렸어요/ 제가 보기에는 표주박이고 호롱박이네요/ 그 사람 정말 기괴하게 생겼어요/ 무슨 놈의 唐僧, 唐僧이에요/ 다행히 어르신과 안가길 다행이지요./헛수고 했을 뻔했으니까요/ 정말 차마 입에 꺼내기 힘든 것(남자 생식기)같이 생겼여요/ 괜히 옆 사람들에게 비웃음을 당하네요/[16]

위의 인용문은 제6척 '村姑演說'의 내용으로서, 법사의 서천취경에 대하여 거국적으로 성대하고 장엄하게 행하여지는 환송식을 시골의 촌부인 胖姑兒의 눈을 통하여 조롱하는 부분이다. 극 중 제1척부터 제5척까지에서 작자는 법사를 신화화 시키고 영웅화 시키었다. 그러나 이곳 제6척에 이르자 법사에 대한 인물형상은 완전히 바뀌었다. 작자는 여기에서 조롱의 희극 수법을 동원하여 법사를 풍자하는 희극성을 조성하였다. 곧 작자는 반고아의 노래를 통하여 승려인 법사의 얼굴이 '절구공이' '표주막' '호롱박' 같이 정말 기괴하게 생겼다고 조롱하면서 법사를 凡夫化 시켰다.

한편 손오공은 제21척 '貧婆心印' 중 길가에서 胡餠을 파는 촌부이지만 佛法의 이치를 깊게 터득한 천축국의 貧婆를 만나 그녀와 불경에 대해 대화를 나누다가 도리어 불교의 教義를 조롱하는데, 원문을 중심으로 살펴보자.

---

16) (老張上, 云) …… 老張祖在長安城外住, 生是個老實的傍城莊家. 今日聽得城裏送國師唐三藏西天取經去, 我莊上莊王二, 胖姑兒都看去了, 等他們來家, 教他數演與我聽, …… (張云)胖姑兒, 則有你心精細, 你說者. (姑唱)【一緺儿麻】不是胖姑兒偏精細, 官人每簇捧着個大檑椎. 檑椎上天生得有眼共眉, 我則道瓠子頭葫蘆對. 這個人也索是蹺蹊, 甚麽唐僧, 唐僧, 早是不和爺爺去看哩, 枉了這遭. 恰便似不敢道的東西, 枉惹得傍人笑耻. 隋樹森編,《元曲選外編》, 第2冊, 中華書局, 1987, 648쪽.

(손오공): 당신은 내가《金剛經》을 모른다고 말하세요? 저도 사부님께서 '과거의 마음을 얻을 수 없고, 미래의 마음을 얻을 수 없으며, 현재의 마음을 얻을 수 없다'는 구절을 읽던 것을 늘 들었어요. 제가 어떻게 모르겠어요? 당신 저에게 胡餠이나 백 文어치 팔아요. 제가 마음에 점을 찍고서 당신과 서서히《金剛經》을 이야기하죠.

(빈파): 이 놈의 원숭이가 내 앞에서 번지르한 말을 뽐내고 있네. 네가 마음에 점을 찍겠다는 것은 너의 과거심에다 찍니, 현재심에다 찍니, 미래심에다 찍니?

(손오공): 이 노인네 대단하네.

(빈파): 마음은 본성의 본체이고, 본성은 마음의 작용이다. 혹은 있기도 하고, 혹은 없기도 하니, 다만 움직인지 움직이지 않은지 볼뿐이다. 너는 내가 묻는 말에 대답해라. 너는 마음이 있니 없니?

(손오공): 저는 본래 마음이 있었는데, 똥구멍이 커서 떨어져 버렸소.[17]

위의 인용문에서 잡극 〈서유기〉의 작자는 천축국 빈파가 말하는 불교의 教義에 대한 손오공의 조롱을 통하여 극 중에 풍자적 희극성을 일으키고 있다. 위의 인용문 중 손오공과 천축국의 빈파가 대화를 나눈 핵심 내용인 '過去心不可得, 未來心不可得, 現在心不可得'이란 구절은《金剛經》에 나오는 유명한 구절이다. 그리고 이것은 당나라 시기 유명한 禪僧인 德山大師와 호떡 파는 여인과의 대화로 유명해졌다. 호떡 파는 여인이 덕산스님에게 과거·미래·현재 중의 어

17) (行者云)你道我不省得《金剛經》? 我也常聽師父念 : 過去心不可得, 未來心不可得, 見在心不可得. 怎的我不省得? 你且賣一百文胡餠來, 我點了心呵, 慢慢和你說經. (貧婆云)這胡孫, 在我家行賣弄他鐵嘴鐵舌. 你說道要點心, 却是點你那過去心也, 見在心也, 未來心也? (行者云)這婆子倒利害. (貧婆云)心乃性之体, 性乃心之用. 或有亦或舞, 只看動不動. 你答來我問 : 你有心也無? (行者云)我原有心來, 屁眼寬阿掉了也. 隋樹森編,《元曲選外編》, 第2冊, 中華書局, 1987, 654쪽.

느 마음에 점을 찍겠느냐고 묻자, 덕산스님은 뜻밖의 질문에 말문이 막혀서 답을 못해서 점심을 굶었다는 유명한 일화가 있으며, '點心'이란 단어의 어원으로 여겨지기도 한다. 손오공은 위에서 자신이 《金剛經》의 내용을 알지도 못하면서 법사가 자주 읽던 것을 들어 아는척 하면서 불교 教義에 대하여 조롱을 함으로써 극 중 풍자적 희극성을 조성하고 있다.

4. 〈大唐三藏取經詩話〉와 잡극 〈西遊記〉의 의의

〈취경시화〉와 잡극 〈서유기〉는 모두 역사상의 실존인물인 당나라 玄奘의 西天取經을 제재로 한 작품으로 각각 소설과 희곡이라는 장르에 속한다. 그리고 이러한 서천취경을 제재로 하는 西遊故事는 7세기에서 시작하여 명나라 오승은이 소설 〈서유기〉를 완성하던 16세기에 이르러 일단락을 고하였으니 장장 900여 년의 시간이 소요되었다. 이때 〈취경시화〉와 잡극 〈서유기〉는 진정한 문학작품으로서 소설 〈서유기〉의 성립에 영향을 주었으며, 예술 풍격에 있어서도 〈취경시화〉와 잡극 〈서유기〉는 골계의 으뜸이라고 불리우던 오승은 〈서유기〉의 성격에 큰 영향을 끼치었다.

〈취경시화〉와 잡극 〈서유기〉에는 해학적인 희극성과 풍자적인 희극성이 혼재되어 사용되었다. 〈취경시화〉와 잡극 〈서유기〉의 작자는 이러한 희극성을 작품 중에서 조성하기 위하여 對比, 欺瞞, 機智, 嘲弄, 욕설 등의 희극 수법을 사용하였으며, 경우에 따라서는 이들 희극 수법을 결합하여 사용하기도 하였다.

〈취경시화〉 중의 해학적 희극성은 주로 법사를 중심으로 타나났다. 작품 중의 후행자는 문질빈빈한 백의수재로서 신통력을 갖추고 있지만 거의 희극성을 조성하지 않는다. 〈취경시화〉 중의 법사는 본시 경건하고 덕행이 출중한 불교선양자이다. 그런데 작품 중에서 법사는 도리어 경건한 모습과는 전혀 상반된 모습을 보여 주기도 한다. 곧 법사는 손오공에게 西王母 瑤池의 蟠桃 복숭아를 훔쳐오도록 시킨다. 〈취경시화〉의 작자는 여기에서 對比의 희극 수법을 사용하여 逸脫과 顚覆을 드러냄으로써 해학적 희극성을 조성하였다. 또 〈취경시화〉 중에서 법사는 寺門의 양쪽에 있는 金剛力士를 보고 무서워하는데, 이 또한 정상과 비정상의 부조화를 만들어 對比的 수법을 통하여 해학적 희극성을 보여주기도 하였다. 그리고 마지막 제17회에서 법사는 王長子가 주최한 無遮大會의 法會에서 물고기탕을 먹고 싶다고 하여 해학적 희극성을 불러 일으켰는데, 이는 작자가 機智의 희극 수법을 동원한 것이었다.

종교적 색채로 충만한 〈취경시화〉에서 이상과 같이 법사의 형상에 해학적 희극성이 동원된 것은 일정한 배경을 지니고 있다. 곧 당나라 시기부터 시작된 불교의 세속화가 〈취경시화〉가 성립된 남송 시기에는 더욱 진행되었기 때문이다. 그리고 〈취경시화〉가 당나라 시기의 俗講을 계승하고 있는 說經類의 작품에 속하는 것 또한 중요한 요인이다. 이는 당시의 설경류 작품들이 청중의 오락적 수요에 적응하기 위하여 작품에 불교적 내용뿐만 아니라 오락적 희극성을 가미하여 자신의 생명력을 유지해야 했기 때문이다.

잡극 〈서유기〉 중의 해학적 희극성은 〈취경시화〉보다 더욱 전반적으로 나타나 오승은 〈서유기〉의 예술 풍격에 커다란 영향을 끼치었다. 잡극 〈서유기〉 중의 법사는 女人國에서 무능하고 유약한 모습으로 나타나 희극적 해학성을 보여주고, 妖怪인 紅孩兒를 어린아이로 잘못 식별하여 납치되는 모습을 보여줌으로써 희극적 해학성을 드러낸다. 그리고 이러한 모습은 작자인 양경현이 고의로 對比의 희극 수법을 사용하여, 초반부의 신격화되고 영웅화된 모습과는 대비되는 범부의 모습을 보여준 것이다.

〈취경시화〉와 비교되는 잡극 〈서유기〉 중의 대표적 해학적 희극성은 손오공과 저팔계를 통하여 나타났다. 손오공과 저팔계는 극 중에서 모두 남을 속이는 欺瞞의 희극 수법을 통하여 해학적 희극성을 보여준다. 손오공은 저팔계를 항복시키기 위하여 자신이 裵太公의 딸 옷을 입고서 변장하며, 저팔계는 裵海棠을 약탈하기 위하여 朱太公의 아들로 변장하여 해학적 희극성을 보여준다. 또한 손오공은 철선공주에게 성희롱적인 욕설을 하는데, 이러한 욕설 또한 해학적 희극성을 조성하는 희극 수법이다.

잡극 〈서유기〉에 해학적 희극성이 충만한 것은 일정한 배경을 지니고 있다. 먼저 잡극 〈서유기〉가 성립한 원말 명초에는 三敎合一이 주류가 되어, 극 중의 법사는 겉은 불교의 승려이지만 내면은 유교의 書生과도 같은 인물로 나타났다. 또한 원말 명초 중국 동남 해안 지역에는 개성 해방의 사조가 나타났는데, 그곳에서 활동하던 양경현도 자연스럽게 영향을 받았다. 또한 잡극 〈서유기〉가 희곡사상 처음으로 무대에 공연된 작품이듯이, 양경현이 무대효과를 중시한 결과이기도 하다.

풍자적 희극성은 해학적 희극성에 비하여 적게 보여지며, 嘲弄의 희극 수법이 동원된다. 〈취경시화〉에서는 법사가 천신만고 끝에 천축국에 도착하여 福仙寺의 스님에게 자신이 佛法을 구하러 왔다고 말하자, 복선사의 스님은 법사에게 '어리석은 사람'이라고 嘲弄하여 풍자적 희극성을 조성하였다. 우주 일체 현상의 불변하는 진리인 法

性은 스스로 깨달아 통하는 것이라고 일갈하며 법사를 조롱하였던 것이다. 잡극 〈서유기〉 중에서는 장안성 밖의 촌부인 胖姑兒가 법사를 '절구공이' '표주박' '호롱박' 같이 생겼다고 嘲弄하여 풍자적 희극성을 일으켰다. 또한 손오공은 佛法의 이치를 깊게 터득한 천축국 貧婆와의 대화 도중, 《金剛經》의 내용을 알지도 못하면서 아는척 하면서 불교 敎義에 대한 嘲弄을 하고 있다. 이상에서 살펴 보았듯이 오승은의 〈서유기〉가 滑稽의 으뜸이라고 평가받는 것은 〈취경시화〉와 잡극 〈서유기〉의 영향을 받은 것이며, 특히 잡극 〈서유기〉는 오승은 〈서유기〉의 희극적 예술 풍격 형성에 막대한 영향을 끼쳤다고 하겠다.

김광영(金光永)

서울대학교 중어중문학과 (문학사)
서울대학교 중어중문학과 (문학석사)
서울대학교 중어중문학과 (문학박사)
중국산동대학교 방문교수(2005-2006)
한국중국희곡학회 회원
현) 광주대학교 외국어학부 교수

저서
「중국 고전곡론 연구」
「중국 고전희곡의 이해」

불교와 중국 고전희곡

초판 1쇄 발행 _ 2019년 10월 20일

저 자 • 김 광 영
발 행 인 • 정 현 걸
발 행 • 신 아 사
인 쇄 • 대명프린팅
출판등록 • 1956년 1월 5일 (제9-52호)
주 소 • 서울특별시 은평구 통일로 59길 4 (2층)
전 화 • 02)382-6411 · 팩스 02)382-6401
홈페이지 • www.shinasa.co.kr
E-MAIL • shinasa@daum.net

ISBN 978-89-8396-369-7 (93820)
저자와의 협의에 의해 인지를 생략함

정가 15,000원